Schriften des Münchner Centrums
für Governance-Forschung

herausgegeben von

Prof. Dr. Hans-Bernd Brosius
Prof. Dr. Christopher Daase
Prof. Dr. Edgar Grande
Prof. Dr. Andreas Haufler
Prof. Dr. Peter M. Huber

Band 1

Edgar Grande | Stefan May (Hrsg.)

Perspektiven der Governance-Forschung

Die Deutsche Nationalbibliothek verzeichnet diese Publikation in der Deutschen Nationalbibliografie; detaillierte bibliografische Daten sind im Internet über http://www.d-nb.de abrufbar.

ISBN 978-3-8329-4287-8

1. Auflage 2009

Inhaltsverzeichnis

Vorwort

Die Governance-Forschung stellt derzeit einen der wichtigsten und vielversprechendsten Forschungsschwerpunkte in den Sozialwissenschaften dar. Sie basiert auf der Annahme, dass zur Regelung kollektiver Probleme und zur Produktion öffentlicher Güter in modernen Gegenwartsgesellschaften neue Formen des Regierens und der Handlungskoordination erforderlich sind, die sich mit den herkömmlichen Konzepten von „Planung“ und „Steuerung“ nicht angemessen erfassen lassen. Die Governance-Forschung reflektiert hierbei strukturelle Veränderungen in modernen Gegenwartsgesellschaften, insbesondere die Tatsache, dass hierarchische Formen der Koordination und Entscheidungsfindung nicht nur an Leistungsfähigkeit, sondern auch an Akzeptanz und Legitimität verloren haben. Dies läßt sich nicht nur im Bereich der Politik und in der öffentlichen Verwaltung beobachten, sondern in sämtlichen gesellschaftlichen Regelungsbereichen (u.a. Wirtschaft, Medien, Religion und Erziehung) und auf allen Regelungsebenen (von der lokalen bis zur internationalen Ebene).

Aufgrund ihres Gegenstandsbereichs ist interdisziplinäre Kooperation für die Governance-Forschung unverzichtbar. Komplexe Akteurkonstellationen und Regelungsprobleme, wie sie im Mittelpunkt ihres Forschungsprogramms stehen, lassen sich nur in Zusammenarbeit mehrerer sozialwissenschaftlicher Disziplinen angemessen bearbeiten. Auch in der Governance-Forschung sind die zentralen Forschungsprobleme an den Schnittstellen verschiedener (sozialwissenschaftlicher) Disziplinen angesiedelt. Dies gilt insbesondere für die Politik- und Verwaltungswissenschaft, die Volkswirtschaftslehre, die Rechtswissenschaft, die Kommunikationswissenschaft, die Soziologie und die Betriebswirtschaftslehre, die in den vergangenen Jahren mit unterschiedlichen theoretischen Ansätzen und methodischen Zugängen zur Entwicklung der Governance-Forschung beigetragen haben.

Als institutionelle Plattform für diese interdisziplinäre Kooperation hat die Ludwig-Maximilians-Universität München im Herbst 2007 das “Munich Center on Governance, Communication, Public Policy and Law” gegründet. Dabei handelt es sich um eine fakultätsübergreifende Einrichtung, die interdisziplinäre Kooperation im Bereich der Governance-Forschung ermöglichen und intensivieren soll. An seiner Gründung waren vier Fachdisziplinen beteiligt: die Kommunikationswissenschaft, die Politikwissenschaft, die Rechtswissenschaft und die Volkswirtschaftslehre. Gründungsmitglieder des Münchner Centrums für Governance-Forschung sind Hans-Bernd Brosius (Kommunikationswissenschaft), Christopher Daase (Politikwissenschaft), Edgar Grande (Politikwissenschaft), Andreas Haufler (Volkswirtschaftslehre), Peter M. Huber (Rechtswissenschaft) und Rudolf Streinz (Rechtswissenschaft). Koordinator des Projekts und erster Sprecher des Centrums ist Edgar Grande.

Durch die Einrichtung von drei neuen Lehrstühlen für Politische Kommunikation, Politische Ökonomie und Global Governance, die ganz bewußt an den Schnittstellen zwischen diesen Disziplinen angesiedelt sind, soll dieses Profil in den kommenden Jahren weiter gestärkt werden. Das Forschungsprogramm des Centrums ist jedoch offen für die Mitarbeit weiterer Disziplinen aus den Sozial- und Geisteswissenschaften.

Der vorliegende Band dokumentiert (in überarbeiteter Form) die wissenschaftlichen Vorträge, die im Rahmen der Auftaktveranstaltung des Münchner Centrums für Governance-Forschung am 7. Dezember 2007 gehalten wurden. Ziel dieser Veranstaltung war es, Stand und Perspektiven der Governance-Forschung aus der Perspektive der vier in der Gründungsphase am Centrum beteiligten Disziplinen zu präsentieren und vor diesem Hintergrund die Grundzüge des Forschungsprogramms des Centrums zu diskutieren. Mit diesem Band wird zugleich die neue Schriftenreihe des Münchner Centrums für Governance-Forschung beim Nomos-Verlag eröffnet, in der in den kommenden Jahren die Ergebnisse der Forschungsarbeit des Centrums einer interdisziplinären Fachöffentlichkeit vorgestellt werden sollen.

Edgar Grande | Stefan May

Governancetheorie: Erkenntnisinteresse und offene Fragen

RENATE MAYNTZ *

„Governance" ist fast zum Modebegriff geworden, nicht nur in den Sozialwissenschaften sondern auch in Politik und Verwaltung. Allerdings ist der Begriff Governance mehrdeutig – so mehrdeutig, dass viele ihn für eine leere Worthülse, für wissenschaftlich unbrauchbar halten. Hinter den verschiedenen Begriffsvarianten stehen unterschiedliche Erkenntnisinteressen, und da konkrete Forschungsfragen immer an ein bestimmtes Erkenntnisinteresse gebunden sind, ist es leider unvermeidlich, zuerst kurz auf den Begriff Governance einzugehen.

In der weitesten Begriffsvariante wird Governance zur Bezeichnung der verschiedenen Mechanismen benutzt, die in einer Population von Akteuren Ordnung stiften können. Das kann geschehen durch einseitige Anpassung, wie beim Markt, durch Befehl und Gehorsam wie in einer Hierarchie, durch Verhandeln in Netzwerken, oder schließlich durch die gemeinsame Orientierung des Handelns an den Normen oder Praktiken in einer Gemeinschaft.

Etwas enger gefasst dient der Begriff Governance dazu, verschiedene Formen der *absichtsvollen Regelung kollektiver Sachverhalte* zu unterscheiden. Das ist auch Ordnungsbildung, aber eben eine absichtsvolle. Zumindest implizit, aber oft auch ausdrücklich wird dabei unterstellt, dass es um eine Regelung in gemeinsamem Interesse geht.

Wenn Governance ganz allgemein die Regelung kollektiver Sachverhalte meint, muss man jeweils präzisieren, um was für Sachverhalte es geht und wer die regelnden Akteure sind. Dann lässt sich der Begriff auch auf Unternehmen beziehen – man spricht von *corporate governance*. Im politikwissenschaftlichen Kontext ist Governance zur Bezeichnung einer Form des Regierens benutzt worden, bei der private korporative Akteure an der Regelung gesellschaftlicher Sachverhalte mit wirken. Auch hier gibt es aber noch zwei Begriffsvarianten: Manchmal werden speziell *nicht*-hierarchische Formen der Regelung als Governance bezeichnet, das heißt Governance steht in Gegensatz zu hierarchischer Regelung, wie sie für den Interventionsstaat typisch sein soll. Dann wieder wird unter Governance eine Form

* Der Text dieses Vortrages deckt sich teilweise mit meinem Beitrag „Von der Steuerungstheorie zu Global Governance" (Mayntz 2008) im Sonderheft der PVS „Governance in einer sich wandelnden Welt", das von Gunnar Folke Schuppert und Michael Zürn herausgegeben wurde.

des Regierens verstanden, die nicht *rein* hierarchisch ist, das heißt bei der *nicht nur* der Staat regelt, sondern eben auch private korporative Akteure an der Regelung beteiligt sind. Für die Governance-*Forschung* ist es sehr wichtig, ob man die engere oder weitere Begriffsfassung wählt. Gewiss ist es sinnvoll und nötig, die Leistungsfähigkeit nicht-staatlicher, nicht-hierarchischer Formen der Regelung gesellschaftlicher Sachverhalte zu untersuchen. Das berührt aber nur einen Teilaspekt der von dem weiteren Governance-Begriff nahegelegten Frage nach dem *Zusammenwirken* hierarchischer und nicht-hierarchischer, staatlicher und nicht-staatlicher Regelungsformen. Und es ist genau diese umfassende Definition des Untersuchungsgegenstands, die den Governance-Begriff besser als andere Begriffe zur Analyse der real existierenden politischen Ordnung von heute geeignet erscheinen lässt.

Denn diese real existierende Ordnung ist in der Tat durch eine große Vielfalt verschiedener, teil konkurrierender, teils gegensätzlicher, teils kooperierender Regelungsinstanzen gekennzeichnet. Diese Instanzen unterscheiden sich horizontal danach, ob sie staatlich oder nicht-staatlich, öffentlich oder privat sind, und sie unterscheiden sich vertikal nach der territorialen Ebene, auf der sie angesiedelt sind, also ob es sich um sub-nationale, nationale, regionale oder internationale Instanzen handelt.

Die Elemente dieser horizontal und vertikal differenzierten politischen Ordnung sind die verschiedenen Governance-Formen. Auf der Ebene des Nationalstaats hat die empirische Governanceforschung neben den nach wie vor hierarchisch gesteuerten, hoheitlichen Politikbereichen eine Reihe von öffentlich-privat gemischten und rein privaten Regelungsformen identifiziert und analysiert.

(1) Zu den öffentlich-privat *gemischten Regelungsformen* gehören:

- die klassischen neokorporatistischen Arrangements, in denen der Staat und die Dachverbände von Arbeitgebern und Arbeitnehmern über Fragen der Wirtschaftspolitik miteinander verhandeln;
- Politiknetzwerke in verschiedenen Politiksektoren (wie der Forschungspolitik, der IT-Politik oder der Sozialpolitik);
- „Eiserne Dreiecke“: längerfristig bestehende Beziehungen zwischen einer politischen Partei, bestimmten ihre Klientel repräsentierenden Verbänden und dem für die betreffende Politik (zum Beispiel Agrarpolitik) zuständigen Ministerium;
- public-private-partnerships, in denen öffentliche und private Akteure als Träger beziehungsweise bei der Durchführung verschiedenster Maßnahmen zusammenwirken.

(2) Zu den *rein privaten Regelungsformen* gehören:

- die gesellschaftliche Selbstregelung in Verhandlungssystemen, in denen Vertreter unterschiedlicher, ja manchmal sogar gegensätzlicher Interessen (wie im deutschen Tarifsystem) eine gemeinsame Entscheidung treffen müssen. Die Beteiligung kann freiwillig oder (wie im Tarifsystem) gesetzlich festgelegt sein (Zwangsverhandlungssysteme).

- „private Regierungen“: Verbände, die ihre Mitglieder auf Normen und Standards verpflichten, die im öffentlichen Interesse liegen (auch wenn deren Einhaltung langfristig in ihrem eigenen Interesse ist).

Beobachtet wurden diese Governanceformen im modernen Nationalstaat. Die gleichzeitige Existenz, das Nebeneinander von staatlich-hierarchischer, öffentlich-privat gemischter und rein privater Regelung wurde allgemein als Wandel vom Interventionsstaat zum „kooperativen Staat“ interpretiert. Dass ein solcher Wandel stattgefunden hat, wurde zwar gelegentlich bestritten. Was sich gewandelt habe sei lediglich die wissenschaftliche Aufmerksamkeit für – eigentlich schon lange bestehende – kooperative Regelungsformen und Formen gesellschaftlicher Selbstregelung. Eine solche Veränderung der Aufmerksamkeit könnte die Folge gesellschaftlichen Wertewandels, der wachsenden Wertschätzung von Selbstbestimmung und Partizipation sein; mit hierarchischer Intervention wird der bevormundete Untertan assoziiert, Governance dagegen impliziert Partizipation, und wir möchten gern glauben, dass die politische Ordnung in diesem Sinne „demokratischer“ geworden ist. Ich denke aber, man kann empirisch ohne weiteres belegen, dass viele der öffentlich-privat gemischten und auch der rein privaten Regelungsformen in der zweiten Hälfte des 20. Jahrhunderts zugenommen haben und wichtiger geworden sind.

Die Vielfalt der im Nationalstaat nebeneinander bestehenden Regelungsformen verdrängte in Deutschland schrittweise das seit den 1960er Jahren vorherrschende Paradigma politischer Steuerung. Aber nicht nur „Steuerung“, auch das Konzept „Herrschaft“, das ja wie „Steuerung“ ein klar identifizierbares Steuerungs- beziehungsweise Herrschafts*subjekt* voraussetzt, passt nicht so recht auf eine politische Ordnung, in der die präsumptiven „Steuerungsadressaten“ oder „Herrschaftsunterworfenen“ an der Regelung kollektiver Sachverhalte *mitwirken.* Selbst die klassische Vorstellung vom „Staat“ als dem alleinigen Wahrer des Gemeinwohls verflüchtigt sich hier. Der Begriff Governance dagegen eignet sich sehr gut dazu, die Wirklichkeit nationaler und vor allem auch der über den Nationalstaat hinausreichenden politischen Ordnung zu erfassen, die eindeutig nicht hierarchisch ist.

Die steile Karriere des Governance-Begriffs ist also eine Reaktion auf grundlegende Veränderungen in der politischen Ordnung unserer Zeit. Und was könnte aktueller und dringlicher sein, als diese Veränderungen und ihre Folgen für das zu untersuchen, was an Entscheidungen gefällt, Regelungen getroffen und Probleme gelöst oder eben nicht gelöst werden?

Wenn die Existenz einer horizontal und vertikal differenzierten Regelungsstruktur der Ausgangspunkt von Governancetheorie ist, welche Fragen stellen sich dann im Einzelnen für die Governanceforschung?

Dem analytischen Standardschema der Sozialforschung folgend fragt man zuerst nach der Beschaffenheit eines Phänomens, dann nach seiner Genese und schließlich nach seinen Folgen. Auf Governance angewandt, wird man also zuerst nach der Beschaffenheit fragen: Welche Formen (Akteurkonstellationen und Instrumente) finden sich, wie kombiniert, auf welcher Ebene? Das führt unmittelbar zur Frage nach der Genese, die man aber nicht historisch, also mit Verweis auf einzelne konkrete Prozesse wie Deregulierung, Liberalisierung, Internationalisierung beantworten darf; man muss grundsätzlicher nach den Voraussetzungen für die Entwicklung der verschiedenen Governanceformen fragen. Daran schließt sich die Frage nach den Unterschieden zwischen Governance im Nationalstaat, in der EU und auf der internationalen Ebene an. In diesem Zusammenhang lässt sich auch nach der Rolle fragen, die das Recht als Governance-Instrument im nationalen und im internationalen Kontext spielt.

Wenn es verschiedene Ebenen von Governance gibt, stellt sich weiter die Frage nach der Beziehung zwischen ihnen: Wie ist dieses Mehrebenensystem beschaffen, und welche Position nimmt der Nationalstaat heute darin ein? Und da es sehr verschiedene Arten zu regelnder Sachverhalte gibt, muss auch nach den sektorspezifischen Besonderheiten von Governance gefragt werden. Dies alles fällt noch unter Beschaffenheit und Genese von Governance. Was ihre Folgen angeht, stellen sich schließlich die immerwährenden politikwissenschaftlichen Zentralfragen nach der Effektivität und der Legitimität der mit Governance angesprochenen Regelungsformen.

Fast alle diese Fragen sind nicht neu, und manche sind schon ausführlich untersucht worden. Das gilt etwa für die Frage nach der veränderten Position des Nationalstaats in dem sich immer deutlicher herausbildenden politischen Mehrebenensystem, und auch zur Rolle des Rechts als Instrument von Governance gibt es schon seit den Zeiten der Steuerungstheorie eine wachsende Literatur. Ich werde mich im Folgenden auf einige der noch weitgehend offenen, auf jeden Fall noch nicht zufriedenstellend beantworteten Forschungsfragen konzentrieren. Aussparen werde ich dabei die Frage nach der Rolle des Rechts, die der Beitrag von Jens Kersten in diesem Band behandelt, und auch die wichtigen Forschungsthemen der Effektivität und der Legitimität von Governance, auf die Michael Zürn in seinem Beitrag eingehen wird.

Lassen Sie mich beginnen mit der Frage nach den Grundvoraussetzungen von Governance, der Mischung verschiedener Regelungsformen und vor allem der Kooperation zwischen öffentlichen und privaten Akteuren. Diese Frage wird selten explizit behandelt, vielleicht weil die Antwort zumindest auf den zweiten Blick so offensichtlich ist. Im modernen Nationalstaat beruht die Entwicklung von Governance im Sinne eines „kooperativen Staats“ (Ritter 1979) auf der Existenz eines demokratischen politischen Systems, einer durchsetzungsfähigen und legitimen Regierung und einer gut organisierten Zivilgesellschaft – einer Zivilgesellschaft, in der es korporative Akteure und nicht zuletzt Verbände gibt, die verschiedene Interessen vertreten, unabhängig handeln können und sowohl zur Selbstregelung wie zur effektiven Kooperation mit anderen, privaten ebenso wie öffentlichen Akteuren fähig sind. Diese Voraussetzungen lassen sich fast logisch aus der Betrachtung jener Mischung von Regelungsformen ableiten, die Governance ausmachen: Wo diese Formen nebeneinander bestehen und wo sie der Regelung gesellschaftlicher Sachverhalte im gemeinsamem Interesse dienen, beruhen sie *faktisch* auf einem demokratischen System, einer durchsetzungsfähigen und legitimen Regierung und einer entwickelten Zivilgesellschaft.

Hier wird deutlich, dass das Erkenntnisinteresse der Governancetheorie ein sehr spezielles ist. Es geht ihr nicht um Phänomene wie Macht und Machtmissbrauch, Ungleichheit, Ausbeutung und Konflikte, sondern um die *Möglichkeiten* der kollektiven, nicht diktatorischen Regelung öffentlicher (gemeinsamer, gesellschaftlicher) Sachverhalte: Das ist das Erkenntnisinteresse der Governancetheorie. Dabei unterstellt sie nicht etwa, dass eine bestimmte, geschweige denn jede politische Ordnung diese Voraussetzungen voll erfüllt. Die Governancetheorie ist auch nicht machtblind; fast definitionsgemäß setzt sie die Existenz divergierender Interessen voraus – warum sollte sonst verhandelt werden? – und auch die Existenz unterschiedlicher Machtpotentiale wird von ihr nicht ignoriert. Aber allfällige Phänomene wie Machtmissbrauch, Korruption und organisiertes Verbrechen sind nicht ihr Thema; aus der Perspektive der Governancetheorie handelt es sich hier um Einschränkungen oder um Anlässe für Versuche kollektiver Regelung.

Im modernen Nationalstaat der OECD-Welt sind die institutionellen und strukturellen Voraussetzungen von Governance im Großen und Ganzen erfüllt. Man kann aus der Perspektive der Governancetheorie aber auch dort nach Existenz und Erscheinungsform kollektiver Regelung fragen, wo diese Voraussetzungen mehr oder weniger fehlen – etwa im heutigen Russland, in den sogenannten *failing states*, und nicht zuletzt beim „Regieren jenseits des Nationalstaats". Die *failing states* sind zwar formal als souveräne Staaten anerkannt, die Macht im Inneren wird jedoch von Kriegsherren oder einer im materiellen Eigeninteresse herrschenden Gruppe ausgeübt. Mit den – vielleicht nur zivilgesellschaftlichen – Ansätzen zu Governance im Sinne der gemeinsamen Verfolgung kollektiver (Gemeinwohl-)Interessen in *failing states* beschäftigt sich der Berliner Sonderforschungsbereich „Governance in Räumen begrenzter Staatlichkeit" (Risse/Lehmkuhl 2007). Dagegen mangelt es an einer systematischen Untersuchung der Governancestruktur, die sich unter den je gegebenen institutionellen und sozialstrukturellen Bedingungen auf der europäischen und der internationalen Ebene herausgebildet hat und weiter entwickelt. Ein demokratisches politisches System mit einer durchsetzungsfähigen und als legitim geltenden Regierung und eine handlungsfähige Zivilgesellschaft gibt es weder in der EU, verstanden als Gemeinschaft ihrer Mitgliedsländer, und erst recht nicht auf globaler Ebene. Was folgt daraus für die Governance auf diesen Ebenen, wie sieht sie aus?

Trotz einer hoch entwickelten Europaforschung und vielen guten Fallstudien von internationalen Organisationen und Regimen fehlt die Zusammenschau der jeweils auf einer Ebene vorfindlichen, der dominierenden und auch der fehlenden Governance-Formen. Dabei wäre ein solcher synthetischer Blick auf die Besonderheiten ebenenspezifischer Governance-Strukturen ausgesprochen wichtig für die Beantwortung der Frage, was auf den jeweiligen Ebenen an regelungsbedürftigen Sachverhalten beziehungsweise an Problemen aufgegriffen und mit Aussicht auf Erfolg behandelt werden kann – oder eben nicht; und das ist zweifellos eine Frage von ganz erheblicher politischer Bedeutung.

Ein systematischer Vergleich ebenenspezifischer Governance wird den modernen Nationalstaat gewissermaßen als Benchmark nehmen und fragen, wie sich die strukturellen und institutionellen Rahmenbedingungen auf der europäischen und der internationalen Ebene auf das dort vorfindliche Profil von Governance-Formen auswirken.

Governance auf der europäischen Ebene wird verschiedentlich als „Netzwerk-Governance" gekennzeichnet. Börzel hat dagegen eingewandt, dass die Governance in der EU trotz des Fehlens einer zentralen „Regierung" und eines eigenen Verwaltungsunterbaus stark hierarchische Züge aufweist, dank des hierarchischen Rechtssystems und der Dominanz von Regulierung als Steuerungsmodus (Börzel 2005). Aber weil die Regelungsbefugnisse der EU begrenzt sind und ihr ein eigener Vollzugsapparat fehlt, werden in der EU zugleich immer häufiger die sogenannten *„weichen"* Instrumente wie Benchmarking und die Open Method of Coordination (OMC) benutzt. Als weitere Besonderheit kommt hinzu, dass Verhandlungen zwischen öffentlichen Akteuren in der EU eine wichtigere Rolle spielen als manche öffentlich/privat gemischten Governance-Formen, die uns vom modernen Nationalstaat her vertraut sind. Da starke Verbände mit einem sektoralen Repräsentationsmonopol und Bindungsfähigkeit gegenüber ihren Mitgliedern auf der europäischen Ebene kaum vorhanden sind, fehlen dort fest etablierte neokorporatistische Strukturen (transnationaler Pluralismus); und da es in der EU keine voll entwickelten Mitgliederparteien gibt, fehlen auch stabile Verhandlungssysteme vom Typ „Eiserne Dreiecke", die bestimmte politische Parteien und Verbände mit den einzelnen Direktionen der Europäischen Kommission verbinden. Schließlich fehlen in der EU institutionalisierte Zwangsverhandlungssysteme divergierender privater Interessen, wie es sie im deutschen Gesundheitssystem oder im Tarifsystem gibt. Eine dominante Governance-Form sind dagegen Verhandlungen zwischen Vertretern der verschiedenen Mitgliedsländer, sowie – speziell im Fall der Komitologie – untereinander und zugleich mit Vertretern der Kommission (*two-level games*). Wie fügen sich diese verschiedenen Regelungsansätze zusammen, wie prägt das EU-spezifische Profil an Regelungsformen die Inhalte der europäischen Politik – und damit am Ende die Problemlösungsfähigkeit der EU? Diese Fragen werden zwar immer wieder gestellt; eine überzeugende Antwort aber scheint mir noch zu fehlen.

Für die Struktur von *global governance* stellen sich ähnliche Fragen. Auch hier wissen wir inzwischen relativ viel über einzelne für diese Ebene charakteristische Institutionen: internationale Organisationen, internationale Regime, *global public policy networks* oder auch Zertifizierungs- und Rating-Agenturen. Aber stimmt der Eindruck, dass auf der globalen Ebene intergouvernementale sowie öffentlich/privat gemischte Verhandlungssysteme mit relativ eng definierten Aufgaben die dominanten Governance-Formen sind, und was bedeutet das für die Inhalte der internationalen Politik? Was folgt daraus, wenn tatsächlich bindende internationale Entscheidungen fast ausschließlich in intergouvernementalen Verhandlungssystemen getroffen werden – in der UN, internationalen Regierungsorganisationen und den internationalen Netzwerken aus Verwaltungsbeamten mit speziellen Kompetenzen beziehungsweise Regelungszielen? In Einzelfallstudien können wir zum Beispiel den prägenden Einfluss mächtiger Länder auf einzelne Regelungen feststellen – aber was heißt das insgesamt für die internationale Ordnung?

Je mehr wir über die Besonderheiten nationaler, europäischer und internationaler Governance wissen, umso dringlicher stellt sich die Frage nach der Beziehung zwischen verschiedenen Ebenen. Hier kommen wir zu einer weiteren Herausforderung für die Governance-Forschung.

Von *multi-level governance*, Governance in einem Mehrebenensystem wurde zuerst mit Bezug auf die EU gesprochen. Auf nationaler Ebene sprach man eher von Politikverflechtung, und die ist auch im Hinblick auf ihre Folgen recht gut untersucht – ich erinnere nur an die „Politikverflechtungsfalle“ (Scharpf 2006). Auch die Verflechtung zwischen Mitgliedsländern und europäischen Instanzen (vor allem Rat und Kommission) ist intensiv untersucht worden. Das Mehrebenensystem der EU ist trotz seiner Komplexität noch übersichtlich beschreibbar. Bei *global governance* aber stößt man auf massive Probleme. Unter dem Stichwort *global governance* sind überwiegend einzelne internationale Institutionen untersucht worden. Langsam setzt sich aber die Ansicht durch, dass *global governance* nicht als eine besondere Ebene, sondern, wie Michael Zürn es formuliert hat, als „das Gesamtarrangement verschiedener Steuerungsformen auf unterschiedlichen Entscheidungsebenen“ (Zürn 2005) verstanden werden sollte. Aber was heißt das, „Gesamtarrangement“, wie sieht es aus?

Verschiedene „Ebenen“ in einem System lassen sich formal durch die unterschiedlich weiten territorialen Einzugsbereiche von Organisationen und Regimen definieren. Auf jeder Ebene kann es genuine korporative, autonom entscheidungsfähige Akteure geben. Autonome korporative Akteure sind nicht nur frei von Interventionen einer höheren Ebene, sie können auch bindende Entscheidungen treffen, die nicht zwischen den Repräsentanten der nachgelagerten Ebene ausgehandelt wurden. Entscheidungsautonomie ist eine Sache des Grades. Die meisten inter- und transnationalen Organisationen reichen, durch direkte Mitgliedschaft oder durch Repräsentation, auf soziale Einheiten mit enger umschriebenem territorialen Bezug herunter, und diese intern ebenenübergreifenden Organisationen sind häufig nicht autonom im beschriebenen Sinn. Die meisten internationalen Organisationen, ob es sich um die OECD oder um Unterorganisationen der UN handelt, sind Hybride aus einem autonom handlungsfähigen globalen Akteur und einem Verhandlungssystem aus Regierungsvertretern. Ähnliches gilt für transnationale Wirtschaftsorganisationen und zivilgesellschaftliche NGOs.

Kann man mit Benz (2004) davon sprechen, dass in einem solchen Mehrebenensystem „Entscheidungen zwischen Ebenen koordiniert werden“? Wohl kaum, wenn koordinieren heißt, die Aufgaben, Rechte, Pflichten und Ressourcen verschiedener Instanzen aufeinander abzustimmen. Eher möchte man Cerny zustimmen, der Governance im globalen Mehrebenensystem als „unstable, tangled hierarchies“ (Cerny 2006), als ein Gefüge aus „competing institutions, overlapping jurisdictions, multiple identities [and] territorial flux“ beschreibt. Die Aufgabenprofile von nationalen, regionalen (vor allem EU) und inter- beziehungsweise transnationalen Instanzen unterscheiden sich, aber es herrscht keine systematische, etwa dem Subsidiaritätsprinzip entsprechende Arbeitsteilung zwischen ihnen. Die zu einem bestimmten Zeitpunkt vorfindliche *multi-level governance,* die rechtliche oder auch nur faktische Verteilung von Kompetenzen und Ressourcen auf Instanzen verschiedener Ebenen ist in einem hochgradig konfliktiven Prozess schrittweise entstanden, und sie ist ein beständiger Anlass zu weiteren Auseinandersetzungen – zum Aufbrechen von vertikalen, horizontalen und diagonalen Konflikten in der Sprache von Joerges (Joerges 2007). Nur dort, wo die Mitglieder von Instanzen auf der europäischen beziehungsweise der internationalen Ebene mindestens teilweise zugleich Mitglieder einer nationalen Instanz sind, die sie repräsentieren, gibt es eine Form intraorganisatorischer Kopplung, die wenigstens die Abstimmung zwischen unterschiedlichen Interessen auf den verschiedenen Ebenen, aber noch lange nicht zwischen verschiedenen Regelungsfeldern erlaubt. Die Komplexität eines von der lokalen bis hinauf zur globalen Ebene reichenden „Gesamtarrangements“ von Governance setzt dem Desiderat, *global governance* tatsächlich als Mehrebenensystem zu erfassen, schwer überwindbare Hürden entgegen – was aber wieder nicht heißt, dass man erst gar nicht zum Hürdenlauf antreten soll.

Das letzte Forschungs-Desiderat, über das ich sprechen will, betrifft den systematischen Vergleich sektoraler, politikfeldspezifischer Governance. Das ist ein Gebiet, auf dem Edgar Grande bisher schon Wichtiges geleistet hat (vgl. u.a. Grande et. al. 2006). Ich selber habe kürzlich die Governance-Architektur von drei mehr oder weniger internationalisierten Regelungsfeldern – dem internationalen Tourismus, der Telekommunikation und der pharmazeutischen Industrie – verglichen (Mayntz 2007). Die Architekturen unterscheiden sich deutlich im Hinblick auf die dominanten Regelungsziele, das relative Gewicht öffentlicher und privater Akteure, die Kompetenzverteilung zwischen Instanzen auf verschiedenen Ebenen, und die Intensität der Regulierung. Diese Unterschiede, so kann man zeigen, hängen sowohl untereinander wie mit einer Reihe von Merkmalen des Regelungsfelds zusammen – vor allem mit dem Grad seiner Internationalisierung und dem individuellen Nutzen und Schadensrisiko, mit dem der Gebrauch des sektorspezifischen „Produkts“ behaftet ist.

Dieser Vergleich mag interessante Ergebnisse gebracht haben, aber erst ein *alle* wichtigen Politiksektoren umfassender Vergleich würde es erlauben, *allgemeine* Aussagen über die Gründe für die Ausbildung unterschiedlicher sektorspezifischer Regelungsstrukturen zu machen und zum Beispiel auch die Frage zu beantworten, wieweit die Wahl bestimmter Regelungsformen nicht nur auf strukturelle Veränderungen im Regelungsfeld, sondern auch auf den Wandel normativer und kognitiver Perspektiven zurückzuführen ist. Zur ersten Frage könnte die Untersuchung von Governance in der deutschen Einwanderungspolitik etwas sagen; zur zweiten Frage gibt die Entwicklung von Governance in der deutschen Innovationspolitik interessante Hinweise.

Im Bereich der deutschen Innovationspolitik, mit deren Entwicklung ich mich kürzlich beschäftigt habe, hat sich seit den späten 50er Jahren des letzten Jahrhunderts schrittweise eine nach unten dezentralisierte, nach oben zur EU hin erweiterte, und horizontal im Hinblick auf die Art der Beteiligten diversifizierte Governancestruktur herausgebildet. Nicht nur Bund und Länder, sondern auch Kommunen, Universitäten, Gewerkschaften, Handelskammern und neu gegründete Technologietransferzentren haben seitdem an innovationspolitischen Initiativen und Programmen mitgewirkt. Diese Entwicklung war zum einen eine Reaktion auf bestimmte Veränderungen im Regelungsfeld. Der Wunsch nach wirksamer politischer Steuerung blieb unverändert, aber infolge der wirtschaftlichen Konzentrations- und Internationalisierungsprozesse und von Verschiebungen im Forschungsbereich haben sich die Ansatzpunkte für Steuerung verändert. Gleichzeitig hat sich aber auch die Wahrnehmung der kausalen Zusammenhänge im Regelungsfeld gewandelt. Das lineare Konzept von Innovationsprozessen, in dem Grundlagenforschung (GF) quasi automatisch zu angewandter Forschung (AF), AF zu Produktion und Produktion zu Nutzung führt, wurde zuerst von einem Modell nicht abgelöst aber überlagert, in dem die Übergänge nicht gewissermassen von selbst stattfinden und in dem ausserdem die Nutzung auf die Produktion, die Produktion auf die AF und diese auf die GF zurückwirkt. Das legte die Förderung des Transfers an den Vermittlungsstellen in dieser Kette nahe. Dann kam das Konzept der „Nationalen Innovationssysteme“ (Edquist 1997) auf, demzufolge neben Wissenschaft und Forschung auch andere Institutionen wie das Bildungssystem, das Finanzsystem und der Arbeitsmarkt die Innovationsfähigkeit einer Volkswirtschaft bestimmen. Das legte es nahe, die Ansatzpunkte von Innovationspolitik über Forschung und Produktion hinaus zu erweitern und zum Beispiel die Bereitstellung von Risikokapital und die Ausbildungspolitik einzubeziehen. Hier haben also kognitive Faktoren die Herausbildung einer vertikal und horizontal differenzierten Governance-Struktur und die Diversifizierung des Instrumentariums mit beeinflusst.

Aus einer einzelnen Studie dieser Art lassen sich noch keine allgemeinen Schlussfolgerungen ziehen. Weitere, vergleichend angelegte Fallstudien sektorspezifischer Governance sind nötig, um die Frage nach den verallgemeinerbaren Gründen für unterschiedliche Entwicklungen und damit nach den Faktoren zu beantworten, die unterschiedlichen Governance-Strukturen zugrunde liegen.

Die letzten beiden der zu Beginn von mir formulierten Fragen, die Fragen nach der Effektivität und der Legitimität von Governance werden oft gestellt und heiß diskutiert und in späteren Beiträgen noch behandelt. Die Frage nach der Effektivität insbesondere der nicht-hierarchischen Formen von Governance ist lange Zeit theoretisch, nicht zuletzt spieltheoretisch behandelt worden. Das hat die an nicht-hierarchische Ordnungsformen geknüpfte Hoffnung theoretisch untermauert, Verhandeln könnte größeren Nutzen bringen als Befehlen, und Kooperation mehr als Konflikt. Empirische Untersuchungen widersprechen allerdings oft den an kooperative, nicht-hierarchische Governance-Formen geknüpften Hoffnungen auf höhere Legitimität und Effektivität (siehe dazu auch Konrad und Kersten i.d.B.). Was die Frage aufwirft, ob nicht-hierarchische Regelungsformen am Ende gar nicht im Interesse ihrer Leistungsfähigkeit gewählt werden, sondern *nolens volens*, weil es keinen anderen Weg gibt. Kann es sein, dass es einen trade-off zwischen Effektivität und Legitimität gibt, dass ein Mehr des einen ein Weniger des anderen verlangt? Oder ist Legitimität eine Voraussetzung, eine notwendige wiewohl nicht hinreichende Ursache von Effektivität?

Fragen über Fragen – aber Fragen zu formulieren ist dem Anlass dieses Bandes angemessen. Ich wünsche dem *Münchner Centrum für Governance-Forschung* viel Erfolg – und bin sicher, dass einige der von mir aufgeworfenen Fragen hier in München in den nächsten Jahren beantwortet werden.

Literaturverzeichnis

Benz, Arthur 2004: Multilevel Governance – Governance in Mehrebenensystemen, in: Arthur Benz (Hg.): Governance – Regieren in komplexen Regelsystemen. Wiesbaden, 125–146.

Börzel, Tanja 2005: European Governance – nicht neu, aber anders, in: Gunnar Folke Schuppert (Hg.): Governance-Forschung, Baden-Baden, 72–94.

Cerny, Philip G. 2006: Restructuring the State in a Globalizing World: Capital Acumulation, Tangled Hierachies and the Search for a New Spatio-temporal Fix, in: Review of International Political Economy 13 (4), 679–695.

Edquist, Charles (Hg.) 1997: Systems of innovation. Technologies, institutions and organizations. London.

Grande, Edgar/König, Marcus/Pfister, Patrick/Sterzel, Paul 2006: Politische Transnationalisierung. Die Zukunft des Nationalstaats – Transnationale Politikregime im Vergleich, in: Stefan A. Schirm (Hg.): Globalisierung. Forschungsstand und Perspektiven. Baden-Baden, 119–145.

Joerges, Christian 2007: Europarecht als Kollisionsrecht neuen Typs. Wie eine *unitas in pluritate* verfasst werden kann, in: Michael Führ/Rainer Wahl/Peter von Wilmosky (Hg.): Umweltrecht und Umweltwissenschaft. Berlin, 719–747.

Mayntz, Renate 2007: The Architecture of Multi-level Governance of Economic Sectors. MPIfG Discussion Paper 07/13. Köln.

Mayntz, Renate 2008: Von der Steuerungstheorie zu Global Governance, in: Gunnar Folke Schuppert und Michael Zürn (Hg.): Governance in einer sich wandelnden Welt (PVS-Sonderheft 41). Wiesbaden, 43–61.

Risse, Thomas und Lehmkuhl, Ursula (Hg.) 2007: Regieren ohne Staat – Governance in Räumen begrenzter Staatlichkeit. Baden-Baden.

Ritter, Ernst-Hasso 1979: Der kooperative Staat. Bemerkungen zum Verhältnis von Staat und Wirtschaft, in: Archiv des öffentlichen Rechts 104 (3), 389–413.

Scharpf, Fritz W. 2006: The Joint-Decision Trap Revisited, in: Journal of Common Market Studies 44 (4), 845–864.

Zürn, Michael 2005: Global Governance, in: Folke Gunnar Schuppert (Hg.): Governance-Forschung. Baden-Baden, 121–146.

Föderalismus und Governance: Soll Europa mit einer Stimme sprechen?

KAI A. KONRAD *

1. Einleitung

Es wird in der Politik häufig gefordert, dass Europa mit einer Stimme spricht und gemeinsam handelt. Gleichzeitig sind zentrifugale Kräfte spürbar und Politiker aus den Regionen oder aus den nationalen Regierungen fordern eine stärkere Dezentralisierung politischer Entscheidungen und mehr lokale und regionale Gestaltungsfreiheit. Auch das Ausland beteiligt sich an diesen Diskussionen, namentlich die USA. Viele mögliche Motive können hinter diesen Forderungen stehen. Nationale Politiker oder Politiker in den Regionen könnten darüber besorgt sein, dass die Fortsetzung der Zentralisierungstendenzen in der Europäischen Union den Handlungsspielraum und damit ihre Machtfülle und die Möglichkeiten zur eigenen Profilierung reduziert. Die Geschichte des deutschen Föderalismus zeigt, dass solche Sorgen nicht unbegründet sind. Selbst Domänen der Politik mit klarer Länderhoheit, wie zum Beispiel die Bildungspolitik, sind heutzutage bereits weitgehend zentralisiert und diese Zentralisierungstendenzen setzen sich fort. Ähnliche Beispiele auf EU-Ebene gibt es im Bereich der Verbraucherpolitik und der Kartellpolitik.

Gelegentlich mag es nationalen Politikern ganz recht sein, unpopuläre Entscheidungen nicht selbst treffen zu müssen, sondern einer anderen Regierungsebene zu überlassen. Die Liberalisierung der Märkte für Strom, Gas und Telekommunikation hat entscheidende Impulse aus dem europäischen Integrationsprozess und durch konkrete Entscheidungen auf EU-Ebene erhalten. Auch der Subventionsabbau scheint zu den wohlfahrtserhöhenden, aber national nicht durchsetzbaren Politiken zu gehören und hat von der EU-Exekutive wichtige Impulse erhalten. Einfach zu erklären ist dieser Sachverhalt nicht. Einen Erklärungsbeitrag liefern Fernandez und Rodrik (1991). Aber viele Wirtschaftspolitiker fordern auch eine teilweise Re-Nationalisierung, gerade im Bereich der Subventionspolitik (Besley/Seabright 1999).

* Diese Arbeit wurde zunächst unter dem Titel „Soll Europa mit einer Stimme sprechen?“ veröffentlicht in Klaus G. Adam und Wolfgang Franz (Hg.) 2003: Instrumente der Finanzpolitik: Grundlagen, Staatsaufgaben, Reformvorschläge. Frankfurt a. M.: F.A.Z.-Institut. Die Arbeit bildet den theoretischen Kern meines Vortrags zum Thema „Föderalismus und Governance“ anlässlich der Eröffnung des Münchner Centrums für Governance-Forschung.

Die Theorie des Fiskalföderalismus bietet im Grunde klare Richtlinien hinsichtlich der Frage, auf welcher föderalen Ebene bestimmte Politikbereiche angelagert werden sollten. Danach sollten zur Maximierung gesamtstaatlicher Wohlfahrt die Kompetenzen für einen Politikbereich so angesiedelt werden, dass zwischen den dann unabhängig agierenden Entscheidungsträgern beziehungsweise territorialen Einheiten Externalitäten der jeweiligen Politiken nicht oder nur in geringfügigem Ausmaß bestehen.

Dabei wird in der Regel von den Außenbeziehungen des Föderalstaats zu anderen Staaten abstrahiert. Die internationale Staatengemeinschaft wächst indes immer weiter zusammen. Die Wechselwirkungen zwischen der Politik der EU beziehungsweise ihrer Mitgliedsländer und dem Rest der Welt verstärken sich. Politikfelder, auf denen dies relevant ist, sind unter anderem die Geldpolitik, Stabilisierungspolitik, Steuerpolitik, Sicherheitspolitik, Wettbewerbspolitik und Umweltpolitik.

Die Wechselwirkungen zwischen der EU und dem Rest der Welt bedingen, dass an der nationalen Wohlfahrt orientierte dezentralisierte Politikentscheidungen in der EU mitunter zu besseren Ergebnissen führen können als eine zentrale europäische, an der europäischen Gesamtwohlfahrt orientierte Politikentscheidung. Insbesondere wenn die Reaktion des Auslands auf die Koordinierung europäischer Politik nachteilig für Europa ist, kann die Zentralisierung von Entscheidungen in Europa in ihrer Gesamtwirkung die Wohlfahrt in Europa verringern. Für verschiedene Politikbereiche wurde die Vorteilhaftigkeit einer koordinierten Politik in einer Teilgruppe von Ländern untersucht, wenn die übrige Welt an der Koordinierung nicht beteiligt ist. Sørensen (1996) behandelt Fragen der Stabilisierungspolitik. Konrad und Schjelderup (1999) und Sørensen (2000) behandeln den Fall der Koordinierung von Quellensteuern im Rahmen von Steuerwettbewerb und beziehen sich explizit auf die Koordinierung innerhalb der EU. Buchholz, Haslbeck und Sandler (1998) betrachten Beiträge zu internationalen öffentlichen Gütern.[1] Ich möchte im Folgenden ein einfaches allgemeines Kriterium illustrieren, anhand dessen die Wohlfahrtswirkungen einer Koordination innerhalb einer Teilgruppe von Ländern, also zum Beispiel innerhalb der EU, für unterschiedliche Politikbereiche abgeschätzt werden können.

2. Wirkung von Koordinierung

Vereinfacht wird der Fall dreier identischer Länder A, B und C betrachtet. Jedes Land wählt die Größe der heimischen Politikvariablen x_i. Dabei kann es sich im Rahmen der Stabilisierungspolitik um die Wahl der Staatsverschuldung in einer

1 Die allgemeine Erkenntnis, dass die Koordination von Teilgruppen in strategischem Kontext für die Teilgruppenmitglieder nachteilig ausfallen kann, ist in der Spieltheorie nicht neu. Im Bereich der Industrieökonomik wurde die Fragestellung ausführlich im Zusammenhang mit der Bewertung von Unternehmensfusionen erörtert (vgl. Salant et al. 1983; Deneckere/ Davidson 1985; Gaudet/Salant 1991). Levine (1987) stellt entsprechende Überlegungen allgemeinerer Form an, auch für die internationale Makroökonomie.

Rezession, im Rahmen der Steuerpolitik um die Wahl des heimischen Steuersatzes, im Rahmen der Verteidigungspolitik um Verteidigungsausgaben etc. handeln. Die Payoffs π_i der drei Länder hängen von den gewählten Politikvariablen ab:

$$\pi_i = \pi_i(x_A, x_B, x_C) .$$

Ich will im folgenden den Fall behandeln, in dem jeweils der Payoff eines Landes im gesamten relevanten Parameterbereich in den Politikvariablen der beiden anderen Länder ansteigt, für gegebene Politikvariablen der anderen Länder aber hinsichtlich der Politikvariablen des Landes selbst ein inneres Maximum annimmt. Der Payoff des Landes A beispielsweise soll in den Argumenten x_B und x_C im gesamten relevanten Bereich der Betrachtung ansteigen, hingegen für x_A bei gegebenem x_B und x_C zunächst ansteigen und dann fallen. Man kann diese Annahme mit der Wahl der Kapitaleinkommensteuersätze dreier Länder illustrieren. Eine Erhöhung des Kapitaleinkommensteuersatzes seitens anderer Länder wird in der Regel von Land A begrüßt, weil durch diese Erhöhung Kapital aus den betreffenden Ländern abfließt und Teile davon in Land A fließen. Für den Steuersatz in Land A gilt hingegen in der Regel, dass der optimale Steuersatz größer als null und kleiner als 100 Prozent beträgt.

Handeln alle drei Länder unkoordiniert, dann wählen sie ihre Politikvariablen so, dass jeweils

$$\frac{\partial \pi_A(x_A, x_B, x_C)}{\partial x_A} = \frac{\partial \pi_B(x_A, x_B, x_C)}{\partial x_B} = \frac{\partial \pi_C(x_A, x_B, x_C)}{\partial x_C} = 0 \qquad (1)$$

gilt. Kombinationen von x_A, x_B und x_C, die dieses Gleichungssystem lösen, beschreiben ein Nash-Gleichgewicht. Der Wert der Politikvariablen ist im symmetrischen Nash-Gleichgewicht in allen drei Ländern der gleiche und wird mit x^* bezeichnet.

Da $\partial \pi_i(x_A, x_B, x_C)/\partial x_j > 0$ für $i \neq j$, gibt es positive Externalitäten aus der Aktivität der jeweils anderen Länder. Ein koordiniertes Handeln der Länder könnte die externen Effekte internalisieren. Eine Koordination aller Länder sei aus politischen Gründen ausgeschlossen, zum Beispiel weil sich ein Abweichen eines einzelnen Landes angesichts der Souveränität der Länder nicht wirklich sanktionieren lässt. Indes seien die Länder B und C aus bestimmten Gründen in der Lage, sich bindend über die gemeinsam von ihnen gewählte Politik zu koordinieren und diese auch durchzusetzen.

Bezogen auf das Beispiel der Steuerharmonisierung in der EU könnte man sich die Menge der Länder A, B und C als eine verkleinerte Version der Welt vorstellen, wobei Land A den Rest der Welt repräsentiert und die Länder B und C die EU darstellen. Eine Koordinierung aller drei Länder im Sinne einer bindenden Vereinbarung ist nicht praktikabel. Man kann sich indes vorstellen, dass eine Koordinierung der Länder der EU (*B* und *C*) beispielsweise durch eine Verlagerung der entsprechenden Aufgabenkompetenz auf die EU-Ebene erfolgen könnte. Allgemeiner und für viele Politikbereiche stellt sich damit die Frage, ob diese teilweise Koordinierung für die sich koordinierenden Länder eine Verbesserung bringt.

Unterstellt man, dass B und C koordiniert handeln, dann ist ein inneres Nash-Gleichgewicht bestimmt durch die Bedingungen erster Ordnung

$$\frac{\partial \pi_A(x_A, x_E, x_E)}{\partial x_A} = 0 \tag{2}$$

und

$$\frac{\partial \left(\pi_B(x_A, x_B, x_C) + \pi_C(x_A, x_B, x_C) \right)}{\partial x_i} = 0 \text{ für } i = B, C. \tag{3}$$

In der Bedingung (2) kommt zum Ausdruck, dass Land A weiterhin nichtkooperativ handelt, also nur seinen eigenen Payoff berücksichtigt. Die Bedingung gleicht der Bedingung in (1) für A, die Wahl von x_A ist aber im Allgemeinen eine andere, weil die Maximierung für andere Werte von x_B und x_C erfolgt. In der Bedingung (3) kommt zum Ausdruck, dass B und C ihre Politikvariable so wählen, dass sie die Wirkung der Politikvariablen auf ihren gemeinsamen Payoff $\pi_B + \pi_C$ berücksichtigen.

Trotz der teilweisen Internalisierung der Payoffs für die Länder B und C kann die Koordinierung der beiden Länder für B und C schädlich sein. Die Wahl von x_B und x_C wird nämlich von Land A antizipiert und deshalb wählt auch Land A ein anderes x_A als im vollständig nichtkooperativen Gleichgewicht.

Die Abbildungen 1 und 2 illustrieren die Gleichgewichte, die sich mit und ohne Koordinierung zwischen den Ländern B und C ergeben, für zwei unterschiedliche Annahmen hinsichtlich der Reaktion von A auf die antizipierte Politikkoordinierung von B und C. In beiden Abbildungen beschreibt die Kurve $x_A = \xi_A(x_B, x_C; x_B = x_C)$ die Wahl von x_A, die Land A trifft, wenn es erwartet, dass die Länder B und C die Politiken x_B bzw. x_C wählen, für den eingeschränkten Parameterbereich, in dem $x_B = x_C$ gilt.[2] Die Beschränkung auf diesen eingeschränkten Parameterbereich vereinfacht die Analyse und ist möglich, weil alle Länder als gleich beschaffen (identisch) angenommen wurden. Wichtig ist zu bemerken, dass die optimale Wahl von x_A nicht davon abhängt, warum B und C sich für bestimmte Werte von x_B und x_C entscheiden.

2 Die vollständige Reaktionsfunktion von A wäre eine Ebene im dreidimensionalen Raum. $\xi_A(x_B, x_C; x_B = x_C)$ ist der Schnittpunkt dieser Reaktionsfunktion mit der Fläche $x_B = x_C$.

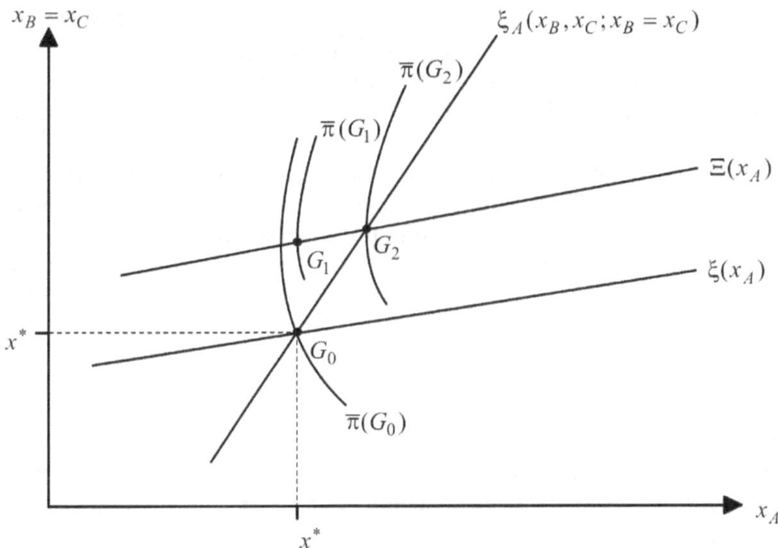

Abb.1: Vorteilhaftigkeit von Koordinierung bei strategischer Komplementarität

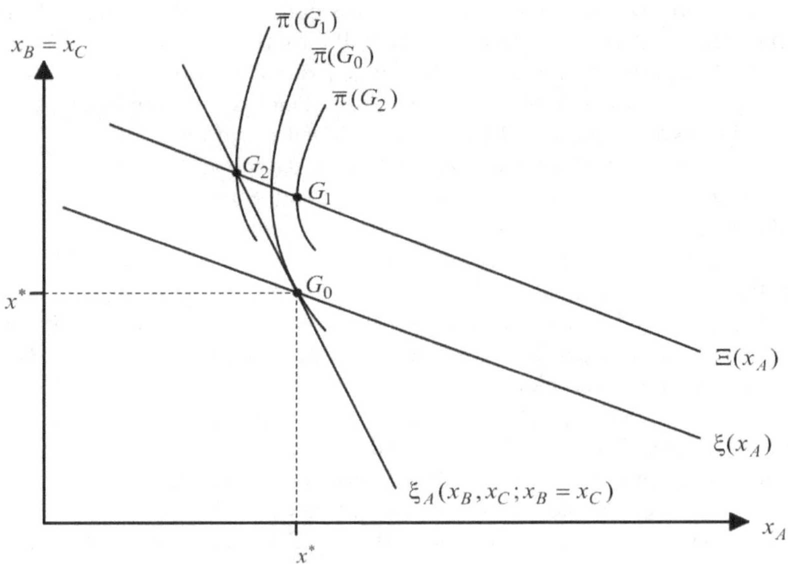

Abb.2: Mögliche Nachteile der Koordinierung bei strategischer Substitutionalität

In Abbildung 1 steigt $\xi_A(x_B, x_C; x_B = x_C)$ in x_B beziehungsweise x_C an. Man spricht von strategischer Komplementarität, weil Änderungen der Werte von x_B und x_C eine gleichgerichtete Änderung der Antwort von A bedingen. In Abbildung 2 ist $\xi_A(x_B, x_C; x_B = x_C)$ hingegen fallend. Je höher die gewählte Politik von B und C, desto niedriger also x_A. Man spricht von strategischer Substitutionalität.

Die Kurve $x = \xi(x_A)$ bestimmt eine andere Reaktionsfunktion. Diese Kurve bestimmt das (symmetrische) nicht-kooperative Nash-Gleichgewicht in den Politikentscheidungen von B und C, wenn diese nicht miteinander kooperieren und annehmen, dass Land A die Politik x_A betreibt. Ausführlich und formal geschrieben ist $\xi(x_A)$ die Lösung des Problems

$$\frac{\partial \pi_B(x_A, x, x)}{\partial x_B} = \frac{\partial \pi_C(x_A, x, x)}{\partial x_C} = 0.$$

Der Schnittpunkt der Kurven ξ_A und ξ in den Abbildungen 1 und 2 beschreibt das völlig unkoordinierte Nash-Gleichgewicht, und wegen der unterstellten Symmetrie gilt in diesem $x_A = x_B = x_C \equiv x^*$.

Die Kurve $x = \Xi(x_A)$ schließlich bestimmt jenen Wert von $x_B = x_C$, den die Länder B und C aus dem gemeinsamen Maximierungsproblem als Lösung der Bedingung (3) zu unterschiedlichen Werten von x_A ermitteln, also die koordinierte Politikentscheidung dieser beiden Länder als optimale Reaktion auf mögliche Werte von x_A. Vereinfachend wird hier davon ausgegangen, dass bei identischen Ländern A und B die harmonisierten Entscheidungen zur gleichen Politik in beiden Ländern führt. Das ist nicht notwendigerweise für alle Politikfragen der Fall. Der Schnittpunkt von $\Xi(x_A)$ mit $\xi_A(x_B, x_C; x_B = x_C)$ bestimmt das Nash-Gleichgewicht zwischen Land A einerseits und der kooperierenden Ländergruppe B und C andererseits.

Die Abbildungen 1 und 2 zeigen, dass es je nach Kurvenverlauf durch die Koordinierung von B und C zu einer Reaktion der von Land A gewählten Politik kommt. In Abbildung 1, in der die Politiken der Länder strategische Komplemente sind, führt die Koordinierung der Politiken in Land B und Land C zu einer Erhöhung des Werts der Politikvariablen nicht nur in diesen beiden Ländern, sondern auch noch zu einer Erhöhung in Land A. Es lässt sich zeigen, dass sich durch die Koordinierung die Payoffs in der Gruppe der koordinierenden Länder in diesem Fall erhöht. Hierzu sind in Abbildung 1 Kurven gleicher Payoffniveaus für B und C entlang $\xi(x_A)$ und entlang $\Xi(x_A)$ eingezeichnet, deren Verlauf sich aus den Bedingungen erster Ordnung begründen lässt. Die Payoffs von B und C erhöhen sich oberhalb von $\Xi(x_A)$, wenn x_A steigt und wenn $x_B = x_C$ sinkt, beziehungsweise unterhalb von $\Xi(x_A)$, wenn x_A steigt und wenn $x_B = x_C$ steigt. Der Übergang von G_0 nach G_1 erhöht die Payoffs für B und C. Der weitere Übergang von G_1 in das Gleichgewicht bei Kooperation von B und C miteinander erhöht den Payoff weiter.

In Abbildung 2 kommt es durch die Kooperation der beiden Länder zu einer Erhöhung von x_B und x_C, auch im Gleichgewicht. Land A reduziert x_A im Gleichgewicht aber im Vergleich zu dem Gleichgewicht bei Abwesenheit jedweder

Kooperation. Je nach Stärke dieser Reduktion von x_A kann es zu einer Verringerung der Payoffs in den Ländern *B* und *C* in der Folge der Kooperation kommen. In Abbildung 2 sind erneut die Kurven gleicher Payoffniveaus der Länder *B* und *C* eingezeichnet und dabei ein Fall gewählt, in dem die Payoffs von *B* und *C* durch die Kooperation abnimmt.

Intuitiv lässt sich der Fall der Abbildung 2 am Beispiel der europäischen Verteidigungsausgaben im Rahmen der Nato erläutern, einem klassischen Problem der Bereitstellung öffentlicher Güter, wie bei Buchholz et al. (1998). Im vollständig nicht-kooperativen Gleichgewicht leisten vor allem große Länder überproportional hohe Beiträge zu den Verteidigungsausgaben. Die zu den USA verhältnismäßig kleinen Staaten der Europäischen Gemeinschaft leisten allesamt sehr geringe Beiträge. In der Summe sind diese freiwilligen Beiträge (der USA und auch der europäischen Staaten) im Sinne einer effizienten Bereitstellung des öffentlichen Guts Nato-Verteidigung zu klein. Die europäischen Staaten könnten durch eine europäische Verteidigungspolitik wenigstens das Free-Rider-Problem untereinander überwinden. Eine Entscheidung über die Verteidigungsausgaben auf der Ebene der europäischen Regierung würde die Vorteilhaftigkeit der Ausgaben Europas für jedes Land Europas internalisieren. Entsprechend käme es zu einer Ausweitung der europäischen Ausgaben für die Nato. Das wäre für Europa auch ein Wohlfahrtsgewinn (und für die USA ohnehin). Die USA antizipiert allerdings die höheren Verteidigungsausgaben Europas und reagiert mit einer Kürzung des eigenen Beitrags zum Nato-Budget. Die Nachteile Europas aus dieser Kürzung müssen den europäischen Kooperationsgewinnen gegengerechnet werden. Ob sich eine europäische Kooperation der Verteidigungspolitik aus europäischer Sicht lohnt, hängt dann vom Nettoeffekt ab. Deutlich wird hingegen, dass der an der Kooperation nicht beteiligte Staat *A* stets gewinnt, selbst dann, wenn *B* und *C* verlieren. Das mag erklären, weshalb das Ausland Europa in verschiedenen Bereichen der Politik zu gemeinsamem Handeln ermuntert, und mahnt zur Vorsicht hinsichtlich der Frage, ob die EU solchen Empfehlungen folgen sollte.

Eine große Zahl von Fragen europäischer Politikkoordinierung lässt sich den beiden Fällen in den Abbildungen 1 und 2 zurechnen. Quellensteuersätze im Rahmen des weltweiten Steuerwettbewerbs beispielsweise sind als Politikvariablen strategische Komplemente. Gleiches gilt für weite Bereiche der Zollpolitik oder für die strategische Außenhandelspolitik. Die Reaktion des Rests der Welt auf europäische Kooperation spricht deshalb nicht gegen diese Kooperation oder Zentralisierung.

Anders verhält es sich mit Verteidigungsausgaben, Maßnahmen, die das internationale Ökosystem entlasten oder schützen sollen, konjunkturpolitisch motivierter Finanzpolitik, öffentlichen Bildungsinvestitionen in einem Umfeld hoher internationaler Mobilität oder mit den öffentlichen Ausgaben für Forschung, wenn Forschungsergebnisse internationale öffentliche Güter sind und nicht zu lokalen Agglomerationsvorteilen führen. In diesen Fällen sind die Aktivitäten europäischer Länder und des Rests der Welt strategische Substitute. Ein Mehr an gewünschter Aktivität in Europa führt zu einem Weniger an dieser Aktivität im Rest der Welt.

Diese Gegenreaktionen können genügend stark sein, die Wohlfahrt Europas zu senken und die Kooperationsgewinne mehr als aufzuwiegen.

3. Schlussfolgerungen

Die externen Effekte von Wirtschaftspolitik zwischen den verschiedenen europäischen Nationalstaaten scheinen nahe zu legen, diese Bereiche der Wirtschaftspolitik entweder zu koordinieren oder gleich auf der Ebene der europäischen Regierung anzusiedeln. Eine solche Schlussfolgerung ist weniger überzeugend, wenn die europäische Politik in strategischer Interaktion mit Politikentscheidungen im Rest der Welt steht. Kleinheit, Zersplitterung und Dezentralisierung statt Koordinierung oder Zentralisierung kann dann ein Vorteil sein. Entscheidend für die Vorteilhaftigkeit ist das Kriterium der strategischen Komplementarität. Gehen von den wirtschaftlichen Aktivitäten positive externe Effekte aus, und sind diese Aktivitäten, die es möglicherweise zu koordinieren oder zu zentralisieren gilt, strategische Komplemente, dann reagiert der Rest der Welt auf die Koordinierung oder Zentralisierung in Europa in einer für Europa vorteilhaften Weise. Bei Substitutionalität der Politikentscheidungen kann die Koordinierung oder Zentralisierung indes zu einem Nachteil für Europa werden.

Literaturverzeichnis

Besley, Timothy und Seabright, Paul 1999: The effects and policy implications of state aids to industry: an economic analysis, in: Economic Policy 28, 15–53.

Buchholz, Wolfgang/Haslbeck, Christian/Sandler, Todd 1998: When does partial co-operation pay?, in: FinanzArchiv 55 (1), 1–20.

Deneckere, Raymond und Davidson, Carl 1985: Incentives to form coalitions with Bertrand competition, in: Rand Journal of Economics 16, 473–486.

Fernandez, Raquel und Rodrik, Dani 1991: Resistance to reform: status quo bias in the presence of individual-specific uncertainty, in: American Economic Review 81, 1146–1155.

Gaudet, Gerard und Salant, Stephen W. 1991: Increasing the profits of a subset of firms in oligopoly models with strategic substitutes, in: American Economic Review 81 (3), 658–665.

Konrad, Kai A. und Schjelderup, Guttorm 1999: Fortress building in global tax competition, in: Journal of Urban Economics 46 (1), 156–167.

Levine, Paul 1987: Three themes from game theory and international macroeconomic policy, in: Ricerche Economiche 41, 392–418.

Salant, Stephen W./Switzer, Sheldon/Reynolds, Robert J. 1983: Losses from horizontal merger: the effects of an exogenous change in industry structure on Cournot-Nash equilibrium, in: Quarterly Journal of Economics 98, 185–199.

Sørensen, Jan Rose 1996: Coordination of fiscal policy among a subset of countries, in: Scandinavian Journal of Economics 98 (1), 111–118.

Sørensen, Peter Birch 2000: The case for international tax co-ordination reconsidered, in: Economic Policy 31, 429–461.

Governance und Kommunikation: Was unterscheidet die Mediatisierungsforschung von der Medienwirkungsforschung?

HANS MATHIAS KEPPLINGER *

1. Einleitung

Der Begriff „Mediatisierung" bezeichnet die Anpassung der Akteure in Politik, Wirtschaft, Wissenschaft und zahlreichen anderen gesellschaftlichen Subsystemen an die Erfolgsbedingungen der Medien (vgl. Mazzoleni/Schulz 1999; Schulz 2004). Die Mediatisierung erstreckt sich theoretisch auf mindestens drei miteinander verbundene Aspekte – den Autonomieverlust der Subsysteme, den Funktionsverlust der Subsysteme sowie die Machtverlagerung von den Subsystemen auf die Medien. Ein Autonomieverlust liegt dann vor, wenn die Medien die Rekrutierung des Nachwuchses, die Karrierechancen der Akteure und die Ausrichtung ihres beruflichen Handelns in anderen Subsystemen maßgeblich beeinflussen. Eine Machtverlagerung ist dann gegeben, wenn die Medien durch die Art ihrer Sachdarstellung den Entscheidungsspielraum in anderen Subsystemen so einengen, dass nur noch wenige Alternativen akzeptabel oder sogar nur noch eine Möglichkeit legitim erscheint. Von einem Funktionsverlust kann man dann sprechen, wenn die Akteure in anderen Subsystemen aufgrund ihrer Anpassung an die Erfolgsbedingungen der Medien ihre eigentlichen Aufgaben nicht optimal wahrnehmen. Für die Richtigkeit einer ganzen Reihe dieser Annahmen gibt es inzwischen empirische Belege, vor allem durch quantitative Befragungen (vgl. Kepplinger 2002, 2007b).

Alle drei Aspekte der Mediatisierung – Autonomieverlust, Funktionsverlust und Machtverlagerung – kann man als Medienwirkungen betrachten. Erklärt werden sie im Wesentlichen durch zwei Faktoren: durch die zunehmende Bedeutung öffentlicher Resonanz für die Akteure in den meisten gesellschaftlichen Subsystemen sowie durch die einzigartige Fähigkeit der Medien, solche Resonanz zu verschaffen. Erfolg in den Medien ist demnach zu einer funktionalen Voraussetzung für Erfolg in anderen Subsystemen geworden (vgl. Kepplinger 1985). Dabei spielen zahlreiche intervenierende Variablen eine Rolle. Hierzu gehören die intensive Nutzung der Medienberichte durch die Protagonisten der Berichterstattung, die spezifische Wirkung der Berichte auf sie sowie ihre Vorstellungen von der Wirkung der Beiträge auf andere Menschen (vgl. Huck/Brosius 2007; Dillard et al. 2007). Dies alles legt die Vermu-

* Dieser Vortrag wurde anlässlich der Eröffnung des Münchner Centrums für Governance-Forschung im Dezember 2007 gehalten. Er erschien zuerst unter dem Titel: „Was unterscheidet die Mediatisierungsforschung von der Medienwirkungsforschung?" in: Publizistik 53 (2008), 1–13.

tung nahe, dass es sich bei der Mediatisierungsforschung um eine Variante der Medienwirkungsforschung handelt und dass der Begriff „Mediatisierungsforschung“ nur ein modisches Etikett ist. Stimmt diese Vermutung? Ich werde diese Frage anhand von drei Themen behandeln: den Objekten der Medienwirkungen, den Modellen der Medienwirkungen sowie den theoretischen Erklärungen der Medienwirkungen.

2. *Objekte der Medienwirkungen*

Der Medienwirkungsforschung liegt das Paradigma eines einseitig gerichteten Informationsflusses zugrunde, das der Politologe Harold D. Lasswell in die bekannte Frage gegossen hat: „Who says what in which channel to whom with what effect?“ (Lasswell 1948: 37). Dieses Paradigma besitzt zwei weitreichende Konsequenzen, deren Bedeutung nicht allgemein wahrgenommen wird. Eine Konsequenz besteht darin, dass die Politiker als Objekte von Medienwirkungen darin überhaupt nicht vorkommen. Am Ende der Wirkungskette steht unausgesprochen die anonyme Masse der Rezipienten, in der die politischen Akteure als statistisch irrelevante Minderheit untergehen. Nahezu die gesamte Medienwirkungsforschung befasst sich folglich mit dem Publikum insgesamt oder, falls es sich um experimentelle Studien handelt, mit Studenten, von deren Reaktionen auf die Reaktionen der Bevölkerung geschlossen wird. Eine weitere Konsequenz besteht darin, dass Medienwirkungen Medienkontakte voraussetzen: „There is no effect without contact“. Die einflussreichste Quelle dieser Annahme dürfte Paul F. Lazarsfeld sein, der zwar die Figur des Meinungsführers in die Medienwirkungsforschung eingeführt und die These vom Zwei-Stufen-Fluss der Meinungsbildung formuliert hat (vgl. Lazarsfeld et al. 1944). Dabei hat er aber die Wirkungen, die die Meinungsführer auf ihre Gesprächspartner ausüben, ausschließlich den Meinungsführern und nicht den Medien zugeschrieben, aus denen sie ihre Informationen und Meinungen erhalten haben. Für ihn sind Meinungsführer keine Verstärker, die die Medienwirkungen über den Kreis der direkten Nutzer hinaus ausweiten, sondern Filter, die die Medienwirkungen auf das reduzieren, was die Meinungsführer ohnehin schon wussten und glaubten.

Eine Folge dieser Auffassung ist, dass nahezu die gesamte Medienwirkungsforschung bei den Mediennutzern endet und die darüber hinaus gehenden Effekte auf ihr gesellschaftliches Umfeld ausblendet werden. Zwar gab es in den fünfziger Jahren aus der Soziologie (vgl. Riley/Riley 1951), Kommunikationswissenschaft (Westley/MacLean 1957) und Politologie (vgl. Seymour-Ure 1976) einzelne Ansätze zur Überwindung dieser Sichtweise, tatsächlich wurde jedoch nahezu die gesamte Forschung auf eine individual-psychologische Perspektive reduziert. Die Wirkung der Medien auf die Bevölkerung besteht danach in der Addition ihrer Wirkungen auf die einzelnen Mediennutzer. Die Eigendynamik der dadurch ausgelösten Prozesse wurde, von einigen Ausnahmen abgesehen, zu denen Elisabeth Noelle-Neumanns Theorie der Schweigespirale gehört (vgl. Noelle-Neumann 1974), aus der Betrachtung ausgeklammert. Beispiele für diese Eigendynamik liefern auch die Ölkrise im Jahr

1973 (vgl. Kepplinger/Roth 1973–1974) sowie die Zunahme der Anträge auf Kriegsdienstverweigerung in der zweiten Hälfte der sechziger Jahre des letzten Jahrhunderts (vgl. Kepplinger/Hachenberg 1980). Eine weitere Folge der Ausklammerung der indirekten Medieneffekte ist die Psychologisierung der Medienwirkungsforschung, die Konzentration auf die individuelle Nutzung und Verarbeitung der Medienangebote. Auf der Grundlage einer gut gesicherten Stabilitäts-Hierarchie geht es dabei meist um die am leichtesten beeinflussbaren Sachverhalte: die Veränderungen der Vorstellungen und Meinungen. Der Einfluss der Medien auf Verhaltensweisen wird allenfalls in Grenzbereichen analysiert, vor allem in der Wahlforschung und in der Konsumforschung. Zu den erwähnenswerten Ausnahmen gehört die Priming-Theorie in der Version von Shanto Iyengar und Donald Kinder (vgl. Iyengar/Kinder 1987), vor allem weil sie belegt, dass die mit der Stabilitäts-Hierarchie zusammenhängende Ansicht fragwürdig ist, Verhaltensänderungen würden Meinungsänderungen voraussetzen. Ähnliche theoretische Annahmen enthält die Theorie der instrumentellen Aktualisierung (vgl. Kepplinger et al. 1992).

Die Mediatisierungsforschung hat einen ganz anderen personellen und sachlichen Fokus. In ihrem Zentrum steht erstens nicht die große Masse des Publikums, sondern die vergleichsweise winzige Minderheit der öffentlich sichtbaren Akteure in Politik, Wirtschaft, Wissenschaft und so weiter. Dies hat Auswirkungen auf die Durchführung von quantitativen Analysen. Mit Experimenten kann man die Mediatisierung etwa der Politik kaum untersuchen, weil Politiker daran nicht teilnehmen würden und weil sie – wie in der Medienwirkungsforschung üblich – nicht durch studentische Versuchspersonen ersetzt werden können. Möglich sind Befragungen, wobei man sich aus dem gleichen Grund zuweilen auf die mittlere und untere Ebene beschränken muss. In ihren Auswirkungen ähnliche Einschränkungen gibt es bei teilnehmenden Beobachtungen und Dokumentenanalysen. Auch hier sind die aussagekräftigsten Quellen kaum zugänglich. Trotzdem können – wie inzwischen zahlreiche Beispiele belegen – derartige Studien mit Gewinn durchgeführt werden.[1]

Bei der Mediatisierungsforschung geht es zweitens nicht vorrangig um das Wissen und die Meinungen der Akteure, sondern um ihr systembezogenes Handeln: Was Politiker unter dem Einfluss der Medien wirklich denken, ist nahezu irrelevant. Entscheidend ist, was sie aufgrund der Medien tun und lassen. Ob die Medien beispielsweise einen Einfluss auf die Vorstellungen der Politiker vom Nutzen oder Schaden der Gentechnik haben und ob die Medien ihre Meinung zur gesetzlichen Regelung der Genforschung ändern, ist unwichtig. In der Mediatisierungsforschung geht es darum, ob Politiker unter dem Druck der Medien zu der Thematik öffentlich Stellung nehmen, ob sie parlamentarische Aktivitäten entfalten und ob sie am Ende eines langen Prozesses für oder gegen eine Gesetzesvorlage stimmen, sich der Stimme enthalten oder bei der Abstimmung fehlen, weil sie sich für ihre Entscheidung nicht öffentlich rechtfertigen wollen.

In der Mediatisierungsforschung spielen drittens die Vorstellungen der einzelnen Politiker vom Einfluss der Medien auf ihre nähere und fernere Umgebung – ihre

1 Vergleiche die Literaturübersichten in Kepplinger 2007a, 2007b.

Fraktionskollegen, die Mitglieder und Anhänger ihrer Partei und die Bevölkerung insgesamt – eine zentrale Rolle. Dabei geht es jedoch vorrangig nicht darum, dass sie vergleichsweise starke unerwünschte Wirkungen auf andere vermuten, sondern darum, welche praktischen Folgerungen sie daraus ableiten. Diese Folgerungen werden vermutlich durch gruppendynamische Prozesse moderiert, die bisher weder theoretisch reflektiert noch praktisch untersucht wurden. So werden – um ein Beispiel zu nennen – mehr oder weniger alle Mitglieder einer Fraktion negativen Berichten über ein gemeinsames Vorhaben eine starke Wirkung auf Dritte zuschreiben (vgl. Perloff 1993, 1999) und sich gegenseitig, weil sie darüber reden, die Richtigkeit ihrer Fehlurteile bestätigen, wodurch eine scheinbar solide Entscheidungs- und Handlungsgrundlage entstehen kann. Diese interne Dynamik wird vermutlich durch eine externe ergänzt: Die Mitglieder der Fraktion werden zu Recht vermuten, dass auch ihre Anhänger in der Bevölkerung negativen Berichten über ihr Vorhaben einen starken Einfluss auf die Bevölkerung insgesamt zuschreiben. Dies kann bei den Anhängern Zweifel an der Erfolgsaussicht des Anliegens wecken und die Intensität ihres Engagements mindern. Dies wiederum kann dazu führen, dass die Fraktionsangehörigen ein Vorhaben auch dann nicht mehr mit der gleichen Entschiedenheit vorantreiben wie zuvor, wenn die Berichte tatsächlich kaum eine messbare Wirkung auf die Masse der Bevölkerung besitzen.[2]

In der Mediatisierungsforschung geht es viertens weniger um die Wirkung der Medien auf einzelne Personen, als um ihren Einfluss auf die Strukturen und die Arbeitsweisen von Organisationen, den Ablauf von Ereignissen und die Rekrutierung des Führungspersonals. Beispiele hierfür sind die Einbindung von Journalisten in die Themenfindung von Parlamentariern; die Zunahme der medienrelevanten Aktivitäten der Parlamente (vgl. Kepplinger 2002); der Ausbau der Kommunikationsabteilungen der Regierungen; die Ausrichtung von Wahlkämpfen an den Bedürfnissen der Medien (vgl. Podschuweit 2007) und die Selektion des Führungspersonals unter Berücksichtigung ihrer Medientauglichkeit. Dabei ist, wie die Karrieren von Joschka Fischer, Gerhard Schröder und Guido Westerwelle belegen, die mediale Außenwirkung zuweilen bedeutsamer als die parteiinterne Akzeptanz. Die Aktivitäten der einzelnen Politiker, die sich an den Medien orientieren, sind dabei nicht an sich relevant. Bedeutsam sind sie als Indikatoren für die Funktionsweisen der Teilsysteme, in denen sie sich bewegen. Dies gilt in ähnlicher Weise für andere Teilsysteme, die Wirtschaft, die Wissenschaft, den Sport und so weiter.

2 42 Prozent der Landtagsabgeordneten vermuten, negative Medienberichte über ihre Landespartei hätten eine starke oder sehr starke Wirkung auf ihre „Fraktionskollegen“, 59 Prozent vermuten solche Effekte auf die „Parteimitglieder“, 66 Prozent auf die „Wähler allgemein“; vgl. Institut für Publizistik der Universität Mainz: Online-Befragung 2007, 571 Befragte (Rücklauf 31 Prozent).

3. Modelle der Medienwirkungen

Der Medienwirkungsforschung liegt, soweit sie die Rolle der Medien in der politischen Kommunikation überhaupt thematisiert, ein mehrstufiges Wirkungsmodell zugrunde. Am Beginn stehen die Ereignisse. Sie bilden den Anlass und den Gegenstand der Berichte über das aktuelle Geschehen. Es folgen die kurzzeitigen Wahrnehmungen und dauerhaften Vorstellungen der Bevölkerung sowie ihre Meinungen über das Geschehen und die politischen Akteure. Sie schlagen sich – neben anderen Faktoren – in ihrem Wahlverhalten nieder. Der Wahlausgang prägt die Zusammensetzung des Parlamentes und der daraus hervorgehenden Regierung. Dies wiederum wirkt sich auf die praktische Politik aus. Nach dieser Vorstellung stehen Politiker und politische Entscheidungen am Ende einer langen Wirkungskette, in deren Verlauf die Inhalte der Medienberichte durch eine Vielzahl von Personen interpretiert und modifiziert werden, was ihren Einfluss auf die Politik als eher gering erscheinen lässt. Dieses Wirkungsmodell ist nicht ganz falsch. Es greift jedoch aus mehreren Gründen zu kurz und führt deshalb in die Irre. Das aktuelle Geschehen steht nicht am Anfang der Wirkungskette. Das Geschehen, über das die Medien berichten, ist erstens häufig selbst schon eine Folge vorangegangener Medienberichte. Ein erheblicher Teil des berichteten Geschehens würde sich zudem überhaupt nicht oder nicht so ereignen, wie es sich ereignet, wenn die Akteure keine positive Medienresonanz erwarten oder keine negative Medienresonanz befürchten würden. Und schließlich vernachlässigt es den direkten, unvermittelten Einfluss der Medien auf diejenigen, über die sie berichten.

Der Mediatisierungsforschung liegt ein anderes Wirkungsmodell zugrunde. Hier stehen Politiker nicht am Ende einer langen Wirkungskette, sondern an ihrem Beginn. Sie werden von den Medien weniger indirekt – vermittelt durch die Reaktionen der Bevölkerung – als direkt beeinflusst. Die Einflüsse der Medien auf die Protagonisten der Berichterstattung bezeichne ich in Anlehnung an Kurt Lang und Gladys Engel Lang als reziproke Effekte (vgl. Kepplinger 2007a, 2007b). Wie andere Personen des öffentlichen Lebens sind Politiker und die von ihnen behandelten Themen häufig Gegenstand von Medienberichten. Sie werden im Bild gezeigt, ihre Absichten und Aktionen werden berichtet und kritisiert, die Themen der öffentlichen Diskussion werden so dargestellt, wie sie sie sehen oder aber anders und so weiter. Dabei werden sie entweder namentlich genannt oder sie fühlen sich angesprochen, weil es um ihre Partei geht, um Gremien, denen sie angehören, oder um Sachfragen, mit denen sie befasst sind.

Die Rezeption von Medienberichten durch ihre Protagonisten, hier durch Politiker, erstreckt sich auf mindestens vier Dimensionen. Politiker bilden sich anhand von Medienberichten erstens ein Urteil darüber, wie sie selbst und ihre Tätigkeit beziehungsweise die für sie relevanten Themen erscheinen – ob sie sich zum Beispiel vorteilhaft oder unvorteilhaft verhalten haben, was aus ihrer Sicht tatsächlich geschehen ist und so weiter. Hier geht es um das Geschehen selbst, die Gegenstände der Berichterstattung.[3] Sie bilden sich zweitens eine Meinung darüber, wie die Medien das aktuelle Geschehen darstellen und bewerten. Hier geht es weniger um das Geschehen als um die Berichterstattung – die Auswahl und Bewertung der Fakten durch die Medien. Dabei stellen sie auch Vermutungen darüber an, wie die Medien den gleichen Sachverhalt oder ähnliche Geschehnisse in absehbarer Zukunft behandeln werden. Politiker bilden sich drittens ein Urteil darüber, welchen Eindruck ihre nähere und fernere soziale Umgebung sowie die Bevölkerung allgemein anhand der Berichte gewinnen und wie sie auf die Darstellung reagieren – ob sie ihr Verhalten billigen oder Initiativen erwarten. Die möglichen Auswirkungen dieses Sachverhaltes wurden bereits kurz angesprochen. Politiker machen viertens Wirkungserfahrungen. Hierbei handelt es sich um direkte Effekte der Beiträge, die bei ihnen selbst eintreten und von ihnen auch wahrgenommen werden. Beispiele sind spontaner Ärger oder Freude über negative beziehungsweise positive Beiträge, die sich nachweisbar selbst in ihrem nonverbalen Verhalten niederschlagen. Auch darauf wurde bereits kurz verwiesen (vgl. Kepplinger/Glaab 2005).

Politiker reagieren nicht nur auf vorangegangene Berichte, sondern versuchen auch, positive Beiträge herbeizuführen sowie negative Beiträge zu verhindern. Entsprechend kann man pro-aktive, inter-aktive und re-aktive Effekte unterscheiden. Pro-aktive Effekte sind Wirkungen zukünftiger Berichte auf die Verhaltensweisen potenzieller Protagonisten, die sie verhindern oder herbeiführen wollen. Man kann sie auch als antizipierende Reaktionen bezeichnen. Beispiele hierfür sind Exklusivinterviews auf Initiative von Politikern. Inter-aktive Effekte sind Wirkungen, die während der Kontakte mit den Medien von ihnen ausgehen. Ein Beispiel hierfür sind Einflüsse der Studio-Atmosphäre auf das Verhalten von Gästen einer TV-Talk-Show. Man kann sie auch als Effekte von Interaktionen bezeichnen. Bedeutsam ist dabei nicht nur, was Politiker sagen und wie sie es äußern, sondern auch der gesamte Bereich ihres nonverbalen Verhaltens (vgl. Ostertag 1991; Smith et al. 1975; Sigelman 2001). Re-aktive Effekte sind Wirkungen, die bereits erschienene Berichte auf Protagonisten ausüben. Dazu gehören auch manifeste Reaktionen wie zum Beispiel Beschwerden bei Redaktionen und Distanzierungen in öffentlichen Reden. Man kann dies als korrigierende Reaktionen bezeichnen. Bei den re-aktiven Effekten handelt es sich um Wirkungen im Sinne der Medienwirkungsforschung. Auf die inter-aktiven und vor allem auf die pro-aktiven Effekte trifft dies nicht zu. Hierbei handelt es sich um Verhaltensweisen, die man im Paradigma der Medienwirkungsforschung nicht erklären kann. Darauf werde ich zurückkommen.

Die Art und Stärke der reziproken Effekte der Medien sind Folgen der spezifischen Nutzung und Verarbeitung der Medien durch Politiker sowie ihrer spezifischen Sichtweisen und Interessenlagen. Weil Politiker von den Berichten und ihren möglichen Wirkungen selbst betroffen sind, nutzen sie mehr derartige Berichte und

3 24 Prozent der befragten Landtagsabgeordneten sind der Ansicht, dass „in dem letzten Fall [...], in dem ihre Landespartei von den Medien massiv kritisiert wurde [...] die Fakten" „völlig" oder „überwiegend" falsch dargestellt wurden, vgl. Institut für Publizistik der Universität Mainz: Online-Befragung 2007, 571 Befragte.

rezipieren sie intensiver als die Masse der unbeteiligten Beobachter.[4] Bei Krisen und Konflikten, die sie selbst betreffen, verfolgen sie die Berichterstattung besonders intensiv. Sie setzen sich folglich sehr hohen Mediendosen aus. Dies kann dazu führen, dass sie von der Berichterstattung über die jeweiligen Themen mehr beeinflusst werden als unbeteiligte Beobachter. Daraus folgt jedoch entgegen den Annahmen der Medienwirkungsforschung nicht, dass sie Sachdarstellungen und Bewertungen der Medien übernehmen. Aufgrund ihrer Hintergrundinformationen und ihrer Interessenlage kann theoretisch begründbar genau das Gegenteil eintreten, eine klare innere und äußere Distanzierung davon. Ob und wie sich dies in ihrem Verhalten niederschlägt, hängt zudem weniger von ihren persönlichen Meinungen zur Sache als dem strategischen Nutzen oder Schaden öffentlicher Aktionen ab.

Politiker, über die die Medien berichten, kennen zudem im Unterschied zu unbeteiligten Beobachtern meist die dargestellten Sachverhalte durch Gespräche mit Involvierten oder anhand von Dokumenten, und sie haben detaillierte Informationen über die Verfahren, die politischen Entscheidungen vorausgehen. Zudem können sie die möglichen Auswirkungen von Handlungsalternativen realistischer einschätzen als Außenstehende. Dies besitzt theoretisch und praktisch bedeutsame Konsequenzen. Politiker führen, wie alle Akteure, aufgrund ihrer speziellen Kenntnisse ihr Verhalten in hohem Maße auf die Umstände ihres Handelns zurück (vgl. Jones/Nisbett 1972). Journalisten verfügen meist nur über einen Teil dieser Informationen und erklären wie alle Beobachter das Verhalten der Politiker vor allem mit ihrem Charakter und den Motiven – und sie stellen verständlicherweise die Sachverhalte entsprechend dar. Politiker vergleichen die Medienberichte mit ihren eigenen Eindrücken, deutlich anderen Eindrücken. Sie sind deshalb meist der Meinung, ihr Verhalten werde von den Medien häufig falsch dargestellt: Sie sehen sich als Personen präsentiert, die ohne Rücksicht auf Umstände frei handeln können, während sie sich selbst als strukturellen und organisatorischen Sachzwängen ausgesetzt sehen, die ihrer Entscheidungsfreiheit enge Grenzen setzen (vgl. Kepplinger et al. 2007; Kepplinger/Glaab 2005). Diese Phänomene werden von der Medienwirkungsforschung kaum theoretisch diskutiert und empirisch analysiert, weil aus den genannten Gründen die Politiker als direkt beeinflusste Akteure nicht vorkommen.[5]

4 Landtagsabgeordnete lesen, wenn ihre „Landespartei von den Medien massiv kritisiert oder sogar angeprangert wird“, „viel mehr Beiträge über die Landespartei als normalerweise“ (50 Prozent) und sie verfolgen „einzelne Beiträge viel aufmerksamer als normalerweise“ (62 Prozent).

5 54 Prozent der Landtagsabgeordneten, die der Ansicht sind, bei der letzten massiven Kritik der Medien an ihrer Landespartei seien die Fakten völlig oder teilweise falsch dargestellt worden. 81 Prozent von allen behaupten, ihr seien „Fehler vorgeworfen worden, die sie nicht begangen [habe]“. 67 Prozent behaupten dagegen, „Umstände, auf die die Partei keinen Einfluss [habe]“, seien „verschwiegen, heruntergespielt“ worden, vgl. Institut für Publizistik der Universität Mainz: Online-Befragung 2007, 571 Befragte.

4. Erklärungen von Medienwirkungen

Die Medienwirkungsforschung untersucht den Einfluss der Medien auf weitgehend isolierte und autonome Individuen. Zwar können sie Mitglieder von Gruppen sein, die die Wirkungen moderieren. Die Art und Weise, wie die Individuen die Medien nutzen, sowie die Effekte, die dadurch eintreten, sind aber weder eine Voraussetzung für ihr individuelles Wohlbefinden, noch für ihre Selbstbehauptung in ihrer sozialen Umgebung. Ein Grund hierfür besteht darin, dass die Lerntheorie nach wie vor die unausgesprochene Grundlage der meisten Ansätze der Medienwirkungsforschung ist. Auf ihr beruhen die Agenda-Setting-These, die Wissenskluft-These, die Kultivierungs-These, die Diffusionsforschung und so weiter. Von den Annahmen der Lerntheorie ausgehend liefert die Medienwirkungsforschung kausale Erklärungen der Wirkung der Massenmedien. Eine Bedingung für kausale Erklärungen ist die zeitliche Reihenfolge von Ursache und Wirkung: Die Ursache muss der Wirkung vorausgehen. Auf dieser Überzeugung beruhen fast alle Experimente zur Wirkung der Massenmedien sowie alle Zeitreihenanalysen, für die langfristige Trends der Medienberichterstattung mit ebensolchen Trends der Bevölkerungsmeinung verglichen werden. Auch hier geht es im Kern um die Frage: Was war zuerst? Was zuerst war, wird als Ursache betrachtet, was später kam, als Wirkung.

Bemerkenswerte Ausnahmen von dem skizzierten Erklärungsansatz bilden die Konsistenztheorien sowie der mit ihnen verwandte Nutzen- und Belohnungsansatz. Bei beiden Ansätzen liegt ein Teil der Wirkursachen nicht in der Vergangenheit sondern in der Zukunft – in notwendigen oder wünschenswerten Sollzuständen, die durch die Nutzung von Medienangeboten nicht gestört oder durch sie erreicht werden sollen, beziehungsweise können. Nach der Theorie der kognitiven Konsistenz hängt beispielsweise die Wirkung der Medienbotschaften sowohl von ihre Richtung und Ausprägung als auch von den bereits bestehenden Kognitionen ab. Beide – die existierenden und die neuen Kognitionen – werden von dem alles steuernden Bedürfnis nach einem harmonischen Ausgleich miteinander verschmolzen (Osgood/Tannenbaum 1967). Beim Nutzen- und Belohnungs-Ansatz werden emotionale Sollzustände als Ursache der Zuwendung zu Medienangeboten angesehen (Katz/Foulkes 1962). Die dadurch hervorgerufenen Effekte werden als Gratifikationen betrachtet, die die emotionalen Sollzustände herbeiführen. In beiden Fällen steuern in der Zukunft liegende Sollzustände das in der Gegenwart gezeigte Verhalten. Die Ursache der Nutzung und Verarbeitung liegt demnach in dem Zustand, der dadurch erreicht werden soll: Die Medienangebote stellen Mittel dar, die einem Zweck dienen.

Die Mediatisierungsforschung untersucht den Einfluss der Medien auf Systeme und Subsysteme, auf Organisationen und Institutionen beziehungsweise auf die Menschen, die sich in diesen Kontexten bewegen. Ihre Basis bilden theoretische Annahmen zu den funktionalen Voraussetzungen der Stabilität und des Wandels dieser Einheiten. Dies betrifft Institutionen wie die Politik, die Wirtschaft und die Wissenschaft, politische Organisationen wie das Parlament und die Ausschüsse sowie Personen wie die einzelnen Parlamentarier. Politisches Handeln ist im Wesentlichen intentionales Handeln.[6] Politiker reagieren nicht nur auf vorangegangene Berichte. Sie versuchen – darauf wurde bereits mehrfach verwiesen – positive Beiträge herbeizuführen sowie negative Beiträge zu verhindern. Diese Sachverhalte besitzen erhebliche Auswirkungen auf das theoretisch relevante Menschenbild und die Erklärung ihres Verhaltens. Die handelnden Menschen werden erstens nicht als weitgehend isolierte und autonome Individuen betrachtet, sondern in ihrer Beziehung zu ihren Handlungskontexten gesehen. Es geht darum, wie sie sich in ihren jeweiligen Handlungskontexten behaupten können. Es geht um die funktionalen Voraussetzungen der Selbstbehauptung im jeweiligen Kontext. Die handelnden Menschen werden zweitens als bewusst agierende Individuen angesehen, die durch den jeweiligen Kontext vorgegebene Ziele und Zwecke verfolgen, und die dazu zweckmäßig erscheinende Mittel einsetzen. Bei diesem Kontext handelt es sich – je nach Fragestellung – um die Politik, das Parlament, die Fraktion und so weiter. Das Verhalten der Menschen ist drittens nur insofern theoretisch relevant, als es einen Bezug zu dem jeweiligen Handlungskontext besitzt. Dies gilt auch für alle Vorstellungen, Meinungen, Verhaltensweisen, die von den Medien verursacht werden. Die meisten Ergebnisse der Medienwirkungsforschung liefern hierzu keine Informationen. Sie sind deshalb aus Sicht der Mediatisierungsforschung theoretisch weitgehend irrelevant. Sie besitzen keine Indikatorqualität.

Die Mediatisierungsforschung liefert aus den genannten Gründen im Unterschied zur Medienwirkungsforschung auch finale, beziehungsweise funktionale Erklärungen des medienrelevanten Verhaltens von Politikern: Die in der Gegenwart beobachtbaren Verhaltensweisen werden als Mittel betrachtet, um in der Zukunft liegende Ziele zu erreichen. Es handelt sich um Mittel-Zweck-Beziehungen, wobei die Zweckerfüllung unter bestimmten Voraussetzungen als Ursache der Mittelwahl betrachtet werden kann (Stegmüller 1969; Hartmann 1966[7]; Luhmann 1970). Dies gilt analog auch für die hier diskutierten Fälle: Die Erfüllung der für den Erfolg erforderlichen Ziele (Medienberichte, Medienwirkung) wird als eine Ursache des Verhaltens von Politikern etwa im Parlament oder gegenüber den Medien angesehen. Konkret formuliert: Weil Politiker auf positive Publikumsresonanz angewiesen sind, und weil sie diese in ausreichendem Maße nur durch Medienberichte erreichen können, entscheiden sie sich zum Beispiel für die Einbringung von Kleinen Anfragen, über die einige für sie wichtige Medien erfahrungsgemäß berichten (vgl. Kepplinger 2007c). Die Wahl der geeigneten Mittel wird gedanklich und damit nicht direkt beobachtbar aus den gegebenen Notwendigkeiten und den vorhandenen Er-

6 Dies gilt auch für die Nachrichtenauswahl, die wesentlich zweckbestimmt erfolgt und durch rein kausale Ansätze wie die Nachrichtenwert-Theorie nur unzureichend erklärt werden kann (vgl. hierzu Kepplinger et al. 1989).

7 Die hilfreiche Explikation der Problematik von Hartmann (1966: 69) entspricht der hier behandelten Problematik nicht ganz, weil Hartmann davon ausgeht, dass die Zwecke frei gesetzt werden, während hier die Zwecke (Bekanntheit, Beliebtheit, Akzeptanz und so weiter) aufgrund der Position der Parlamentarier weitgehend vorgegeben sind.

fahrungen abgeleitet, die erforderlichen Schritte werden direkt beobachtbar ausgeführt.

Funktionale Theorien haben den Nachteil, dass der Zusammenhang von Zweck und Mittel mit einer Unsicherheit behaftet ist, weil Handlungen mit dem Verweis auf intendierte Wirkungen erklärt werden, deren Eintreten nicht sicher ist. Dies trifft in ähnlicher Weise aber auch auf kausale Theorien zu. Auch hier können die Wirkungen nur mit einer bestimmten Wahrscheinlichkeit eintreten und erklärt werden. Funktionale Theorien haben zudem den Nachteil, dass man die Wahl eines Mittels nur dann aus den Folgen ableiten kann, wenn es sich bei den Folgen tatsächlich um funktionale Voraussetzungen handelt. Dies ist dann der Fall, wenn die Funktionsfähigkeit des Systems beim Nichteintritt der Folgen in Frage gestellt wäre. Dies ist in den Sozialwissenschaften im Unterschied zur Biologie und Medizin meist schwer zu beweisen. Funktionale Theorien haben schließlich auch noch den Nachteil, dass die Erklärung für die Wahl eines Mittels umso weniger aussagekräftig ist, je mehr funktionale Alternativen zur Verfügung stehen. Andernfalls muss geklärt werden, weshalb die Entscheidung für eine von mehren Alternativen gefallen ist.

Aus den genannten Gründen erscheint es bei oberflächlicher Betrachtung ratsam, den Problemen auszuweichen und zum Beispiel das mediengerechte Verhalten von Politikern kausal durch ihre Motive zu erklären. Dies ist jedoch praktisch nicht zielführend, weil dann die beiden zentralen wissenschaftlichen Fragen ausgeklammert sind. Erstens: Warum besitzen Politiker die angenommenen Motive, andere Menschen aber nicht? Warum suchen sie beispielsweise die Öffentlichkeit, während mittelständische Unternehmer sie meiden? Zweitens: Warum wählen sie ein bestimmtes Mittel und vernachlässigen andere? Warum wenden sie sich beispielsweise an die Medien und nicht an die Kirchen? Antworten auf diese zentralen Fragen sind nur möglich, wenn man Politiker als Akteure in einem gesellschaftlichen Subsystem betrachtet und die funktionalen Voraussetzungen für ihre Selbstbehauptungen in diesem System theoretisiert. Funktionale Erklärungen sind allerdings keine Alternativen, sondern eine notwendige Ergänzung von kausalen Erklärungen. Sie setzen den Nachweis von Kausalbeziehungen voraus. So kann man die wiederholte Entscheidung eines Politikers für eine medienwirksame Aktion durch den intendierten Zweck – Medienresonanz – nur erklären, wenn dieser Zweck hinreichend oft erfüllt wird, wenn also die Aktionen mit einer befriedigenden Wahrscheinlichkeit in eine Publikation mündet.

5. Folgerungen

Die Vermutung, Mediatisierungsforschung sei nur ein neues Etikett für Medienwirkungsforschung trifft aus drei Gründen nicht zu. Erstens untersucht sie schwerpunktmäßig andere Objekte als die Medienwirkungsforschung: Im Zentrum der Mediatisierungsforschung stehen nicht vereinzelte Individuen, die allenfalls aufsummiert werden, sondern Strukturen von Organisationen und Personenkonstellationen. Zu diesen Organisationen gehören Parteien und Parlamente sowie Unternehmen und Verbände. Zweitens konzentriert sie sich auf ein anderes Wirkungsmodell: Neben den direkten Wirkungen auf die Mediennutzer werden die indirekten Wirkungen betrachtet. Letztere bilden dabei keinen Neben - sondern einen Hauptaspekt der Analyse. Die direkten Nutzer der Medienangebote kann man dabei als Schnittstellen zwischen der Eigendynamik der Medien und der Eigendynamik der sozialen Einheiten betrachten, in denen sich die Nutzer bewegen. Drittens liefert sie andere theoretische Erklärungen: Neben kausalen Erklärungen von Medienwirkungen treten finale Erklärungen der medienrelevanten Verhaltensweisen. Der Grund hierfür besteht darin, daß die Individuen als intentional handelnde Menschen betrachtet werden, die sich gegenüber vergangenen und zukünftigen Medieninhalten zweckrational verhalten. Dabei antizipieren sie zukünftige Medienwirkungen, die sie herbeiführen oder vermeiden wollen. Aus den genannten Gründen kann man die Entwicklung der Mediatisierungsforschung als Anzeichen für einen Paradigmenwechsel der Analyse politischer Kommunikation betrachten, durch den die empirische Forschung stärker mit der Theorie politischer Systeme verbunden wird.

Literaturverzeichnis

Dillard, James Price/Weber, Kirsten M./Vail, Renata G. 2007: The Relationship Between the Perceived and Actual Effectiveness of Persuasive Messages: A Meta-Analysis With Implications for Formative Campaign Research, in: Journal of Communication 57, 613–631.

Hartmann, Nicolai 1966: Teleologisches Denken. Berlin.

Huck, Inga und Brosius, Hans-Bernd 2007: Der Third-Person-Effekt – Über den vermuteten Einfluss der Massenmedien, in: Publizistik 52, 355–374.

Iyengar, Shanto und Kinder, Donald 1987: News that matters: Television and American opinion. Chicago.

Jones, Edward E. und Nisbett, Richard E. 1972: The Actor and the Observer: Divergent Perceptions of Causes of Behaviour, in: Edward E. Jones/David E. Kanouse/Harold H. Kelley/Richard E. Nisbett/Stuart Valins/Bernard Weiner (Hg.): Attribution: Perceiving the Causes of Behaviour. Morristown, 79–94.

Katz, Elihu und Foulkes, Daniel 1962: On the Uses of the Mass Media as 'Escape': Clarification of a Concept, in: Public Opinion Quarterly 26, 377–388.

Kepplinger, Hans Mathias 1985: Systemtheoretische Aspekte politischer Kommunikation, in: Publizistik 30, 247–264.

Kepplinger, Hans Mathias 2002: Mediatization of Politics: Theory and Data, in: Journal of Communication 52, 972–986.

Kepplinger, Hans Mathias 2007a: Reciprocal Effects, in: The Harvard International Journal of Press/Politics 12, 3–23.

Kepplinger, Hans Mathias 2007b: Politiker als Protagonisten der Medien, in: Zeitschrift für Politik 3, 272–295.

Kepplinger, Hans Mathias 2007c: Kleine Anfragen. Funktionale Analyse einer parlamentarischen Praxis, in: Werner J. Patzelt/Martin Sebaldt/Uwe Kranenpohl (Hg.): Res publica semper reformanda: Wissenschaft und politische Bildung im Dienste des Gemeinwohls. Festschrift für Heinrich Oberreuter zum 65. Geburtstag. Wiesbaden, 304–319.

Kepplinger, Hans Mathias/Brosius, Hans-Bernd/Staab, Joachim Friedrich/Linke, Günter 1989: Instrumentelle Aktualisierung. Grundlagen einer Theorie publizistischer Konflikte, in: Max Kaase und Winfried Schulz (Hg.): Massenkommunikation. Theorien, Methoden, Befunde. Opladen, 199–220.

Kepplinger, Hans Mathias/Brosius, Hans-Bernd/Staab, Joachim Friedrich/Linke, Günter 1992: Instrumentelle Aktualisierung. Grundlagen einer Theorie kognitiv-affektiver Medienwirkungen, in: Winfried Schulz (Hg.): Medienwirkungen. Weinheim, 161–189.

Kepplinger, Hans Mathias und Glaab, Sonja 2005: Folgen ungewollter Öffentlichkeit: Abwertende Pressebeiträge aus der Sichtweise der Betroffenen, in: Axel Beater und Stefan Habermeier (Hg.): Verletzung von Persönlichkeitsrechten durch die Medien. Tübingen, 117–137.

Kepplinger, Hans Mathias und Hachenberg, Michael 1980: Die fordernde Minderheit. Eine Studie zum sozialen Wandel durch abweichendes Verhalten am Beispiel der Kriegsdienstverweigerung, in: Kölner Zeitschrift für Soziologie und Sozialpsychologie 32, 508–534.

Kepplinger, Hans Mathias und Roth, Herbert 1973–1974: Kommunikation in der Ölkrise des Winters 1973/74, in: Publizistik 23, 337–356.

Lasswell, Harold D. 1948: The structure and function of communication in society, in: Byron Lyman (Hg.): The communication of ideas. New York, 37.

Lazarsfeld, Paul F./Berelson, Bernard/Gaudet, Hazel 1944: The People's Choice. How the voter makes up his mind in a presidential campaign. New York.

Luhmann, Niklas 1970: Funktion und Kausalität, in: Niklas Luhman: Soziologische Aufklärung 1. Aufsätze zur Theorie sozialer Systeme. Wiesbaden, 11–38.

Mazzoleni, Gianpietro und Schulz, Winfried 1999: "Mediatization" of politics: A Challenge for Democracy, in: Political Communication 16, 247–261.

Noelle-Neumann, Elisabeth 1974: The Spiral of Silence. A Theory of Public Opinion, in: Journal of Communication 24, 43–51.

Osgood, Charles E. und Tannenbaum, Percy H. 1967: The Principle of Congruity in the Prediction of Attitude Change, in: Martin Fishbein (Hg.): Readings in Attitude Theory and Measurement. New York, 301–311.

Ostertag, Michael 1991: Zum Wirkungspotential nichtsprachlicher Äußerungen in politischen Sendungen. Mainz.

Perloff, Richard M. 1993: Third-Person Effect Research 1983-1992: A Review and Synthesis, in: International Journal of Public Opinion Research 5, 167–184.

Perloff, Richard M. 1999: Third-Person Effect: A Critical Review and Synthesis, in: Media Psychology 1, 353–378.

Podschuweit, Nicole 2007: Wirkungen von Wahlwerbung. Aufmerksamkeitsstärke, Verarbeitung, Erinnerungsleistung und Entscheidungsrelevanz. München.

Riley, Matilda W. und Riley, John W. 1951: A sociological approach to communications research, in: Public Opinion Quarterly 15, 444–450.

Schulz, Winfried 2004: Reconstructing Mediatization as an Analytical Concept, in: European Journal of Communication 19, 87–101.

Seymour-Ure, Colin 1976: The political impact of mass media. London.

Sigelman, Lee 2001: The Presentation of Self in Presidential Life: Onstage and Backstage With Johnson and Nixon, in: Political Communication 18, 1–22.

Smith, Richard L./McPhail, Clark/Pickens, Robert G. 1975: Reactivity to Systematic Observation with Film: A Field Experiment, in: Sociometry 38, 536–550.

Stegmüller, Wolfgang 1969: Hauptströmungen der Gegenwartsphilosophie, Stuttgart

Westley, Bruce H. und MacLean, Malcolm S. 1957: A conceptual model for communication research, in: Journalism Quarterly 34, 31–38.

Governance in der Staats- und Verwaltungsrechtswissenschaft

JENS KERSTEN

Governance fordert die Staats- und Verwaltungsrechtswissenschaft methodisch heraus. Die Rechtswissenschaft sollte diese Herausforderung annehmen. Die juristische Rezeption von Governance als Begriff und Konzept muss dabei zwei Fragen beantworten: Erstens, was kann Governance für die Staats- und Verwaltungsrechtswissenschaft heißen? Und zweitens, welchen juristischen Bedingungen unterliegt die rechtswissenschaftliche Rezeption von Governance?

1. Was kann Governance für die Staats- und Verwaltungsrechtswissenschaft heißen?

Governance ist „ein anerkannt uneindeutiger Begriff" (von Blumenthal 2005: 1150). Doch in der wissenschaftlichen Diskussion haben sich ein weiter und ein enger Governance-Begriff herausgebildet (Schuppert 2007: 467 ff.).

1.1 Rezeption des weiten Governance-Begriffs in der Staats- und Verwaltungslehre

Der weite Governance-Begriff knüpft an die begriffsgeschichtliche Wurzel an: *gubernare* – die Lenkung des Staatsschiffs als Metapher für die Ausübung öffentlicher Herrschaft und Gewalt (Foucault 2004: 146 f.). Die Verwendung des Governance-Begriffs durch die Weltbank steht in dieser Tradition einer Lehre der guten Regierung, die nach der klugen Verfassung von Staat und Gesellschaft fragt (Weltbank 2008; Möllers 2006: 314 ff.): Politische Partizipation, gesellschaftlicher Pluralismus, Rechtsstaatlichkeit, Marktwirtschaft und gute Verwaltung – *„good governance"* als Variante der Fürstenspiegel zur Sicherung nachhaltiger Finanzhilfen in den Zeiten der Globalisierung.

Die wissenschaftliche Diskussion hat diesen weiten Governance-Begriff analytisch aufgegriffen. Sie hat ihn von seinen normativen Einkleidungen befreit (Schuppert 2007: 473 ff., 482). Mayntz definiert den weiten, analytischen Governance-Begriff als das

> „Gesamt aller nebeneinander bestehenden Formen der kollektiven Regelung gesellschaftlicher Sachverhalte, von der institutionalisierten gesellschaftlichen Selbstregelung über verschiedene Formen des Zusammenwirkens staatlicher und privater Akteure bis zu hoheitlichem Handeln staatlicher Akteure" (Mayntz 2004: 66).

Damit umfasst dieser weite Governance-Begriff die wissenschaftliche Analyse des gesamten politischen Lebens. Er beschreibt insbesondere die Transformationsprozesse von Staatlichkeit, die anhand der vier Governance-Modi Hierarchie, Verhandlung, Netzwerk und Wettbewerb rekonstruiert werden (Schuppert 2006a: 420 ff.; 2007: 491 ff.; Trute et al. 2007: 248 ff.).

Im juristischen Fächerkanon kann der weite Governance-Begriff von der Staats- und Verwaltungslehre rezipiert werden. Staats- und Verwaltungslehre sind empirisch orientiert. Juristen reflektieren in diesen Fächern traditionell den Wandel von Staatlichkeit. Sie stehen in der Tradition der klassischen Allgemeinen Staatslehre um 1900 – also der Lehren Georg Jellineks sowie des entlaufenen Juristen Max Webers (Kersten 2000: 93 ff., 118 ff.). Vor dem Hintergrund der Europäisierung und Globalisierung erleben die Staats- und Verwaltungslehre als Analyse des Wandels von Staatlichkeit gegenwärtig eine Renaissance (Voßkuhle 2004: 2 ff.). Da sie der *empirischen* Analyse dieser staatlichen Transformationsprozesse dienen, stellen sie keine *normativen* Bedingungen hinsichtlich der interdisziplinären Theorierezeption. Der Eintritt des weiten Governance-Begriffs in die empirisch orientierte Staats- und Verwaltungslehre ist methodisch frei.

1.2 Rezeption des engen Governance-Begriffs in der Staats- und Verwaltungsrechtswissenschaft

Neben dem weiten steht ein enger Governance-Begriff. Er versteht unter Governance Regelungs- (Trute et al. 2004: 457 ff.; Trute et.al 2007: 240 ff.) beziehungsweise Koordinationsstrukturen (Schuppert 2007: 483 ff., 488, 499, 509), die sich nicht von einem Zentrum her analysieren und bewerten lassen (Trute et al. 2004: 462; Franzius 2006: 188, 197). In diesen Netzstrukturen kann insbesondere der Staat keine zentrale Stellung mehr für sich beanspruchen. Es fehlt ihm die Macht, alle übrigen privaten und zivilgesellschaftlichen Akteure auf sich zu polarisieren. Der enge Governance-Begriff reflektiert daher die Erkenntnis, dass sich einige Bereiche der öffentlichen Verwaltung nicht mehr mit der Steuerungstheorie abbilden lassen. Der Steuerungsansatz beruht auf der Annahme, dass ein Steuerungssubjekt mittels Steuerungsinstrumenten gezielt auf ein Steuerungsobjekt einwirken und so vielleicht keinen kausal-linearen, wohl aber einen zurechenbaren Steuerungserfolg herbeiführen kann (Voßkuhle 2006: 23 ff.; Kahl 2008a: 74). Dieses Steuerungsmodell bestimmt in vielen Bereichen die Realität staatlichen Handelns. Aber in einigen Sektoren der öffentlichen Verwaltung ist die Realität eben auch über das Steuerungsmodell hinweggegangen: Lokale, regionale, staatliche, europäische, transnationale und internationale sowie private und zivilgesellschaftliche Akteure agieren in Netzstrukturen, die keine klare Unterscheidung von Steuerungssubjekt und Steuerungsobjekt mehr erlauben. Eine unmittelbare Zurechnung von Steuerungsinstrumenten zu einem Steuerungserfolg ist deshalb nicht mehr ermöglich. In Netzstrukturen stellt sich mit der Frage „Wer steuert wen?“ (Trute et al. 2004: 461) zugleich die Frage nach den Grenzen des tradierten Steuerungsmodells.

An diesem Punkt der Diskussion hat wiederum Mayntz einen Perspektivwechsel von Steuerung zu Governance vorgeschlagen – also von einer „akteurzentrierten Steuerungsperspektive" zu einem auf „institutionelle Regelungsstrukturen" konzentrierten Governance-Ansatz (Mayntz 2004: 66 ff.; 2006: 11 ff.). Eigentlich müsste nun in der Staats- und Verwaltungsrechtswissenschaft Jubel über diese interdisziplinäre „Steilvorlage" ausbrechen (Schuppert 2007: 490; 2008: 337): Wer – wenn nicht die Rechtswissenschaft – wäre zur normativen Analyse und Konstruktion von Regelungs- und Koordinationsstrukturen berufen? Doch von Euphorie im Staats- und Verwaltungsrecht kann – vorerst – keine Rede sein. Selbst diejenigen üben Zurückhaltung, die sich als *Neue Verwaltungsrechtswissenschaft* im Sinne einer anwendungsbezogenen und steuerungsorientierten Handlungs- und Entscheidungswissenschaft verstehen (Voßkuhle 2006: 23, 56 ff.).

Wo bleibt – so der verbreitete Einwand – bei Governance die Verwaltungsrechtsdogmatik? Doch diese methodologische Skepsis ist nicht begründet. Es existieren letztlich keine durchgreifenden rechtsdogmatischen Bedenken gegen eine Rezeption von Governance als einem zentralen Schlüsselbegriff der Staats- und Verwaltungsrechtswissenschaft. Diese These setzt die Klärung des Verhältnisses zwischen der staats- und verwaltungsrechtlichen Dogmatik einerseits und den staats- und verwaltungsrechtswissenschaftlichen Schlüsselbegriffen andererseits voraus.

Staats- und Verwaltungsrechtsdogmatik meinen ein auf die Anwendung von Rechtssätzen bezogenes systematisches Denken (Appel 2008: 235 ff.; Eifert 2008: 289 ff.; kritisch dazu: Lepsius 2008: 349; Jestaedt 2008: 353). Dieses Denken geht vom Rechtssatz aus. Es ordnet den Rechtssatz in die Handlungsformen ein – also Gesetz, Verordnung, Satzung, Organisation, Plan, Verwaltungsakt oder Verwaltungsvertrag. Es interpretiert den Rechtssatz sodann durch seine Auslegung nach Wortlaut, Geschichte, Systematik und Zweck. Es misst den Rechtssatz schließlich an der Verfassung und eröffnet im Fall der Rechtsverletzung des Bürgers den Zugang zu den Gerichten.

Staats- und verwaltungsrechtswissenschaftliche Schlüsselbegriffe – wie Daseinsvorsorge, Kooperation, Privatisierung, Regulierung, Verantwortungsteilung, Steuerung und eben auch Governance – stellen diese rechtsdogmatische Arbeit in keiner Weise in Frage. Ihre Aufgabe ist eine ganz andere (Voßkuhle 2001: 184 ff.; 2006: 35; 2008: 343): Schlüsselbegriffe gehen nicht vom Rechtssatz aus, sondern von einem in der Realität wahrgenommenen Phänomen und suchen für die mit diesem Phänomen verbundenen Probleme nach Lösungen, die es sodann rechtsdogmatisch zu rekonstruieren gilt. Schlüsselbegriffe sind also Kompaktbegriffe, die vor dem Hintergrund einer typisierten Problemstellung die staats- und verwaltungsrechtsdogmatisch zu rekonstruierenden Handlungsmöglichkeiten beschreiben, ordnen und fortentwickeln.

Dies lässt sich anhand eines Beispiels aus dem Bereich von *urban governance* erläutern (Kersten 2007a: 50 ff.; 2007b: 330 ff.): Seit dem Hilfeschrei des Lehrerkollegiums der Neuköllner Rütli-Schule im Januar 2006 diskutiert die Öffentlichkeit Schulsegregation als eine zentrale soziale Herausforderung. Durch einseitig hoheitliche *zero-tolerance*-Strategien mag zunächst Sicherheit hergestellt werden. Doch das soziale Problem wird dadurch nicht gelöst. Auch versagen Lösungen, die sich auf das Schulressort beschränken: Die Zusammenlegung der Rütli-Hauptschule mit der benachbarten Realschule hilft nicht weiter, da dies aufgrund des segregierten Umfelds nur eine neue Schule mit den alten Problemen schafft. Entsprechend dem neuen Steuerungsmodell haben nun alle Bundesländer den Schulen größere pädagogische, organisatorische, personelle und finanzielle Eigenverantwortung eingeräumt, die in der konzeptionellen Entwicklung und Fortschreibung eines Schulprogramms ausgefüllt wird. Dies ist für sich genommen ein erster Schritt, um Schulsegregation zu bekämpfen, bleibt aber immer noch sektoral. Deshalb bedarf dieser erste – steuerungswissenschaftlich angestoßene Schritt – eines zweiten Schrittes, der ganz in der Governance-Perspektive liegt: Dieser zweite Schritt setzt auf die Vernetzung der Schulen und wird durch die sogenannte „Soziale Stadt" geleistet, die in § 171e BauGB als Governance-Instrument gesetzlich geregelt ist: Die Soziale Stadt setzt auf die aktivierende Vernetzung endogener zivilgesellschaftlicher und wirtschaftlicher Potenziale in einem benachteiligten Stadtviertel, das von einem Quartiersmanagement koordinierend unterstützt wird. Man hat in dieser Vernetzung die Schlüsselstellung der Schulen erkannt, die sich untereinander sowie mit Sport-, Kirchen- und Moscheenvereinen und vor allem mit der gesamtstädtischen Wirtschaft vernetzen, um den Schülern so nicht nur Lebenschancen zu eröffnen, sondern auch die gegenseitigen sozialen, sprachlichen und kulturellen Kompetenzen von Schülern, Lehrern und Eltern zu fördern.

Zwar hat der Staat hier mit den Schulgesetzen und dem Baugesetzbuch die rechtlichen Rahmenbedingungen für die Regelungs- und Koordinationsstruktur des entstehenden urbanen Netzwerks geschaffen. Doch in diesem urbanen Netzwerk verfügt der Staat selbst über keine zentrale Stellung mehr. Er ist maximal ein „Spielertrainer", wie Ralf Dahrendorf den Rollenwechsel des Staats charakterisiert. Verwaltungsrechtswissenschaftlich betrachtet handelt es sich hier also um eine Governance-Struktur, die verwaltungsrechtsdogmatisch durch eine Kombination von Gesetz, Selbstorganisation, Verwaltungsakten sowie privaten und öffentlich-rechtlichen Verträgen normativ rekonstruiert wird. Als verwaltungsrechtswissenschaftlicher Schlüsselbegriff vermittelt Governance dabei als Beschreibung einer komplexen Regelungs- und Koordinationsstruktur zwischen einem sozialpolitischen Problem und dessen verwaltungsrechtsdogmatischer Lösung. Der Governance-Begriff entfaltet eine Ordnungsfunktion für die Anwendung von Verwaltungsrechtsdogmatik. Er speichert mit jeder Fortentwicklung der Problemlösungsmodelle die gesammelten Erfahrungen für neue Anwendungsfelder (Meinel 2007: 1287 f.; Schuppert/Voßkuhle 2008). Auf diese Weise dynamisiert Governance als staats- und verwaltungsrechtswissenschaftlicher Schlüsselbegriff die Rechtsentwicklung (Schuppert 2007: 490 f., 493 ff.).

2. *Welchen Bedingungen unterliegt die Rezeption des Governance-Begriffs durch die Staats- und Verwaltungsrechtswissenschaft?*

Für die Beantwortung dieser Frage lässt sich an die soeben beschriebene Funktion des Governance-Begriffs anknüpfen: Als verwaltungsrechtswissenschaftlicher Schlüsselbegriff erfüllt Governance eine Ordnungs- und Entwicklungsfunktion für die Staats- und Verwaltungsrechtsdogmatik. Er vermittelt zwischen sozialen, politischen und wirtschaftlichen Herausforderungen einerseits und der staats- und verwaltungsrechtsdogmatischen Rekonstruktion institutioneller Lösungsansätze andererseits. In dieser Vermittlerrolle muss der Governance-Begriff mit seinem Verständnis von Regelungs- und Koordinationsstrukturen aber eben nicht nur der sozialen, politischen und wirtschaftlichen Realität genügen. Er muss auch für die Verwaltungsrechtsdogmatik anschlussfähig sein. Der Eintritt des weiten Governance-Begriffs in die empirisch orientierte Staats- und Verwaltungslehre war methodisch frei. Demgegenüber ist der Eintritt des engen Governance-Begriffs in die Staats- und Verwaltungsrechtsdogmatik nicht kostenlos: Wenn die Rezeption erfolgreich sein soll, muss der enge Governance-Begriff Strukturbedingungen des rechtsdogmatischen Denkens methodisch antizipieren.

Die insofern zentrale Strukturvorgabe der Verwaltungsrechtsdogmatik lässt sich ganz klar benennen: Governance wird sich nur dann als verwaltungsrechtswissenschaftlicher Schlüsselbegriff etablieren, wenn er den Akteur *nicht* verabschiedet. Ein solcher Abschied vom Akteur mag sich in einigen Beiträgen zur Governance-Forschung jedenfalls andeuten, die eine Entwicklungslinie von der „akteurzentrierten Steuerungstheorie" zu einem institutionellen Governance-Ansatz ziehen (Franzius 2006: 199; Appel 2008: 364; kritisch dazu: Pitschas 2008: 342). Doch die Staats- und Verwaltungsrechtswissenschaft ist – wie die Rechtswissenschaft überhaupt – eine Akteurswissenschaft. Sie fokussiert auf Handlungen, und sie löst damit einhergehende Interessenkonflikte. Vor diesem Hintergrund sind interdisziplinäre Theorieangebote, die den Akteur ausblenden, rechtswissenschaftlich nicht anschlussfähig. Ganz in diesem Sinn ist auch die Systemtheorie in der Rechtswissenschaft letztlich wirkungslos beziehungsweise auf die Versatzstückrezeption reduziert geblieben, was Niklas Luhmann als einem wiederum entlaufenen Juristen nicht verborgen geblieben sein kann (Lepsius 1999: 52 ff., 63 ff.; Battis/Kersten 2002: 28 ff.).

Deshalb ist es eine, wenn nicht sogar die zentrale Bedingung für die Rezeption von Governance durch die Staats- und Verwaltungsrechtswissenschaft, dass mit Governance kein Abschied vom Akteur verbunden ist. Für die Rezeption eines rein institutionellen Verständnisses von Governance im Sinn eines evolutorischen „Es regelt sich" fehlt es also an der interdisziplinären Geschäftsgrundlage. Der Schlüsselbegriff „Governance" könnte in diesem Fall den Anschluss an die Staats- und Verwaltungsrechtsdogmatik nicht sicherstellen.

Doch Governance muss nicht zwangsläufig eine solch überschießende Innentendenz entwickeln, die zu einer theoretischen Verabschiedung des Akteurs führt. Der Wechsel von der Steuerungs- zur Governance-Perspektive verschiebt das wissenschaftliche Interesse von der Steuerung von Akteuren zur Interaktion von Akteuren in institutionellen Regelungs- und Kooperationsstrukturen. Gunnar Folke Schuppert spricht insofern von Governance als einer „geglückten Verbindung der Akteurs- und Institutionenperspektive“ (Schuppert 2007: 507; ferner Trute et al. 2004: 468 ff.; Trute et.al 2007: 245 ff.). Sowohl aus soziologischer wie juristischer Sicht bleibt dabei der Akteur aus zumindest drei Gründen wichtig: erstens um die verfassungsrechtlichen Bindungen von staatlichen Akteuren in Netzstrukturen zu analysieren, zweitens um die Lösung von Interessenkonflikten in Netzstrukturen zu institutionalisieren und drittens um die demokratische Legitimation von Netzstrukturen zu thematisieren.

2.1 Staatliche Akteure in Netzstrukturen

Der erste Grund, der für die Betonung der Akteursperspektive in der Governance-Forschung spricht, liegt darin, dass sich Akteure mit ihrer ganzen rechtlichen Konstitution in ein Governance-Netzwerk einbringen. Netzwerke sind an sich durch eine Entdifferenzierung der Unterscheidungen zwischen Subjekt und Objekt, zwischen Kooperation und Hierarchie, zwischen hoheitlichem und privatem Handeln, zwischen formeller und informeller Steuerung sowie zwischen Entscheidung und Evolution gekennzeichnet (Möllers 2005a: 286 f., 295 ff.; 2005b: 380 f.; Franzius 2006: 197; Schuppert 2006b: 1057). Damit stellt sich die Frage, wie sich das Engagement von staatlichen Akteuren in Netzwerken auswirkt beziehungsweise – normativ formuliert – auswirken muss. Denn staatliche Akteure sind durch Art. 1 Abs. 3 GG an die Grundrechte gebunden und durch Art. 20 GG auf das Demokratie-, das Rechtsstaats-, das Bundesstaats- und das Republikprinzip verpflichtet. Dies gilt auch, wenn staatliche Akteure in Netzwerken interagieren. Durch eine Flucht in Netzstrukturen können sich staatliche Akteure ebenso wenig von diesen Bindungen befreien wie durch eine Flucht ins Privatrecht. Nur die Akteursperspektive erlaubt es hier überhaupt, das Spannungsverhältnis zu thematisieren, in das staatliche Akteure in vernetzten Governance-Strukturen gelangen: Einerseits sind sie verfassungsrechtlich an das Recht gebunden und auf das Gemeinwohl verpflichtet. Andererseits haben sie in den Netzstrukturen nicht die Macht, alle Akteure auf sich und damit auf diese Verpflichtungen zu polarisieren. Juristisch stellt sich damit nicht nur die Frage, wann sich staatliche Akteure überhaupt in Netzwerken engagieren dürfen beziehungsweise diese wieder verlassen müssen, sondern vor allem wie sie ihre verfassungsrechtlichen Bindungen über die normativen Knoten in der Netzstruktur insgesamt zu Geltung bringen (müssen) (Kemmerer 2007: 219 ff.).

Ein Beispiel hierfür ist die angestrebte Entwicklung des Frankfurter Flughafens zu einer Airport-City (Dietrich 2007: 45). Die Fraport AG, die sich zu über 50 Prozent im Besitz der öffentlichen Hand befindet (Fraport AG 2007: 4), schafft hier in Vernetzung mit privaten Investoren einen vollkommen neuen öffentlichen Raum. Es handelt sich um eine Governance-Struktur, in der bereits gegenwärtig, jedenfalls aber zukünftig der Staat keine zentrale, wohl aber eine maßgeblich Rolle spielen wird. Hier stellt sich die Frage, wie sich Herrschaft und Freiheit in dieser vor allem auf Konsum ausgerichteten Airport City neu konfigurieren und wie es in diesem Zusammenhang um die Grundrechte der Bürger steht. Der Bundesgerichtshof hat in seinem Urteil vom 20. Januar 2006 zur Meinungs- und Versammlungsfreiheit auf dem Frankfurter Flughafen die Richtung angedeutet, in die die Entwicklung zu gehen scheint: Meinungs- und Versammlungsfreiheit der Bürger stehen unter einem Hausrechtsvorbehalt der privatrechtlich organisierten Betreiber (Bundesgerichtshof 2006: 1054 f.). Doch ein interdisziplinär informierter Governance-Ansatz kann dies nicht so stehen lassen (Kersten/Meinel 2007: 1127 ff.): Er wird den Funktionswandel des privatisierten öffentlichen Raums als *public forum* beschreiben. Er muss die vernetzten staatlichen Akteure, die diesen Raum mitkonstituieren, an ihre verfassungsrechtlichen Bindungen erinnern. Und er wird die Hausordnung als die zentrale Regelungs- und Koordinationsstruktur dieses Governance-Konzepts rechtsdogmatisch neu konstruieren, so dass – anders als in der Rechtsprechung des Bundesgerichtshofs – die Meinungs- und Versammlungsfreiheit der Bürger in dieser Governance-Konstellation gewahrt wird.

2.2 Interessenkonflikte in Netzstrukturen

Der zweite Grund, der dafür spricht, mit dem Governance-Ansatz die Akteursperspektive nicht zu verabschieden, liegt in der Erkenntnis, dass Governance-Netze kein Ort der Harmonie sind. Strukturell besitzen sie zwar kein Zentrum, doch dies heißt nicht, dass es in Kooperationsnetzen keine Interessengegensätze, keine Machtasymmetrien und keine Hierarchien gibt (Möllers 2005a: 295). Akteure können in Netzwerken untereinander und damit eben auch gegeneinander koalieren. Netzwerke sind nicht notwendigerweise linear geknüpft. Sie eröffnen damit auch Akteuren unterschiedliche Netzwege, um ihre Interessen zu verfolgen und durchzusetzen (Möllers 2006: 329 ff.). Zudem stellt sich die Frage, ob ein Netzakteur seine Interessen innerhalb der Netzstruktur verfolgen muss oder ihnen auch außerhalb des Netzes nachgehen darf. Auch hier kann juristisch nur dann eine Lösung gefunden werden, wenn man die Interessen von Akteuren in Netzwerken ernst nimmt. Allein dann lässt sich sagen, auf welchen Wegen innerhalb und außerhalb eines Netzwerks Interessen durchgesetzt werden dürfen.

Das Standortmarketing in der Bundesrepublik kann als Beispiel dienen, um die Lösung von Interessengegensätzen in und durch Netzwerke zu veranschaulichen (Battis 2007: 389 ff.; Kersten 2008a: 30 ff.; Battis/Kersten 2008). Standortmarketing ist heute nicht mehr nur die schlichte Werbung um inländische wie ausländische Investoren, sondern umfasst auch die gezielte, strategische Unternehmensansiedlung. Die Standortmarketinggesellschaften der Länder – zum Beispiel in Bayern *Invest in Bavaria* – nehmen den Investor an die Hand und vernetzen ihn gezielt mit Kommunen, mit Umwelt-, Wirtschafts- und Baubehörden, mit Kammern, Dienstleistern und zivilgesellschaftlichen Akteuren, um eine nachhaltige Unternehmensansiedlung sicherzustellen. Die Komplexität des Standortmarketings in der Bundesrepublik wird noch einmal dadurch gesteigert, dass auch der Bund Investoren im Ausland wirbt und sie an die Länder vermittelt. Diese Vielfalt von Ansprechpartnern war und ist für ausländische Investoren eher verwirrend, so dass der Bundestag und die Bundesregierung ein Standortmarketing aus einem Guss und damit letztlich eine Governance-Struktur gefordert haben. Eine solche Governance-Struktur muss beim Standortmarketing mit sehr antagonistischen Interessenkonstellationen normativ umgehen: mit den Interessen der Investoren, mit den föderalen Standortkonkurrenzen, mit dem Sonderproblem der Aufbauförderung für Ostdeutschland, um nur die zentralen zu nennen. Diese Interessengegensätze gilt es in einer Regelungs- und Koordinationsstruktur aufzufangen und rechtsdogmatisch zu rekonstruieren. Dies kann dadurch geschehen, dass der Bund eine *Invest in Germany GmbH* gründet, deren Organisation und Vermittlung von Investoren an die Länder die verfassungsrechtlichen Grundsätze des föderalen Neutralitätsgebots, des föderalen Gleichheitssatzes sowie der Bundestreue abbildet.

2.3 Demokratische Legitimation von Netzstrukturen

Der dritte Grund für die Beibehaltung der Akteursperspektive betrifft die demokratische Legitimation von Netzstrukturen und damit eine ganz zentrale Frage der Governance-Forschung: Wie lassen sich Netzwerke demokratisch legitimieren, die sich gerade nicht von einem Zentrum aus verstehen lassen? Denn Demokratie – die Herrschaft des Volkes – ist ein Legitimationskonzept, das traditionell mit dem Volk auf einen zentralen Akteur setzt.

Doch so zugespitzt sich die Frage nach der demokratischen Legitimation von Netzstrukturen auch abstrakt stellt, so schnell kann sie sich im konkreten Einzelfall auch wieder entspannen: Das Demokratiegebot (Art. 20 Abs. 1 und 2, Art. 23 Abs. 1 Satz 1, Art. 28 Abs. 1 GG) verlangt, dass alle Gewalt vom Volk ausgeht und folglich auch vor diesem verantwortet werden muss. Die Kriterien, die diesen demokratischen Legitimationszusammenhang herstellen, hat das Bundesverfassungsgericht im Anschluss an Ernst-Wolfgang Böckenförde (2004: 437 ff.) entwickelt (Bundesverfassungsgericht 1990: 50 ff.; 1995: 66 ff.; 2008: 186 f.): Es lassen sich funktionelle, institutionelle, organisatorische, personelle und sachlich-inhaltliche Legitimationsbausteine unterscheiden, durch deren Zusammenwirken ein angemessenes demokratisches Legitimationsniveau für die Erledigung einer Verwaltungsaufgabe sichergestellt werden kann. In diesem Modell werden die personelle Legitimation durch die ununterbrochene Legitimationskette vom Volk zu seinen Amtsträgern sowie die sachlich-inhaltliche Legitimation durch die Bindung der Exekutive an das Parlamentsgesetz besonders betont. Dies zeigt zugleich, dass sich dieses Legitimationsmodell vor dem Hintergrund des nationalen Verfassungsstaats entwickelt hat, der idealtypisch eine hierarchisch organisierte Staatsgewalt demokratisch zu steuern suchte (Trute 2006: 316 f.). Aufgrund dieser idealtypischen Präferenz wird das klassische Legitimationsmodell demokratischer Herrschaft in den Zeiten gesellschaftlicher Pluralisierung, europäischer Integration und internationaler Globalisierung herausgefordert (Trute 2006: 317 f.; Nowrot 2007: 27 ff.; Viellechner 2007: 36 ff.).

Doch das Demokratieprinzip ist – wie auch das Rechts-, das Bundes- und das Sozialstaatsprinzip (Art. 20 Abs. 1, Art. 28 I 1 GG) – ein offenes Verfassungskonzept, das auf seine normative Weiterentwicklung angelegt ist. Diese Entwicklungsoffenheit spiegelt sich auch in der jüngsten Rechtsprechung des Bundesverfassungsgerichts zum Demokratieprinzip: In seinem Beschluss vom 5. Dezember 2002 zu den Wasserverbänden Emscher und Lippe erkennt das Bundesverfassungsgericht die funktionale Selbstverwaltung sowie die Betroffenenpartizipation für die institutionelle Lösung von spezifischen Sachproblemen als Ausdruck des Demokratiegrundsatzes ausdrücklich an (Bundesverfassungsgericht 2002: 91 ff.). Der Zweite Senat betont, dass mit der Partizipation von betroffenen Bürgern in der Regel auch besonderer Sachverstand in die Verwaltungsentscheidungen integriert wird. Dies erhöht die Verwaltungseffektivität. Mit dieser Anerkennung von Sachverstand und Effektivität als „wünschbare Qualität von Entscheidungen" (Trute 2006: 341 f.) legt das Gericht die Grundlage für die Ergänzung seines ursprünglich auf Input ausgerichteten Demokratieverständnisses durch Output-Legitimation (Scharpf 1970: 21 ff.; Trute 2006: 341 f.; Nowrot 2007: 28 ff.).

Eine Weiterentwicklung des Demokratieverständnisses des Bundesverfassungsgerichts deutet auch dessen Urteil vom 20. Dezember 2007 zur verfassungsrechtlichen Einordnungen der Arbeitsgemeinschaften nach § 44b SGB II an: Fünf Richter des Zweiten Senats sehen in den Arbeitsgemeinschaften zwar einen Verstoß gegen das Demokratieprinzip des Grundgesetzes, da nach ihrer Auffassung die Arbeitsgemeinschaften keine klare Zuordnung demokratischer Verantwortung erlauben (Bundesverfassungsgericht 2008: 186 ff.). Demgegenüber kritisieren jedoch die drei Bundesverfassungsrichter Siegfried Broß, Lerke Osterloh und Michael Gerhardt in ihrem Sondervotum, dass die Senatsmehrheit schlicht an dem klassischen demokratischen Legitimationsmodell festhalte und dies nicht weiter entwickle:

> „Die Senatsmehrheit lässt sich von vermeintlich drohenden Gefahren für eine rechtsstaatlich und demokratisch legitimierte Aufgabenwahrnehmung leiten, ohne sich auch nur ansatzweise mit der Leistungsfähigkeit der – namentlich von der Bundesagentur für Arbeit eingesetzten – neueren Steuerungsinstrumente zu befassen. Die Möglichkeiten demokratischer Legitimation moderner Verwaltungsstrukturen werden schlicht durch den Rückgriff auf das Bild der Legitimationskette ausgeblendet, was dem komplexen Konzept des hinreichenden Legitimationsniveaus [...], das auch die Senatsmehrheit heranzieht [...], nicht gerecht wird. Die Forderung nach detaillierter gesetzlicher Durchnormierung im Bereich der Verwaltungsorganisation führt nicht weiter und beruht auf der verfehlten Prämisse, die Träger der vollziehenden Gewalt seien angesichts praktischer Schwierigkeiten nicht in der Lage, die ihnen zugewiesenen Aufgaben in verfassungskonformer Weise zu erfüllen" (Bundesverfassungsgericht 2008: 193).

Damit erinnert das Sondervotum zu Recht an die Entwicklungsoffenheit des verfassungsrechtlichen Demokratieprinzips. Der Kanon der Legitimationsbausteine muss weiter entwickelt werden, um aktuelle Herausforderungen des Demokratiegrundsatzes zu bewältigen. Ganz in diesem Sinn sind auch die Arbeitsgemeinschaften nach § 44b SGB II – entgegen der Rechtsauffassung der Senatsmehrheit – hinreichend demokratisch legitimiert (Kahl 2008b: 335; Kersten 2005: 134 ff.) Im Sondervotum der Senatsminderheit zeigt sich das Bundesverfassungsgericht jedenfalls bereit, sich offen mit der demokratischen Legitimation neuer Steuerungsinstrumente auseinanderzusetzen.

In diesem Wandel der Rechtsprechung deutet sich ein Wandel des Demokratieverständnisses an: Personelle Legitimation durch Wahl und sachlich-inhaltliche Legitimation durch Gesetz behalten gerade auch in Zeiten der gesellschaftlichen Pluralisierung und politischen Transnationalisierung ihren zentralen politischen Wert und ihre zentrale verfassungsrechtliche Form (Franzius 2006: 210). Sie werden jedoch durch die Betroffenenpartizipation und die Modi der Output-Legitimation ergänzt. Diese Erweiterung der klassischen durch neue Legitimationsbausteine ist für die demokratische Legitimation von Netzstrukturen von zentraler Bedeutung. In diesem Sinn kann bei der Beantwortung der Frage nach der demokratischen Legitimation von Netzstrukturen danach differenziert werden, welche Akteure des politischen Mehrebenensystems miteinander verbunden werden (Ruffert 2008).

Soweit es sich um eine Governance-Konstellation auf lokaler, regionaler und staatlicher Ebene handelt, können deren Regelungs- und Koordinationsstrukturen durch das demokratisch legitimierte Parlament gesetzlich vorstrukturiert werden. Die staatlichen Akteure bringen ihre personelle Legitimation in dieses Netzwerk ein, das durch die Betroffenenpartizipation und Output-Legitimation ergänzt werden kann. Die Governance-Strategie gegen Schulsegregation ist mit den flankierenden Regelungen in den Schulgesetzen und im Baugesetzbuch ein Beispiel dafür.

Demgegenüber fällt die demokratische Legitimation von europäischen sowie trans- und internationalen Governance-Strukturen schwieriger. Hier fehlt es an einer unmittelbaren sachlich-inhaltlichen Vorstrukturierung der Regelungs- und Koordinationsstrukturen durch ein demokratisch legitimiertes Parlament. Deshalb wird die demokratische Legitimation supranationaler Governance-Netze auf deren Akteure setzen müssen: Die legitimierten staatlichen Akteure bringen ihre demokratische Legitimation in die Netzstrukturen ein, wenn sie die Regelungs- und Koordinationsstruktur des Netzwerks vertraglich koordinieren und in ihnen agieren. Die demokratische Legitimation dieser Netzstrukturen kann durch die Rezeption von Rechtsprinzipien weiter gestärkt werden, die in nationalen Verfassungen, europäischen Verträgen und völkerrechtlichen Konventionen normativ vorstrukturiert sind und auf diese Weise demokratisch verantwortet wurden und werden. Solche Rechtsprinzipien sind etwa die Menschen- und Bürgerrechte, die *rule of law* oder der Nachhaltigkeitsgrundsatz. Diese sachlich-inhaltliche Legitimation entfaltet ihre Wirkung auch, wenn private Akteure in die Entwicklung der Regelungs- und Koordinationsstruktur integriert sind. Sie können als Betroffene durch besonderen Sachverstand zur demokratischen Legitimation des Netzwerks beitragen. Über diese Output-Legitimation hinaus können die staatlichen Akteure die Einbeziehung Privater in die Netzstruktur vor ihrem jeweiligen *demos* verantworten. Dies ermöglicht der Grundgedanke von *accountability* als demokratischem Legitimationsbaustein. Dieser demokratische Legitimationsbaustein trägt jedenfalls immer dann, wenn den staatlichen Akteuren ein *exit* aus der Netzstruktur möglich ist, falls sie ihre Beteiligung demokratisch nicht mehr verantworten können oder wollen.

Die demokratische Legitimation supranationaler Governance-Netze lässt sich anhand von *European territorial governance* veranschaulichen (Kersten 2008b: 93 ff.): Nach dem Fall der Berliner Mauer am 9. November 1989 ist ein neuer Raumkomplex in Europa entstanden. Es ist die Aufgabe von *European territorial governance*, den territorialen Zusammenhalt des neuen europäischen Raumkomplexes zu formulieren. Sie obliegt den europäischen Städten, Regionen und Staaten sowie der Europäischen Union als den politischen Raumakteuren in Zusammenarbeit mit Nichtregierungsorganisationen und Wirtschaftsunternehmen als zivilgesellschaftlichen Raumakteuren. Dieser Governance-Prozess wird durch das Leitbild der nachhaltigen europäischen Raumentwicklung integriert. Auf dieses haben sich alle europäischen Raumakteure in der *Territorialen Agenda der Europäischen Union* (TAEU) im Mai 2007 verpflichtet. Die TAEU hat die Politik des territorialen Zusammenhalts in drei Dimensionen ausdifferenziert: erstens dem territorialen Ausgleich von Entwicklungsunterschieden, zweitens der territoriale Integration aller raumbedeutsamen Fachpolitiken im europäischen Mehrebenensystem und drittens die territoriale Vernetzung aller europäischen Raumakteure. Zwar handelt es sich bei der TAEU nur um *soft law*, das allein persuasorisch wirken kann. Doch in dieser nur vermeintlichen rechtlichen Schwäche liegt die eigentliche normative Stärke der TAEU: Wäre die TAEU als ein rechtsverbindliches Planungsinstrument zu verhandeln gewesen, hätte sie kaum ihre jetzige Normdichte erlangt. Insofern kultiviert die TAEU als *soft law* die „strength of weak ties" (Ahring/Sinz 2006: 44), auf die sich die sehr unterschiedlichen europäischen Planungskulturen im Sinne einer weichen Aussteuerung ihrer machtstrategischen Gegensätze im europäischen Mehrebenensystem verständigt haben. Als informelles Planungsinstrument kann die TAEU so das territoriale Governance-Netzwerk normativ integrieren. Hans-Heinrich Trute, Doris Kühlers und Arne Pilniok haben darauf hingewiesen, dass es die besondere Aufgabe der Governance-Forschung ist, die Bedeutung der nicht rechtsverbindlichen Steuerungsmechanismen in Netzstrukturen ins Bewusstsein zu heben (Trute et al. 2007: 246, 259; Schuppert 2007: 483, 485). Dies heißt auch, die Frage nach der demokratischen Legitimation dieser nicht rechtverbindlichen, aber gleichwohl normativen Steuerungsmechanismen zu stellen und zu beantworten. Die durch die TAEU integrierte territoriale Netzstruktur wäre in diesem Sinn demokratisch legitimiert: In den Prozess zur Ausarbeitung der TAEU haben die politischen Raumakteure ihre demokratische Legitimation eingebracht, die sie durch kommunale, regionale, staatliche und europäische Wahlen erhalten haben. Die privaten Raumakteure tragen als Betroffene durch besonderen Sachverstand zur demokratischen Output-Legitimation der TAEU bei. Ihre Partizipation erhöht zudem die effektive Umsetzung dieses territorialen Governance-Konzepts. Darüber hinaus verantworten die politischen Raumakteure die Einbeziehung privater Raumakteure in die Ausarbeitung der territorialen Regelungs- und Koordinationsstruktur gegenüber ihrem jeweiligen demos über den Grundgedanken von *accountability*: Wollen sie das territoriale Netzwerk nicht (mehr) mittragen, steht ihnen der *exit* offen. Auch sachlich-inhaltlich ist das Leitbild einer nachhaltigen europäischen Raumentwicklung, das die TAEU prägt, demokratisch legitimiert: Der Nachhaltigkeitsgrundsatz, der auf allen europäischen Politikebenen verfassungsrechtlich (Art. 2 Unterabs. 1 Spstr. 1 EUV, Art. 2, Art. 6 EGV, Art. 20a GG) oder einfachgesetzlich (§ 2 Abs. 2 Satz 1 ROG, § 1 Abs. 5 BauGB) verankert ist und damit demokratisch verantwortet wird, prägt die normative Ausdifferenzierung der territorialen Netzstruktur (Glaser 2006: 44 ff.; Kersten 2008: 400, 411 ff.).

3. Fazit

Governance bereichert nicht nur die Staats- und Verwaltungslehre, sondern auch die Verwaltungsrechtswissenschaft. Sie hilft, rechtliche Strukturen als eine Reaktion auf die neue Unübersichtlichkeit zu entwickeln, die die soziale, politische und wirtschaftliche Realität prägt. Wenn die Politik Governance-Strukturen bereits heute die Lösung von zentralen gesellschaftlichen Zukunftsfragen zutraut, sollten Juristen sich auch zutrauen, mit dem Governance-Begriff im interdisziplinären Austausch mit den Sozial-, Politik- Kommunikations- und Wirtschaftswissenschaften umzugehen.

Literaturverzeichnis

Ahring, Jürgen und Sinz, Manfred 2006: Neue Leitbilder in der Raumentwicklung in Deutschland. Modernisierung der Raumordnungspolitik im Diskurs, in: disP 165, 43–60.

Appel, Ivo 2008: Das Verwaltungsrecht zwischen klassischem dogmatischem Verständnis und steuerungswissenschaftlichem Anspruch, in: Veröffentlichungen der Vereinigung der Deutschen Staatsrechtslehrer 67, 227–285, 360–364.

Battis, Ulrich 2007: Werbung für den Wirtschafts- und Investitionsstandort Deutschland, in: Ulrich Wackerbarth/Thomas Vormbaum/ Hans-Peter Marutschke (Hg.): Festschrift für Ulrich Eisenhardt zum 70. Geburtstag. München, 389–397.

Battis, Ulrich und Kersten, Jens 2002: Institut auf Zeit. Haushalts-, wissenschafts-, organisations- und arbeitsrechtliche Rahmenbedingungen für die mittelfristige Forschungsförderung. Bonn.

Battis, Ulrich und Kersten, Jens 2008: Standortmarketing im Bundesstaat. Berlin.

Blumenthal, Julia von 2005: Governance – eine kritische Zwischenbilanz, in: Zeitschrift für Politikwissenschaft 15, 1149–1180.

Böckenförde, Ernst-Wolfgang 2004: Demokratie als Verfassungsprinzip, in: Josef Isensee und Paul Kirchhof (Hg.): Handbuch des Staatsrechts. 2. Band, 3. Auflage. Heidelberg, 429–496.

Bundesgerichtshof 2006: Urteil vom 20.1.2006, in: Neue Juristische Wochenschrift 59, 1054–1056.

Bundesverfassungsgericht 1990: Urteil vom 31.10.1990, in: BVerfGE 83, 37–59.

Bundesverfassungsgericht 1995: Beschluss vom 24.5.1995, in BVerfGE 93, 37–85.

Bundesverfassungsgericht 2002: Beschluss vom 5.12.2002, in: BVerfGE 107, 59–103.

Bundesverfassungsgericht 2008: Urteil vom 20.12.2007, in: Neue Zeitschrift für Verwaltungsrecht 27, 183–193.

Dietrich, Karl-Heinz 2007: Flughäfen im Aufwind, in: Frankfurter Allgemeine Zeitung 31.8.2007, 45.

Eifert, Martin 2008: Das Verwaltungsrecht zwischen klassischem dogmatischem Verständnis und steuerungswissenschaftlichem Anspruch, in: Veröffentlichungen der Vereinigung der Deutschen Staatsrechtslehrer 67, 286–333.

Foucault, Michel 2005: Geschichte der Gouvernementalität I. Sicherheit, Territorium, Bevölkerung. Vorlesungen am Collège de France 1977–1978. Frankfurt a. M.

Franzius, Claudio 2006: Governance und Regelungsstrukturen, in: Verwaltungsarchiv 97, 186–219.

Fraport AG 2007: http://www.fraport.de/cms/nachhaltigkeit/dokbin/301/301203. nachhaltigkeitsbericht.pdf31.03.2007, letzter Zugriff: 14.10.2008

Glaser, Andreas 2006: Nachhaltige Entwicklung und Demokratie. Ein Verfassungsrechtsvergleich der politischen Systeme Deutschlands und der Schweiz. Tübingen.

Jestaedt, Matthias 2008: Diskussionsbeitrag, in: Veröffentlichungen der Vereinigung der Deutschen Staatsrechtslehrer 67, 352–354.

Kahl, Wolfgang 2008a: Parlamentarische Steuerung der internationalen Verwaltungsvorgänge, in: Hans-Heinrich Trute/Thomas Groß/Hans Christian Röhl/Christoph Möllers (Hg.): Allgemeines Verwaltungsrecht – zur Tragfähigkeit eines Konzepts. Tübingen, 71–106.

Kahl, Wolfgang 2008b: Diskussionsbeitrag, in: Veröffentlichungen der Vereinigung der Deutschen Staatsrechtslehrer 67, 335–336.

Kemmerer, Alexandra 2007: Der normative Knoten. Über Recht und Politik im Netz der Netzwerke, in: Sigrid Boysen et. al. (Hg.): Netzwerke. Baden-Baden, 195–224.

Kersten, Jens 2000: Georg Jellinek und die klassische Staatslehre. Tübingen.

Kersten, Jens 2005: Arbeitsgemeinschaften (§ 44b SGB II) – Verfassungs-, organisations-, beamten-, arbeits- und mitbestimmungsrechtliche Fragen hybrider Behördenstrukturen –, in: Zeitschrift für Personalvertretungsrecht 5, 130–153.

Kersten, Jens 2007a: Segregation in der Schule, in: Die Öffentliche Verwaltung, Heft 2, 50–58.

Kersten, Jens 2007b: Demographie als Verwaltungsaufgabe, in: Die Verwaltung 40, 309–345.

Kersten, Jens 2008a: Standortmarketing für die Bundesrepublik – Verfassungsrechtliche Rahmenbedingungen und verwaltungsrechtliche Steuerung der Werbung für den Investitions- und Wirtschaftsstandort Deutschland –, in: Verwaltungsarchiv 99, 30–45.

Kersten, Jens 2008b: Der territoriale Zusammenhalt der Europäischen Union – Territorial Governance als Paradigma europäischer Raumentwicklung –, in: Ulrich Battis/Wilhelm Söfker/Bernhard Stüer (Hg.): Festschrift für Michael Krautzberger. München, 93–117.

Kersten, Jens und Meinel, Florian 2007: Grundrechte in privatisierten öffentlichen Räumen, in: Juristenzeitung 62, 1127–1134.

Kersten, Jens 2008: Nachhaltigkeit und Städtebau, in: Wolfgang Kahl (Hg.): Nachhaltigkeit als Verbundbegriff. Tübingen.

Lepsius, Oliver 1999: Steuerungsdiskussion, Systemtheorie und Parlamentarismuskritik. Tübingen.

Lepsius, Oliver 2008: Diskussionsbeitrag, in: Veröffentlichungen der Vereinigung der Deutschen Staatsrechtslehrer 67, 349–350.

Mayntz, Renate 2004: Governance im modernen Staat, in: Arthur Benz (Hg.): Governance – Regieren in komplexen Regelungssystemen. Wiesbaden, 65–76.

Mayntz, Renate 2006: Governance Theory als fortentwickelte Steuerungstheorie?, in: Gunnar Folke Schuppert (Hg.): Governance-Forschung, 2. Auflage. Baden-Baden, 11–20.

Meinel, Florian 2007: Bericht zur Tagung „Governance von und durch Wissen", Wissenschaftszentrum Berlin für Sozialforschung, 7./8. Juni 2007, in: Deutsches Verwaltungsblatt 122, 1287–1288.

Möllers, Christoph 2005a: Netzwerke als Kategorie des Organisationsrechts – Zur juristischen Beschreibung dezentraler Steuerung –, in: Janbernd Oebbecke (Hg.): Nicht-normative Steuerung in dezentralen Systemen. Stuttgart, 285–302.

Möllers, Christoph 2005b: Transnationale Behördenkooperation. Verfassungs- und völkerrechtliche Probleme transnationaler administrativer Standardsetzung, in: Zeitschrift für ausländisches öffentliches Recht und Völkerrecht 65, 351–389.

Möllers, Christoph 2006: European Governance: Meaning and Value of a Concept, in: Common Market Law Review, 313–336.

Nowrot, Karsten 2007: Föderalisierungs- und Parlamentarisierungstendenzen in Netzwerkstrukturen, in: Sigrid Boysen et al. (Hg.): Netzwerke. Baden-Baden, 27–35.

Pitschas, Rainer 2008: Diskussionsbeitrag, in: Veröffentlichungen der Vereinigung der Deutschen Staatsrechtslehrer 67, 342–343.

Ruffert, Matthias 2008: Was ist Democratic Governance?, in: Gunnar Folke Schuppert und Michael Zürn (Hg.): Governance in einer sich wandelnden Welt, Politische Vierteljahresschrift –Sonderheft 41 (im Erscheinen).

Scharpf, Fritz 1970: Demokratietheorie zwischen Utopie und Anpassung. Konstanz.

Schuppert, Gunnar Folke 2006a: Governance im Spiegel der Wissenschaftsdisziplinen, in: ders. (Hg.): Governance-Forschung, 2. Auflage. Baden-Baden, 371–469.

Schuppert, Gunnar Folke 2006b: Verwaltungsorganisation und Verwaltungsorganisationsrecht als Steuerungsfaktoren, in: Wolfgang Hoffmann-Riem/Eberhard

Schmidt-Aßmann/Andreas Voßkuhle (Hg.): Grundlagen des Verwaltungsrechts, 1. Band. München, 995–1081.

Schuppert, Gunnar Folke 2007: Was ist und wozu Governance?, in: Die Verwaltung 40, 463–511.

Schuppert, Gunnar Folke 2008: Diskussionsbeitrag, in: Veröffentlichungen der Vereinigung der Deutschen Staatsrechtslehrer 67, 336–337.

Schuppert, Gunnar Folke und Voßkuhle, Andreas (Hg.) 2008: Governance von und durch Wissen. Baden-Baden.

Trute, Hans-Heinrich 2006: Die demokratische Legitimation der Verwaltung, in: Wolfgang Hoffmann-Riem/Eberhard Schmidt-Aßmann/Andreas Voßkuhle (Hg.): Grundlagen des Verwaltungsrechts, 1. Band. München, 307–389.

Trute, Hans-Heinrich/Denkhaus, Wolfgang/Kühlers, Doris 2004: Governance in der Verwaltungsrechtswissenschaft, in: Die Verwaltung 37, 451–473.

Trute, Hans-Heinrich/Kühlers, Doris/Pilniok, Arne 2007: Rechtswissenschaftliche Perspektiven, in: Arthur Benz/Susanne Lütz/Uwe Schimank/Georg Simonis (Hg.): Handbuch Governance. Theoretische Grundlagen und empirische Anwendungsfelder. Wiesbaden, 240–252.

Viellechner, Lars 2007: Können Netzwerke Demokratie ersetzen? Zur Legitimation der Regulierung im Globalisierungsprozess, in: Sigrid Boysen et al. (Hg.): Netzwerke. Baden-Baden, 36 –57.

Voßkuhle, Andreas 2001: Schlüsselbegriffe der Verwaltungsrechtsreform, in: Verwaltungsarchiv 92, 184–215.

Voßkuhle, Andreas 2004: Die Renaissance der „Allgemeinen Staatslehre" im Zeitalter der Europäisierung und Internationalisierung, in: Juristische Schulung 44, 2–7.

Voßkuhle, Andreas 2006: Neue Verwaltungswissenschaft, in: Wolfgang Hoffmann-Riem/Eberhard Schmidt-Aßmann/Andreas Voßkuhle (Hg.): Grundlagen des Verwaltungsrechts, 1. Band. München, 1–61.

Voßkuhle, Andreas 2008: Diskussionsbeitrag, in: Veröffentlichungen der Vereinigung der Deutschen Staatsrechtslehrer 67, 343–344.

Weltbank 2008: www.worldbank.org/html/extdr/gc/governance/governance.htm, letzter Zugriff: 14.10.2008

Governance in einer sich wandelnden Welt – eine Zwischenbilanz

MICHAEL ZÜRN *

1. Was die Governance-Forschung herausgefunden hat

Was wissen wir über Governance in einer sich wandelnden Welt? Welche Einblicke erbrachte die Governanceforschung, die der Steuerungs- und Policyforschung verstellt blieb? Wenn im Folgenden acht Themen identifiziert werden, so ergibt sich daraus kein Anspruch auf Vollständigkeit. Vielmehr versuchen Sie, eine Schnittmenge gemeinsamer Befunde herauszudestillieren, die zugleich über die Steuerungs- und Policyforschung hinausreichen.

1.1 Neue Formen der Governance

Die zentrale Einsicht der Governanceforschung lautet, dass vom Staat gesetzte und hierarchisch durchgesetzte Gesetze und Verordnungen nur eine mögliche Form der politischen Regelung gesellschaftlicher Zusammenhänge sind. Andere Governancestrukturen, in denen der Staat kein Regelungsmonopol einnimmt, sondern entweder als einer unter anderen Akteuren mitwirkt oder sich ganz zurückzieht und bestenfalls die Randbedingungen setzt, können ebenso effektive Governance hervorbringen. Das ist innerhalb von Nationalstaaten (Rhodes 1997), auf der Ebene der EU (Jachtenfuchs/Kohler-Koch 2003) und auch auf der internationalen Ebene zu beobachten (Rosenau 1997). Selbst im Falle von *failing states* lassen sich alternative Governanceformen ausmachen (Risse/Lehmkuhl 2007).

Über die Einzelanalysen nicht-hierarchischer Governanceformen hinaus verweist die Literatur auch auf einen Trend. Demnach scheinen kooperative Regelungen, die auf Netzwerken beruhen und keine hierarchische Governance-Struktur aufweisen relativ gesehen zuzunehmen, während die relative Bedeutung rein hierarchischer Governance (*governance by government*) abnimmt. „Kennzeichnend ist gegenwärtig – so schreibt Hoffmann-Riem (2005: 204) – […] ein vermehrter Zugriff auf die schon erwähnten kooperativen und koordinativen Handlungsformen, also auf Formen horizontaler Regulierung“. Allerdings kann auch hier nicht von einem Automatismus ausgegangen werden. Eine quantitative Untersuchung von Töller (2007) zur

* Bei dem vorliegenden Beitrag handelt es sich um eine gekürzte Fassung des Schlusskapitels "Governance in einer sich wandelnden Welt - eine Zwischenbilanz" aus dem Sonderheft Nr. 41 (2008) der Politischen Vierteljahresschrift "Governance in einer sich wandelnden Welt", herausgegeben von Gunnar Folke Schuppert und Michael Zürn.

Umweltpolitik in Deutschland zeigt, dass in diesem Bereich der „befehlende Staat" neuerdings zurückkehrt. Die genauere qualitative Analyse legt nahe, dass dies neben der Entwicklung des europäischen Rechts und des Wechsels bei den Regierungsparteien auch dem begrenzten Erfolg kooperativer Regelungen geschuldet ist.

Freilich stellt dieser Einzelbefund nicht die generelle Entwicklung komplett in Frage. Immer wieder zeigt sich, dass neue Formen der Governance gesucht werden. Drei Gründe werden für diese Entwicklung genannt. Zum einen gelten neue, nicht-hierarchische Formen der Governance als besonders effizient. Man baut auf den „Servo-Effekt" neuer Regelungsformen. Zum zweiten stehen in vielen Bereichen hierarchische Regelungsformen (*by government*) nicht (mehr) zur Verfügung. Das gilt insbesondere für notwendige Regelungen jenseits des Nationalstaates. Das macht die Suche nach neuen Formen notwendig, auch wenn sie unter Umständen als weniger effektiv als traditionelle Governanceformen eingeschätzt werden. Zum Dritten entsprechen neue Formen von Governance einem Zeitgeist (einer Meta-Governance sozusagen), der generell die Regelung gesellschaftlicher Beziehungen mitgestaltet.

Im Ergebnis kann festgehalten werden, dass sich in zwei Jahrzehnten *governance by government* relativiert hat, bei einer scheinbar deutlichen Zunahme von *governance with* und *governance without government(s)* (so auch Kooiman 2003; Benz et al. 2007). Wie stark dieser Trend ist und ob er sich als anhaltend erweist, bleibt abzuwarten. Es fehlen breit angelegte quantitative Untersuchungen zur Klärung dieser Fragen. In jedem Fall führt die relative Zurücknahme des Interventionsstaates nicht zwingend zu einer geringeren Verregelung gesellschaftlicher Beziehungen.

1.2 Recht und Governance

Die skizzierte Verschiebung der relativen Bedeutung unterschiedlicher Governancestrukturen führt nicht zu einer Entrechtlichung sozialer Beziehungen. Im Gegenteil: Die Tendenz zur Verrechtlichung hält auch ohne Staatsfixierung an.[1] Am deutlichsten sieht man dies jenseits des Nationalstaates, wo in Abwesenheit eines staatlichen Gewaltmonopols sowohl auf der zwischenstaatlichen als auch auf der transnationalen Ebene Verrechtlichungsprozesse parallel zum Bedeutungszuwachs neuer Governanceformen zugenommen haben (Zangl/Zürn 2004).

So erleben viele der zwischenstaatlichen Institutionen derzeit einen sogenannten Verrechtlichungsprozess, der sich vor allem durch eine quasi-gerichtliche Regelauslegung und eine institutionalisierte Regeldurchsetzung auszeichnet. Beispiele für

1 Diese Aussage beruht notwendigerweise auf einem Rechtsverständnis, das sich von der Rechtstheorie von Austen (1885) und Kelsen (1966) löst und Recht nicht zwingend durch staatliche Sanktionsgewalt abgestützt sieht. Das hier zugrundeliegende Rechtsverständnis verweist auf spezifische Merkmale von Normen, die Rechtsnormen von sozialen Normen abgrenzen, wie etwa den Grad der Formalisierung, die Schiedsgerichtsbarkeit und die Mechanismen der Normsetzung und Normüberwachung (vgl. Zürn/Wolf 1999).

nicht-staatlich gesetztes Recht im transnationalen Raum sind die FIFA, das Olympische Komitee und zahlreiche international koordinierte Normungen. Recht kann sich auch ohne Staat entwickeln. „Allerdings ist die Wirkungsweise von ‚Recht ohne Staat' doch vielfach darauf angewiesen, eine Art Auffangnetz im staatlichen Recht vorzufinden" (Hoffmann-Riem 2005: 203). Die *lex mercatoria* für internationale Handelskonflikte ist nicht zuletzt deshalb so effektiv, weil die auf ihr basierenden Schiedssprüche von internationalen Anwaltsfirmen im Allgemeinen von den staatlichen Gerichten unterstützt beziehungsweise als Entlastung für die eigene Tätigkeit wahrgenommen werden (Calliess 2004). Ganz ähnlich ist es bei der internationalen Sportschiedsgerichtsbarkeit (Lehmkuhl 2004).

Staat und Recht sind also getrennte Kategorien. Denn Recht ohne Staat heißt keinesfalls, dass sich Recht unabhängig von Machtbeziehungen entfalten kann. Recht erwächst aus Macht und diszipliniert gleichzeitig die Macht.

Einige Analysen legen nahe, dass rechtsförmige Governance zumindest langfristig eine höhere Folgebereitschaft erzeugt als Normen, die nicht in der Form des Rechts gefasst sind. Andere Autoren widersprechen hingegen dieser These und betonen, dass die Durchsetzungschance einer Norm völlig unabhängig von der Frage zu beurteilen ist, ob diese Norm eine juristisch anerkennenswerte Rechtsbindung beanspruchen kann oder nicht. Der Einwand ist insofern richtig, als insbesondere konsensuale Formen der Regelung – also solche, bei denen es keinerlei Anreize zum Regelverstoß gibt – häufig mit informeller, nicht rechtsförmiger Governance einhergehen. Wenn allerdings die Eingriffstiefe einer Regelung mit in den Blick genommen wird, dann zeigt sich, dass rechtsförmige Normen, auch wenn sie außerhalb einer hierarchischen Konstellation gelten, besser befolgt werden (vgl. auch Zürn/Joerges 2004; Zangl 2006).

1.3 Hierarchie und Governance

Recht kann ohne Staat sein, Recht profitiert aber von einer Anbindung an staatliche Strukturen. Und generell: Die Relativierung des Steuerungsmonopols für hierarchische Organisationen bedeutet nicht, dass Hierarchie bedeutungslos ist. So funktioniert die gesellschaftliche Selbstverregelung häufig dann am Besten, wenn die hoheitliche Drohung, ohne eine vernünftige Selbstverregelung komme es zur staatlichen Intervention, glaubhaft ist (schon Ronge 1980). Der Schatten der Hierarchie dient so dazu, hierarchiearme Regulation zu ermöglichen (Scharpf 1993). Hierarchie bleibt also eine zentrale Kontextvariable effektiver Governance.

Es gibt scheinbar einen gemeinsamen Nenner in der einschlägigen Forschungsliteratur der besagt, dass Governance in einer nicht-hierarchischen Struktur dann zustande kommt, wenn das Scheitern der Verhandlungen ein ernsthaftes Drohpotential beinhaltet – ganz gleich, ob dieses Drohpotential in Form einer alternativen staatlichen Regelung oder im kompletten Fehlen einer solchen Regelung besteht. Mit anderen Worten: Zur Kooperation kann es dann kommen, wenn das Nichtzustandekommen offensichtlich Pareto-suboptimal wäre. So gesehen ist die Debatte über die Bedeutung des Schattens der Hierarchie gleichsam ein spezieller Fall der allgemeinen Kooperationstheorie: es müssen Anreize zur Kooperation bei allen Beteiligten vorhanden sein. Diese werden im Allgemeinen in Schwellenländern leichter bereitgestellt als in *failed states*. Gleichwohl handelt es sich nicht um Bedingungen, die nicht auch in Abwesenheit eines Schattens der Hierarchie gegeben sein können.

Das Besondere am Schatten der Hierarchie ist so gesehen, dass durch die staatliche Interventionsdrohung auch in solchen Fällen eine allgemeine Kooperationsbereitschaft erzeugt werden kann, in denen das Drohpotential von scheiternden Verhandlungen nicht ausreicht. Hat ein Akteur das Interesse, jegliche Regelung zu vermeiden, dann kann die glaubhafte staatliche Interventionsdrohung zu einer gemeinsamen Regelung führen, die es ohne diesen Schatten nicht gegeben hätte (vgl. hierzu bereits Mayntz/Scharpf 1995: 28). Der Schatten der Hierarchie ist aber keine notwendige Voraussetzung, es gibt funktionale Äquivalente hierfür.

1.4 Netzwerke und Governance

Der Netzwerkbegriff ist ähnlich schillernd wie der Governancebegriff. In der Governanceforschung taucht der Netzwerkbegriff häufig zunächst als ein idealtypischer Modus von Governance in Abgrenzung zu Hierarchie und Markt auf. In der hier benutzten Konzeptualisierung von Governance handelt es sich dabei eher um idealtypische Formen von Governancestrukturen, die jeweils grob entsprechende Governancemodi aufweisen. Oder anders formuliert: Ein Netzwerkbegriff, der von der Legitimitätsbasis über die Steuerungsmechanismen und die Wege der Entscheidungsfindung bis zur Akteursstruktur und der Art der Integration alle Aspekte in der Beschreibung des Idealtyps aufnimmt, verzichtet auf die Trennung von Struktur, Prozess und Inhalt. Das kann man im Sinne der Heuristik des Idealtypus tun, führt jedoch auch zu Missverständnissen.

Forschung, die sich mit dem Verhältnis von Netzwerken und Governance beschäftigt, macht zweierlei deutlich. Zum einen kann die Technik der Netzwerkanalyse (als *empirical toolbox*) sich sehr gut dazu eignen, die geeignete Außenvertretung von interministeriellen Netzwerken bei internationalen Verhandlungen zu finden. Dieser normative Gebrauch der Technik der Netzwerkanalyse mag in der Tat helfen, um die „optimale Außenvertretung" im Zeitalter der Globalisierung zu klären. Zum zweiten kann sie die Rolle von Akteuren in Netzwerken beleuchten. Im Rahmen von Policy-Netzwerken spielen neben materiellen Ressourcen wie Finanz- und Gewaltmittel auch Expertise und Glaubwürdigkeit eine zentrale Rolle. Insofern bestimmt die Zentralität eines Akteurs in einem Netzwerk zu einem nicht unerheblichen Maße seinen Einfluss (Thurner 2006).

Die Leistungsfähigkeit solcher Policy-Netzwerke wird oft positiv eingeschätzt: „Der in horizontalen Beziehungen handelnde Staat ist im ‚Schatten der Hierarchie' in vielem (nicht stets!) handlungsmächtiger als er es allein auf Grund der ihm verfügbaren sonstigen (rechtlichen, personellen, finanziellen und ähnlichen) Ressourcen wäre“ (Hoffmann-Riem 2005: 205). Andere Autoren sind da vorsichtiger. Es scheint daher sinnvoll, nach den spezifischen Bedingungen effektiver Netzwerke zu suchen.

1.5 Voraussetzungen für erfolgreiche Governance

Als Ergebnis der Diskussion über Hierarchie und Governance kann zunächst festgehalten werden: Das sich häufig ein Mix aus unterschiedlichen Governanceformen, als zielführend erweist. Dabei erscheint die Hintergrundsbedingung *Governancestruktur* keinesfalls allein entscheidend für den Governanceerfolg. Eine Vielzahl anderer Faktoren ist mitverantwortlich. Die entsprechende Forschung steht hierbei noch am Anfang. Viele Analysen erzeugen jedoch ein kohärentes Bild: eine stabile institutionelle Struktur und Interessenlage, klare Aufgaben und hinlängliche Ressourcen sowie eine ausreichende Legitimation der Governance durch eine breite Beteiligung betroffener Akteure mit externer Anerkennung scheinen der Schlüssel zum Erfolg von Governance zu sein.

1.6 Staatlichkeit und Governance

Der beobachtbare Wandel in den Governanceformen wird von einem Wandel der Staatlichkeit begleitet. Während der traditionelle demokratische Interventions- oder Steuerungsstaat der 1970er Jahre eine Wahlverwandtschaft mit hierarchischer Steuerung aufwies, gehen neue Governanceformen mit der Entwicklung neuer Leitbilder der Staatlichkeit einher. Einschlägig ist hierbei etwa der Gewährleistungsstaat (Schuppert 1997), der nicht mehr alle Aufgaben eigenhändig erfüllt, aber die Letztverantwortung für die Aufgabenerfüllung annimmt. „Vom Gewährleistungsstaat wird nicht erwartet, dass er sich für alles als zuständig ansieht und dass er vor allem alle Aufgaben eigenhändig erfüllt (Rückbau der Erfüllungs- und Ergebnisverantwortung)“ (Hoffmann-Riem 2005: 203). „Das Konzept des Gewährleistungsstaates beinhaltet eine Abkehr von bislang geltenden Vorstellungen des Interventionsstaates, der monopolistisch für die Planung, Durchführung und Kontrolle öffentlicher Dienstleistungen verantwortlich ist“. Insofern haben sich nicht zwingend die Governanceaufgaben verändert, wohl aber die Modalitäten der Aufgabenerfüllung. Eine ähnliche Logik liegt der Rede vom „aktivierenden Staat“ zugrunde. Der Staat muss demnach nicht direkt für das Wohl des Individuums sorgen, er muss die Individuen aber in die Lage versetzen, für ihr Wohl sorgen zu können. Kurz: Es wird ein dritter Weg zwischen Interventionsstaat und der neoliberalen Zurücknahme des Staates, ein Leitbild für den „kooperativen Staat“ gesucht (Giddens 1998).

Neuere Untersuchungen verweisen unter den Stichworten wie „from command to regulation“, „from procuring to enabling“ und „from benevolence to activation“ auf den Formwandel der Governance des aktivierenden Staates (Kooimann 2003). Es lohnt sich daher auch bei der Frage des neuen Rollenbildes des Staates die verschiedenen Dimensionen von Governance zu unterscheiden. Das neue Staatsbild in Abweichung vom demokratischen Rechts- und Interventionsstaat (DRIS), wie er sich in Westeuropa und Nordamerika in den 60er Jahren des letzten Jahrhunderts herausgebildet hat (vgl. Leibfried/Zürn 2006), macht sich an zwei unterschiedlichen Dimensionen fest: an der Governancestruktur und an den Governanceinhalten (in diesem Falle verstanden als das dominante Aufgabenverständnis). Dann lassen sich die vier folgenden Grundkonzeptionen des aktuellen Staates unterscheiden, die allesamt in der gegenwärtigen politischen Praxis eine Rolle spielen.

Aufgaben Struktur	enge Aufgabendefinition	weite Aufgabendefinition
By government	Sicherheitsstaat	Interventionsstaat
With/without government	Minimalstaat	Aktivierender Staat

Abb.1: Governance und (Territorial)Staatlichkeit

Der *Sicherheitsstaat* definiert seine Aufgabe eng als Ordnungshüter und handelt dabei strikt hierarchisch. Der *Minimalstaat* gibt sich gleichfalls ein sehr enges, sicherheitsbezogenes Aufgabenprofil, dabei schließt er aber die Nutzung von privaten Akteuren keinesfalls aus (vgl. etwa Nozick 1974). Ähnlich stellt sich das Verhältnis zwischen Interventionsstaat und aktivierendem Staat dar, die beide ein breites, die soziale Frage beinhaltendes Aufgabenprofil annehmen. Der *Gewährleistungsstaat* bewegt sich in der Mitte dieser Matrix. Er betont explizit, dass die Modi der Aufgabenerfüllung offen bleiben und der Staat nur eine Letztverantwortung übernimmt. Konsequent zu Ende gedacht muss ein solch offenes Konzept aber auch bei der Definition der Aufgaben, für die er die Letztverantwortung übernimmt, flexibel bleiben und sie als Funktion der gesellschaftlichen Diskurse und Auseinandersetzungen sehen. Der Gewährleistungsstaat ist insofern ein übergreifendes Konzept, das im Extremfall je eine der genannten Konkretisierungen erhalten kann, aber auf keine festgelegt ist. Insofern verleiht er dem empirischen Tatbestand Ausdruck, dass im Zeitalter der Globalisierung Staaten in sehr unterschiedlicher Weise ökonomisch und politisch erfolgreich sein können (vgl. Bernauer 2000 als Überblick über die entsprechende Literatur).

Freilich weist die skizzierte Diskussion eine Engführung auf. Sie bleibt dem methodologischen Nationalismus verbunden und löst sich nicht von der Prämisse gleichsam gegebener Nationalstaatlichkeit. Die Rolle des Staates ändert sich aber nicht nur im Verhältnis zur nationalen Gesellschaft. Er interagiert auch mit externen Akteuren zum Zweck der Aufgabenerfüllung. So haben sich im Zuge der Internationalisierung nicht nur die Aufgaben, sondern auch die Handlungsmöglichkeiten des Staates begrenzt und erweitert.

Eine Analyse veränderter Staatlichkeit unter Einbeziehung externer Veränderungen erfordert unter Umständen mehr als eine neue Rollendefinition des Nationalstaates. Die These des Wandels vom Interventionsstaat zum Gewährleistungsstaat geht nach wie vor von einer Welt von territorial begrenzten Staaten aus. Die These von der zerfaserten Staatlichkeit (Zürn 2004; Leibfried/Zürn 2006) geht in dieser Hinsicht weiter. Sie argumentiert, dass der Territorialstaat Teil eines umfassenderen Konzeptes von Staatlichkeit werden könnte, die sich vom Konzept der Bündelung verschiedener Aspekte von Staatlichkeit löst und sich als Ausdruck einer postnationalen Konstellation (Zangl/Zürn 2003) darstellt. In diesem Modell ist der Nationalstaat eine konkrete historische Erscheinungsform des transepochalen Konzeptes der Staatlichkeit. Es ist mithin nicht ausgeschlossen, dass der weiter fortbestehende Territorialstaat in der Zukunft Teil eines umfassenderen Konzeptes von Staatlichkeit wird. Die Identität von Staat und Staatlichkeit würde dann zur Teilidentität reduziert. Eine solche Konzeptualisierung verbirgt sich hinter mancher juristischen und politikwissenschaftlichen Analyse, die andernorts für die Interpretation des Gewährleistungsstaates in Anschlag gebracht worden sind.[2] Der Jurist Rainer Wahl (2003: 95) beispielweise schreibt:

> „Deutschland ist weiterhin ein Staat, gewiss, aber in vielerlei Hinsicht ist es treffender, es als Mitgliedstaat zu charakterisieren. Seine Rechtsordnung ist nicht mehr autark oder autonom. Das Recht in einem Mitgliedstaat ist pluralisiert. Das in Deutschland geltende Recht ist nicht nur deutsches Recht, sondern aus mehreren Quellen stammendes, zusammengesetztes und ineinander verwobenes Recht."

Der Konfliktforscher Christoph Zürcher (2007: 11ff.) formuliert es mit Blick auf „troubled states" wie folgt:

> „Consequently, I depart from the notion that statehood is provided solely by the state. Instead, I suggest that we think of statehood as product which is produced by the state in association with other actors [...] The provision of statehood by a multitude of actors is an empirical reality which can be observed in many post-conflict and low-income countries."

Mit anderen Worten: Verschiedene Elemente moderner Staatlichkeit werden von unterschiedlichen Akteuren auf unterschiedlichen Ebenen hergestellt. Ob dabei dem Nationalstaat grundsätzlich immer die Letztverantwortung zugeschrieben wird, bleibt eine empirisch zu klärende Frage.

1.7 Multi-level governance

Aus der Relativierung der Bedeutung nationalstaatlicher politischer Institutionen und der Zunahme von transnationalen und internationalen Regelungen und Akteuren folgt, dass Governance zunehmend im Zusammenspiel von unterschiedlichen politischen Ebenen stattfindet. Das Konzept der *Multi-level governance* bringt diese Entwicklung auf den Begriff. *Multi-level governance* weist eine Verwandtschaft mit dem Konzept des Föderalismus auf. Carl Friedrich zeichnet sich für eine Definition

2 Ich verwende hier bewusst zwei Quellen, die Gunnar Folke Schuppert (2008) in einem neueren Beitrag zur Kritik der Zerfaserungssemantik affirmativ heranzieht.

des Föderalismus verantwortlich, die unmittelbar auch auf *multi-level governance-Systeme* anwendbar ist:

> "We have federalism only if a set of political communities coexist and interact as autonomous entities, united in a common order with an autonomy of its own. No sovereign can exist in a federal order system; autonomy and sovereignty exclude each other in such a political order [...] No one has the last word" (Friedrich 1968: 7).

In diesem Sinne sprechen etwa Thomas Cottier and Maya Hertig (2003) bereits von einem globalen Mehrebenensystem, das aus bis zu fünf Ebenen bestehe: dem lokalen, den Ländern in einem Bundesstaat, dem Nationalstaat, der Ebene der regionalen Integration und der globalen Ebene.

Eine solche Formulierung insinuiert allerdings, dass ein umfassendes „weltpolitisches System" (Luhmann 1998: 375–376) bestehe. Das ist nicht der Fall. Unterschiedliche *Multi-level governance-Systeme* sind auf bestimmte Problemlagen oder einen bestimmten denationalisierten Sachverhalt begrenzt. Es handelt sich im Allgemeinen um sektoral segmentierte Systeme mit zwei Ausnahmen. Die eine Ausnahme sind föderale Staaten, das heißt sektorenübergreifende politische Systeme, in denen verschiedene politische Ebenen bestehen. Als die zweite Ausnahme kann die Europäische Union gelten, die trotz vieler Sonderregelungen einzelner Staaten und den immer wieder diskutierten „verschiedenen Geschwindigkeiten" ein hohes Maß an territorialer Konvergenz unterschiedlicher sektoraler Regelungen aufweist. Ansonsten sind die *Multi-level governance-Systeme*, die eine politische Ebene jenseits des Nationalstaates aufweisen, sektoral begrenzt.

Die Frage bleibt, was eine eigenständige Ebene konstituiert. Das entscheidende Stichwort ist hier fraglos Autonomie, das heißt das Recht und die Fähigkeit zumindest einige Entscheidungen in einem Sachgebiet treffen zu können, ohne dass diese Entscheidung von anderen Ebenen im Rahmen festgelegter Verfahren zurückgenommen werden könnte. Wenn mehr als eine Ebene Autonomie besitzt, dann müssen „Entscheidungen zwischen Ebenen koordiniert werden" (Benz 2004: 127) und man kann von einem Mehrebenensystem sprechen. Autonomie jenseits des Nationalstaates heißt, dass Entscheidungen auf der internationalen oder transnationalen Ebene durch Mehrheitsentscheidungen oder unabhängige Organe, wie beispielsweise Schiedsgerichte getroffen werden können, ohne dass sie durch einzelne Staaten, die davon betroffen sind, negiert werden. Autonomie auf den unteren Ebenen bedeutet, dass Entscheidungen getroffen werden können, ohne dass die höheren Ebenen eingreifen können.

In einer Welt, in der rein nationalstaatliche Regelungen angesichts denationalisierter Problemlagen häufig zu kurz greifen, verspricht *Multi-level governance* eine Reihe von Vorteilen. Es schafft Ebenen oberhalb des Nationalstaates, die die Effektivität von Regelungen im Falle von denationalisierten Problemlagen ermöglichen. Gleichwohl kann durch die Beachtung des Prinzips der Subsidiarität ermöglicht werden, dass die lokale Verwurzelung der Politik erhalten bleibt. Durch das Zusammenspiel verschiedener autonomer Ebenen gewinnt das in nationalen politischen Systemen häufig geschwächte Prinzip der *checks and balances* wieder an Bedeutung, so dass vielfältige Kontrollmechanismen etabliert werden. Gary Marks (1993: 392) schreibt:

> "We are seeing the emergence of multi-level governance, a system of continuous negotiation among nested governments at several territorial tiers [...] as the result of a broad process of institutional creation and decision reallocation that has pulled some previously centralized functions of the state up to the supranational level and some down to the local/regional level."

Multi-level governance-Systeme folgen also nicht einem fixen Design, sondern stellen ein flexibles Resultat eines adaptiven Prozesses zwischen unterschiedlichen Ebenen dar. Von besonderer Bedeutung für die Funktionsfähigkeit eines *Multi-level governance-Systems* ist die Art und Weise, wie die verschiedenen Ebenen miteinander verbunden sind. Wenn (fast) alle Entscheidungen durch die Einbindung mehrerer Ebenen erfolgen müssen, kann man in Anlehnung an Fritz Scharpf (1985) von einem Verbundsystem sprechen; wenn unterschiedliche Entscheidungskompetenzen hingegen klar auf unterschiedliche Ebenen verteilt sind, handelt es sich um ein Trennsystem. Da die meisten *Multi-level governance-Systeme* mit Ausnahme einiger weniger Trennföderalismen innerhalb von Nationalstaaten eher einer Verbundlogik entsprechen, entstehen erhebliche Folgeprobleme.[3] So kann sich die Entscheidungsfähigkeit solcher Systeme gegen Null entwickeln und zu einer „Politikverflechtungsfalle" führen, die wiederum zu Blockaden führt. Auch die Zurechenbarkeit von Entscheidungen bleibt in Verbundsystemen äußerst problematisch, so dass Legitimationsprobleme auftreten können. Es zeigt sich also, dass die konkrete Leistungsfähigkeit unterschiedlicher *Multi-level Governance-Systeme* genauso variieren kann, wie die institutionelle Form dieser Systeme.

1.8 Die Leistungsfähigkeit moderner Governance

Zahlreiche Analysen verweisen auf neuartige, gleichsam externe Problemveränderungen, die dafür Sorge tragen, dass die alten interventionsstaatlichen Lösungen nicht mehr funktionieren können und entsprechende neue Problemlagen neue Governance erfordern.

Freilich sind die Befunde hinsichtlich der Ergebnisse der konkret beobachteten und analysierten neuen Governanceformen eher desillusionierend. Neben Erfolgsgeschichten, wie etwa bei der europäischen Chemikalienpolitik oder der Gleichstellungspolitik, steht die Möglichkeit des Scheiterns, wie beispielsweise Analysen zu internationalen Übergangsverwaltungen zeigen. In der Summe lässt sich in der Kernfrage also festhalten: Ob neue Governanceformen tatsächlich bessere soziale und politische Ergebnisse zeitigen als traditionelle Formen von Governance (ange-

3 Freilich weisen Verbundsysteme auch einige Vorteile auf. Dazu gehören die Vermeidung eines kontraproduktiven Wettbewerbs zwischen dezentralen Einheiten, die Möglichkeit der Internalisierung externer Effekte und eine bessere Chance, redistributive Politiken zu realisieren.

sichts traditioneller Problemlagen) ist empirisch keinesfalls beantwortet: *the jury is still out*.

In diesem Zusammenhang sollte auf einen bekannten Zyklus der Forschung aufmerksam gemacht werden. Nach einer Phase der vielfachen und freudigen Entdeckung eines neuen Phänomens, mit dem große Hoffnungen verbunden werden, folgt im Allgemeinen – wenn überhaupt – zunächst eine Phase der Suche nach den Gründen. Erst in einer dritten Phase erfolgt dann eine systematische Effektivitätsforschung, also die Klärung der Frage, ob das neue Phänomen tatsächlich die mit ihm verbundenen Erwartungen erfüllt.

Dieser Pfad lässt sich ganz ähnlich in der Governanceforschung selbst und idealtypisch (mit etwas längerer Rückblickszeit) auch für internationale Regime feststellen (vgl. Levy et al. 1995). Die Effektivitätsforschung kommt meist zuletzt. Ein gewichtiger Grund hierfür liegt in einer der Effektivitätsforschung eingebauten methodischen Schwierigkeit: Die rein deskriptiv gemeinte abgängige Variable („Effektivität“) beinhaltet nämlich bereits eine kausale Aussage – eine beobachtete Veränderung im betroffenen Problemfeld hat sich aufgrund eines regulatorischen Eingriffs ergeben.[4]

2. *Auf dem Wege zu einer neuen Generation von Governanceforschung*

Ein gewisser Ideologieverdacht gegenüber der Governanceforschung besteht fort. Governancekonzepte gelten häufig als Ausdruck einer allgemeinen ökonomistischen Effizienzideologie. Dieses Urteil wird der Forschungsrealität nicht gerecht. So liegt einer der wichtigsten intellektuellen Ursprünge des Governancekonzeptes darin, dass die nicht-marktförmigen Mechanismen der ökonomischen Handlungskoordination herausgearbeitet wurden (Williamson 1985). Die Governanceforschung kann insofern als „radikalpragmatisch“ bezeichnet werden, als sie eben die eherne Glaubensfrage zwischen Markt und Staat als eine empirische Angelegenheit betrachtet und gerade den Blick für Mischformen öffnet. Zudem öffnet sich das Governancekonzept gegenüber kulturalistisch-normativen Institutionenvorstellungen und beruht mithin nicht auf einem rein regulatorisch-kalkulatorischen Institutionalismus. Das Vorurteil beruht also teilweise auf Ignoranz.

Die Governance-Perspektive widersetzt sich normativ gewendet jedem ordnungspolitischen Dogmatismus. Das ist einerseits eine Stärke. Andererseits stößt dieser Governance-Pragmatismus auch an Grenzen, wenn es um ordnungspolitische Prinzipien geht.

4 Man unterscheidet in diesem Zusammenhang die verschiedenen Kausalitätsannahmen, die einer Regelung zumeist zugrunde liegen. Im Kontext der Regimeanalyse wurde das Kausalitätsproblem wie folgt beschrieben: „All the definitions of effectiveness imply some causal connection between the institution and the relevant behavioural changes. […] The reality of a regime's effectiveness involves a comparison with what would have happened if the regime had never existed. This requires a demonstration of the causal links between the operation of the institution and the behavior of the relevant actors“ (Levy et al. 1995: 293).

Dies verweist auf die meistgenannte Schwäche der Governanceforschung. Ihr ist es bisher nicht gelungen, Fragen der demokratischen Verantwortlichkeit und der sozialen Gerechtigkeit systematisch einzubinden. Da die Governanceforschung gleichzeitig mit einem erheblichen „Gestaltungsimpetus“ (Schimank 2007: 29) versehen ist, trifft eine Formulierung von Paul Hirst das weit verbreitete Unbehagen sehr gut. Bei den technokratischen Elitediskursen über Governancefragen handele es sich im Allgemeinen um eine „post-political search for effective regulation and accountability“ (Hirst 2000: 13).

Freilich zeigt ein zweiter Blick auch hier ein ambivalentes Bild. Neben der Entpolitisierung durch die Entstehung von Entscheidungsnetzwerken, die sich der Transparenz und demokratischen Verantwortlichkeit entziehen, verweist der entgrenzende Pragmatismus der Governanceforschung auf Politisierungseffekte. Beispielsweise führt der Bedeutungszuwachs von *global governance* dazu, dass internationale Institutionen verstärkt politisiert werden (vgl. Zürn et al. 2007), das heißt ihre Entscheidungen werden zu einer öffentlichen Angelegenheit und an den Maßstäben einer guten politischen Entscheidung bemessen. Internationale Institutionen sind heutzutage mit transnationalen Widerständen vor Ort ebenso konfrontiert wie mit einer starken Thematisierung ihrer Ergebnisse in den nationalen Gesellschaften. Umgekehrt werden internationale Institutionen verstärkter Adressat von gesellschaftlichen Forderungen. Dies bringt eine Situation zum Ausdruck, in der internationale Institutionen mit mehr und neuen Einflussmöglichkeiten ausgestattet sind und mithin von einer wachsenden Zahl gesellschaftlicher Akteure subjektiv mehr Relevanz zugesprochen bekommen. Im Zuge dessen steigen auch die normativen Ansprüche sowie die Widerstände gegen diese Institutionen an. Die Politik und Verfahren internationaler Institutionen werden nicht mehr nur im Lichte partikular-nationaler Interessen und Probleme diskutiert, sondern zunehmend auch im Rekurs auf Kriterien einer legitimen politischen Ordnung. Werden diese Ansprüche enttäuscht – und das werden sie allzu häufig – kommt es zu massiven Widerständen gesellschaftlicher Akteure gegen die Politik und die Verfahren internationaler Institutionen. Diese Politisierung internationaler Institutionen lässt diese keinesfalls unberührt. Sie reagieren in vielen Fällen mit Veränderungen ihrer Verfahren, insbesondere durch die Öffnung für transnationale Nichtregierungsorganisationen (NGOs) und durch eine erhöhte Transparenz ihrer Arbeit. Ob diese Politisierung als Ausdruck einer beginnenden Demokratisierung internationaler Institutionen gelten kann, bleibt allerdings abzuwarten.

Selbst die Übernahme von ehemals staatlichen Aufgaben durch Unternehmen im Rahmen einer individualisierten *corporate social responsibility* führt nicht notwendigerweise zur Depolitisierung (Zürn 2008). Schon Milton Friedman (1962) hat in einem Plädoyer für die Beschränkung der Unternehmen auf den Zweck der Profitmaximierung vor der Gefahr einer Politisierung der Unternehmen gewarnt. Während er philantropische Aktivitäten von Unternehmensinhabern begrüßt, kritisiert er Manager, die Aktienunternehmen im öffentlichen Bereich wildern lassen. Das geschehe ohne Mandat und auf Kosten der Aktionäre. In seiner ihm eigenen gedanklichen Konsequenz folgert Friedman: Wenn Unternehmen politische Akteure werden, dann sollte die betroffene Bevölkerung auch die Manager auswählen dürfen. Robert Reich (1998: 17), sonst kein Freund der Friedmanschen Lehre, bestätigt diese Einsicht knapp zwanzig Jahre später. Eine zu weitreichende Übernahme von Staatsfunktionen durch Unternehmen führe zu einer problematischen „politization of the corporation".

Eine Analyse aus dem Bereich der Management Studies geht noch einen Schritt weiter: „[...] Legitimacy has become one of the most critical business issues, especially for those companies who operate globally" (Kostova/Zaheer 1999: 74). Der *corporate citizen* (wie es interessanterweise gerne in der neueren Literatur heißt) untersteht also inzwischen einem eigenen Legitimationsdruck, neben den Kapitalgebern hat er auch die Interessenlagen der Kunden und der politischen Öffentlichkeit zu berücksichtigen. Es werden also sowohl internationale Institutionen als auch das Handeln von Großunternehmen politisiert. *Governance with and without government* unterliegt denselben normativen Ansprüchen wie *governance by government.* In dem Maße wie private Akteure öffentliche Aufgaben übernehmen, unterliegen sie öffentlicher Kontrolle. Oder noch pointierter: In dem Maße, wie der Markt gegenüber der Politik an Boden gewinnt, wird der Markt politisiert.

Die Governanceforschung sollte daher in der Zukunft ihren Fragenkatalog erweitern. Neben der deskriptiven Erfassung neuer Governanceformen und der Überprüfung ihrer Effektivität und Effizienz gilt es auch grundlegendere Fragen anzugehen. Wie kann die demokratische Qualität von Entscheidungsprozessen in komplexen Netzwerken erhalten und verbessert werden? Wer trägt die Verantwortung für Entscheidungen in Netzwerken und Mehrebenensystemen? Hat die wachsende Ungleichverteilung von Wohlstand innerhalb der westlichen Industriegesellschaften etwas mit dem Aufkommen neuer Governanceformen zu tun oder stellen diese nur eine Reaktion auf das Scheitern der alten dar? Können neue Governanceformen auch zu Umverteilungsprozessen führen oder beschränkt sich deren Effektivität auf regulatorische Prozesse?

Im Ergebnis steht die Governanceforschung vor zwei großen Herausforderungen. Es bedarf zum einen systematisch-vergleichender Studien verschiedener Formen von Governance, um deren Effektivität und die Voraussetzungen des Erfolgs zu erforschen. Die Freude über die Entdeckung eines Objekts neuer Governance reicht nicht mehr. Es geht um die empirische Verankerung des *claims*, dass neue Formen der Governance bessere Ergebnisse zeitigen können als die traditionellen Formen der Governance und es geht darum, die Voraussetzungen dafür zu kennen. Gleichzeitig muss die neue Generation der Governanceforschung ihren Blick weiten. Effektivität und Effizienz sind zwei zentrale Merkmale erfolgreicher Governance. Darüber dürfen aber nicht Fragen der Legitimität, Zurechenbarkeit und Gerechtigkeit vergessen werden, zumal der Verdacht nicht unbegründet ist, dass neue Formen der Governance gerade bei den letztgenannten Bewertungskriterien besondere Schwachpunkte haben. In der Klärung dieser Fragen liegt die Herausforderung einer neuen Generation von Governancestudien.

Literaturverzeichnis

Austin, John 1885: Lectures on Jurisprudence or: The Philosophy of Positive Law, Vol.1. London.

Benz, Arthur 2004: Multilevel Governance – Governance in Mehrebenensystemen, in: ders. (Hg.): Governance – Regieren in komplexen Regelsystemen. Wiesbaden, 125-146.

Bernauer, Thomas 2000: Staaten im Weltmarkt. Zur Handlungsfähigkeit von Staaten trotz wirtschaftlicher Globalisierung. Opladen.

Buchanan, Allen und Keohane, Robert O. 2006: The Legitimacy of Global Governance Institutions, in: Ethics and International Affairs 20, 405–437.

Calliess, Gralf-Peter 2004: Transnationales Handelsvertragsrecht: Private Ordnung und staatlicher Rahmen, in: Michael Zürn und Bernhard Zangl (Hg.): Verrechtlichung – Baustein für Global Governance? Bonn, 160–178.

Cottier, Thomas und Hertig, Maya 2003: The prospects of 21st century constitutionalism, in: Max-Planck-Institut für Ausländisches Öffentliches Recht und Völkerrecht (Hg.) 2003: Max Planck Yearbook of United Nations Law, Bd. 7. Leiden, 261–328.

Friedman, Milton 1962: Capitalism and Freedom. Chicago.

Friedrich, Carl J. 1968: Trends of Federalism in Theory and Practice. New York.

Giddens, Anthony 1998: Der dritte Weg. Frankfurt a. M.

Hirst, Paul 2000: Democracy and Governance, in: Pierre Jon (Hg.): Debating Governance. Oxford, 13–35.

Hoffmann-Riem, Wolfgang 2005: Governance im Gewährleistungsstaat – vom Nutzen der Governance-Perspektive für die Rechtswissenschaft, in: Gunnar F. Schuppert (Hg.): Governance-Forschung. Vergewisserung über Stand und Entwicklungslinien. Baden-Baden, 195–219.

Jachtenfuchs, Markus und Kohler-Koch, Beate (Hg.) 2003: Europäische Integration, 2. Auflage. Opladen.

Kelsen, Hans 1966: Allgemeine Staatslehre. Bad Homburg.

Kooiman, Jan 2003: Governing as Governance. London.

Kostova, Tatiana und Zaheer, Srilata 1999: Organizational Legitimacy under Conditions of Complexity: The Case of the Multinational Enterprise, in: Academy of Management Review 24 (1), 64–81.

Lehmkuhl, Dirk 2004: Verrechtlichung Privater Selbstregulierung: Der lange Schatten staatlichen Rechts im transnationalen Sport, in: Michael Zürn nund Bernhard Zangl (Hg.), Verrechtlichung – Baustein für Global Governance? Bonn, 179–197.

Levy, Marc A./Young, Oran R./Zürn, Michael 1995: The Study of International Regimes, in: European Journal of International Relations 1 (3), 267–330.

Luhmann, Niklas 1998: Der Staat des politischen Systems. Geschichte und Stellung in der Weltgesellschaft, in: Ulrich Beck (Hg.): Perspektiven der Weltgesellschaft. Frankfurt a. M., 345–380.

Marks, Gary 1993: Structural Policy and Multilevel Governance, in: Alan W. Cafruny und Glenda G. Rosenthal (Hg.): The State of the European Community. Vol. 2: The Maastricht Debates and Beyond. Boulder, 391–410.

Mayntz, Renate und Scharpf, Fritz W. (Hg.) 1995: Gesellschaftliche Selbstregelung und politische Steuerung. Frankfurt a. M.

Nozick, Robert 1974: Anarchy, State and Utopia. New York.

Reich, Robert B. 1998: The New Meaning of Corporate Social Responsibility, in: California Management Review 40 (1), 8–17.

Rhodes, Rod A.W. 1997: Understanding Governance. Policy Networks, Reflexivity and Accountability. Buckingham/Philadelphia.

Risse, Thomas und Lehmkuhl, Ursula 2007: Regieren ohne Staat? Governance in Räumen begrenzter Staatlichkeit, in: Thomas Risse und Ursula Lehmkuhl (Hg.): Regieren ohne Staat? Governance in Räumen begrenzter Staatlichkeit. Baden-Baden, 13–40.

Rittberger, Volker und Zürn, Michael 1990: Towards Regulated Anarchy in East-West Relations, in: Volker Rittberger (Hg.): International Regimes in East-West Politics. London/New York, 9–63.

Ronge, Volker (Hg.) 1980: Am Staat vorbei. Politik der Selbstregulierung von Kapital und Arbeit. Frankfurt a. M.

Rosenau, James N. 1997: Along the Domestic Frontier. Exploring Governance in a Turbulent World. Cambridge.

Scharpf, Fritz W. 1985: Die Politikverflechtungs-Falle: Europäische Integration und deutscher Föderalismus im Vergleich, in: Politische Vierteljahresschrift 26 (4), 323–356.

Scharpf, Fritz W. 1993: Coordination in Hierarchies and Networks, in: Fritz W. Scharpf (Hg.): Games in Hierarchies and Networks. Analytical and Empirical Approaches to the Study of Governance Institutions. Frankfurt a. M., 125–165.

Scharpf, Fritz W. 2004: Legitimationskonzepte jenseits des Nationalstaats, in: MPIfG Working Paper 04/6.

Schimank, Uwe 2007: Elementare Mechanismen, in: Arthur Benz/Susanne Lütz/ Uwe Schimank (Hg.): Handbuch Governance – Theoretische Grundlagen und empirische Anwendungsfelder. Wiesbaden, 29–45.

Schuppert, Gunnar F. 2007: Was ist und wozu Governance? in: Die Verwaltung 40 (4), 463–511.

Schuppert, Gunnar F. 2008: Was ist und wie mißt man Wandel von Staatlichkeit? in: Der Staat 47 (im Erscheinen).

Snyder, Glenn H. und Diesing, Paul 1977: Conflict among Nations: Bargaining, Decision Making, and System Structure in International Crisis. Princeton, NJ.

Thurner, Paul W. 2006: Die graduelle Konstitutionalisierung der Europäischen Union. Eine quantitative Fallstudie am Beispiel der Regierungskonferenz 1996. Tübingen.

Töller, Annette E. 2007: Die Rückkehr des befehlenden Staates? Muster und Ursachen der Veränderung staatlicher Handlungsformen in der deutschen Abfallpolitik, in: Politische Vierteljahresschrift 48 (1), 64–94.

Wahl, Rainer 2003: Verfassungsstaat, Europäisierung, Internationalisierung. Frankfurt a. M.

Williamson, Oliver E. 1985: The Economic Institutions of Capitalism: Firms, Markets, Relational Contracting. New York.

Zangl, Bernhard und Zürn, Michael 2003: Frieden und Krieg. Sicherheit in der nationalen und post-nationalen Konstellation. Frankfurt a. M.

Zangl, Bernhard und Zürn, Michael 2004: Internationale Verrechtlichung – Ursachen und Konsequenzen, in: Michael Zürn nund Bernhard Zangl (Hg.): Verrechtlichung – Baustein für Global Governance? Bonn.

Zürcher, Christoph 2007: When Governance Meets Troubled States, in: Marianne Beisheim und Gunnar F. Schuppert (Hg.): Governance und Staatszerfall. Baden-Baden, 11–28.

Zürn, Michael 1998: Regieren jenseits des Nationalstaats? Frankfurt a. M.

Zürn, Michael 2004: Global and de-national? Über die Rolle des Nationalstaats im 21. Jahrhundert, in: Deutscher Hochschulverband (Hg.): Glanzlichter der Wissenschaft – Ein Almanach. Stuttgart, 137–143.

Zürn, Michael 2008: The politicization of economization? On the current relationship between politics and economics, in: Andreas G. Scherer und Guido Palazzo (Hg.): Handbook of Research on Corporate Citizenship. Cheltenham, in Erscheinung.

Zürn, Michael und Joerges, Christian (Hg.), 2004: Law and Governance in Postnational Constellations. Compliance in Europe and Beyond. Cambridge.

Zürn, Michael und Leibfried, Stephan (Hg.), 2006: Transformationen des Staates? Frankfurt a. M.

Perspektiven der Governance-Forschung: Grundzüge des Forschungsprogramms des Münchner Centrums für Governance-Forschung

EDGAR GRANDE

1. Was heißt – und was will die – Governance-Forschung?

Wer im Jahr 2007 ein Zentrum für Governance-Forschung gründet, der muß nicht nur gute Gründe angeben können, warum eine solche Einrichtung notwendig ist, er muß vor allem erläutern, was er unter dem Begriff „Governance" versteht und welche Problembereiche denn Gegenstand seiner Forschung sein sollen. Das gilt selbstverständlich für jede Forschung, auf die Governance-Forschung scheint mir dies jedoch in besonderem Maße zuzutreffen. Gunnar Folke Schuppert bemerkte im Vorwort zu seinem Sammelband zur „Governance-Forschung", dabei handle es sich um eine „wahrhaft boomende Branche", die es „mit einem Feld von taigahafter Unendlichkeit und zugleich tropischer Vielfalt" zu tun habe (Schuppert 2005a: 5). Entsprechend unterschiedlich und vielfältig ist auch das Verständnis dessen, was denn Gegenstand der Governance-Forschung sein soll. Während sich die Politikwissenschaft unter diesem Begriff zumeist mit „neuen Formen des Regierens" innerhalb und jenseits des Nationalstaats beschäftigt, analysieren Ökonomen unter demselben Leitbegriff die Effizienz von Märkten und die interne Organisation von Unternehmen („corporate governance"), Verwaltungswissenschaftler untersuchen die Reorganisation der öffentlichen Verwaltung und Juristen thematisieren beispielsweise unter dem Stichwort „regulatory governance" Veränderungen in der Steuerungsfunktion des Rechts.

So unterschiedlich die jeweiligen Gegenstandsbereiche auch sein mögen, so eint diese Forschungsrichtungen doch die empirisch immer besser begründete *Hypothese*, daß die institutionellen Formen, die Instrumente und die Koordinationsmechanismen, mit deren Hilfe moderne Gegenwartsgesellschaften versuchen, ihre kollektiven Probleme zu lösen und öffentliche Güter zu produzieren, sich in einem grundlegenden Wandel befinden. Im Mittelpunkt dieser Entwicklung stehen: der Bedeutungsverlust von Hierarchien und hierarchischen Formen der Koordination, die Neubewertung rechtlicher Steuerungsinstrumente, die zunehmende Bedeutung privater Akteure und marktförmiger Koordinationsmechanismen bei der Produktion öffentlicher Güter, sowie eine immer stärkere „Medialisierung"[1] von Entschei-

1 Die Begriffsverwendung ist in der deutschsprachigen Literatur nicht einheitlich. Während Kepplinger in seinem Beitrag für diesen Band in Anlehnung an den englischen Sprachgebrauch in der Kommunikationswissenschaft („mediation", „mediatization") den Begriff „Mediatisierung" verwendet, benutzen andere Autoren den Begriff „Medialisierung" (vgl. zur Be-

dungsprozessen. Das Forschungsprogramm unseres neuen Centrums ist von der Annahme geleitet, daß alle diese Entwicklungen Teil eines *umfassenden, langfristigen und irreversiblen gesamtgesellschaftlichen Trends* sind. Diese Annahme möchte ich zunächst kurz erläutern, bevor ich dann die Problemstellungen und Schwerpunkte unseres Forschungsprogramms skizziere.

Der Wandel gesellschaftlicher Organisations- und Koordinationsformen ist, *erstens, umfassend.* Er betrifft nicht nur den Bereich der Politik und die öffentliche Verwaltung, sondern durchgängig sämtliche gesellschaftlichen Regelungsbereiche (insbesondere Politik, Wirtschaft, Recht, Erziehung, Religion) und er betrifft alle Regelungsebenen (von der lokalen über die nationale bis hin zur europäischen und internationalen). Um all das in den Blick zu bekommen, verwenden wir bewußt einen weiten Begriff von „Governance“, mit dem wir – im Anschluß an die Arbeiten von Renate Mayntz (2004, 2005) – alle Formen, Institutionen und Mechanismen der Handlungskoordination zur kollektiven Regelung gesellschaftlicher Sachverhalte bezeichnen. Dieser weite Governance-Begriff hat sich in der Governance-Forschung, soweit sie interdisziplinär angelegt ist, inzwischen weitgehend durchgesetzt (vgl. auch Zürn i.d.B.). Im Mittelpunkt des Forschungsprogramms des Münchner Centrums für Governance-Forschung steht folglich das *gesamte Spektrum der Veränderungen der Governance-Formen und -Mechanismen in modernen Gegenwartsgesellschaften.*

Dabei gehen wir, *zweitens*, davon aus, dass wir es mit *tiefgreifenden, langfristigen* gesellschaftlichen Veränderungen zu tun haben. Diese Einschätzung kann sich ins-besondere auf empirische Befunde des Münchner Sonderforschungsbereichs „Reflexive Modernisierung“ stützen (vgl. Beck/Bonß 2001; Beck/Lau 2004); sie findet sich aber auch exemplarisch in einem Bericht der OECD zum Thema „Governance im 21. Jahrhundert“ aus dem Jahr 2001. Darin stellt die OECD fest, dass

> „in vielen Teilen der Welt, wenn auch bei sehr unterschiedlichen Ausgangsniveaus, mit einer mehr oder minder radikalen Abkehr von den Institutionen und Verhaltensmustern zu rechnen [ist], auf denen die Governance-Traditionen beruhen, die derzeit fast alle Aspekte des täglichen Lebens prägen. Sei es in der Familie, am Arbeitsplatz oder im öffentlichen Leben – die Legitimitätsgrundlagen, die Reichweite und die Formen der Ausübung von Macht und Autorität werden wohl kaum dieselben bleiben wie bisher“ (OECD 2001: 15).

Die OECD sah „die Möglichkeit, dass die in vielen Bereichen menschlicher Tätigkeit dominierenden hierarchischen Governance-Strukturen völlig aus den Angeln gehoben werden“ (OECD 2001: 22); und sie warnte eindringlich vor der „Gefahr einer Desintegration, die in Chaos und in Konflikte ausarten kann, wenn das Problem der Governance-Kapazitäten nicht [...] direkt angegangen wird“ (OECD 2001: 31).

griffsverwendung in der Kommunikationswissenschaft Donges 2005). Da der Begriff „Mediatisierung“ in der deutschsprachigen Politik-, Staats- und Geschichtswissenschaft bereits eindeutig für einen ganz anderen Sachverhalt besetzt ist, wird im folgenden dem Begriff „Medialisierung“ der Vorzug gegeben.

Unsere *dritte* Annahme schließlich lautet, dass diese Entwicklung *irreversibel* ist. Wir haben es nicht mit einer kurzlebigen Mode zu tun, sondern mit strukturellen Veränderungen, zu denen mehrere gesellschaftliche Wandlungsprozesse beigetragen haben und noch immer beitragen: der Wandel gesellschaftlicher Wertmuster und die damit verbundene Individualisierung von Lebensstilen und Vergesellschaftungsformen; die Europäisierung und Globalisierung von Wirtschaft, Politik und Gesellschaft; und nicht zuletzt die Informatisierung und Medialisierung der Gesellschaft. Diese Prozesse haben zum einen die gesellschaftlichen Problemwahrnehmungen grundlegend geändert, zum anderen die Bedingungen und die Möglichkeiten politischer Problembearbeitung.

Aus diesen Entwicklungen ergeben sich nicht nur weitreichende Gestaltungschancen und Anpassungserfordernisse für moderne Gegenwartsgesellschaften, sondern auch neuartige Forschungsfragen, die mit dem verfügbaren Instrumentarium jener Disziplinen, die sich bislang mit gesellschaftlichen Steuerungs-, Planungs- und Koordinationsproblemen beschäftigt haben – insbesondere der Politik- und Verwaltungswissenschaft, der Soziologie und der Volkswirtschaftslehre –, alleine nicht gelöst werden können. Die wissenschaftliche Beschäftigung mit Veränderungen der Governance-Formen und -Mechanismen in modernen Gegenwartsgesellschaften besitzt zwar fachspezifische Schwerpunkte, sie ist im Kern aber ein interdisziplinäres Forschungsprogramm. Gerade die interessantesten Forschungsprobleme der Governance-Forschung sind an den Schnittstellen verschiedener Disziplinen angesiedelt. Deshalb bedarf es zur Bearbeitung dieser wissenschaftlichen Problemstellungen neuer Formen der Zusammenarbeit zwischen verschiedensten sozialwissenschaftlichen Disziplinen. Der „Governance-Begriff" fungiert hierbei als „Brückenbegriff", der die Eigenschaft besitzt, „verschiedene disziplinäre Fachdiskurse und ihre Ergebnisse miteinander zu verkoppeln, also aufeinander zu beziehen und nicht einfach nur in berührungsloser Parallelität nebeneinanderher zu führen" (Schuppert 2005b: 373).

2. Komplexität und Medialität: Neue Perspektiven der Governance-Forschung

Welche Problemstellungen und Schwerpunkte hat dieses Forschungsprogramm? Das Governance-Konzept wurde in den vergangenen Jahren in den Sozialwissenschaften zur Analyse neuartiger Steuerungsprobleme in modernen Gegenwartsgesellschaften entwickelt. Seine Wurzeln liegen in ganz unterschiedlichen Disziplinen und Forschungsrichtungen, insbesondere der institutionellen Ökonomie, der soziologischen Steuerungsforschung, der Verwaltungswissenschaft und der Internationalen Politik (vgl. Benz 2004a; Kjaer 2004; Schuppert 2005b). In einer ersten Phase lag der Schwerpunkt der Governance-Forschung auf der Analyse neuer, nicht-hierarchischer Governance-Mechanismen, insbesondere von Netzwerken und anderen Formen der gesellschaftlichen Selbstregelung. Dabei wurden die einzelnen Governance-Mechanismen in der Regel isoliert betrachtet und nach ihrer Funktionsweise, ihren Funktionsbedingungen und ihrer Effizienz gefragt. Ein wichtiges Ergebnis dieser

Forschungsarbeiten war die Einsicht in die große Kontextbedingtheit der Effizienz gesellschaftlicher Koordinations- und Entscheidungsmechanismen, sowie die starke Pfadabhängigkeit ihrer Entwicklung. Ähnliches gilt für die Herausbildung neuer Governance-Ebenen im lokalen und regionalen Bereich einerseits, jenseits des Nationalstaats andererseits. Mit dem Forschungsprogramm des Münchner Governance-Centrums versuchen wir nun, einen Schritt weiter zu gehen und zwei Probleme aufzugreifen, zu denen unseres Erachtens noch besonders großer Forschungsbedarf besteht: zum eine das *Problem der Komplexität* und zum anderen das *Problem der Medialität* von Governance.

Zunächst zum *Problem der Komplexität*: Die Governance-Forschung – so meine *erste These* – wird ihr Innovationspotential nur dann voll ausschöpfen können, wenn sie konsequent den Schritt von der Beschäftigung mit einzelnen Governance-Formen und -Ebenen hin zur *Analyse komplexer Governance-Regime* geht. Damit sind Regelungsstrukturen gemeint, in denen unterschiedliche *Koordinationsmechanismen* (zum Beispiel Recht und Konsens, Markt und Hierarchie), unterschiedliche territoriale *Handlungsebenen* (zum Beispiel nationale und transnationale Institutionen) oder unterschiedliche *Akteurstypen* (zum Beispiel öffentliche und private Akteure) integriert sind. Ein solcher Perspektivwechsel ist erforderlich, da „Regieren", aber auch Governance allgemein, in der Realität vielfach in „komplexen Regelsystemen" erfolgt. In diesem Zusammenhang ist es sinnvoll, zwei Dimensionen von Komplexität zu unterscheiden, eine funktionale und eine territoriale.

In *funktionaler* Hinsicht müssen Governance-Leistungen in modernen Gegenwartsgesellschaften „mittels der komplexen Kombination aus Hierarchie, Verhandlungen und Netzwerken beziehungsweise aus Regulierung, Anreizmechanismen und Vereinbarungen im Zusammenwirken staatlicher und gesellschaftlicher Akteure" (Benz 2004a: 18) erbracht werden. Komplexität resultiert hier aus der Integration unterschiedlicher Koordinationsmechanismen und Regelsysteme. Bekannte Beispiele hierfür sind die Kombination von rechtlichen Sanktionsmechanismen und konsensuellen Selbstverpflichtungen in den niederländischen Umweltvereinbarungen (Covenanten), die Integration von Marktmechanismen in öffentliche Verwaltungen im Konzept des „new public management" und die Kombination von Parteienwettbewerb und Konsenszwängen im deutschen Föderalismus (vgl. Lehmbruch 2000).

In der *territorialen* Dimension sind komplexe Governance-Regime die Folge der Ausdifferenzierung und Integration mehrerer politischer Handlunsgsebenen. Durch das „scaling up" von Regelungsproblemen von der nationalen auf die transnationale Ebene erhöht sich die Komplexität von Entscheidungsprozessen aus mehreren Gründen, unter anderem aufgrund der größeren Zahl und Heterogenität der beteiligten Akteure und der größeren sachlichen Komplexität von Problemzusammenhängen (vgl. Ostrom et al. 1999). Hinzu kommt, dass die verschiedenen Handlungs- und Entscheidungsebenen in der Regel auf vielfältigste Weise veflochten sind. Der paradigmatische Fall für die Herausbildung eines solchen integrierten Mehrebenensystems des Regierens ist zweifellos die Europäische Union (Tömmel 2007). In normativen Konzepten von „global governance" wird dieses Leitbild auch auf die globale Ebene übertragen (vgl. Grande 2008).

Mit unserem Forschungsprogramm wollen wir das Problem der Komplexität von Governance-Regimen ernst nehmen und konzeptionell an diese Arbeiten anknüpfen. Wir wollen hierbei insbesondere die Integration und Interdependenz verschiedener Koordinations- und Entscheidungsmechanismen auf verschiedenen Ebenen, ihre Dynamiken und Eigendynamiken, ihre materielle Leistungsfähigkeit und ihre demokratische Legitimität untersuchen.

Eine *zweite*, neue Forschungsperspektive in der Governance-Forschung eröffnet die Beschäftigung mit der *Medialisierung* von Kommunikations- und Entscheidungsprozessen in Politik, Recht und Wirtschaft. Dies darf nicht verwechselt werden mit soziologischen Governance-Konzepten, in denen Governance als dialogorientierter Interaktions- und Kommunikationsprozeß begriffen wird und für die beispielhaft die Arbeiten von Jan Kooiman (2003) und Henrik Bang (2003) stehen. Mit dem Problem der Medialisierung ist etwas ganz anderes gemeint – und dieser Aspekt des modernen „Regierens" wurde von der Governance-Forschung bislang weitgehend vernachlässigt. Er findet sich auch nicht in dem ansonsten vorzüglichen Bericht der OECD zur „Governance im 21. Jahrhundert", in dem zwar ausführlich auf das Internet und dessen Auswirkungen auf die Demokratie eingegangen wird, die veränderte Rolle elektronischer Massenmedien in den modernen „Mediengesellschaften" (Manin 1995; Rössler/Krotz 2005) aber nicht thematisiert wird. Dies ist höchst problematisch, denn dadurch wird ein zentraler Aspekt der Veränderung von Governance ausgeklammert. In den modernen „Mediengesellschaften", so meine *zweite These*, wird Governance in zunehmendem Maße von den Regelsystemen und Relevanzkriterien einer medienvermittelten Öffentlichkeit durchdrungen. Dies gilt nicht nur für politische Entscheidungen, sondern auch für das Handeln von Gerichten und Unternehmen. Die Folgen dieser Medialisierung für die Funktionsweise, Aufgabenwahrnehmung und Leistungsfähigkeit gesellschaftlicher Regelungsbereiche bedürfen noch der weiteren Klärung.

3. Forschungsschwerpunkte des Münchner Centrums für Governance-Forschung

Diese beiden Problemstellungen werden im Münchner Centrum für Governance-Forschung in *drei Forschungsschwerpunkten* bearbeitet: (1.) der *funktionalen Integration* von Governance-Mechanismen; (2.) der *territorialen Differenzierung* von Governance-Ebenen und (3.) der *Medialisierung* von Governance in Politik, Recht und Wirtschaft.

3.1 Die funktionale Integration von Governance-Mechanismen

Im ersten Schwerpunkt soll das Zusammenwirken unterschiedlicher Koordinationsmechanismen – insbesondere von (nicht-marktlichen) Verhandlungssystemen und Märkten – in komplexeren Governance-Regimen analysiert werden. Das Hauptaugenmerk soll dabei zunächst auf dem Vergleich verschiedener Regulierungsmodi auf Arbeits-, Güter- und Finanzmärkten liegen.

Ein wichtiges Untersuchungsfeld ist hier die Analyse von Governance-Regimen in *Arbeitsmärkten*. In hoch regulierten Arbeitsmärkten wie dem der Bundesrepublik ist die Interaktion von staatlicher Sozial- und Wirtschaftspolitik und dem Verhalten der Tarifpartner von großer Bedeutung, die – in Kombination mit der von Marktkräften getriebenen Arbeitsnachfrage der Unternehmen – das Beschäftigungsergebnis bestimmt. Insbesondere für die staatliche Sozialpolitik ergeben sich zusätzliche Belastungen, wenn die Tarifpartner sich in (zumindest potentiell) opportunistischer Weise an staatliche Transferleistungen anpassen und eine Einigung zu Lasten Dritter (der Steuer- und Beitragszahler) erzielen. Gleichzeitig haben die Tarifpartner aber wichtige staatsentlastende Funktionen, da sie etwa in die Governance der Sozialversicherungen eingebunden sind oder Ausbildungsstandards festlegen. Im Hinblick auf die Veränderung von Governance-Mechanismen muss dieses Spannungsverhältnis ausgelotet, mit alternativen Arbeitsmarktregimen (zum Beispiel staatlich garantierten Mindestlöhnen oder staatlich vermittelten Abkommen zur Lohnbeschränkung) verglichen und gegebenenfalls nach neuen Balancen zwischen marktlicher, staatlicher und gesellschaftlicher (Selbst-)Steuerung gefragt werden.

Ein weiteres uns interessierendes Untersuchungsfeld ist die *Wettbewerbspolitik*. Für die staatliche Wettbewerbspolitik ergeben sich durch die Privatisierung ehemaliger Staatsunternehmen zunehmend Aufgaben im Bereich der Regulierung marktbeherrschender Unternehmen. Die neuartigen Regulierungsaufgaben werden dabei in der Regel von eigenständigen, spezialisierten Agenturen (Regulierungsbehörden) übernommen, die die herkömmlichen Kartellbehörden ergänzen und die in komplexe (nationale wie transnationale) Regulierungsregime eingebettet sind (vgl. Grande/Hartenberger 2007; Mayntz 2007). Diese Behörden stehen dabei im Spannungsfeld zwischen ihrem wettbewerbsrechtlichen Auftrag und potentiell gegenläufigen ökonomischen oder politischen Interessen. Auch hieraus ergeben sich verschiedene mögliche Regime der Wettbewerbspolitik, deren Leistungsfähigkeit noch weitgehend ungeklärt ist und die vergleichend analysiert werden müssen. Aus rechtswissenschaftlicher Sicht kann in diesem Zusammenhang exemplarisch das Problem der Gewährleistungsverantwortung des Staates angesichts reduzierter Kontrolldichte thematisiert werden.

Die Regulierung der *Finanzmärkte* hat, nicht zuletzt unter dem Eindruck der jüngsten Bankenkrise, sowohl national als auch international an Bedeutung gewonnen. Charakteristische Merkmale dieses Politikfeldes waren bislang die großen Unterschiede in der nationalen Regulierung der Finanzmärkte, der weitgehende Verzicht auf eine staatliche Regulierung jenseits Nationalstaats, und die Übernahme von Governance-Funktionen durch private Akteure (zum Beispiel Rating-Agenturen) im Bereich der internationalen Bankenregulierung. Die Krise der internationalen Finanzmärkte hat nun Fragen nach dem optimalen Umfang der Regulierung, nach dem effizientesten Regulierungsmodell, sowie nach der Kontrolle „privater Autoritäten" in den Mittelpunkt des Erkenntnisinteresses gerückt.

3.2 Die territoriale Differenzierung von Governance-Ebenen

Einen zweiten Schwerpunkt der Analyse komplexer Governance-Regime bildet die zunehmende territoriale Ausdifferenzierung von Governance-Ebenen. Dies gilt zum einen innerhalb von Nationalstaaten, wo eine Neujustierung der Balance zwischen zentralen, regionalen und lokalen Handlungs- und Entscheidungsebenen zu beobachten ist (zum Beispiel Dezentralisierung, Regionalisierung, Reform föderativer Systeme); diese Entwicklung findet zum anderen zunehmend jenseits von Nationalstaaten statt, was zur Institutionalisierung neuer transnationaler Governance-Ebenen und -Formen geführt hat (zum Beispiel „global governance", „European multi-level governance"; internationale Regime). Die daraus resultierenden Veränderungen von Governance-Regimen soll in mehreren Forschungssträngen bearbeitet werden.

Einen ersten Forschungsgegenstand bilden die in mehreren Ländern vorgenommenen Reformen des *Föderalismus*, denen angesichts der gravierenden staatlichen Handlungs- und Koordinierungsprobleme gerade in Deutschland eine besondere Bedeutung zukommt. In diesem Zusammenhang stellen sich mehrere Fragen. Vor dem Hintergrund der in jüngerer Zeit zu beobachtenden Regionalisierungs- (z.B. Großbritannien) und Kommunalisierungstendenzen (z.B. Schweden, Italien) wollen wir untersuchen, ob die in der Literatur diskutierten Vorteile einer verstärkten Dezentralisierung politischer Entscheidungskompetenzen (verstärkter politischer Wettbewerb, höhere Steuer- und Beitragsmoral) auch unter den institutionellen Rahmenbedingungen des deutschen Föderalismus zur Geltung kommen können (vgl. Filippov/Ordeshook/Shvetsova 2004). Außerdem wäre zu analysieren, wie übergeordnete Steuerungsmechanismen auf nationaler Ebene aussehen müßten, damit ein institutioneller Wettbewerb ökonomisch effizient und mit dem Verfassungsgebot gleichwertiger Lebensverhältnisse vereinbar ist. Diese Fragestellungen können exemplarisch in den Bereichen der Steuergesetzgebung und der Bildungspolitik behandelt werden. Rechtswissenschaftlich wird damit der horizontale und vertikale Finanzausgleich angesprochen, der in der Spannung von Wettbewerb und Solidarität des Ganzen und seiner Teile steht und sich von der kommunalen bis zur europäischen Ebene erstreckt.

Für die Entwicklung gesellschaftlicher Governance-Formen und –Mechanismen ist wichtig, dass gleichzeitig der Nationalstaat, obwohl immer noch ein zentraler Akteur, in seiner Bedeutung zunehmend relativiert wird. In der „Weltrisikogesellschaft" (Beck 2007) gewinnen neue Formen des „Regierens jenseits des Nationalstaats" (Zürn 1998) an Bedeutung, in institutionalisierter Form etwa im Rahmen der WTO, der EU oder der NAFTA. Daraus ergibt sich eine ganze Reihe von offenen und wissenschaftlich noch immer weitgehend ungeklärten Fragen. Dies betrifft die Leistungsfähigkeit dieser neuen transnationalen Formen des Regierens, die Integration und Koordination der verschiedenen Governance-Ebenen, die Auswirkungen auf die staatliche Souveränität und Handlungsfähigkeit, ihre demokratische Legitimation und anderes mehr. Hier wäre eine interdisziplinäre Forschung, die die ökonomischen und politischen Folgen verfassungsrechtlicher Auslegung (sowie einfachgesetzlicher Regelung) von vorneherein in interdisziplinärer Perspektive in den Blick nimmt, besonders ertragversprechend.

Die Problematik der territorialen Differenzierung staatlicher Handlungsebenen und der zunehmenden Bedeutung des Regierens jenseits des Nationalstaats wird von uns in zahlreichen Politikfeldern wie der Umweltpolitik, der Gesundheitspolitik, der Innovationspolitik, der Handelspolitik oder der Finanzpolitik exemplarisch untersucht werden. Ein besonders wichtiges Gebiet der neueren Governance-Forschung ist die Sicherheitspolitik, die unter dem Leitbegriff der „governance of (security) risks" Strategien des Umgangs mit neuartigen Problemen des internationalen Terrorismus erforscht.

In diesen Forschungsarbeiten soll schließlich auch die *Performanzanalyse von Staatstätigkeitsfeldern* weiterentwickelt werden, die sowohl in den Wirtschaftswissenschaften (Empirische Wirtschaftsforschung und Makroökonomie) als auch in der Politikwissenschaft (Policy Analysis) ein fest etablierter Forschungszweig ist. Diese ist jedoch noch immer einem „methodologischen Nationalismus" verhaftet und wird üblicherweise in nationalstaatlichen Benchmarking-Analysen durchgeführt (zum Beispiel in der Finanzpolitik oder der Arbeitsmarktpolitik). Innovativ wäre hier die Verknüpfung der Performanz von sektorspezifischen, transnationalen Governance-Regimen beziehungsweise Regulierungsmodi mit den nationalstaatlichen Performanzergebnissen. So könnte man beispielsweise systematisch die unterschiedlichen Regulierungsmodi in Zusammenhang mit Performanzindikatoren (auf Gütermärkten: Preis, Angebotssicherheit, Qualität, Wettbewerb; auf Arbeitsmärkten: Beschäftigungsquote, Lohnspreizung, Streikhäufigkeit) bringen. Diese transnationale Policy-Perspektive könnte darüber hinaus mit politisch-institutionellen Variablen ergänzt werden, um so die ganze Variationsbreite der jeweils untersuchten Politikfelder zu erfassen.

3.3 Medialisierung von Governance in Politik, Recht und Wirtschaft

Governance und Public Policy, begriffen als Handlungsfelder und Handlungschancen von öffentlichen und privaten Regierungen, müssen in modernen Gegenwartsgesellschaften eng mit dem Begriff der Kommunikation verknüpft werden. Moderne Gesellschaften sind nicht zuletzt „Mediengesellschaften". In ihnen treten die Massenmedien als autonome, wirkungsmächtige Akteure auf, die die Kommunikation zwischen den politischen, wirtschaftlichen und zivilgesellschaftlichen Akteuren über die Öffentlichkeit vermitteln. Dieser Aspekt der Veränderung von Governance wurde bislang in der politik-, rechts- und wirtschaftswissenschaftlichen Forschung weitgehend vernachlässigt. Die Kommunikationswissenschaft hat jedoch in den vergangenen Jahren verschiedene Ansätze entwickelt, die das Wechselspiel zwischen Medien, Politik, Unternehmen und Öffentlichkeit beschreiben und erklären, und die wir nutzen wollen (vgl. u.a. Schulz 2004). Die Systemtheorie beispielsweise befasst sich mit der wechselseitigen Dependenz der angesprochenen gesellschaftlichen Teilsysteme. Öffentlichkeit wird dabei als ein Handlungsraum bezeichnet, in dem die

Selbstbeobachtung der Gesellschaft durch die Veröffentlichung von Themen ermöglicht wird. Andere Öffentlichkeitsmodelle heben auf den Charakter der Öffentlichkeit als intermediäres System ab oder fokussieren den Diskursaspekt. Alle diese Modelle weisen darauf hin, dass sich aus der Medialisierung von Politik, Wirtschaft und Gesellschaft neuartige Probleme und Herausforderungen für moderne Governance ergeben (vgl. Kepplinger 1998; Mazzoleni/Schulz 1999; Donsbach/Jandura 2003).

Die durch Medien gesicherte öffentliche Aufmerksamkeit verändert die Handlungschancen aller Beteiligten. Dabei zeigt sich, daß die Spielregeln der modernen Massenmedien von den politischen, zivilgesellschaftlichen und wirtschaftlichen Akteuren zunehmend bei ihren Handlungen berücksichtigt werden müssen, ohne dass sie selbst in der Lage wären, diese Spielregeln maßgeblich zu kontrollieren oder zu beeinflussen. Der zunehmende Konkurrenzdruck auf die Programmanbieter verstärkt dabei Tendenzen, die in der Öffentlichkeit mit Stichworten wie „Amerikanisierung“, „Boulevardisierung“, „Sensationalismus“ und „Personalisierung“ belegt werden. Aus der Perspektive der Governance-Forschung stellen sich im Zusammenhang mit der Medialisierung moderner Gegenwartsgesellschaften insbesondere drei Probleme.

Das erste Governance-Problem betrifft die (öffentliche) *Legitimation von Governance*. In modernen Mediengesellschaften ist eine solche Legitimation nur vermittelt durch die Massenmedien herstellbar. Im Bereich der politischen Kommunikation beispielsweise führt die Medialisierung von Entscheidungsprozessen dazu, daß die Verhandlungs- und Parteiendemokratie zunehmend ergänzt, wenn nicht gar ersetzt wird durch eine „Mediendemokratie“ (vgl. Grande 2000). Dies führt zu mehreren demokratietheoretischen Dilemmata, die man kurz mit Problemen wie der (1) Ausdifferenzierung und Integration inkompatibler Regelungssysteme, (2) gesellschaftlich nicht legimitierten Verhandlungsorten und –partnern, (3) einer Unterscheidung in (im Goffman'schen Sinne) Vorder- und Hinterbühne politischen Handelns, sowie (4) einer Zunahme symbolischer Politik, die sich den Nachrichtenwerten des Mediensystems unterwirft, beschreiben lässt. Hier eröffnet sich ein interessantes Spannungsfeld zwischen normativen (vor allem demokratietheoretischen) Anforderungen einerseits und empirischen Entwicklungen andererseits, das von uns untersucht werden soll.

Dabei ist zu beachten, dass unter den Bedingungen der Mediendemokratie nicht nur politische Akteure, sondern zunehmend auch ökonomische Akteure, beispielsweise die Manager großer, vor allem transnationaler Unternehmen, handeln müssen. Auch für Unternehmen wird die gesellschaftliche Vermittlung von Unternehmensentscheidungen immer wichtiger, weil Medien auch Einfluß auf Marktprozesse und Unternehmenserfolg besitzen.

Das zweite Governance-Problem betrifft die *Risikokommunikation*. Moderne Gegenwartsgesellschaften sind in zunehmendem Maße mit einer neuartigen Form von selbsterzeugten, zivilsatorischen Risiken konfrontiert, die in der soziologischen Literatur als „manufactured uncertainties“ bezeichnet werden (vgl. Giddens 1994; Beck 2007). Beispiele hierfür sind moderne Risikotechnologien wie die Kernkraft und die Gentechnik, neuartige Umwelt- und Gesundheitsprobleme (global warming, globale Pandemien), aber auch neue Formen des transnationalen Terrorismus. Bei diesen modernen Risiken handelt es sich im Kern um gesellschaftliche Konstrukte. Ihre Konstruktion ist ein kommunikativer Prozeß, in dem die öffentlichen Thematisierung und mediale Vermittlung von „Risiken“ eine zentrale Rolle spielen (vgl. Beck 2007). Im Kontext der Medialisierung heißt dies aber auch, dass die Risikokommunikation den Inszenierungs- und Dramatisierungszwängen der Mediengesellschaft unterworfen wird. Für den gesellschaftlichen Umgang mit Risiken, die „governance of risks“, hat dies zur Folge, daß sie unter einem hohen Maß an Selektivität leidet. Auf der einen Seite können wir, wie im Fall des Tsunami oder von Hurricane Katarina eine enorme Verstärkung von Aufmerksamkeit und weltweiter Betroffenheit beobachten, während gleichzeitig humanitäre Katastrophen wie in Darfur dem Blick der Weltöffentlichkeit weitgehend entzogen sind. Für die Governance-Forschung ergeben sich hieraus grundlegende Fragen. Sie kann nicht davon ausgehen, daß die Problemwahrnehmung gesellschaftlicher Akteure und Institutionen sich an einem „objektiven“ Problemhaushalt orientiert, sondern muß die medienvermittelte Konstruktion gesellschaftlicher Regelungsprobleme selbst zum Gegenstand der Untersuchung machen.

Das dritte Governance-Problem schließlich besteht in der *Governance des Mediensystems*, das heißt der gesellschaftlichen Regulierung der Medienentwicklung und den Möglichkeiten der Steuerung ihrer Funktionslogik. Diese „media governance“ beschäftigt derzeit insbesondere die Rechtswissenschaft. Aus ihrer Sicht ergeben sich in diesem Zusammenhang insbesondere Fragen nach dem Verhältnis von Selbstkontrolle der Medien und staatlicher Medienaufsicht, die sich im besonderen Spannungsfeld der grundrechtlich gesicherten und für die freiheitlich demokratische Grundordnung schlechthin konstitutiven Meinungs-, Presse- und Rundfunkfreiheit bewegt. Gleichzeitig stellt sich die Frage nach den gewaltenteilungsrelevanten Konsequenzen privater Medienmacht und ihrer Einhegung zur Offenhaltung des politischen wie gesellschaftlichen Diskurses.

4. Medien, Staat und Wirtschaft in komplexen Governance-Regimen: Das Münchner Profil der Governance-Forschung

Dieser kurze Überblick über Schwerpunkte und Perspektiven der Governance-Forschung hat meines Erachtens deutlich gezeigt, dass es sich hierbei nicht nur um ein äußerst lohnenswertes, sondern auch um ein höchst anspruchsvolles Forschungsgebiet handelt. Dies liegt zum einen am Umfang des empirischen Gegenstandsbereichs, der nicht nur die Grenzen der Teilgebiete einzelner Wissenschaftsdisziplinen (wie die Grenze zwischen Innenpolitik und Internationaler Politik innerhalb der Politikwissenschaft) sprengt, sondern auch die etablierten Abgrenzungen zwischen Fächern problematisch macht. Zum anderen zeigt sich aber auch, dass die Governance-Forschung vielfach gezwungen ist, konzeptionell Neuland zu betreten, wenn sie ihrem Gegenstand gerecht werden will. Hans Mathias Kepplinger hat dies für die

Kommunikationswissenschaft in seinem Beitrag für diesen Band prägnant herausgearbeitet. Die Hinwendung der Kommunikationswissenschaft zu Problemen der Medialisierung bedeutet nicht einfach eine Ausweitung und Fortführung des bisherigen Programms der Mediennutzungsforschung, sondern einen Paradigmenwechsel, dem ein neues Verständnis der Funktion elektronischer Massenmedien in modernen Gegenwartsgesellschaften zu Grunde liegt. Gleiches gilt für den Bereich der Internationalen Politik. Konzepte des „global governance" beispielsweise erfordern einen radikalen konzeptionellen Bruch mit der bisherigen Sichtweise von „internationaler Politik". Das konventionelle, „staatszentrierte" Verständnis von „internationaler Politik", das diese als eine ausschließlich von Nationalstaaten bestimmte Veranstaltung begreift, muß durch eine neue Forschungsheuristik ersetzt werden, in deren Mittelpunkt *komplexe Mehrebenenarchitekturen des Regierens* stehen, in die eine Vielzahl unterschiedlicher Akteure, Organisationen und Handlungsarenen integriert ist.

All dies sind Herausforderungen, vor denen die Governance-Forschung nicht nur in München, sondern auch anderswo steht. In der Zusammenschau lassen die hier skizzierten Problemstellungen und Forschungsschwerpunkte meines Erachtens dennoch ein spezifisches „Münchner Profil" in der Governance-Forschung erkennen, das sich von der bislang überwiegend politik- und verwaltungswissenschaftlich geprägten Governance-Forschung in zweierlei Hinsicht abhebt. Die Governance-Forschung am Münchner Centrum für Governance-Forschung will sich zum einen dadurch profilieren, dass sie sich nicht auf die Analyse einzelner Governance-Formen und –Mechanismen beschränkt, sondern die Funktionsweise komplexer Governance-Regime in den Mittelpunkt stellt. Sie will zum anderen die funktionalistischen Blickverengungen der Governance-Forschung – ihren „problem-solving bias" – vermeiden, und diese komplexen Governance-Regime im Spannungsfeld von mehreren gegenläufigen gesellschaftlichen Konfliktlinien analysieren (vgl. Abbildung 1).

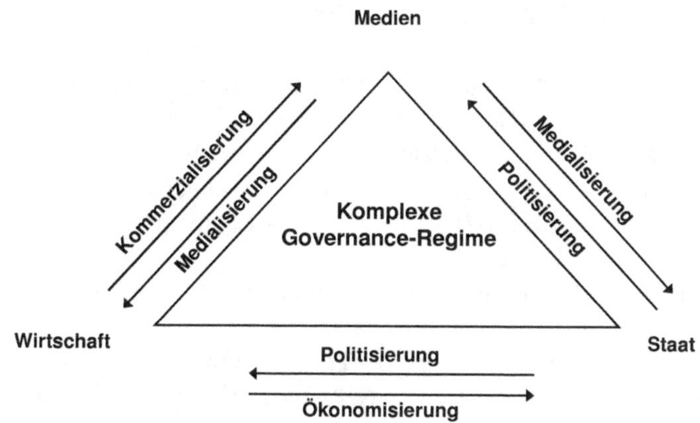

Abb.1: Medien, Staat und Wirtschaft in komplexen Governance-Regimen

Dieses Spannungsfeld wird im Verhältnis von Staat und Medien durch Prozesse der Medialisierung und Politisierung konstituiert; im Verhältnis von Staat und Wirtschaft durch den Konflikt zwischen Ökonomisierung und Politisierung; und im Verhältnis von Wirtschaft und Medien schließlich durch Tendenzen zur Kommerzialisierung der Medien einerseits, der Medialisierung der Wirtschaft andererseits. Governance-Regime sind, so kann vermutet werden, in dieses multi-polare Spannungsfeld auf je unterschiedliche Weise eingebettet und werden durch dieses strukturiert.

Für die Analyse komplexer Governance-Regime, wie sie im Münchner Centrum für Governance-Forschung in den kommenden Jahren durchgeführt werden soll, bedeutet dies, dass sie:

- *erstens* Aspekte der politischen Kommunikation und Öffentlichkeit systematisch in die Governance-Forschung einbeziehen,
- *zweitens* empirische und normative Anätze in den Sozial-, Rechts- und Wirtschaftswissenschaften verknüpfen und
- *drittens* Steuerungsfragen in Wirtschaft und Politik mit den Herrschaftsproblemen moderner Demokratien verbinden muss.

Auf diese Weise will die Münchner Governance-Forschung zu einem besseren Verständnis der kollektiven Regelungsprobleme und Problemlösungskapazitäten in einer sich globalisierenden Welt beitragen.

Literaturverzeichnis

Bang, Henrik P. (Hg.) 2003: Governance as social and political communication. Manchester.

Beck, Ulrich und Bonß, Wolfgang (Hg.) 2001: Die Modernisierung der Moderne. Frankfurt a. M.

Beck, Ulrich und Lau, Christoph (Hg.) 2004: Entgrenzung und Entscheidung. Was ist neu an der Theorie reflexiver Modernisierung? Frankfurt a. M.

Beck, Ulrich 2007: Weltrisikogesellschaft. Frankfurt a. M.

Benz, Arthur 2004a: Governance – Modebegriff oder nützliches sozialwissenschaftliches Konzept?, in: ders. (Hg.): Governance – Regieren in komplexen Regelsystemen. Wiesbaden, 11–28.

Benz, Arthur (Hg.) 2004b: Governance – Regieren in komplexen Regelsystemen. Wiesbaden.

Donges, Patrick 2005: Medialisierung der Politik – Vorschlag einer Differenzierung, in: Patrick Rössler und Friedrich Krotz (Hg.): Mythen der Mediengesellschaft. Konstanz, 321–339.

Donsbach, Wolfgang und Jandura, Olaf (Hg.) 2003: Chancen und Gefahren der Mediendemokratie. Konstanz.

Filippov, Michail/Ordeshook, Peter C./Shvetsova, Olga 2004: Designing Federalism. A Theory of Self-Sustainable Federal Institutions. Cambridge.

Grande, Edgar 2000: Charisma und Komplexität. Verhandlungsdemokratie, Mediendemokratie und der Funktionswandel politischer Eliten, in: Leviathan 28 (1), 122–141.

Grande, Edgar 2008: Global Governance, in: Mir A. Ferdowsi (Hg.), Sicherheit und Frieden zu Beginn des 21. Jahrhunderts, 4. Auflage. München (im Erscheinen).

Grande, Edgar und Hartenberger, Ute 2007: Regulory Governance im europäischen Mehrebenensystem, in: Ingeborg Tömmel (Hg.): Die Europäische Union – Governance und Policy-Making. Wiesbaden, 209–230.

Kepplinger, Hans Mathias 1998: Die Demontage der Politik in der Informationsgesellschaft. Freiburg i. B.

Kjaer, Anne Mette 2004: Governance. Cambridge.

Kooiman, Jan 2003: Governing as Governance. London.

Lehmbruch, Gerhard 2000: Parteienwettbewerb im Bundesstaat. Regelsysteme und Spannungslagen im Institutionengefüge der Bundesrepublik Deutschland, 3. erw. Auflage. Wiesbaden.

Manin, Bernard 1995: Principles du gouvernement représentatif. Paris.

Mayntz, Renate 2004: Governance im modernen Staat. in: Arthur Benz (Hg.): Governance – Regieren in komplexen Regelsystemen. Wiesbaden, 65–76.

Mayntz, Renate 2005: Governance-Theorie als fortentwickelte Steuerungstheorie?, in: Gunnar Folke Schuppert (Hg.): Governance-Forschung. Baden-Baden, 11–20.

Mayntz, Renate, 2007: The Architecture of Multi-level Governance of Economic Sectors. MPIfG Discussion Paper 07/13. Köln.

Mazzoleni, Gianpietro und Schulz, Winfried 1999: 'Mediatization' of Politics: A Challenge for Democracy, in: Political Communication 16, 209–230.

Meyer, Thomas 2001: Mediokratie. Die Kolonialisierung des politischen Systems durch das Mediensystem. Frankfurt a. M.

OECD (Hg.) 2001: Governance im 21. Jahrhundert. Paris.

Ostrom, Elinor/Burger, Joanna/Field, Christopher/Norgaard, Richard/Policansky, David, 1999: Revisiting the Commons. Local Lessons, Global Challenges, in: Science, Vol. 284, No. 5412, 278–282.

Rössler, Patrick und Krotz, Friedrich (Hg.) 2005: Mythen der Mediengesellschaft. Konstanz.

Schuppert, Gunnar Folke (Hg.) 2005a: Governance-Forschung. Baden-Baden.

Schuppert, Gunnar Folke, 2005b: Governance im Spiegel der Wissenschaftsdisziplinen, in: ders. (Hg.): Governance-Forschung. Baden-Baden, 371–369

Tömmel, Ingeborg (Hg.) 2007: Die Europäische Union – Governance und Policy-Making. Wiesbaden.

Zürn, Michael 1998: Regieren jenseits des Nationalstaats. Frankfurt a. M.

Autorenverzeichnis

Edgar Grande, Jg. 1956, ist Professor für Politikwissenschaft und Inhaber des Lehrstuhls für Vergleichende Politikwissenschaft am Geschwister-Scholl-Institut der Ludwig-Maximilians-Universität München. Er ist Sprecher des Münchner Centrums für Governance-Forschung an der LMU. Weitere Informationen: http://www.gsi.uni-muenchen. de/personen/professoren/grande/index.html

Hans Mathias Kepplinger, Jg. 1943, ist Professor für Empirische Kommunikationsforschung am Institut für Publizistik der Johannes Gutenberg-Universität Mainz und Geschäftsführender Leiter des Instituts für Publizistik. Weitere Informationen: http: //www.kepplinger.de/de/node/1

Jens Kersten, Jg. 1967, ist Professor für Öffentliches Recht und Inhaber des Lehrstuhls für Öffentliches Recht und Verwaltungswissenschaften an der Ludwig-Maximilians-Universität München. Weitere Informationen: http://www.jura.uni-muenchen.de/personen/kersten_jens/index.html

Kai A. Konrad, Jg. 1961, ist Professor für Volkswirtschaftslehre an der Freien Universität Berlin und Direktor der Abteilung „Marktprozesse und Steuerung" am Wissenschaftszentrum/Berlin für Sozialforschung (WZB). Weitere Informationen: http://www.wzb.eu/mp/mps/people/kai_konrad.de.htm

Renate Mayntz, Jg. 1929, ist Direktorin emeritus des Max-Planck-Instituts für Gesellschaftsforschung in Köln und Honorarprofessorin an der Universität zu Köln. Weitere Informationen: http://www.mpifg.de/people/rm/index_de.asp

Michael Zürn, Jg. 1959, ist Direktor der Abteilung „Transnationale Konflikte und Internationale Institutionen" am Wissenschaftszentrum/Berlin für Sozialforschung (WZB). Er ist Direktor der Hertie School of Governance/Berlin und war Mitbegründer und Sprecher des Sonderforschungsbereichs 597 "Staatlichkeit im Wandel" an der Universität Bremen. Weitere Informationen: http://www.wzb.eu/zkd/tki/people/ zuern.de.htm

Zeitfracht Medien GmbH
Ferdinand-Jühlke-Straße 7
99095 Erfurt, Deutschland
produktsicherheit@kolibri360.de

***ACCESO GRATIS** a la Lectura en la Nube*

Para visualizar el libro electrónico en la nube de lectura envíe junto a su nombre y apellidos una fotografía del código de barras situado en la contraportada del libro y otra del ticket de compra a la dirección:

ebooktirant@tirant.com

En un máximo de 72 horas laborales le enviaremos el código de acceso con sus instrucciones.

La visualización del libro en **NUBE DE LECTURA** excluye los usos bibliotecarios y públicos que puedan poner el archivo electrónico a disposición de una comunidad de lectores. Se permite tan solo un uso individual y privado

PREGUNTAS Y RESPUESTAS SOBRE DERECHO DEL SEGURO

PREGUNTAS Y RESPUESTAS SOBRE DERECHO DEL SEGURO

Nader Subuh

tirant lo blanch
Valencia, 2026

En caso de erratas y actualizaciones, la Editorial Tirant lo Blanch publicará la pertinente corrección en la página web www.tirant.com.

La presente obra ha sido sometida a la revisión de pares ciegos según el protocolo de publicación de la editorial a efectos de ofrecer el rigor y calidad correspondiente tanto en su contenido como en su forma, aplicándose los criterios específicos aprobados por la Comisión Nacional E 016 (BOE num. 286, de 26 de noviembre de 2016).

EDITA: TIRANT LO BLANCH
C/ Artes Gráficas, 14 - 46010 - Valencia
TELFS.: 96/361 00 48 - 50
FAX: 96/369 41 51
Email: tlb@tirant.com
www.tirant.com
Librería virtual: www.tirant.es
DEPÓSITO LEGAL: V-918-2026
ISBN: 979-13-7040-020-0
MAQUETA: Innovatext

Si tiene alguna queja o sugerencia, envíenos un mail a: *atencioncliente@tirant.com*. En caso de no ser atendida su sugerencia, por favor, lea en *www.tirant.net/index.php/empresa/politicas-de-empresa* nuestro procedimiento de quejas.

Responsabilidad Social Corporativa: http://www.tirant.net/Docs/RSCTirant.pdf

Índice

Capítulo III

Instituciones y organismos vinculados al fenómeno asegurador

Capítulo IV

Casuística particular de casos variados relativos a diversas modalidades de seguros

Introducción a este libro

Preguntas y respuestas sobre Derecho del Seguro es una obra concebida para acercar al lector, profesional o simplemente curioso, al complejo, pero cotidiano, universo de los contratos de seguro. Su autor opta por un enfoque doble: primero, un recorrido sistemático y claro por la Ley de Contrato de Seguro (LCS); después, una exploración práctica de los supuestos más habituales que surgen en la vida real, desde un siniestro doméstico hasta una controversia por responsabilidad civil profesional.

Esta estructura dual permite que el libro funcione tanto como manual de consulta inmediata como introducción accesible a una disciplina jurídica que suele percibirse como árida. El tono divulgativo, acompañado del formato de preguntas y respuestas, facilita la comprensión de los conceptos esenciales sin renunciar al rigor técnico.

La primera parte ofrece un análisis directo del articulado de la LCS. El autor desgrana conceptos clave como interés asegurable, riesgo, siniestro y daño, pilares sin los cuales no puede entenderse ningún contrato de seguro. Cada noción se presenta con ejemplos cercanos, lo que permite al lector visualizar cómo operan en situaciones reales: una inundación en un local, un accidente de tráfico, un incendio en una vivienda.

A continuación, se adentra en uno de los terrenos más delicados dentro de la práctica aseguradora: la distinción entre cláusulas delimitadoras, que definen el alcance natural del contrato, y cláusulas limitativas, que restringen derechos del asegurado y exigen requisitos formales expresos para ser válidas. Se apoyan las explicaciones en una selección de sentencias especialmente ilustrativas del Tribunal Supremo, mostrando cómo la jurisprudencia ha ido afinando los criterios que separan una categoría de la otra.

El autor también dedica atención especial a las cláusulas lesivas, aquellas que vacían de contenido el contrato por completo y que, a diferencia de las limitativas, son radicalmente nulas. Esta distinción, que en ocasiones incluso los profesionales confunden, se expone aquí con claridad pedagógica.

La obra profundiza después en el proceso de contratación del seguro, aclarando cuál es el valor jurídico de la solicitud, de la proposición y de la póliza definitiva. De forma simple y clarificadora, se expone cuándo un contrato se considera perfeccionado, qué efectos tiene la oferta de la aseguradora y qué sucede si el contenido final de la póliza no coincide con lo pactado previamente. El tratamiento diferenciado entre el seguro voluntario y el seguro obligatorio del automóvil ofrece un ejemplo especialmente útil para el lector.

Uno de los capítulos más prácticos trata sobre el cuestionario que las aseguradoras someten al tomador antes de la contratación, un elemento clave en la valoración del riesgo. Se explica por qué el tomador tiene el deber de contestarlo con veracidad, qué ocurre si lo hace de forma inexacta y cómo opera la llamada regla de equidad, que puede reducir la indemnización proporcionalmente en caso de divergencias no dolosas entre lo declarado y la realidad del riesgo.

El libro también aborda los supuestos en los que el tomador padece enfermedades previas, con especial atención al tratamiento legal actual del cáncer y el VIH, donde la LCS recoge garantías reforzadas para evitar la discriminación.

El lector encuentra asimismo una explicación detallada de la agravación del riesgo: qué debe comunicar el asegurado cuando se produce un cambio relevante —por ejemplo, reformas en un inmueble, modificaciones técnicas en un vehículo o nuevas circunstancias en un negocio— y cómo puede reaccionar la aseguradora, ya sea proponiendo un aumento de prima o resolviendo el contrato.

Otro capítulo de gran interés se dedica a las obligaciones esenciales del tomador, especialmente el pago de la prima. A través de sentencias recientes, el autor muestra cómo se interpretan hoy los impagos, qué sucede si no se paga la primera prima o una prima sucesiva, y cómo se combinan la suspensión de cobertura, el mes de gracia y la extinción automática del contrato. Estos apartados son especialmente clarificadores para quienes trabajan en siniestros de tráfico o responsabilidad civil.

La obra no pasa por alto una obligación frecuentemente olvidada por los asegurados: la comunicación del siniestro dentro de plazo y la necesidad de colaborar con la aseguradora en la investigación y tramitación del mismo. Se explican las consecuencias del incumplimiento, que pueden llegar a la pérdida del derecho a indemnización si hay dolo o culpa grave.

Finalmente, el libro aborda el deber de salvamento, que exige al asegurado actuar razonablemente para mitigar los daños cuando ocurre un siniestro. Este deber, a menudo desconocido, forma parte esencial de la buena fe contractual y puede influir en la indemnización final.

La obra concluye analizando los plazos que tiene la aseguradora para liquidar el siniestro, el alcance del pago mínimo en 40 días y la posibilidad de indemnizar mediante reparación. Con ello, el lector adquiere una visión global del ciclo completo del contrato de seguro, desde la contratación hasta la resolución del siniestro.

Por tanto, "Preguntas y respuestas sobre Derecho del Seguro", es un libro que combina claridad, rigor y utilidad inmediata. Su planteamiento pedagógico, apoyado en abundante jurisprudencia y ejemplos prácticos, lo convierte en una herramienta idónea tanto para estudiantes y profesionales que se enfrentan cada día a la realidad del seguro como para cualquier lector que quiera comprender cómo funcionan estos contratos que acompañan silenciosamente nuestra vida cotidiana. Es una obra accesible, estructurada y profundamente práctica, que se lee con facilidad y deja al lector mejor preparado para entender, interpretar y afrontar cualquier cuestión relacionada con el mundo del seguro.

Capítulo I

Preguntas y respuestas básicas de la Ley de Contrato de Seguro

1. ¿Cuál es la norma a la que se someten, con carácter general, todas las modalidades de seguro?

Es la Ley 50/1980, de 8 de octubre, de Contrato de Seguro.[1] (en lo sucesivo LCS). Así lo consagra su artículo 2.°, cuando dice: *"Las distintas modalidades del contrato de seguro, en defecto de Ley que les sea aplicable, se regirán por la presente Ley, cuyos preceptos tienen carácter imperativo, a no ser que en ellos se disponga otra cosa. No obstante, se entenderán válidas las cláusulas contractuales que sean más beneficiosas para el asegurado".*

2. ¿Cuáles son los elementos esenciales del contrato de seguro?

Podemos indicar que, en todo contrato de seguro han de concurrir, al menos, los siguientes elementos:

- El interés; el riesgo; el siniestro; el daño.

¿Qué es el interés?: podemos definirlo, de manera resumida, como la relación de contenido económico que existe entre el sujeto y el objeto de la relación contractual. En el negocio asegurador, podemos encontrar diversas delimitaciones conceptuales de interés, por ejemplo:

Interés asegurable: es el requisito que debe concurrir en quien desee la cobertura de determinado riesgo, reflejado en su deseo sincero de que el siniestro no se produzca, ya que a consecuencia de él se originaría un perjuicio para su patrimonio[2]

---

1 «BOE» núm. 250, de 17 de octubre de 1980

2 https://www.fundacionmapfre.org/publicaciones/diccionario-mapfre-seguros/interes-asegurable/

Interés asegurado: es la relación, reflejada en términos económicos, que tiene el asegurado con los bienes o personas que están amparados en el contrato de seguro.

¿Qué es el riesgo? Es la posibilidad de que tenga lugar un acontecimiento dañoso, que obligue al nacimiento de la necesidad económica que es objeto de cobertura del seguro. Es, posiblemente, el "alma mater" de todo contrato de seguro, sin cuya existencia, no es posible hablar de contrato de seguro, en ningún caso. Visto lo anterior, parece evidente que, una cosa es la definición o acotación conceptual que podamos hacer del término "riesgo" y otra, como es evidente, que lleguemos a considerar a éste como un elemento monolítico y homogéneo. En absoluto, existen tantos riesgos como actividades humanas podamos imaginar, donde se despliegue un amplio abanico de posibilidades dañosas, desde las más ínfimas o remotas, hasta las más palmarias, como, por ejemplo, el riesgo de sufrir un accidente de circulación.

¿Dónde podemos acudir para encontrar algún listado de los posibles riesgos a los efectos del marco normativo asegurador? Aunque es una cuestión ciertamente farragosa fuera de los estrictos términos de la actividad aseguradora y de su rica lingüística específica, no por ello deja de ser útil e ilustrativa, para los legos en esta concreta materia, acudir al artículo 14 de la LOSSEAR[3], cuyo tenor literal se describe a pie de página.[4]

---

3 Ley 20/2015, de 14 de julio, de ordenación, supervisión y solvencia de las entidades aseguradoras y reaseguradoras. «BOE» núm. 168, de 15 de julio de 2015

4 Artículo 14. Riesgos.
A efectos de lo establecido en esta Ley y en las demás disposiciones reguladoras de la supervisión y contratación de los seguros privados, se entenderá por:
1. Riesgo de suscripción: El riesgo de pérdida o de modificación adversa del valor de los compromisos derivados de la actividad aseguradora, debido a la inadecuación de las hipótesis de tarificación y constitución de provisiones.

¿Qué es el "siniestro"? Es un concepto exclusivo de la terminología habitual empleada por el sector asegurador para hacer referencia al evento cuyo riesgo es objeto de cobertura.

---

2. Riesgo de mercado: El riesgo de pérdida o de modificación adversa de la situación financiera resultante, directa o indirectamente, de fluctuaciones en el nivel y en la volatilidad de los precios de mercado de los activos, pasivos e instrumentos financieros.
3. Riesgo de crédito: El riesgo de pérdida o de modificación adversa de la situación financiera resultante de fluctuaciones en la solvencia de los emisores de valores, las contrapartes y cualesquiera deudores al que están expuestas las entidades aseguradoras y reaseguradoras, en forma de riesgo de incumplimiento de la contraparte, riesgo de diferencial o concentración de riesgo de mercado.
4. Riesgo operacional: El riesgo de pérdida derivado de la inadecuación o la disfunción de procesos internos, del personal o de los sistemas, o de sucesos externos.
5. Riesgo de liquidez: El riesgo de que las entidades aseguradoras y reaseguradoras no puedan realizar las inversiones y demás activos a fin de hacer frente a sus obligaciones financieras al vencimiento.
6. Riesgo de concentración: Toda exposición a riesgos que lleve aparejada una pérdida potencial suficientemente importante como para poner en peligro la solvencia o la situación financiera de las entidades aseguradoras y reaseguradoras.
7. Técnicas de reducción del riesgo: Todas las que permiten a las entidades aseguradoras y reaseguradoras transferir una parte o la totalidad de sus riesgos a terceros.
8. Efectos de diversificación: la reducción de la exposición al riesgo de las entidades aseguradoras y reaseguradoras, y de sus grupos, relacionada con la diversificación de sus actividades, y resultante de la posibilidad de compensar el resultado negativo de un riesgo con el resultado más favorable de otro riesgo, cuando no exista una total correlación entre dichos riesgos.
9. Previsión de distribución de probabilidad: Una función matemática que asigna a un conjunto exhaustivo de sucesos futuros mutuamente excluyentes una probabilidad de realización.
10. Medida del riesgo: Una función matemática que asigna un valor monetario a una determinada previsión de distribución de probabilidad y que crece monótonamente con el nivel de exposición al riesgo subyacente a esa previsión de distribución de probabilidad.

Podemos considerar como sinónimos al término “siniestro” y al término “accidente”. Si bien muchas veces puedan utilizarse ambos de manera indistinta, como si fueran la misma cosa, cierto es que presentan diferencias.

La diferencia principal es que un accidente es un evento involuntario y fortuito, mientras que un siniestro es un suceso que se considera evitable y a menudo está relacionado con un error humano o una negligencia. En el ámbito de los seguros, un siniestro es el término específico que se refiere al evento que activa una póliza y que tiene que ser comunicado a la compañía aseguradora para una posible indemnización.

¿Qué es el daño?.[5] Podemos definirlo como la pérdida personal o material producida a consecuencia directa de un siniestro. Todo menoscabo que sufre una persona, ya en sus bienes vitales naturales, ya en su propiedad o en su patrimonio (pudiendo ser éste *inmaterial extra- comercio o material-intra commercium).*

Podemos afirmar que el daño[6] es un concepto polisémico puesto que puede hacer referencia: a) concepto natural del daño; b) concepto jurídico del daño, en el ámbito de la responsabilidad civil; c) concepto aglutinador de diversas materias o ámbitos jurídicos que exceden de lo estrictamente relativo al contrato de seguro (penal, social, administrativo, etc..).

Existen diversas clasificaciones de los tipos de daños admitidos en la práctica aseguradora, si bien y con el ánimo de ser lo más claro y ameno posible, podemos resaltar aquellos conceptos más utilizados en el día a día. Así, por ejemplo:

---

5 https://www.fundacionmapfre.org/publicaciones/diccionario-mapfre-seguros/dano/

6 Del lat. damnum.
m. Efecto de dañar. Sin.:
deterioro, estropicio, perjuicio, destrucción, golpe, lesión, herida, contusión, afección, detrimento, dolencia, menoscabo, trastorno, mal1, avería2, percance, rotura

– *Daño indirecto o consecuencial:* Para distinguirlo del daño directo, se da este nombre a aquel que es consecuencia mediata o indirecta de un siniestro. P. ej., en un incendio, daño directo es la pérdida originada por el fuego y daño consecuencial puede ser el producido por el agua que han utilizado los servicios de extinción para sofocar el incendio.

Son aquellos perjuicios derivados de un daño personal o material que son consecuencia indirecta de un siniestro. Puede tratarse de un incendio, de un fallo eléctrico o de una inundación, e incluso de un suceso menos habitual como la caída de un rayo.

– *Daño permanente:*[7] es aquel cuyo acto generador se agota en un momento concreto, aun cuando sus consecuencias se prolonguen en el tiempo de forma inalterable.

– *Daño continuado:* los que no sólo se mantienen, sino que se van agravando en cuanto su causa productora no cesa.[8]

3. ¿Qué son las condiciones generales y particulares en un contrato de seguro?

Las condiciones generales regulan el conjunto de principios básicos que fija el asegurador para regular todos los contratos de seguro que emita en el mismo ramo o modalidad de garantía.

Las condiciones particulares, regulan aspectos muy concretos relativos al riesgo individualizado que se asegura. Los aspectos que suelen contemplarse en las condiciones particulares, suelen ser:

- Nombre y domicilio de las partes contratantes, y designación del asegurado y beneficiario, en su caso.
- Concepto en el cual se asegura.

---

7 Ver sentencia Tribunal Supremo (Civil), sec. 1.ª, S 21-10-2025, n.º 1463/2025, rec. 3962/2020

8 Ver STS 20/02/2019.

- Naturaleza del riesgo cubierto.
- Designación de los objetos asegurados y de su situación.
- Suma asegurada o alcance de la cobertura.
- Importe de la prima, recargos e impuestos.
- Vencimiento de las primas, así como lugar y forma de pago.
- Duración del contrato, con expresión de cuando comienzan y terminan sus efectos.

4. ¿Qué son las cláusulas delimitadoras y las cláusulas limitativas?

No es una cuestión que, de manera apriorística, ofrezca una respuesta rápida y satisfactoria. La jurisprudencia, lleva pronunciándose sobre este particular durante décadas con el buen ánimo de intentar delimitar conceptualmente los parámetros diferenciadores entre los distintos tipos de cláusulas antedichas.

Para facilitar la labor de asimilación de estos conceptos, haré referencia a las sentencias del Tribunal Supremo que entiendo más clarificadoras a tal fin. A saber:

Tribunal Supremo (Civil), sec. 1.ª, S 11-09-2006, n.º 853/2006, rec. 3260/1999 PTE.: Seijas Quintana, José Antonio —TOL1.009.785—.

Partimos de esta sentencia que, por su trascendencia y finalidad, es de obligada referencia y conocimiento por parte de cualquier profesional del derecho especializado en el ramo de la responsabilidad civil y seguro, pero también, de necesaria integración para cualquiera que se acerque a este sector, por curiosidad o por primera vez. Es una sentencia que nace con la intención de clarificar, habida cuenta de la enorme dispersión existente entre entonces en la jurisprudencia española, por lo que a este particular se refiere.

De hecho, la propia sentencia así lo proclama en estos términos:

> *"En aras de mantener un criterio uniforme y de procurar el reforzamiento de los principios de seguridad jurídica e igualdad en la aplicación de la Ley, es por lo que, sin desconocer la casuística*

propia del derecho de seguros, y la dificultad que en la práctica presenta la distinción entre unas y otras cláusulas, este Tribunal establece la doctrina de aplicación, que tiene como fundamento resolutorio dos aspectos fundamentales: de un lado, la distinción entre las cláusulas delimitadoras del riesgo de aquellas otras que restringen los derechos de los asegurados, y, de otro, la ubicación de las primeras en el contrato, y control de la inclusión y contenido, aspectos todos ellos con los que se da respuesta al recurso planteado en el que se denuncia".

Y en cuanto a la concreta delimitación conceptual, a efectos clarificadores, dice.

FJ 3.º:

*Según la **STS de 16 octubre de 2000 EDJ 2000/37059 — TOL4.924.303— "la cláusula limitativa opera para restringir, condicionar o modificar el derecho del asegurado a la indemnización una vez que el riesgo objeto del seguro se ha producido, y la cláusula de exclusión de riesgo es la que especifica qué clase de ellos se ha constituido en objeto del contrato.***

*Las cláusulas delimitadoras del riesgo son, pues, aquéllas mediante las cuales se concreta el objeto del contrato, fijando que riesgos, en caso de producirse, por constituir el objeto del seguro, hacen surgir en el asegurado el derecho a la prestación, y en la aseguradora el recíproco deber de atenderla. **La jurisprudencia mayoritaria declara que son cláusulas delimitativas aquellas que determinan qué riesgo se cubre, en qué cuantía, durante qué plazo y en qué ámbito espacial (SSTS 2 de febrero 2001 EDJ 2001/2005; 14 mayo 2004 EDJ 2004/31366; 17 marzo 2006 EDJ 2006/29179).***

En idéntico sentido y con lógica cita a la meritada sentencia de septiembre de 2006, tenemos:

Tribunal Supremo (Civil), sec. 1.ª, S 14-11-2019, n.º 609/2019, rec. 800/2017 PTE.: Vela Torres, Pedro José (TOL7.587.299)

FJ 3.º:

En cuanto a la distinción entre cláusulas de delimitación de cobertura y cláusulas limitativas, las primeras concretan el objeto del contrato y fijan los riesgos que, en caso de producirse, hacen surgir en el asegurado el derecho a la prestación por constituir el objeto del seguro. Mientras que las cláusulas limitativas restringen, condi-

cionan o modifican el derecho del asegurado a la indemnización o a la prestación garantizada en el contrato, una vez que el riesgo objeto del seguro se ha producido.

Por su parte, las cláusulas limitativas de derechos se dirigen a condicionar o modificar el derecho del asegurado y por tanto la indemnización, cuando el riesgo objeto del seguro se hubiere producido. Deben cumplir los requisitos formales previstos en el art. 3 LCS, de manera que deben ser destacadas de un modo especial y han de ser expresamente aceptadas por escrito; formalidades que resultan esenciales para comprobar que el asegurado tuvo un exacto conocimiento del riesgo cubierto (sentencias 268/2011, de 20 de abril; 516/2009, de 15 de julio; y 76/2017, de 9 de febrero).

5. ¿Existe alguna manera de saber cuándo nos encontramos ante una cláusula delimitadora o limitativa?

No existe ningún parámetro normativo a tal fin, por lo que como ya se ha visto antes, es la jurisprudencia la que va perfilando, a golpe de sentencia en sede casacional, cuándo nos encontramos ante cada uno de estos tipos clausulares, si bien, la casuística es inmensa y habrá que estar siempre al caso concreto.[9]

En definitiva y por lo que se puede extraer de alguna sentencia más clarificadora al respecto, podemos establecer, de manera genérica, una distinción entre ambos tipos de cláusulas. Por ejemplo:

- Cláusulas delimitadoras más habituales:
  - En un seguro de accidentes, la exclusión de la cobertura por el daño que pueda sufrir el asegurado en calidad de conductor o pasajero de ciclomotores o motocicletas cualquiera que sea su cilindrada (STS 294/2009, de 29 de abril —TOL1.514.775—)
  - La que establece, en un contrato de seguro de incendio y explosión, la regla valorativa del interés asegura-

[9] En todo caso, aconsejo la lectura de la sentencia Tribunal Supremo (Civil Pleno), S 12-12-2019, n.º 661/2019, rec. 3634/2016.

do, es decir la forma de calcular el daño sufrido (STS 953/2006, 9 de octubre —TOL1.014.536—)

- La que excluye de la cobertura de un seguro de daños los causados por actos de sabotaje (STS 5/2004, de 26 de enero —TOL348.538—)
- La cláusula que excluía los riesgos derivados de "robo, hurto o uso indebido, así como los daños materiales a consecuencia de tales hechos", en un contrato de responsabilidad civil de un taller de reparación de vehículos (STS 325/2003, de 27 de marzo —TOL4.928.909—).
- Las de delimitación del marco geográfico de la cobertura en un caso de seguro de robo de un coche (STS 215/2002, de 8 de marzo —TOL4.975.343—).
- Las de subsidiariedad, en las que la compañía de seguros únicamente presta la cobertura para el supuesto en el que los daños o la responsabilidad no esté cubierta por otro seguro (STS 244/2005, de 14 de abril —TOL633.087—)
- El límite máximo indemnizatorio a la cantidad de 18.000 euros, en un seguro de daños (STS 71/2019, de 5 de febrero —TOL7.059.228—).
- Las que atribuyen tal condición jurídica a las condiciones particulares relativas a "capital máximo por siniestro".
- En el seguro de responsabilidad civil de explotación,[10] para mantener que únicamente se cubren los daños causados a terceros, pero no los ocasionados en el mismo objeto sobre el que el profesional asegurado rea-

---

10 Ver STS 730/2018, de 20 de diciembre y STS 741/2011, de 25 de octubre entre otras.

liza su actividad, al ser este último riesgo propio del seguro de responsabilidad civil profesional.

- Cláusulas limitativas más frecuentes:
  - Las cláusulas de exclusión de los daños causados, por conducción en estado de embriaguez, en un seguro voluntario de responsabilidad civil derivada de un accidente de tráfico[11].
  - En el seguro voluntario de accidentes, la determinación de la indemnización por incapacidad permanente mediante un porcentaje sobre el capital garantizado en función del grado de invalidez y secuelas, expresado en una tabla contenida en las condiciones generales, en contradicción con las condiciones particulares, en las que únicamente figura una cifra fija, como importe de la indemnización.[12]
  - La condición general de exclusión por deudas tributarias de los administradores de una sociedad mercantil, en un seguro de responsabilidad civil.[13]
  - La "caída de bultos en las operaciones de carga y descarga",[14] en un contrato de seguro de transporte.
  - La cláusula exonerativa de responsabilidad[15] de la aseguradora por el robo de mercancía en espacios o recintos sin la debida vigilancia, en un seguro de transporte).

11 SSTS 86/2011, de16 de febrero; 402/2015, de 14 de julio; 404/2016, de 15 junio; 234/2018, de 23 de abril o más recientemente 418/2019, de 15 de julio).

12 Ver STS 543/2016, de 14 de septiembre.

13 Ver STS 58/2019, de 29 de enero.

14 Ver STS 273/2016, de 22 de abril.

15 Ver STS 590/2017, de 7 de noviembre

- Las cláusulas *"claim made"* se consideran limitativas (STS Pleno 252/2018, de 26 de abril —TOL6.585.648—), hallándose en la actualidad expresamente previstas en el art. 73 II de la LCS, bajo dicha calificación jurídica.

De igual forma y por su especial interés enunciativo, quiero traer a colación la sentencia de la **Audiencia Provincial de Ciudad Real; Sección, de 20/02/202; Recurso: 553/2018; Resolución: 35/2020; Ponente: MONICA CESPEDES CANO-TOL7.877.568.**

6. ¿Qué es una cláusula lesiva?

Este es un término muy en boga, en los últimos tiempos, y que el ciudadano ajeno al Derecho, si bien no tiene conocimiento efectivo del mismo, como es lógico, es verdad que cada vez más, gracias a la información masiva que se tiene hoy día en internet, llega a oídos de todos que existen muchos casos de reclamaciones masivas contra bancos o aseguradoras, sobre todo, en relación a cuestiones contractuales donde un juzgado o Tribunal, ha entendido que determinada cláusula de nuestro contrato, pudiera ser tildada de "lesiva".

Por ello, es muy recomendable, en evitación de sesudos argumentos doctrinales, que puedan causar somnolencia o hastío en el lector, acudir directamente a la opinión de los Tribunales. A tal fin, quiero destacar una sentencia del **Tribunal Supremo (Civil), sec. 1.ª, S 24-02-2021, n.º 101/2021, rec. 2934/2018 PTE.: Parra Lucán, María de los Ángeles —TOL8.337.457—.**

El supuesto de hecho versa sobre el seguro de defensa jurídica. Se plantea como cuestión jurídica la eficacia de una cláusula que fija en 600 euros el límite de cobertura de la defensa jurídica en caso de libre designación de los profesionales.

FJ 3.º:

> *"Dentro del concepto de «lesivas» deben incluirse aquellas cláusulas que reducen considerablemente y de manera desproporcionada el derecho del asegurado, vaciándolo de contenido, de manera que es prácticamente imposible acceder a la cobertura del siniestro".*

7. *¿Es lo mismo una cláusula limitativa que una lesiva?*

La respuesta es negativa. La cláusula lesiva desnaturaliza y vacía de contenido al contrato, cláusula lesiva que a diferencia de las cláusulas abusivas se aplica a todo tipo de contratos de seguro, sean o no concertados por un consumidor, y que son nulas de pleno derecho y debe considerase como no puesta, nulidad que puede ser apreciada dado que ha sido objeto de debate la validez de tal cláusula.

La jurisprudencia ha resaltado la diferenciación entre cláusulas lesivas y limitativas, en tanto que estas últimas son válidas, aun cuando no sean favorables para el asegurado, cuando este presta su consentimiento, y de modo especial, al hacer una declaración de su conocimiento; mientras que, las cláusulas lesivas son inválidas siempre. Es decir, el concepto de condición lesiva es más estricto que el de cláusula limitativa, ya que hay cláusulas limitativas válidas, pero las lesivas son siempre inválidas.[16]

Las cláusulas limitativas y las cláusulas lesivas, siendo diferentes, tienden a confundirse porque sus efectos suelen confluir en la ineficacia de la cláusula afectada.[17]

Ese contenido natural deriva, entre otros elementos, *"de las cláusulas identificadas por su carácter definidor, de las cláusulas particulares del contrato y del alcance típico o usual que corresponde a su objeto con arreglo a lo dispuesto en la ley o en la práctica aseguradora"*. Para la validez de las cláusulas se requiere que el asegurado haya conocido las restricciones que introducen —es decir, que no le sorprendan— y que sean razonables, que no vacíen el contrato de

---

16 STS 1662/2016 – ECLI:ES:TS:2016:1662; Id Cendoj: 28079110012016 100257; 22/04/2016; N.º de Recurso: 63/2014; N.º de Resolución: 273/2016

17 Como apunta la STS 259/2022, de 29 de marzo (EDJ 2022/533995), la jurisprudencia de la Sala Primera sobre la desnaturalización del contrato de seguro y las cláusulas sorprendentes ha determinado, de forma práctica, el concepto de cláusula limitativa y de cláusula lesiva, por referencia al llamado contenido natural del contrato.

contenido y que no frustren su fin económico y, por tanto, que no le priven de su causa. Cuando hay contradicción entre las cláusulas que definen el riesgo y las que lo acotan puede producirse una exclusión sorprendente.[18]

8. *¿Puedo declarar un siniestro si en el momento de su producción no tengo contratado un seguro que cubra los posibles daños derivados del mismo?*

Para ser más claros. Imaginemos una persona con una pala excavadora realizando trabajos en una finca que linda con otra, rompe una tubería o canalización de ese fundo ajeno e inunda el predio y causa diversos daños. En el momento de la producción del daño, la empresa titular de la máquina no tiene contratado un seguro de responsabilidad civil, por lo que a posteriori, contacta con una aseguradora y decide dar de alta una póliza con cobertura ad hoc de responsabilidad civil, declarando ese siniestro, por ejemplo, al día siguiente de su ocurrencia. ¿es correcta esta forma de actuar?

La respuesta es radicalmente negativa. Por mor del tenor literal del artículo 4 de la LCS, que establece: *"El contrato de seguro será nulo, salvo en los casos previstos por la Ley, si en el momento de su conclusión no existía el riesgo o había ocurrido el siniestro"*.

AP Castellón, sec. 3.ª, S 15-02-2024, n.º 92/2024, rec. 1297/2021; PTE.: Sancho Cerda, Gonzalo —TOL10.045.643—, con cita, a su vez, de la sentencia del Tribunal Supremo (Civil), sec. 1.ª, S 10-12-2021, n.º 856/2021, rec. 6070/2018; PTE.: Parra Lucán, María de los Ángeles.[19] **—TOL8.692.175—.**

---

18 (STS 273/2016, de 22 de abril (EDJ 2016/44810), y 534/2016, de 14 de septiembre.

19 FJ 4.º:
"Es doctrina de la sala que, dada la naturaleza aleatoria del contrato de seguro, el asegurador sólo resulta obligado cuando se materializa el riesgo asegurado, cuando se produce el siniestro, lo que implica que cuando el riesgo se ha materializado con anterioridad a la suscripción del contra-

9. *¿El contrato de seguro tiene que formalizarse por escrito para que sea válido?*

Acudimos al artículo 5 de la LCS: *"El contrato de seguro y sus modificaciones o adiciones deberán ser formalizadas por escrito. El asegurador está obligado a entregar al tomador del seguro la póliza o, al menos, el documento de cobertura provisional. En las modalidades de seguro en que por disposiciones especiales no se exija la emisión de la póliza el asegurador estará obligado a entregar el documento que en ellas se establezca".*

Para ello, podemos acudir a una sentencia que, si bien es un tanto antigua, resulta muy ilustrativa. Se trata de la sentencia del **Tribunal Supremo (Civil), sec. 1.ª, S 15-06-2009, n.º 403/2009, rec. 2317/2004; PTE.: Roca Trías, Encarnación —TOL1.554.287—.**

FJ 10.º

> *"La jurisprudencia de esta Sala no ha mantenido una línea clara acerca de la naturaleza del requisito establecido en el art. 5 LCS sobre la forma en el contrato de seguro".*
>
> *En general a partir de la sentencia de 22 diciembre 1990, se señala que la exigencia formal del art. 5 LCS "al no integrar uno de los pocos supuestos admitidos en nuestro ordenamiento jurídico de forma ad solemnitatem o ad substantiam, no impide que en algún supuesto excepcional (no ciertamente frecuente), pueda probarse la existencia de algún contrato de seguro o de alguna modificación en el mismo, aunque no aparezca rigurosamente cumplimentado tal requisito formal (que en puridad técnica, solo es ad probationem), confirmada por la doctrina de la sentencia de 30 noviembre 2004 EDJ 2004/192447 ".*

---

to y ello era desconocido para la aseguradora constando, por el contrario, al asegurado, falta un elemento esencial del contrato, que es nulo. Según esta jurisprudencia, la nulidad dimanante de lo dispuesto por el art. 4 LCS no se refiere sólo al supuesto de que el siniestro haya ocurrido en el momento de la celebración habiéndose verificado por completo, sino también a los supuestos en que el proceso de formación del mismo se haya iniciado por haberse producido el hecho que hace comenzar el proceso del siniestro (sentencias 449/2013, de 10 de julio, 426/2018, de 4 de julio, 279/2018, de 18 de mayo, y 60/2021, de 8 de febrero)".

10. ¿Puedo encontrar en mi contrato de seguro más documentación a modo de "apéndices o suplementos"? En estos casos, ¿qué exigencias documentales pueden darse?

Esto puede darse en los seguros colectivos[20], por ejemplo, para decir que deben cubrir riesgos que afectan a un grupo que deberá estar delimitado para una característica común extraña al propósito de asegurarse, cosa que también puede aparecer en las muy demandadas pólizas de responsabilidad de directivos.[21]

11. Si estoy interesado en solicitar información a una aseguradora sobre determinada cobertura ¿esa petición por parte del interesado es vinculante para la aseguradora?

La respuesta es negativa y encuentra sentido en el artículo 6 de la LCS: *"La solicitud de seguro no vinculará al solicitante. La proposición de seguro por el asegurador vinculará al proponente durante un plazo de quince días"*

De acuerdo con la finalidad perseguida en el Art. 6 LCS la solicitud proveniente del futuro tomador o asegurado no vincula a la aseguradora; en cambio sí la vincula la proposición de seguro que ésta última haya efectuado, durante el plazo de quince días, de acuerdo con el Art. 6 LCS.

Sobre este particular, dice la sentencia de la **AP Barcelona, sec. 4.ª, S 10-10-2024, n.º 584/2024, rec. 625/2023; PTE.: Puig Blanes, Francisco de Paula —TOL10.298.186—.**

FJ 4.º:

---

[20] Artículo 81 LCS: "El contrato puede celebrarse con referencia a riesgos relativos a una persona o a un grupo de ellas. Este grupo deberá estar delimitado por alguna característica común extraña al propósito de asegurarse".

[21] Ver STS Sala Civil núm. 1058/2007, de 18 de octubre; STS 15 julio de 2009; STS 18 octubre de 2007.

> *"El Art. 6 LCS es, por tanto, una especialidad de la regla general aplicable a los contratos de este tipo, en los que, por disposición de la ley, debe protegerse el interés del futuro asegurado o del tomador, proporcionándole un tiempo para que pueda examinar las condiciones del contrato, pero ello implica que cuando la iniciativa haya partido del futuro tomador, deban examinarse también las circunstancias y consecuencias de la oferta para contratar que proviene de esta parte. ...Y ello porque de acuerdo con la interpretación más correcta de la Ley, no se considera la solicitud como una verdadera oferta, por lo que el Art. 6.1 LCS, dice textualmente que "la solicitud de seguro no vinculará al solicitante.*

En conexión con lo anterior. Qué sucede si, una vez recibo la póliza por parte de la aseguradora, constato que hay alguna diferencia entre la propuesta que me hicieron y las cláusulas acordadas y lo que recoge mi póliza.

La respuesta está en el artículo 8 de la LCS: *"Si el contenido de la póliza difiere de la proposición de seguro o de las cláusulas acordadas, el tomador del seguro podrá reclamar a la Entidad aseguradora en el plazo de un mes a contar desde la entrega de la póliza para que subsane la divergencia existente. Transcurrido dicho plazo sin efectuar la reclamación, se estará a lo dispuesto en la póliza. Lo establecido en este párrafo se insertará en toda póliza del contrato de seguro".*

12. Si quiero contratar el seguro obligatorio del automóvil, ¿Esa solicitud de seguro tampoco me vincula?

La respuesta es negativa y varía respecto del régimen general antes expuesto. Para ello, hemos de acudir a lo dispuesto en el por el que se aprueba el Reglamento del seguro obligatorio de responsabilidad civil en la circulación de vehículos a motor[22], en su artículo 12.º:

La solicitud del seguro obligatorio, a partir del momento en que esté diligenciada por la entidad aseguradora o agente de ésta,

---

[22] Real Decreto 1507/2008, de 12 de septiembre, «BOE» núm. 222, de 13/09/2008.

produce los efectos de la cobertura del riesgo durante el plazo de quince días.

Se entenderá que está diligenciada cuando se entregue al solicitante copia de la solicitud sellada por la entidad aseguradora o por su agente.

El asegurador podrá rechazar la solicitud en el plazo máximo de diez días desde el diligenciamiento, mediante escrito dirigido al tomador por cualquier medio que asegure la constancia de su recepción, especificando las causas, y tendrá derecho a la percepción de la prima que le corresponda por la cobertura de los quince días previstos en el primer párrafo. Si transcurrido el plazo de diez días el asegurador no hubiera rechazado la contratación, se entenderá que la misma ha sido admitida.

Diligenciada la solicitud y transcurrido el plazo de diez días, el asegurador deberá remitir la póliza de seguro en un plazo de diez días.

2. La proposición del seguro obligatorio hecha por la entidad aseguradora o su agente vinculará a la aseguradora por el plazo de quince días.

Una vez aceptada la proposición por el tomador, se entenderá perfeccionado el contrato. En caso de impago de la primera prima por culpa del tomador, el asegurador podrá resolver el contrato, mediante escrito dirigido al tomador por correo certificado con acuse de recibo o por cualquier otro medio admitido en derecho que permita tener constancia de la recepción, o podrá exigir el pago de la prima en los términos del artículo 15 de la Ley 50/1980, de 8 de octubre, de Contrato de Seguro.

Aceptada la proposición por el tomador, el asegurador deberá entregar la póliza de seguro en el plazo de diez días"

Conclusión: por tanto, hay que distinguir entre la solicitud de seguro obligatorio de circulación de vehículo a motor (sí produce efectos para el solicitante, tal y como hemos visto), del llamado seguro voluntario (que queda afectado por el régimen general que ya hemos visto), que no genera efectos vinculantes para el solicitante, no así para la aseguradora proponente.[23]

13. *Si soy el tomador del seguro, ¿Puedo contratar por cuenta propia o ajena?*

La respuesta se encuentra en el artículo 7 de la LCS:

> *"El tomador del seguro puede contratar el seguro por cuenta propia o ajena. En caso de duda se presumirá que el tomador ha contratado por cuenta propia. El tercer asegurado puede ser una persona determinada o determinable por el procedimiento que las partes acuerden.*
>
> *Si el tomador del seguro y el asegurado son personas distintas, las obligaciones y los deberes que derivan del contrato corresponden al tomador del seguro, salvo aquellos que por su naturaleza deban ser cumplidos por el asegurado. No obstante, el asegurador no podrá rechazar el cumplimiento por parte del asegurado de las obligaciones y deberes que correspondan al tomador del seguro.*
>
> *Los derechos que derivan del contrato corresponderán al asegurado o, en su caso, al beneficiario, salvo los especiales derechos del tomador en los seguros de vida".*

Es decir:

- El tomador, puede contratar en nombre propio o ajeno.
- Si no quedara claro si lo hace en nombre propio o ajeno, se entenderá que lo hace en su propio nombre.
- Si tomador y asegurado son personas diferenciadas, recaen sobre el primero el cumplimiento de las obligaciones derivadas del contrato.
- Los derechos corresponden al asegurado o al beneficiario, si bien, la declaración del siniestro a la aseguradora y su posterior reclamación, corresponde a estos, no al tomador.

---

23 Interesante Sentencia de la AP Tarragona, sec. 1.ª, S 04-12-2024, n.º 645/2024, rec. 614/2024; PTE.: García Rodríguez, Manuel Horacio.

En este sentido, la sentencia de **la AP Jaén, sec. 1.ª, S 21-11-2024, n.º 1563/2024, rec. 1444/2024 —TOL10.399.279—.**

> *El art. 7 LCS prevé que el tomador del seguro puede contratar el seguro por cuenta propia o ajena; si el tomador del seguro y el asegurado son personas distintas, las obligaciones y los deberes que derivan del contrato corresponden al tomador del seguro, salvo aquellos que por su naturaleza deban ser cumplidos por el asegurado, como por ejemplo la comunicación de la producción del siniestro. Asimismo, el citado precepto establece que "[L]os derechos que derivan del contrato corresponderán al asegu0rado o, en su caso, al beneficiario...*
>
> *Acaecido el evento cubierto, corresponde al asegurado o, en su caso, al beneficiario, ejercitar las acciones encaminadas al cumplimiento por el asegurador de su deber de indemnizar.*

14. ¿Cómo saber cuál es el contenido mínimo que ha de tener una póliza de seguro?

La respuesta la tenemos en el artículo 8.º de la LCS[24].

Y derivado de lo anterior, ¿Qué sucede si una vez la aseguradora me da traslado de la póliza existe alguna exactitud que no coincide con lo que se contemplaba en mi solicitud o propuesta de seguro?

---

[24] 1. Nombre y apellidos o denominación social de las partes contratantes y su domicilio, así como la designación del asegurado y beneficiario, en su caso.
2. El concepto en el cual se asegura.
3. Naturaleza del riesgo cubierto, describiendo, de forma clara y comprensible, las garantías y coberturas otorgadas en el contrato, así como respecto a cada una de ellas, las exclusiones y limitaciones que les afecten destacadas tipográficamente.
4. Designación de los objetos asegurados y de su situación.
5. Suma asegurada o alcance de la cobertura.
6. Importe de la prima, recargos e impuestos.
7. Vencimiento de las primas, lugar y forma de pago.
8. Duración del contrato, con expresión del día y la hora en que comienzan y terminan sus efectos.
9. Si interviene un mediador en el contrato, el nombre y tipo de mediador.

La clave se encuentra en el artículo 8 LCS, in fine: *"Si el contenido de la póliza difiere de la proposición de seguro o de las cláusulas acordadas, el tomador del seguro podrá reclamar a la Entidad aseguradora en el plazo de un mes a contar desde la entrega de la póliza para que subsane la divergencia existente. Transcurrido dicho plazo sin efectuar la reclamación, se estará a lo dispuesto en la póliza. Lo establecido en este párrafo se insertará en toda póliza del contrato de seguro".*

15. Los contratos de seguro celebrados por vía electrónica ¿Son plenamente válidos?

Así es. Queda establecido por razón de la Disposición Adicional Tercera de la LCS[25] y del artículo 2.3 de la Ley 34/2002.[26]

16. ¿Cuándo se entiende entonces que queda perfeccionado el contrato?[27]

Toda vez se fundan en uno, aceptación y oferta, el contrato se perfecciona, más particularmente cuando el oferente, conoce

---

25 Los contratos de seguro celebrados por vía electrónica producirán todos los efectos previstos por el ordenamiento jurídico cuando concurran el consentimiento y los demás requisitos necesarios para su validez.
En cuanto a su validez, prueba de celebración y obligaciones derivadas del mismo se sujetarán a la normativa específica del contrato de seguro y a la legislación sobre servicios de la sociedad de la información y de comercio electrónico.

26 Ley 34/2002, de 11 de julio, de servicios de la sociedad de la información y de comercio electrónico. Art. 2.3: "3. A los efectos previstos en este artículo, se presumirá que el prestador de servicios está establecido en España cuando el prestador o alguna de sus sucursales se haya inscrito en el Registro Mercantil o en otro registro público español en el que fuera necesaria la inscripción para la adquisición de personalidad jurídica

27 Dice la sentencia del Tribunal Supremo (Civil), sec. 1.ª, S 15-06-2009, n.º 403/2009, rec. 2317/2004:
FJ 8.º:
"El contrato de seguro no ofrece especialidades respecto a los requisitos para su formación, de modo que para que exista consentimiento, se aplica plenamente lo establecido en el art. 1262.1 CC, es decir, se requiere que concurra la oferta y la aceptación."

de la aceptación de la otra parte o bien, desde que habiéndosela remitido el aceptante no pueda el oferente ignorar que la conoce. De lo contrario, faltaría a la buena fe contractual[28]

17. ¿Tiene el tomador el deber de responder al cuestionario al que la aseguradora le someta, antes de contratar el seguro que proceda?

Para ello, hemos de acudir al artículo 10.° de la LCS, cuyo tenor, establece:

> *"El tomador del seguro tiene el deber, antes de la conclusión del contrato, de declarar al asegurador, de acuerdo con el cuestionario que éste le someta, todas las circunstancias por él conocidas que puedan influir en la valoración del riesgo. Quedará exonerado de tal deber si el asegurador no le somete cuestionario o cuando, aun sometiéndoselo, se trate de circunstancias que puedan influir en la valoración del riesgo y que no estén comprendidas en él".*

Visto lo anterior, podemos dar respuesta mediante la formulación de otra pregunta:

¿Resulta obligatorio que la compañía someta al tomador al test o cuestionario del artículo 10 de la LCS? la respuesta ha de ser negativa. Si bien podemos afirmar que, en todo caso, es un *cuasi-deber* de la aseguradora, no llega a constituirse en obligación.

"Cualquiera de las partes puede tomar la iniciativa a la hora de la proposición de un futuro contrato de seguro. El art. 6 LCS, es, por tanto, una especialidad de la regla general aplicable a los contratos de este tipo, en los que, por disposición de la ley, debe protegerse el interés del futuro asegurado o del tomador, proporcionándole un tiempo para que pueda examinar las condiciones del contrato, pero ello implica que cuando la iniciativa haya partido del futuro tomador, deban examinarse también las circunstancias y consecuencias de la oferta para contratar que proviene de esta parte

28 A esto se le puede calificar, doctrinalmente, como teoría cognitiva atemperada.

18. ¿Existe un formato predeterminado de cuestionario?

De igual forma, la respuesta es negativa. En este sentido, la sentencia del **Tribunal Supremo (Civil), sec. 1.ª, S 05-04-2017, n.º 222/2017, rec. 542/2015**[29] **—TOL6.033.368—.**

> *"Es cierto, que, si la entidad aseguradora no exige el cuestionario (o declaración correspondiente) debe pechar con las consecuencias y no hay propiamente un deber de declaración, sino de respuesta del tomador acerca de lo que le interesa de él al asegurador y que les importa a efectos de valorar debidamente el riesgo, como la concurrencia de aquellos otros extremos que sean de interés.*[30]
>
> *La jurisprudencia no exige una forma especial para lo que el art. 10 LCS denomina 'cuestionario' (según la segunda de las acepciones del Diccionario de la RAE, que resulta la más adecuada aquí, es una 'lista de preguntas que se proponen con cualquier fin'), por lo que no se contradice la doctrina legal dándole plena eficacia a la 'Declaración Estado Salud' que figura impresa en la póliza firmada por el asegurado (f. 98), y en tal sentido se orientan entre otras Sentencias las de 24 de junio de 1.999 y 2 de abril de 2.001 ".*

19. Si el cuestionario ofrecido al asegurado es impreciso, insuficiente o contiene preguntas genéricas ¿Qué consecuencias podrá tener y sobre quién recaen los efectos de esa carencia enunciativa?

Las consecuencias perniciosas recaen, en estos casos, sobre la aseguradora.

---

29 En el mismo sentido, la sentencia 693/2005, de 23 de septiembre, declaró, acerca del cuestionario de salud, que "no existe una exigencia de forma especial para el mismo, por lo que ha de reconocerse plena eficacia a la 'declaración de salud' que suele insertarse en las pólizas a que nos referimos"».
A su vez, también la sentencia 157/2016, de 16 de marzo, reconoció la validez, como cuestionario, de la declaración de salud suscrita por el asegurado e insertada en la documentación de la póliza.

30 (Entre otras, 23 de septiembre de 1.997, 22 de febrero y 7 de abril de 2.001, 17 de febrero de 2.004.

Sobre este particular, la sentencia del Tribunal Supremo (Civil), sec. 1.ª, S 16-03-2016, n.º 157/2016, rec. 2426/2013 —TOL5.674.579— y la sentencia del Tribunal Supremo (Civil), sec. 1.ª, S 05-04-2017, n.º 222/2017, rec. 542/2015 —TOL6.033.368—."

> *"En consecuencia, para la jurisprudencia la obligación del tomador del seguro de declarar a la aseguradora, antes de la conclusión del contrato y de acuerdo con el cuestionario que esta le someta, todas las circunstancias por él conocidas que puedan influir en la valoración del riesgo, se cumple "contestando el cuestionario que le presenta el asegurador, el cual asume el riesgo en caso de no presentarlo o hacerlo de manera incompleta"*[31]

20. ¿Cuáles son las consecuencias derivadas de que el tomador incurra en reserva o inexactitud en lo declarado en el cuestionario?

Dice el artículo 10, párrafo 2.º de la LCS:

> *"El asegurador podrá rescindir el contrato mediante declaración dirigida al tomador del seguro en el plazo de un mes, a contar del conocimiento de la reserva o inexactitud del tomador del seguro. Corresponderán al asegurador, salvo que concurra dolo o culpa grave por su parte, las primas relativas al período en curso en el momento que haga esta declaración"*

De lo anterior, podemos extraer, las siguientes situaciones:

- Si la aseguradora ha tenido conocimiento de la inexactitud del riesgo ex ante a la producción del siniestro. En este caso, la aseguradora puede resolver el contrato en el plazo de un mes desde que tuviera conocimiento de la citada inexactitud.
- Si la aseguradora ha tenido conocimiento de la inexactitud del riesgo ex post a la producción del siniestro. En este caso, caben dos posibilidades:

---

31 Ver Tribunal Supremo (Civil), sec. 1.ª, S 08-01-2020, n.º 7/2020, rec. 3646/2016; sentencia del Tribunal Supremo (Civil), sec. 1.ª, S 04-10-2017, n.º 542/2017, rec. 992/2015:

- Que en caso de que medie dolo o culpa grave por parte del asegurado o si el siniestro haya sido causado por mala fe del asegurado. En este caso, la aseguradora queda exenta de su obligación de pago de la prestación.
- Que se proceda a la aplicación de la llamada "regla de equidad", de conformidad con el párrafo tercero in fine del artículo 10 de la LCS, es decir, que el asegurado vea reducida su indemnización teniendo en cuenta la prima inicialmente pactada y la que se hubiera aplicado de haberse conocido la verdadera entidad del riesgo.

21.º.-¿Cómo puede reaccionar la aseguradora si se produce el siniestro antes de que la aseguradora resuelva el contrato, tal y como hemos visto antes?

Dice el artículo 10, párrafo 3.º de la LCS:

> *"Si el siniestro sobreviene antes de que el asegurador haga la declaración a la que se refiere el párrafo anterior, la prestación de éste se reducirá proporcionalmente a la diferencia entre la prima convenida y la que se hubiese aplicado de haberse conocido la verdadera entidad del riesgo. Si medió dolo o culpa grave del tomador del seguro quedará el asegurador liberado del pago de la prestación."*

Por tanto y por lo que se refiere al cuestionario referido, muy especialmente en lo seguros de personas, podemos encontrar respuestas para todos los gustos, de tal forma que habrá que estar siempre al caso concreto.[32]

---

[32] Sentencias que absuelven a las aseguradoras:
AP Toledo, Secc 1.ª, núm. 9/2017, de 10 enero; AP de Valencia, núm. 214/2018, 2 de mayo; AP Valencia núm. 219/2018, 4 de mayo; AP de Madrid, Secc 25.º, núm. 129/2018, de 27 de marzo; AP de Cantabria, Secc 2.ª, núm. 93/2018, de 15 de febrero.

22. *¿Y esa reducción proporcional de la prestación, ¿Cómo se realiza?*

La fórmula empleada para la aplicación de la llamada regla de equidad, es:

> *I. Daños x (prima abonada/prima que se debió abonar); siendo I, la indemnización a favor del asegurado.*

Sobre la regla de equidad y a modo de ejemplo, entre otras, la sentencia del **Tribunal Supremo (Civil), sec. 1.ª, S 01-06-2006, n.º 600/2006, rec. 4087/1999 —TOL952.733—.**

> ...
>
> *El párrafo tercero del artículo 10 se ocupa del supuesto que sobrevenga el siniestro antes de que el asegurador haga la declaración a la que se refiere el párrafo segundo del mismo artículo. Dentro del párrafo tercero indicado el supuesto más frecuente es que el asegurador advierta la discordancia entre el riesgo real y el declarado en el momento de la producción del siniestro. En ese instante, al analizarse las causas de éste, se descubre la verdadera entidad del riesgo. Y en el supuesto de actuación del tomador sin dolo o mala fe, nos hallamos ante una reducción proporcional de la indemnización partiendo de la relación que existe entre la prima pagada y la que debiera haber sido pagada si el riesgo hubiera sido declarado en forma regular. Aparece, al mismo tiempo, lo que se llama una reducción proporcional de la prima, que trata de restablecer la relación sinalagmática existente en el base del contrato.*

23. *¿Una persona que ha padecido cáncer, está obligada a decirlo en el cuestionario de un seguro de vida?*

La respuesta se encuentra en el último párrafo del artículo 10 de la LCS[33]

Sentencias que condenan a las aseguradoras:
AP Álava, Secc 1.º, núm. 405/2016, de 30 de diciembre; AP de Barcelona, Secc 14.º; núm. 98/2017, de 16 de febrero; STS Sala 1.ª, núm. 323/2018, de 30 de mayo; STS Sala 1.ª, núm. 222/2017, de 5 de abril;

[33] Artículo 209 RD 5/2023, 28 junio. Modificación de la Ley 50/1980, de 8 de octubre, de Contrato de Seguro. BOE» núm. 154, de 29 de junio de 2023

> *"El tomador de un seguro sobre la vida no está obligado a declarar si él o el asegurado han padecido cáncer una vez hayan transcurridos cinco años desde la finalización del tratamiento radical sin recaída posterior. Una vez transcurrido el plazo señalado, el asegurador no podrá considerar la existencia de antecedentes oncológicos a efectos de la contratación del seguro, quedando prohibida toda discriminación o restricción a la contratación por este motivo".*

Dentro de la pregunta principal, arriba formulada, conviene formularse toda una serie de interrogantes, de máxima actualidad y trascendencia, para que el lector pueda tener una información del todo completa sobre este novedoso y necesario derecho "al olvido oncológico".[34] Por ejemplo:

¿Qué significa el término "tratamiento radical"?

Dentro del Real Decreto-ley 5/2023, se entiende por tratamiento radical aquel destinado a eliminar completamente la enfermedad visible o de alcance sistémico con intención curativa. Esto puede incluir intervenciones quirúrgicas, quimioterapia, radioterapia u otros tratamientos, utilizados de manera individual o combinada.

¿Cómo se considera a los pacientes con cáncer crónico pero estable?

El derecho al olvido oncológico no se extiende a personas con cáncer crónico que, pese a estar controladas y bajo medicación continua, no podrán erradicar la enfermedad. En cambio, sí ampara a quienes ya no presentan signos de la enfermedad, incluso si continúan con un tratamiento adyuvante preventivo o de apoyo.

¿Qué pasa si una persona tiene una recaída después de haber contratado un seguro?

Si la recaída ocurre mientras la póliza ya está vigente, el asegurado no está obligado a comunicarla. No obstante, la compañía podría decidir no renovar el contrato en algunos supuestos permitidos por la normativa.

---

[34] https://www.sanidad.gob.es/en/gabinete/notasPrensa.do?id=6612

¿Cómo se gestionan las secuelas del cáncer al contratar un seguro?

Cualquier secuela presente en el momento de formalizar la póliza debe comunicarse si aparece incluida en el cuestionario de salud. Si esas secuelas surgen con posterioridad a la firma del contrato, el tomador o asegurado no tiene la obligación de declararlas.

¿Es posible solicitar seguros con carácter retroactivo o pedir cambios en pólizas antiguas?

Una persona a quien se le negó un seguro antes de la entrada en vigor del derecho al olvido oncológico puede contratarlo ahora, pero sin efectos retroactivos, siempre que hayan pasado más de 5 años desde la finalización del tratamiento radical y no haya habido recaída. En los seguros temporales renovables, las primas tras la siguiente renovación posterior a la nueva normativa no deberían considerar el antecedente oncológico.

¿A qué se refiere la expresión "avance de la evidencia científica"?

Este concepto alude a la actualización continua del conocimiento médico sobre una enfermedad. En oncología, donde los descubrimientos avanzan rápidamente, es esencial revisar de forma periódica fuentes científicas actuales para adoptar decisiones clínicas adecuadas.

¿Qué hacer si surgen obstáculos para acceder a un seguro?

Se aconseja presentar una consulta al Servicio de Reclamaciones de la Dirección General de Seguros y Fondos de Pensiones. Además, se puede interponer una reclamación formal ante este organismo, siempre que previamente se haya reclamado a la aseguradora correspondiente.

¿Puede anularse una hipoteca o un seguro por no haber informado de un antecedente oncológico en el pasado?

Sí, la entidad aseguradora podría cancelar el contrato si se demuestra que la información proporcionada en su día fue incorrecta o incompleta, aunque actualmente el cáncer ya no deba ser tenido en cuenta.

¿Quién puede expedir un documento que confirme que una persona ha superado un cáncer?

Puede hacerlo el especialista que llevó el proceso oncológico o el médico de familia, siempre que disponga de la documentación médica necesaria.

¿Desde qué momento comienzan a contarse los 5 años para aplicar el derecho al olvido oncológico?

El periodo de cinco años empieza a contarse desde la fecha en que finaliza el tratamiento radical de la enfermedad.

¿Cómo afecta esta normativa a la renovación de un seguro de vida?

A partir de la renovación posterior a la entrada en vigor del derecho al olvido oncológico, las primas no deberían incluir el antecedente de cáncer si han pasado más de cinco años desde el fin del tratamiento radical y no ha habido recaída.

¿Cómo influye en la valoración de cobertura por incapacidad en un seguro de vida?

El cuestionario de salud no puede pedir información sobre un cáncer cuyo tratamiento radical terminó hace más de cinco años y que no ha vuelto a manifestarse.

¿Tiene algún efecto en la renovación del permiso de conducir?

Antes, haber tenido cáncer implicaba renovaciones más frecuentes del carné (cada 3 o 5 años). Con la nueva normativa, si la enfermedad está superada y existe un informe médico favorable, la renovación se realiza según el periodo general que corresponde por edad, sin restricciones adicionales.

24. Cuando el artículo 10 de la LCS dice "Si medió dolo o culpa grave del tomador del seguro quedará el asegurador liberado del pago de la prestación", ¿Qué quiere decir exactamente?

Como pasa muchas veces en la terminología jurídica, hay conceptos que no están delimitados en la norma, por lo que hay que acudir a la respuesta que dan los Tribunales, por lo que como es más que habitual y lógico, habrá que estar al caso concreto, no estableciendo fórmulas generalizadas.

El artículo 1269 del Código Civil lo define de la siguiente forma: *"Hay dolo cuando, con palabras o maquinaciones insidiosas de parte de uno de los contratantes, es inducido el otro a celebrar un contrato que, sin ellas, no hubiera hecho"*.

Por lo tanto, los elementos configuradores del dolo son, de una parte, el elemento subjetivo, que consiste en el ánimo de engaño por parte de uno de los contratantes, su mala fe, y de otro el elemento objetivo, consistente en esas palabras o maquinaciones insidiosas que, poniendo de manifiesto dicho ánimo de engaño, inducen al otro contratante a celebrar el contrato

Desde este concepto, cabe afirmar que es actitud dolosa no sólo el engaño directo, sino también toda actitud pasiva o de silencio, que tiene como finalidad producir en el otro el engaño y, con ello, la celebración del contrato.

El dolo como vicio del consentimiento contractual es comprensivo no sólo de la insidia directa e inductora de la conducta errónea del otro contratante, sino también de la reticencia dolosa del que calla o no advierte debidamente a la otra parte en contra del deber de informar que exige la buena fe, tal concepto legal exige dos requisitos: el empleo de maquinaciones engañosas, conducta insidiosa del agente que pueda consistir tanto en una actuación positiva como en una abstención u omisión, y la inducción que tal comportamiento ejerce sobre la voluntad de la otra parte.

Cuando el artículo 19 de la LCS, al utilizar la expresión "*mala fe*",[35] se aparta de la terminología empleada en otros artículos de

---

35 Sentencias 837/1994, de 1de octubre; y 631/2005, de 20 de julio). Como indicó la sentencia 639/2006, de 9 de junio, para la interpretación del concepto de mala fe a que se refiere el art. 19 LCS, "lo relevante es que ha de tratarse de un acto consciente y voluntario del asegurado. Ha de ser un acto intencional y malicioso del asegurado".

la misma Ley, en los que habla de "dolo" o "culpa grave". La jurisprudencia suele equiparar esta mención al dolo, en la acepción más amplia que incluye también el dolo civil, expresado como la intención maliciosa de causar un daño contrario a derecho, un daño antijurídico.

Dicho todo lo anterior, el dolo, con independencia de que estemos en un ámbito civil o penal, nunca se presume, por lo que ha de ser objeto de la consiguiente prueba por parte de quien alegue su existencia.

La dificultad probatoria del dolo civil pasa además por exigir que, no solo es básico acreditar el comportamiento intencionado del asegurado, sino que, además, ha de concurrir la pertinente relación de causalidad entre el precitado dolo y el posterior resultado.[36]

25. Por tanto ¿Qué diferencia existe entre dolo y culpa grave?

Evitando acudir a sesudas y procelosas disquisiciones doctrinales sobre esta diferencia terminológica, una vez más, considero más ilustrativo, por pragmático, acudir a lo que dicen nuestros Tribunales al respecto. Así, por ejemplo, la sentencia de la **AP**

---

36 Sentencia del Tribunal Supremo (Civil), sec. 1.ª, S 17-07-2012, n.º 492/2012, rec. 1935/2010
Así planteado, el motivo ha de ser desestimado porque el propio art. 48 LCS que se cita como infringido solo exime al asegurador de su obligación de indemnizar los daños cuando el incendio "se origine por dolo o culpa grave del asegurado", lo que exige probar no solo el dolo o la culpa grave del asegurado sino también su relación causal con el origen del incendio, incumbiendo al asegurador, según la doctrina científica y la jurisprudencia, la carga de esta prueba. Como declaró la sentencia de 12 de marzo de 2001 (rec. 569/96) si no consta probado que el incendio haya sido provocado, directa ni indirectamente, por el asegurado no se da el supuesto contemplado en la norma cuya infracción se denuncia, y huelga discurrir acerca el dolo o culpa grave del asegurado y del nexo causal".

Sevilla, sec. 5.ª, S 08-06-2016, n.º 229/2016, rec. 8494/2015 —TOL5.901.199— donde se realiza una descripción diferenciadora entre el dolo y la culpa grave. A saber:

> *Por dolo ha de entenderse como señala la Sentencia de 3 octubre 2003: "el error provocado por la actuación insidiosa de una parte contratante, como dice el artículo 1269 del Código civil, es decir, el engaño causado maliciosamente, engaño sugerido a un contratante, haciéndole creer lo que no existe u ocultando la realidad, como dice la sentencia de 23 de mayo de 1996, requiriendo un presupuesto subjetivo, la conducta de mala fe, y el objetivo, la gravedad.*
>
> *Por culpa se entiende cuando se actúa obviando o careciendo de las habituales diligencias ante un suceso plenamente previsible o evitable. La Sentencia de 24 de septiembre de 2.002 nos dice que, la culpa no solo consiste en la omisión de normas aconsejadas por la más elemental experiencia, sino que abarca el actuar no ajustado a la diligencia exigible en cada caso concreto en atención a las circunstancias de las personas, del tiempo y del lugar, determinando la producción de un resultado socialmente reprochable.*

La sentencia de la AP Valencia, sec. 7.ª, S 25-04-2012, n.º 214/2012, rec. 143/2012 —TOL2.598.342—.

> *"Se distingue: dolo, que sería la ocultación de elementos o circunstancias decisivas para la correcta valoración del riesgo, aunque ignore el alcance exacto de las circunstancias del mismo; —culpa grave: además de la ocultación consciente de una determinada circunstancia, sino también la de las sospechas que razonablemente pueden tener el asegurado o el tenedor sobre dicha circunstancia y que puedan condicionar la suscripción del seguro. En ambos casos se produce la liberalización del asegurador".*[37]

26. *¿Puede la aseguradora denegarme la contratación por ser enfermo de SIDA?*

Afortunadamente, la respuesta a tal pregunta coincide con el sentido común, al que no siempre se le ubica en el lugar que

---

[37] En el mismo sentido, la sentencia del Tribunal Supremo (Civil), sec. 1.ª, S 20-07-2005, n.º 631/2005, rec. 830/1999.

merece, por motivaciones de todo tipo. Por tanto, la respuesta es negativa y encuentra su respaldo normativo en la Disposición Adicional 5.ª de la LCS:[38]

> *1. No se podrá discriminar a las personas que tengan VIH/SIDA, ni por otras condiciones de salud. En particular, se prohíbe la denegación de acceso a la contratación, el establecimiento de procedimientos de contratación diferentes de los habitualmente utilizados por el asegurador o la imposición de condiciones más onerosas, por razón de tener VIH/SIDA, o por otras condiciones de salud, salvo que se encuentren fundadas en causas justificadas, proporcionadas y razonables, que se hallen documentadas previa y objetivamente.*
>
> *2. En ningún caso podrá denegarse el acceso a la contratación, establecer procedimientos de contratación diferentes de los habitualmente utilizados por el asegurador, imponer condiciones más onerosas o discriminar de cualquier otro modo a una persona por haber sufrido una patología oncológica, una vez transcurridos cinco años desde la finalización del tratamiento radical sin recaída posterior.*

27. ¿Tiene el tomador o el asegurado la obligación de comunicar a su aseguradora cualquier circunstancia no conocida por ésta que pueda suponer que el riesgo se haya incrementado?

Así es. Por ejemplo. Si hacemos una reforma en nuestra vivienda asegurada e introducimos en ella grandes cantidades de muebles o elemento de madera o susceptibles de poder incendiarse, todo ello después de que ya se cumplimentara el cuestionario antes referido. O en el caso de que haya introducido modificaciones sustanciales en mi vehículo, incrementando sustancialmente su potencia y, por tanto, su potencial peligrosidad.

Dice el artículo 11 de la LCS:

> *"1. El tomador del seguro o el asegurado deberán durante la vigencia del contrato comunicar al asegurador, tan pronto como le sea posible, la alteración de los factores y las circunstancias declaradas en el cuestionario previsto en el artículo anterior que*

[38] Se modifica por el art. 209.2 del Real Decreto-ley 5/2023, de 28 de junio

agraven el riesgo y sean de tal naturaleza que si hubieran sido conocidas por éste en el momento de la perfección del contrato no lo habría celebrado o lo habría concluido en condiciones más gravosas"

Imaginemos que, en el momento de la cumplimentación del cuestionario no indicáramos al asegurador que nuestro negocio asegurado (supongamos una nave industrial) no contaba con detectores de incendios. En estos casos, se puede entender la existencia de una verdadera agravación del riesgo, siempre que este sea relevante, de intensidad significativa, alterando evidentemente las circunstancias ab initio declaradas en el cuestionario y que en ese momento inicial no pudieron tenerse en cuenta.[39]

28. ¿Qué sucede cuando la aseguradora tenga conocimiento de la inexactitud entre lo declarado y el riesgo real y, posteriormente se produzca el siniestro? Y más concretamente, ¿Qué sucede cuando la aseguradora no resolviera en plazo el contrato y se constatara también, a cargo del asegurado, una clara inexactitud en la declaración del riesgo, si bien carente de dolo o culpa grave?

En estos casos, la aseguradora no puede exonerarse de indemnizar, pero sí cabe aplicar la regla de equidad. Entre otras, la

---

[39] Tribunal Supremo (Civil), sec. 1.ª, S 25-10-2021, n.º 712/2021, rec. 4403/2018.
Es cierto que la causa del incendio no depende de que el local contase con un sistema de alarma, pero sí sus consecuencias, lo que contribuye a valorar las características el riesgo, puesto que éste no sólo se evalúa cualitativamente sino también de forma cuantitativa; esto es, tanto la posibilidad de que se convierta en siniestro como, en tal caso, la entidad del daño susceptible de producirse.
La supresión de tal conexión debió ser comunicada. Al no haberlo hecho así, el asegurado, nada podemos reprochar a la sentencia de la Audiencia, que aplica la reducción proporcional de la prestación de la aseguradora a la entidad real del riesgo

sentencia **del Tribunal Supremo (Civil), sec. 1.ª, S 01-06-2006, n.º 600/2006, rec. 4087/1999 —TOL952.733—.**

> *"El párrafo tercero del artículo 10 se ocupa del supuesto que sobrevenga el siniestro antes de que el asegurador haga la declaración a la que se refiere el párrafo segundo del mismo artículo. Dentro del párrafo tercero indicado el supuesto más frecuente es que el asegurador advierta la discordancia entre el riesgo real y el declarado en el momento de la producción del siniestro. En ese instante, al analizarse las causas de éste, se descubre la verdadera entidad del riesgo. Y en el supuesto de actuación del tomador sin dolo o mala fe, nos hallamos ante una reducción proporcional de la indemnización partiendo de la relación que existe entre la prima pagada y la que debiera haber sido pagada si el riesgo hubiera sido declarado en forma regular. Aparece, al mismo tiempo, lo que se llama una reducción proporcional de la prima, que trata de restablecer la relación sinalagmática existente en el base del contrato"*

29. ¿Qué sucede cuando la aseguradora tiene constancia de la circunstancia de agravación del riesgo que le comunica el tomador?

Según el artículo 12.1 de la LCS, pueden suceder dos cosas:

- El asegurador puede, en un plazo de dos meses, a contar del día en que la agravación le ha sido declarada, proponer una modificación del contrato.

  En tal caso, el tomador dispone de quince días a contar desde la recepción de esta proposición para aceptarla o rechazarla. En caso de rechazo, o de silencio por parte del tomador, el asegurador puede, transcurrido dicho plazo, rescindir el contrato previa advertencia al tomador, dándole para que conteste un nuevo plazo de quince días, transcurridos los cuales y dentro de los ocho siguientes comunicará al tomador la rescisión definitiva.

  O bien,

- El asegurador igualmente podrá rescindir el contrato comunicándolo por escrito al asegurado dentro de un mes, a partir del día en que tuvo conocimiento de la agravación del riesgo. En el caso de que el tomador del seguro o el asegurado no haya efectuado su declaración y sobreviniere un siniestro, el asegurador queda liberado de su prestación si el tomador o el asegurado ha actuado con mala fe. En otro caso, la prestación del asegurador se reducirá proporcionalmente a la diferencia entre la prima convenida y la que se hubiera aplicado de haberse conocido la verdadera entidad del riesgo.

Por lo tanto, conclusión de los dos párrafos anteriores del artículo 12 de la LCS.

- De una parte y dentro del plazo establecido, puede proponer una modificación contractual (ex art. 12.1 LCS).
- De otra, puede rescindir el contrato, con dos situaciones, a su vez, diferenciadas: a) la liberación de asumir la prestación a cargo del asegurador, si concurre mala fe del asegurado; b) la posibilidad de reducir proporcionalmente la prestación, si no hay tal mala fe.

30. ¿Desde cuándo han de computarse los dos meses indicados en el artículo 12.1 de la LCS?

Desde la recepción por parte de la aseguradora de la comunicación del riesgo. Es decir, desde el conocimiento ya sea gracias al tomador, al asegurado o a causas indirectas.

Puede parecer indiferente que esa comunicación la realice el tomador o el asegurado (si sucede que no son la misma persona) pero lo cierto es que siendo el tomador quien contrató en primera instancia habrá de ser este y no el asegurado, el que pueda aceptar o rechazar la propuesta modificativa del asegurador. ¿y de qué forma puede hacerlo el tomador? Veamos:

- El tomador tiene quince días para aceptar o rechazar la modificación propuesta por la aseguradora. Lo normal es que lo haga de forma explícita pero la norma no excluye la posibilidad de un rechazo o aceptación tácita.

- En caso de silencio por parte del tomador, la aseguradora puede denunciar el contrato quedando obligado por otros quince días más en ofrecer ese plazo al tomador, buscando la respuesta expresa, ya sea positiva o negativa a la propuesta modificativa.
- Si el tomador persiste en su conducta silente, el asegurador resolverá el contrato dentro de los ocho días siguientes a partir de los cuales el asegurador habrá de comunicar al tomador la finalización definitiva de la relación contractual.
- Si el tomador si expresa de manera concluyente su rechazo a la propuesta de modificación, ¿desde cuándo puede la aseguradora resolver el contrato? ¿ha de seguir el mismo camino fijado en el 12.1 LCS o puede hacerlo de inmediato? Si opta por conceder el plazo de quince días al asegurado, este puede dentro de este plazo la modificación propuesta.

31. Y respecto del artículo 12.2 de la LCS ¿Qué conclusiones podemos extraer?

Si la aseguradora opta por la resolución del contrato, lo hará dentro de un mes desde que tuvo conocimiento de la agravación. En este caso y a diferencia de lo indicado en el artículo 12.1 LCS, la resolución le será comunicada al asegurado y no al tomador, ya que a partir de este momento es el asegurado quien se verá privado de cobertura.

32. ¿Cuáles son las obligaciones fundamentales del tomador del seguro?

La principal obligación que recae sobre el tomador es el pago de la prima, tal y como previene el artículo 14 de la LCS[40]

---

40 El tomador del seguro está obligado al pago de la prima en las condiciones estipuladas en la póliza. Si se han pactado primas periódicas, la primera de ellas será exigible una vez firmado el contrato. Si en la póli-

La prima es un elemento esencial del contrato de seguro, que se paga con carácter anticipado y es indivisible, es decir, que la prima relativa a cada periodo del seguro corresponde íntegramente a la aseguradora, quien no tendrá obligación de reintegrarla, aunque el contrato se haya resuelto por cualquier causa.

La prima es indivisible puesto que el asegurador soporta el riesgo total en cada instante de la duración del contrato y no por fracciones de tiempo. La prima se debe por todo el importe y por entero durante todo el periodo convenido, aunque el pago se pueda fraccionar.

Por tanto, el llamado "*extorno de la prima*" ¿es un derecho que tienen los tomadores/asegurados?

La respuesta es negativa. El término extorno, es metajurídico, de tipo comercial y no está reflejado en la LCS. La aseguradora no tiene la obligación de devolver la prima no consumida.

Ahora bien, la propia Dirección General de Seguros (DGS), ha dicho[41]:

> *El legislador ha ido añadiendo excepciones al mencionado principio técnico, como en la Ley 16/2011, de 24 de junio, de contratos de crédito al consumo y en la más reciente Ley 5/2019, de 15 de marzo, reguladora de los contratos de crédito inmobiliario. En ambos textos legales se establece la obligación para las entidades aseguradoras de devolver el importe de la prima no consumida si se cancela anticipadamente el préstamo al que está vinculado el seguro, sin que se exceptúen los supuestos en los que haya habido pago de siniestros o que se trate de seguros temporales renovables.*
>
> *En definitiva, tanto de determinados normas sectoriales de rango legal como de las mejores prácticas del sector asegurador se deduce la no extensión del principio técnico de la indivisibilidad de la prima a las relaciones contractuales con los asegurados.*

---

za no se determina ningún lugar para el pago de la prima, se entenderá que éste ha de hacerse en el domicilio del tomador del seguro.

41 https://dgsfp.mineco.gob.es/es/Consumidor/Reclamaciones/Criterios/LC2.pdf

> *En consecuencia, el criterio del Servicio de Reclamaciones de la Dirección General de Seguros y Fondos de Pensiones es considerar que el hecho de que las entidades devuelvan el importe de la prima ya pagada y no consumida en el caso de desaparición del objeto asegurado en los seguros de daños, o de fallecimiento del asegurado en los seguros de personas, salvo cuando hubiesen sido indemnizados la pérdida total o el fallecimiento, tiene la consideración de actuación acorde con las buenas prácticas razonablemente exigibles para la gestión responsable, diligente y respetuosa con la clientela*.

En relación al famoso fenómeno de la DANA, es de interés la nota que consta en la propia web de la DGS.[42]

33. ¿Qué consecuencias tiene para el tomador y la aseguradora el impago de la prima?

Para ello hemos de acudir a lo que prescribe el artículo 15 LCS.[43], pudiendo distinguir distintas situaciones. A saber:

---

42 https://dgsfp.mineco.gob.es/es/Paginas/Nota-buenas-practicas-DANA.aspxNota relativa a la aplicación del criterio de buenas prácticas del principio de indivisibilidad de la prima en los siniestros derivados de la Depresión Aislada en Niveles Altos (DANA) en diferentes municipios entre el 28 de octubre y el 4 de noviembre de 2024
En estos siniestros tiene la misma consideración de actuación acorde con las buenas prácticas la devolución por parte de las entidades aseguradoras del importe de la prima ya pagada y no consumida en el caso de que el vehículo a motor asegurado haya sido declarado siniestro total.
La misma consideración tendría la práctica de no exigir el pago de las fracciones de prima posteriores a la citada declaración de siniestro total.
A estos efectos son buenas prácticas aquellas que se consideran como razonablemente exigibles para realizar una gestión responsable, diligente y respetuosa con la clientela.
Esta nota da continuidad al criterio ya publicado por este Servicio de Reclamaciones de la Dirección General de Seguros y Fondos de Pensiones en relación con el principio de indivisibilidad de la prima.

43 Artículo 15 LCS: *Si por culpa del tomador la primera prima no ha sido pagada, o la prima única no lo ha sido a su vencimiento, el asegurador tiene derecho a resolver el contrato o a exigir el pago de la prima debida en vía ejecutiva con*

A) <u>Impago de la primera prima</u>[44] <u>o prima única</u>.[45]:

Ante este impago, la aseguradora puede: resolver el contrato; exigir judicialmente el pago de la prima. Mientras no se haya abonado la prima, queda exente de atender la posibilidad de que se produzca un siniestro.

Sobre este particular, es de obligada referencia acudir a la relevante sentencia del **Tribunal Supremo (Civil Pleno), S 10-09-2015, n.º 267/2015, rec. 544/2013 —TOL5.432.189—.**

Nos remitimos a su íntegra lectura, para no excedernos en este concreto aspecto, si bien, hay que indicar que suele ser frecuente en el ámbito del tránsito motorizado, que existan conflictos entre los asegurados, sus aseguradoras, otras posibles aseguradoras y el Consorcio de Compensación.

---

base en la póliza. Salvo pacto en contrario, si la prima no ha sido pagada antes de que se produzca el siniestro, el asegurador quedará liberado de su obligación. En caso de falta de pago de una de las primas siguientes, la cobertura del asegurador queda suspendida un mes después del día de su vencimiento. Si el asegurador no reclama el pago dentro de los seis meses siguientes al vencimiento de la prima se entenderá que el contrato queda extinguido. En cualquier caso, el asegurador, cuando el contrato esté en suspenso, sólo podrá exigir el pago de la prima del período en curso.

Si el contrato no hubiere sido resuelto o extinguido conforme a los párrafos anteriores, la cobertura vuelve a tener efecto a las veinticuatro horas del días en que el tomador pagó su prima.

44 La que ha de satisfacerse una vez firmado el contrato, y sin cuyo pago, que es legalmente exigible por el asegurador, no entran en vigor los efectos del seguro.

45 https://www.fundacionmapfre.org/publicaciones/diccionario-mapfre-seguros/prima-unica/: La que representa el valor que, en el momento de emitirse la póliza, tiene el conjunto de las obligaciones futuras de la entidad aseguradora, de acuerdo con los términos de probabilidad de riesgos existentes. En consecuencia, con ello, su importe lo satisface de una sola vez, y por adelantado, el tomador del seguro, quien con ello se libera de la obligación de pagar nuevas cantidades durante toda la duración del seguro. Se trata de una modalidad de prima típica del seguro de vida.

Suele suceder que, cuando hay un accidente con vehículo a motor y se causan daños a terceros perjudicados, si a fecha del siniestro no constaba abonada la prima por parte del tomador del seguro del vehículo culpable, surjan las desavenencias multi-particulares antes enunciadas.

Más particularmente, el conflicto surge cuando, a pesar del impago de la prima a cargo del tomador y por culpa atribuible a él (por ejemplo, descuido, intencionalidad, etc.), la compañía de seguros del vehículo infractor, considera que está exonerada de indemnizar puesto que el siniestro se produce cuando no constaba abono alguna de esa primera prima o prima única, como si esa exención operara ipso iure, de manera automática. Pues bien, el Tribunal Supremo fija una importante doctrina al indicar que, la aseguradora queda obligada por mor del artículo 20.2 del Reglamento del Seguro obligatorio de responsabilidad civil en la circulación de vehículos a motor.[46] (actual 12.2), a dirigir comunicación fehaciente al tomador donde podrá:

- Resolver el contrato.
- Exigir el pago de la prima en los términos del artículo 15 de la Ley 50/1980, de 8 de octubre, de Contrato de Seguro.

Es decir, si no hace ninguna de las dos cosas, no podrá alegar que está exenta de su obligación de pago.

Así concluye el fallo de la meritada sentencia del Supremo:

> *"Fijar como doctrina de esta Sala, a los efectos previstos en el art. 15.1 de la Ley de contrato de seguro, en caso de impago de la*

---

46 BOE» núm. 222, de 13/09/2008. Artículo 12.2 "Una vez aceptada la proposición por el tomador, se entenderá perfeccionado el contrato. En caso de impago de la primera prima por culpa del tomador, el asegurador podrá resolver el contrato, mediante escrito dirigido al tomador por correo certificado con acuse de recibo o por cualquier otro medio admitido en derecho que permita tener constancia de la recepción, o podrá exigir el pago de la prima en los términos del artículo 15 de la Ley 50/1980, de 8 de octubre, de Contrato de Seguro".

> *primera prima o prima única, en una póliza de seguro obligatorio de responsabilidad civil en la circulación de vehículos a motor, la siguiente: "Para que la compañía aseguradora quede liberada de la obligación de indemnizar al perjudicado en el contrato de seguro obligatorio de responsabilidad civil en la circulación de vehículos a motor por impago de la primera prima o prima única por culpa del tomador, es necesario que acredite haber dirigido al tomador del seguro un correo certificado con acuse de recibo o por cualquier otro medio admitido en derecho que permita tener constancia de su recepción, por el que se notifique la resolución del contrato".*[47]

Si bien lo anterior y dentro del seguro de personas (ramo vida), tenemos la interesante sentencia del **Tribunal Supremo (Civil), sec. 1.ª, S 02-03-2020, n.º 144/2020, rec. 2769/2017; PTE.: Seoane Spiegelberg, José Luis —TOL7.857.085—.**

En este caso, la Sala da la razón a la aseguradora porque al momento del óbito del asegurado (seguro de vida) la prima resultó impagada, por falta de fondos en la cuenta del asegurado, a pesar de que la aseguradora intentó por dos veces el cobro en la cuenta designada, por lo que ésta no tuvo obligación de pagar a los demandantes.

---

47 De obligada referencia la muy reciente sentencia de la Sala 1.ª del TS, núm. 1505/2025, Rec: 5503/2020 de 27 de octubre de 2025: FJ 3.º: "Aunque no se indique expresamente, el sentido evidente de dicha doctrina es que la comunicación de la resolución del contrato al tomador del seguro tiene que haberse efectuado antes de la producción del siniestro, puesto que, mientras que no se realiza, el contrato de seguro sigue subsistente cuando tiene lugar el accidente, con el consiguiente deber de indemnizar por parte de la aseguradora.
Es decir, en estos seguros, para que la aseguradora pueda eximirse de indemnizar a un perjudicado en un accidente de circulación en caso de impago de la prima única ha de haber comunicado previa y fehacientemente al tomador del seguro la resolución del contrato, ya que, de no haberlo hecho, deberá responder de la indemnización. De lo contrario, bastaría con que la aseguradora, en cuanto conociera el siniestro, enviara la comunicación, vaciando de contenido el requisito añadido del art. 12.2 del Reglamento del Seguro Obligatorio de responsabilidad civil en la circulación de vehículos a motor, que tiene por objeto, entre otras finalidades, que el asegurado sea consciente de que circula sin seguro.

Procede la desestimación del recurso interpuesto por la parte actora, puesto que el siniestro se ha producido, tras el impago de la prima y transcurrido el plazo de gracia del mes al que se refiere el art. 15 de la LCS sin que, en el plazo de suspensión, el asegurado o los beneficiarios de la cobertura tengan derecho a la prestación de la aseguradora.

B) Impago de la prima sucesiva (primera fracción)[48]*:*

Al igual que sucedía con el supuesto anterior, para analizar esta cuestión, es de obligada referencia aludir a la sentencia del ***Tribunal Supremo (Civil), sec. 1.ª, S 30-06-2015, n.º 357/2015, rec. 1478/2013 —TOL5.199.622—.***

Para ello, hemos de acudir al apartado segundo del artículo 15 LCS.

Los hechos analizados en la sentencia versan sobre una mercantil que concertó con la compañía Mapfre un seguro de responsabilidad civil, el 14 de marzo de 2000. El contrato se fue prorrogando anualmente. El pago de la prima anual estaba fraccionado en dos recibos. En la anualidad comprendida entre el 14 de marzo de 2005 y el 14 de marzo de 2006, la mercantil dejó de pagar el primer recibo que Mapfre le había cargado en la cuenta bancaria en que se había domiciliado su pago.

Ocho meses después, en diciembre de 2005, empleados de la mercantil estaban realizando trabajos de excavación en la localidad de Los Realejos, y causaron daños a las instalaciones de Telefónica de España.

Pues bien, la sentencia aclara que, en estos supuestos de impago de primas sucesivas, existen tres situaciones o tramos diferenciados:

---

[48] https://www.fundacionmapfre.org/publicaciones/diccionario-mapfre-seguros/prima-sucesiva/Se da ese nombre a la que se satisfará durante toda la vigencia del seguro, una vez vencida la primera anualidad o periodo inicial de cobertura de la póliza.

- **Durante el primer mes el contrato** continúa vigente y con ello la cobertura del seguro, por lo que, si acaece el siniestro en este periodo de tiempo, la compañía está obligada a indemnizar al asegurado en los términos convenidos en el contrato y responde frente al tercero que ejercite la acción directa del art. 76 LCS.
- **A partir del mes siguiente al impago de la prima, y durante los cinco siguientes, mientras el tomador siga sin pagar la prima y el asegurador no haya resuelto el contrato, la cobertura del seguro queda suspendida**. Esto significa que entre las partes no despliega efectos, en el sentido de que, acaecido el siniestro en este tiempo, la aseguradora no lo cubre frente a su asegurada. Sin embargo, la suspensión de la cobertura del seguro no opera frente al tercero que ejercite la acción directa del art. 76 LCS, en la medida en que este mismo precepto prevé que «La acción directa es inmune a las excepciones que puedan corresponder al asegurador contra el asegurado».
- **Transcurridos los seis meses desde el impago de la prima, sin que el asegurador hubiera reclamado su pago, el contrato de seguro quedará extinguido de forma automática** y por efecto de la propia disposición legal, sin que sea preciso instar la resolución por alguna de las partes. Lógicamente, el siniestro acaecido con posterioridad a la extinción del contrato no queda cubierto por el seguro, y por ello el asegurador no sólo no responderá de la indemnización frente al asegurado, sino que tampoco lo hará frente al tercero que pretenda ejercitar la acción directa.

Es decir, a modo de clarificación:

En caso de primas fraccionadas, el impago se produce desde que no se cumpla con el primer fraccionamiento, lo que implica que, habiéndose ejercitado la reclamación directa por el perjudicado, debido a un siniestro producido ex post a que pasen los seis meses de la suspensión fijada en el artículo 15.2, el contrato queda extinguido, para el asegurado y para el perjudicado.

- Dentro del primer mes de impago de prima por el asegurado ya sea fraccionada o no, hay un mes de gracia en el que la aseguradora habrá de dar cobertura tanto al asegurado, como al perjudicado.
- Pasado ese primer mes y mientras el asegurado siga sin abonar la póliza o la aseguradora le reclame el pago, la relación contractual entre aseguradora y asegurado, queda en suspenso, no así respecto de terceros perjudicados.
- Pasados los seis meses, sin que haya abono de prima, ni reclamación de su pago, no existe obligación de la aseguradora ni respecto de su asegurado, ni de terceros perjudicados.

34. Y no resuelto o extinguido el contrato de seguro ¿Qué sucede si el tomador abona la prima en algún momento a lo largo de los seis primeros meses desde el impago?

Según el apartado tercero del artículo 15 LCS: *"Si el contrato no hubiere sido resuelto o extinguido conforme a los párrafos anteriores, la cobertura vuelve a tener efecto a las veinticuatro horas del días en que el tomador pagó su prima"*.

35. ¿Qué otras obligaciones importantes recaen sobre el tomador/asegurado?

Hay una que es muy relevante y que muchas veces se toma con excesiva ligereza por muchos asegurados, en algunos casos, ni tan siquiera informan a su aseguradora que han tenido un siniestro y ésta se entera tiempo después, cuando recibe una demanda interpuesta por su propio asegurado o por un tercero perjudicado. O en el peor de los casos, la aseguradora recibe una sentencia de condena a su asegurado, quien jamás comunicó a su aseguradora la existencia de un siniestro que llegó a judicializarse y que obligaba a la condena dineraria del asegurado respecto a un tercero. Acto seguido, el asegurado, ufano y confiado en que "no tendrá problema alguno porque para eso tiene una póliza de seguros" (frase muy extendida en el imaginario colectivo) dirige reclamación a la misma indicándole que procedan al pago de la cantidad a la que ha resultado ser condenado por mor de la póliza suscrita.

No son infrecuentes estas vicisitudes y ante casos así, acudimos al artículo 16 LCS[49] del que podemos extraer dos situaciones diferenciadas:

- La obligación legal de comunicación del siniestro (artículo 16.1).
- La obligación legal del asegurado de facilitar a la aseguradora información esencial sobre las consecuencias del siniestro (artículo 16.3).

¿Qué consecuencias puede tener el no cumplimiento de ambas cuestiones para el asegurado/tomador?

Pues pueden ser graves y van desde la negativa del asegurador a indemnizar al asegurado, en caso de dolo o culpa grave, hasta ver mermada su derecho a la indemnización si no se considera

---

49 El tomador del seguro o el asegurado o el beneficiario deberán comunicar al asegurador el acaecimiento del siniestro dentro del plazo máximo de siete días de haberlo conocido, salvo que se haya fijado en la póliza un plazo más amplio. En caso de incumplimiento, el asegurador podrá reclamar los daños y perjuicios causados por la falta de declaración.
Este efecto no se producirá si se prueba que el asegurador ha tenido conocimiento del siniestro por otro medio.
El tomador del seguro o el asegurado deberá, además, dar al asegurador toda clase de informaciones sobre las circunstancias y consecuencias del siniestro. En caso de violación de este deber, la pérdida del derecho a la indemnización sólo se producirá en el supuesto de que hubiese concurrido dolo o culpa grave.

dolo o culpa grave, pasando por el hecho de que la aseguradora pueda reclamar daños y perjuicios al asegurado si del aviso tardío del siniestro se derivan esos perjuicios y se pueden acreditar.

Por tanto, si bien la mayoría de las pólizas suelen contemplar plazos más generosos que los fijados en el artículo 16 LCS (siete días), es del todo punto recomendable dar cuenta a la aseguradora, con independencia del ramo de seguro contratado, de la existencia de un siniestro, máxime si hay lesiones personales u otros bienes jurídicos relevantes afectados.

De obligada referencia en relación a esta cuestión, la sentencia **del Tribunal Supremo (Civil), sec. 1.ª, S 20-04-2016, n.º 264/2016, rec. 50/2014;PTE.: Seijas Quintana, José Antonio.**[50] **—TOL5.698.956—.**

FJ 2.º:

> *El problema se plantea en la aplicación del artículo 16.3 de la Ley de Contrato de Seguro que establece la obligación del asegurado de proporcionar en plazo legal a la aseguradora "toda clase de informaciones sobre las circunstancias y consecuencias del siniestro", a cuyo incumplimiento anuda la sanción de pérdida de la indemnización que le pueda corresponder en virtud del contrato de seguro en el caso de que hubiese concurrido dolo o culpa grave del asegurado; obligación que es distinta de la que exige el párrafo 1.º, pues mientras esta se refiere a la comunicación del siniestro que recae sobre el tomador, asegurado o beneficiario, aquella se extiende a las circunstancias complementarias del hecho generador del daño asegurado del que en principio debe o puede responder; ambas impuestas por un deber de colaboración del asegurado con el asegurador en el marco no solo de la ley sino de la relación de contrato presidido por el principio de la buena fe, particularmente en el ámbito del artículo 16 de la LCS ((EDL 1980/4219) sentencia 16 de octubre 2003).*
>
> *No estamos en el párrafo 1 .º del artículo 16 de la LCS sino en el 3 .ª, que contempla un régimen jurídico diferente, puesto que*

[50] Y en el mismo sentido, la sentencia de Audiencia Provincial Civil de Madrid, Sección Novena, Recurso de Apelación 673/2020, sentencia núm. 603/2020.

la asegurada trasladó a la aseguradora copia de la reclamación patrimonial del perjudicado, sino ante una efectiva violación del deber de información, que resulta especialmente grave en seguros de responsabilidad civil por sus específicas características en orden a la valoración por la aseguradora de los requisitos que comporta para una correcta asunción y liquidación del siniestro con cargo al seguro. Si alguna obligación resulta relevante en estos casos esta no es otra que la de poner en conocimiento de la aseguradora la reclamación judicial del siniestro, facilitando su emplazamiento en el procedimiento iniciado a instancia del perjudicado, lo que no se hizo hasta que la responsabilidad del asegurado fue declarada judicialmente. Su incumplimiento supone una grave desatención de sus obligaciones y un grave perjuicio al asegurador, al que se le ha impedido toda posibilidad de defensa, y que se agrava cuando tampoco se siguieron los trámites contractualmente previstos para la tramitación del expediente de responsabilidad patrimonial y consiguiente liquidación del siniestro.

36. Cuando tiene lugar el siniestro ¿Está obligado el tomador o el asegurado a adoptar aquellas medidas que pueda para aminorar las consecuencias del mismo?

La respuesta es afirmativa y encuentra su explicación en el artículo 17 de la LCS.[51] Se conoce como "*deber de salvamento*" y es otra de las obligaciones del tomador/asegurado.

---

51 El asegurado o el tomador del seguro deberán emplear los medios a su alcance para aminorar las consecuencias del siniestro. El incumplimiento de este deber dará derecho al asegurador a reducir su prestación en la proporción oportuna, teniendo en cuenta la importancia de los daños derivados del mismo y el grado de culpa del asegurado.
Si este incumplimiento se produjera con la manifiesta intención de perjudicar o engañar al asegurador, éste quedará liberado de toda prestación derivada del siniestro.
Los gastos que se originen por el cumplimiento de la citada obligación, siempre que no sean inoportunos o desproporcionados a los bienes salvados serán de cuenta del asegurador hasta el límite fijado en el contrato, incluso si tales gastos no han tenido resultados efectivos o positivos. En defecto de pacto se indemnizarán los gastos efectivamente originados. Tal indemnización no podrá exceder de la suma asegurada.

¿Por lo tanto, qué quiere decir este artículo?

En esencia que, producido un siniestro, imaginemos un incendio en una nave industrial, si se cuenta con medios idóneos para paliar su propagación (por ejemplo, extintores), se ha de hacer uso de ellos, sin perjuicio de que se llame a los bomberos. Es un medio al alcance del asegurado y fácil de desplegar, por lo que, de no hacerlo, se derivan las consecuencias que constan en el artículo 17 LCS. Se trata de adoptar aquellas medidas que cualquier persona pondría en marcha para proteger su negocio o propiedad, porque finalmente redunda tanto en su propio beneficio, como en el del asegurador.

Por tanto:

- El asegurador no puede rechazar dar cobertura al siniestro o rebajar la indemnización, salvo que se considere que la pasividad del asegurado es claramente incumplidora.
- Los gastos en los que incurre el asegurado han de ser proporcionales a la entidad de siniestro, de tal forma que no pueden ser desproporcionados.[52]

El deber de salvamento, por tanto, implica un beneficio para el asegurador que pesa tanto sobre el tomador del seguro como del asegurado, aunque solo este último sea el verdadero interesado en su cumplimiento para no ver reducida o perdida la prestación del asegurador. El objeto del deber es la debida conducta, una prestación de hacer que variará dependiendo de la obligación exigible en cada caso, a través del empleo de los medios razonables, personales y materiales, para disminuir las consecuencias del siniestro bajo el estándar de diligencia del ciudadano medio en condiciones similares (art. 1104 CC).

El asegurador que en virtud del contrato sólo deba indemnizar una parte del daño causado por el siniestro, deberá reembolsar la parte proporcional de los gastos de salvamento, a menos que el asegurado o el tomador del seguro hayan actuado siguiendo las instrucciones del asegurador.

52 Sirva como ejemplo, la sentencia de la AP Cantabria, sec. 2.ª, S 09-03-2020, n.º 171/2020, rec. 860/2019.

Consecuencia de ello es que no han de adoptar medidas totalmente inapropiadas o que entrañen un costo excesivo y no han de ser, inoportunos o desproporcionados a los bienes salvados, presumiéndose en todo caso que son oportunas las recomendadas por el asegurador, bien en el contrato o tras la declaración de siniestro, pero no cuestiona su oportunidad que no ofrezcan un resultado favorable, pues la propia norma impone el deber de resarcir los gastos incluso si tales gastos no han tenido resultados efectivos o positivos.

Solo cuando la conducta del asegurado merece la calificación de incumplidora de su deber de aminorar las consecuencias del siniestro, con daño por tanto para el asegurador superior al que cabría suponer con medidas razonables de salvamento, es posible reducir en forma proporcional el derecho a la prestación del asegurado.

CONCLUSIÓN: los gastos no pueden ser inoportunos o desproporcionados a los bienes salvados lo que implica conocer, en primer lugar, si existe limitación contractual; pues en otro caso habrán de abonarse los gastos efectivamente originados siempre que cumplan la condición primera —oportunidad y proporcionalidad.

37. Una vez producido un siniestro ¿Qué plazo tiene la aseguradora para indemnizar al asegurado lo que proceda?

Acudimos al artículo 18 de la LCS.[53] del que podemos extraer las siguientes conclusiones:

- El asegurador habrá de abonar, en el plazo de 40 días desde que el asegurado le declare el siniestro, la cantidad mí-

53 *El asegurador está obligado a satisfacer la indemnización al término de las investigaciones y peritaciones necesarias para establecer la existencia del siniestro y, en su caso, el importe de los daños que resulten del mismo. En cualquier supuesto, el asegurador deberá efectuar, dentro de los cuarenta días, a partir de la recepción de la declaración del siniestro, el pago del importe mínimo de lo que el asegurador pueda deber, según las circunstancias por él conocidas.*

nima de lo que finalmente deba, según las circunstancias por ésta conocidas.

– La posibilidad de que el asegurador sustituya la indemnización por la reparación o reposición del objeto siniestrado, siempre que sea posible y, sobre todo, que el asegurado lo consienta.

Por tanto, es muy importante que el asegurado sea ágil comunicando a su aseguradora el siniestro, dado que, desde ese momento, recae sobre ésta última, extremar la diligencia para averiguar e investigar las circunstancias del siniestro e ir indemnizando al asegurado, conforme a la cobertura contratada, la cuantía mínima que hasta entonces sea cuantificable. Todo ello, en el plazo de cuarenta días desde que se comunica el siniestro.

Desde ahí, si la compañía no atiende esta obligación, incurrirá en mora, tal y como previene el artículo 20 de la LCS.[54]

Cuando la naturaleza del seguro lo permita y el asegurado lo consienta, el asegurador podrá sustituir el pago de la indemnización por la reparación o la reposición del objeto siniestrado.

54 Como ejemplo:
Tribunal Supremo (Civil), sec. 1.ª, S 24-11-2020, n.º 630/2020, rec. 4552/2017
...
FJ 9.º:
"Respecto de la invocación que la recurrente hace al art. 18 de la Ley del Contrato de Seguro, su interpretación de tal precepto dejaría sin efecto la previsión del art. 20.3 de la Ley del Contrato de Seguro (EDL 1980/4219), puesto que, según Mapfre, el asegurador solo incurriría en mora si dejara de abonar la indemnización "al término de las investigaciones y peritaciones necesarias para establecer la existencia del siniestro y, en su caso, el importe de los daños que resulten del mismo", cualquiera que fuera la duración de tales investigaciones y peritaciones. La consideración conjunta de ambos preceptos muestra que la Ley del Contrato de Seguro impone al asegurador una celeridad y diligencia extrema en la realización "de las investigaciones y peritaciones necesarias para establecer la existencia del siniestro y, en su caso, el importe de los daños que resulten del mismo", así como en el cumplimiento de su pres-

38. *¿Qué significa que mi aseguradora pueda negarme la indemnización si hay dolo o mala fe por mi parte?*

Para ello, acudimos al artículo 19 de la LCS.[55]

Es uno de los artículos más trascendentales de toda la normativa de seguros, me atrevo a afirmar, porque supone una palmaria excepción a la obligación que tiene la aseguradora de ser diligente en la liquidación del siniestro, procediendo al pago de lo que mínimamente debiere, dentro de los términos que ya hemos visto en la pregunta anterior.

En cuanto qué se entiende por mala fe del asegurado, nos remitimos a lo extensamente explicado en las preguntas número 24 y 25 de este manual.

Sin perjuicio de ello, tenemos que advertir que es un artículo que, aunque de recurrente invocación, no siempre se hace con plena consciencia del alcance jurídico que tiene. Es un artículo pensado para las estrictas relaciones contractuales entre una aseguradora y un asegurado, no para los efectos que se puedan producir en terceros ajenos a ese vínculo.

Por tanto, ¿puede la aseguradora negarse a indemnizar a un tercero perjudicado por concurrir dolo o mala fe de su asegurado? La respuesta es que no, aunque con matizaciones.

---

tación. De este modo, si no anticipa en el plazo de cuarenta días desde la recepción de la notificación del siniestro el importe mínimo que "pueda deber" según las circunstancias por él conocidas, y no cumple su prestación (generalmente, el pago de una indemnización) en el plazo de tres meses desde la producción del siniestro, incurre en mora en los términos previstos en el art. 20 de la Ley del Contrato de Seguro (EDL 1980/4219), salvo que "la falta de satisfacción de la indemnización o de pago del importe mínimo esté fundada en una causa justificada o que no le fuere imputable" (art. 20.8.º de la Ley del Contrato de Seguro (EDL 1980/4219)".

55 El asegurador estará obligado al pago de la prestación, salvo en el supuesto de que el siniestro haya sido causado por mala fe del asegurado.

Para ello, es imprescindible acudir al artículo 76 de la LCS.[56] Leídos los artículos 19 y el 76 de la LCS, en principio, parecen excluirse entre sí, pero no es del todo cierto, puesto que el artículo 19 se aplica cuando el que reclama ante la aseguradora es su propio asegurado, de forma que sí se puede oponer el dolo sin tapujos, en el seno de esa relación interna. El perjudicado queda inmune a la invocación de ese dolo y, por ello, se permite que el asegurador pueda resarcirse de la indemnización pagada al tercero mediante la acción de repetición frente a su asegurado.

Dicho lo anterior, conviene distinguir dos grandes escenarios diferenciados, en los que el dolo tiene pleno impacto en las relaciones internas (asegurador/asegurado) y externas, respecto de terceros. Es decir:

– El dolo inoponible a terceros víctimas de accidentes de circulación.

Ejemplo ilustrativo: una persona circula con su vehículo por la vía pública, y decide introducirse por una calle peatonal y se dirige frente a los viandantes que transitan por la calle y los atropella con claro ánimo de causarles daño.

En casos así, ¿se puede oponer el dolo del asegurado para no indemnizar a las víctimas?

Para obtener respuesta, hay que acudir, especialmente, a un **famoso acuerdo no jurisdiccional de la Sala 2.ª del Tribunal Supremo de 24-04-2007 —TOL2.090.078—** que concluye:

---

56 El perjudicado o sus herederos tendrán acción directa contra el asegurador para exigirle el cumplimiento de la obligación de indemnizar, sin perjuicio del derecho del asegurador a repetir contra el asegurado, en el caso de que sea debido a conducta dolosa de éste, el daño o perjuicio causado a tercero. La acción directa es inmune a las excepciones que puedan corresponder al asegurador contra el asegurado. El asegurador puede, no obstante, oponer la culpa exclusiva del perjudicado y las excepciones personales que tenga contra éste. A los efectos del ejercicio de la acción directa, el asegurado estará obligado a manifestar al tercero perjudicado o a sus herederos la existencia del contrato de seguro y su contenido.

ACUERDO

Se trata de determinar si debe condenarse a la aseguradora, con la que el responsable civil tiene concertado el seguro obligatorio, cuando el origen de esa responsabilidad civil derive de una responsabilidad penal dolosa por el hecho que origina el daño a indemnizar.

"No responderá la aseguradora, con quien se tenga concertado el seguro obligatorio de responsabilidad civil, cuando el vehículo de motor sea el instrumento directamente buscado para causar daño personal o material derivado del delito. Responderá la aseguradora por los daños diferentes de los propuestos directamente por el autor".

Es decir, la Sala advierte que la aseguradora no tiene obligación de responder por los daños que se deriven directamente por la acción intencionada del conductor, cuando el vehículo a motor se usa directamente para causar un daño. Pero se indica que, la aseguradora sí ha de responder por todos aquellos otros daños que no sean consecuencia directa de la acción del autor (conductor).

Ahora bien, lo anterior es de aplicación cuando sólo queda afectado en la dinámica delictiva, utilizando vehículo a motor, el seguro obligatorio de responsabilidad civil. Y ¿qué pasa, por tanto, cuando también está implicado el seguro voluntario? Para ello, hemos de realizar un salto temporal hasta llegar a la famosa sentencia conocida como de la "calle Larios", dado que los hechos luctuosos se produjeron en la conocida calle malagueña. Nos referimos a la sentencia de la **Sala 2.ª del Tribunal Supremo de 16/04/2011; Recurso:10972/2010; Resolución núm 338/2011 —TOL2.124.647—.**

FJ 4.º:

Tratándose de riesgos cubiertos por seguro voluntario frente a terceros perjudicados, esta Sala tiene establecido que ni se excluye la responsabilidad por actos dolosos del asegurado, dentro de los límites de cobertura pactados, ni el asegurador puede hacer uso de las excepciones que le corresponderían frente a este último.[57]

Es decir, a la hora de compatibilizar lo dispuesto en los arts. 1, 19, 73y 76 de la Ley de Contrato de Seguro con lo que se preceptúa en el art.

---

57 Ver (STS Sala 2.ª, 707/2005, de 2 junio); STS Sala 2.ª 232/2008, de 24 de abril.

117 del C. Penal, que aquellos preceptos han de referirse a las relaciones de las partes contratantes, pero no en lo que respecta, tratándose de seguros voluntarios, a la protección de las víctimas, frente a las que deberán responder directamente los aseguradores.

Por lo tanto, la referida cláusula que cita la entidad aseguradora no puede oponerse frente a la víctima o el tercero perjudicado. Su ámbito de eficacia ha de circunscribirse a las relaciones internas entre el asegurador y el asegurado, pero no con respecto a las terceras personas que resultaron perjudicadas por el siniestro, las cuales tienen derecho a reclamar directamente a la compañía aseguradora, sin perjuicio de que esta después repercuta el pago contra el asegurado o contra la persona causante del siniestro con su conducta dolosa".

Teniendo en cuenta lo anterior, ahora cabe hacerse una pregunta esencial **¿El dolo es oponible a terceros fuera del ámbito de la circulación de vehículos a motor?**

En términos generales, parece una cuestión pacífica en el sentido de que no se puede oponer el dolo a un tercero perjudicado, por parte de la aseguradora del autor intencional.

Ahora bien, en muchas ocasiones, sí podemos llegar a sostener que sí cabe oponer esa actitud dolosa del asegurado para que la compañía no indemnice a un tercero y esta afirmación no viene dada por la propia existencia intrínseca de un comportamiento antijurídico, típico e intencionado, sino por el hecho de que la conducta reprochable al asegurado, no está dentro del catálogo de coberturas que tiene suscritas son su aseguradora.

Hay autores que afirman[58] que es "incongruente e ilógico que no resulten asegurable los daños que provienen del dolo y, producidos los mismos, se obligue al asegurador a cubrirlos".

Para ello y si tuviéramos que dar una posible solución jurídica a las aseguradoras para invocar esta argumentación en defensa de sus intereses, en casos de conductas dolosas, fuera del ámbito de

58 SOTO NIETO, F: "Cláusulas de exclusión de cobertura de daños dolosos en el seguro de responsabilidad civil", Diario La Ley núm. 6096, 29/09/2004.

la circulación, podemos ofrecer la interesante sentencia de la **Sala 2.ª del Tribunal Supremo, núm. 588/2014 de 25 de julio, Rec. 2287/2013 —TOL4.468.108—** y más particularmente al voto particular del Magistrado D. José Manuel Maza Martin, que es realmente ilustrativo y puede servir de guía a los efectos defensivos antes enunciados.

Los hechos analizados en la sentencia son relativos a un delito de apropiación indebida imputable a una procuradora que tenía suscrita póliza de seguro de responsabilidad civil profesional. Pues bien, el voto disidente, dice:

> *"Y ello puesto que, en efecto, la cuestión central del problema no es otra que la de determinar si la actividad productora del perjuicio se encuentra cubierta por la correspondiente póliza o si, por el contrario, es tan ajena a la misma como lo serían unos daños causados por inundación para un seguro de incendios.*
>
> *Porque el artículo 117 del Código Penal (EDL 1995/16398) es claro cuando atribuye a los aseguradores responsabilidad civil directa, en reparación de los perjuicios causados por la infracción, tan sólo para los casos en los que "...hubieren asumido el riesgo de las responsabilidades pecuniarias derivadas del uso o explotación de cualquier bien, empresa, industria o actividad..."*
>
> *Y afirmar que la apropiación indebida cometida por la recurrente es un riesgo asumido por la Aseguradora de la póliza de responsabilidad civil contratada por el Colegio de Procuradores, me parece un exceso contrario a Derecho, dicho sea, con todos los respetos para la opinión de mis compañeros que, además, constituyen mayoría.*
>
> *Ello máxime cuando, al tratarse de un seguro voluntario, las cláusulas contractuales, fuente de obligación para la parte, excluyen expresamente los hechos dolosos del ámbito de lo asegurado, sin que puedan existir a mi juicio razones de índole "socializador" o metajurídico que permitan extender a supuestos distintos las concretas obligaciones voluntariamente contraídas por las partes, ni aún en sus efectos frente a terceros."*

CONCLUSIÓN: Es decir, que, *en estos casos, se podría negar la cobertura por parte de las aseguradoras, no tanto porque los hechos cometidos por su asegurado sean dolosos, sino porque no son objeto de cobertura* y, por ende, obligar a la aseguradora a asumirlos sería contrariar el propio artículo 1 de la LCS.[59]

39. Si soy empresario y alguno de mis empleados comete algún hecho intencionado frente a terceros ¿Tiene que responder mi compañía de seguros indemnizando a esos terceros?

La respuesta es afirmativa y, además, admite dos vertientes distintas:

- Casos en los que el acto doloso sea cometido por un empleado o dependiente, cuando esa intervención haya tenido lugar dentro del ámbito de actividad o explotación de la empresa. A modo de ejemplo:

Tribunal Supremo (Penal), sec. 1.ª, S 24-11-2023, n.º 874/2023, rec. 4711/2021 PTE.: Palomo del Arco, Andrés —TOL9.797.159—.

FJ 6.º:

> *"El criterio jurisprudencial a resaltar es la amplitud del nexo de ocasionalidad con la relación laboral de modo que "surge esa obligación del tercero siempre que el hecho punible se haya realizado por el reo en actuaciones desplegadas al servicio de su principal o con ocasión próxima de ellas, según una lógica interpretación flexible del nexo de ocasionalidad"*
>
> *Esta Sala ha tendido a interpretar el art. 120.4[60] de forma expansiva. Los temas de responsabilidad civil consienten lecturas extensivas a diferencia de las materias de responsabilidad penal; la*

---

[59] El contrato de seguro es aquel por el que el asegurador se obliga, mediante el cobro de una prima y para el caso de que se produzca el evento cuyo riesgo es objeto de cobertura a indemnizar, dentro de los límites pactados, el daño producido al asegurado o a satisfacer un capital, una renta u otras prestaciones convenidas

[60] Ver STS núm. 1212/2003, de 9 de octubre (EDJ 2003/110653) y consolidado expresamente en las SSTS 348/2014, de 1 de abril (EDJ 2014/80018); 526/2018, de 5 de noviembre (EDJ 2018/637403); 647/2021, de 19 de julio (EDJ 2021/654657); 525/2022, de 27 de mayo; 915/2022, de 23 de noviembre.

naturaleza estrictamente civil de la responsabilidad que estamos tratando permite dicha aplicación extensiva.

Como indica una reiterada jurisprudencia, se interpreta el art. 120.4.º C en el sentido de que debe descartarse una interpretación estricta del precepto, de tal manera que cualquier extralimitación o desobediencia del empleado pueda considerarse que rompe la conexión con el empresario. Son muy frecuentes las resoluciones jurisprudenciales que contemplan casos en los que la actuación del condenado penal se ha producido excediéndose de los mandatos expresos o tácitos del titular de la empresa acusada como responsable civil subsidiaria. Y esto es así porque el requisito exigido para la aplicación del art. 120.4.º, nada tiene que ser con el apartamiento o no del obrar del acusado respecto de lo ordenado por su principal. La condición exigida es que el acusado ha de haber actuado con cierta dependencia en relación con la empresa, dependencia que no se rompe con tales extralimitaciones".

- Casos donde la actuación del empleado está totalmente desconectada del ámbito de actividad de la empresa.

Para entender mejor de qué estamos hablando, me remito, en primer lugar, al precepto que regula estas situaciones en nuestro código penal. Me refiero al artículo 120.4 de la referida norma, que indica:

> *Son también responsables civilmente, en defecto de los que lo sean criminalmente:*
>
> ...
>
> *4.º Las personas naturales o jurídicas dedicadas a cualquier género de industria o comercio, por los delitos que hayan cometido sus empleados o dependientes, representantes o gestores en el desempeño de sus obligaciones o servicios.*

Dicho lo anterior y como es aconsejable, de la redacción literal y acorde a lo que nuestra jurisprudencia[61] de rigor suele indicar, al interpretar este precepto, se pueden extraer las siguientes con-

---

61 Ver sentencia del Tribunal Supremo (Penal), sec. 1.ª, S 14-10-2019, n.º 477/2019, rec. 10161/2019; PTE.: Magro Servet, Vicente.

sideraciones cuando se trata de delitos cometidos por empleados en el seno de un establecimiento mercantil o de negocio:

- No es suficiente con que el delito o la falta se haya producido en meras circunstancias de tiempo o espacio coincidentes con los propios de la actividad laboral, sino que, además, se requiere que la conducta objeto de sanción guarde alguna relación con el cometido concreto de la actividad laboral.
- Existencia de la necesidad de alguna vinculación entre la actividad del trabajador, en cuanto que ésta reporta un beneficio para su principal ("commodum"), con el delito cometido y la responsabilidad de él derivada ("incommodum").
- Debe descartarse una interpretación estricta del precepto, de tal manera que cualquier extralimitación o desobediencia del empleado pueda considerarse que rompe la conexión con el empresario.
- Debe excluirse que el empresario responda de todos los actos del empleado, sin atender a que los mismos tengan alguna relación con su trabajo.
- Por último, que el delito que genera la responsabilidad se halle inscrito dentro del ejercicio normal o anormal de las funciones desarrolladas en el seno de la actividad o cometido confiados al infractor, perteneciendo a su esfera o ámbito de aplicación.

CONCLUSIÓN: A la vista del tenor de ambas sentencias, parece que no hay unanimidad en la consideración de que la empresa (empresario) haya de responder sólo cuando se cumplan determinados parámetros fácticos. Hemos visto que, en 2019, el Tribunal Supremo era más reacio a la aceptación de la responsabilidad civil subsidiaria de las empresas, por actos dolosos de los trabajadores frente a otros trabajadores o terceros y en 2023, parece decantarse por una postura más flexible en aras a la protección de las víctimas.

40. *¿Es limitativa la cláusula de mi seguro de responsabilidad civil obligatoria del vehículo que indica que, en caso de embriaguez, la compañía no se hará cargo de los daños ocasionados?*

Para dar respuesta, hay que realizar los matices pertinentes:

De una parte, hay que decir que cuando alguien es condenado por sentencia firme por conducción etílica y la aseguradora sea condenada como responsable civil directa a indemnizar los daños causados a los terceros perjudicados, la compañía está obligada por ley a hacer frente a todos los daños causados a esos terceros. Ahora bien, una vez pagados, puede, conforme a la ley, reclamarme todo lo que haya pagado en virtud de esa cláusula de exclusión de cobertura.

¿Y si no tengo firmadas las condiciones generales y particulares de mi póliza, pueden reclamarme esas cantidades?

Para ello, hay que entender que, ese tipo de cláusulas, habituales en todos los seguros del ramo del automóvil, son consideradas como limitativas y, por ende, han de estar especialmente destacadas, conocidas y firmadas por el asegurado. De no ser así, la aseguradora podría tener problemas para poder reclamarme las cantidades abonadas a terceros.

Por tanto, si el tomador sí firma las condiciones particulares y esa cláusula limitativa[62] está destacada y en lugar diferenciado, en ese caso, la compañía sí puede reclamarme el total de lo abonado a los terceros perjudicados. Ojo, si la firma no consta en las condi-

---

62 Sentencia Tribunal Supremo (Civil), sec. 1.ª, S 23-04-2018, n.º 234/2018, rec. 2759/2015; PTE.: Salas Carceller, Antonio
FJ 2.º:
Esta sala, en sentencia núm. 404/2016, de 15 junio, con cita de otras anteriores, ha establecido que:
«.. las cláusulas que excluyen en la póliza de seguro voluntario los accidentes producidos en estado de embriaguez deben considerarse como limitativas de los derechos de los asegurados, debiendo ser expresamente aceptadas por los mismos y destacarse de manera clara y precisa (...)

ciones particulares, sino sólo en las generales, entonces se considerará que la firma no es válida, por insuficiente, a los efectos de la acción de repetición.

41. Cuando la ley dice en el artículo 3 de la LCS que las cláusulas limitativas habrán de estar destacadas de manera especial ¿Se impone alguna forma en particular?

La respuesta es negativa. Sirva como ejemplo:

Sentencia Tribunal Supremo (Civil), sec. 1.ª, S 09-02-2017, n.º 76/2017, rec. 2709/2014; PTE.: Orduña Moreno, Francisco Javier —TOL5.963.642—.

FJ 2.º:

> *"En relación al régimen especial de las cláusulas limitativas debe señalarse que, aunque el artículo 3 LCS establece que este tipo de cláusulas han de aparecer específicamente resaltadas, no obstante, no especifica en qué ha de consistir dicho resalte. Por ello, en principio, es admisible cualquier procedimiento que cumpla el objetivo de que la cláusula limitativa no pase desapercibida para el asegurado.*
>
> *La exigencia de que las cláusulas limitativas de derechos figuren «destacadas de modo especial», responde a la finalidad de que el asegurado tenga un conocimiento exacto del riesgo cubierto por la póliza. Lo importante es que las cláusulas limitativas deben permitir al asegurado comprender su significado y alcance para diferenciarlas de las que no tienen esa naturaleza.[63]"*

42. ¿De qué plazo dispone la aseguradora para repetir a su asegurado?

Según el artículo 10 del RD 8/2004, de 29 de octubre *"La acción de repetición del asegurador prescribe por el transcurso del plazo de un año, contado a partir de la fecha en que hizo el pago al perjudicado"*.

¿Pero desde cuándo se computa ese plazo?

---

[63] Ver sentencia STS de pleno 402/2015, de 14 de julio.

Aunque la corriente mayoritaria entiende que ese plazo computa desde que la aseguradora realizó el pago al perjudicado, hay otra parte de la jurisprudencia que entiende que se contará desde la sentencia que determina la condena del asegurado que conducía ebrio/drogado.

Por tanto, para que exista el citado derecho de repetición, además del pago al perjudicado, pago en sentido estricto, se requiere que, previamente, haya habido una declaración de la existencia del presupuesto del mismo, es decir, que se declare que el conductor circulaba bajo la influencia de bebidas alcohólicas, que un tercero haya sido declarado responsable de los daños, o que, por ejemplo, se haya decretado la nulidad o inexistencia de un contrato de seguro.

43. ¿Y si la compañía ha realizado varios pagos a distintos perjudicados o varios pagos al mismo perjudicado, pero espaciados en el tiempo?

En estos casos, la situación varía y habrá que considerar que cuando la entidad aseguradora efectúe varios pagos al mismo o diferentes perjudicados en virtud de un mismo siniestro el plazo de un año debe computarse desde el último pago verificado que permite la determinación completa de la cantidad a repetir.[64]

Pero puede darse el caso en el que la aseguradora, aceptando la culpa clara de su asegurado, haya decidido pagar al perjudicado lo debido, en concepto de responsabilidad civil. Si aún no hubiera sentencia que declarara la condena firme del asegurado por conducción etílica ¿desde cuándo se computaría ese plazo? Sería de un año contado desde la firmeza de la sentencia de condena, no desde el último pago realizado.

---

64 Sentencia AP Tarragona, sec. 3.ª, S 27-06-2024, n.º 388/2024, rec. 1017/2022

44. ¿Qué duración puede tener un contrato de seguro?

Su regulación se encuentra en el artículo 22 de la LCS[65].

La duración se determinará en la póliza, si bien, por ley, no puede establecerse un plazo superior a diez años. Es decir, que la cifra máxima a contemplar por escrito será de diez, lo que implica que la duración a partir de ahí, se podrá ir ampliando mediante sucesivas prórrogas, una o más veces, con carácter anual, sin que, en cada una de esas prórrogas, el plazo supere un año.

45. ¿Por tanto, si no quiero prorrogar mi contrato con mi aseguradora, con qué plazo he de comunicárselo por escrito?

Al menos, un mes de anticipación a la conclusión del período del seguro en curso. Si es la aseguradora la que no desea prorrogar, el plazo es de dos meses.

Y en el caso del asegurado, ¿basta con indicarle a mi banco que no atienda el recibo correspondiente para no prorrogar unos días antes del vencimiento?

---

65 1. La duración del contrato será determinada en la póliza, la cual no podrá fijar un plazo superior a diez años. Sin embargo, podrá establecerse que se prorrogue una o más veces por un período no superior a un año cada vez.
2. Las partes pueden oponerse a la prórroga del contrato mediante una notificación escrita a la otra parte, efectuada con un plazo de, al menos, un mes de anticipación a la conclusión del período del seguro en curso cuando quien se oponga a la prórroga sea el tomador, y de dos meses cuando sea el asegurador.
3. El asegurador deberá comunicar al tomador, al menos con dos meses de antelación a la conclusión del período en curso, cualquier modificación del contrato de seguro.
4. Las condiciones y plazos de la oposición a la prórroga de cada parte, o su inoponibilidad, deberán destacarse en la póliza.
5. Lo dispuesto en los apartados precedentes no será de aplicación en cuanto sea incompatible con la regulación del seguro sobre la vida.

La respuesta es negativa. Es muy frecuente el error de creer que para anular un seguro no hace falta más que devolver el recibo que se pasa al cobro a la cuenta corriente que indica el tomador, —que si no ha contratado difícilmente conocerá la compañía de seguros— pero la Ley del Contrato del Seguro deja bien claro que para dar de baja una póliza de seguro de hogar es necesario comunicarlo con un mes de antelación a la aseguradora[66]

46. Si mi aseguradora, previo a la prórroga tácita del contrato, me incrementa sustancialmente la prima, si no manifiesto nada en contra, ¿Se entiende renovada la anualidad con esas condiciones gravosas?

La respuesta es negativa. Esto es, para que dicha modificación de la prima pudiera vincular a la demandada era necesario que ésta hubiera dado su consentimiento a la misma.

Veamos como ejemplo, la sentencia de la **AP Barcelona, sec. 1.ª, S 08-05-2023, n.º 214/2023, rec. 183/2022:**[67] **—TOL9.646.807—.**

FJ 3.º:

> *"Pero previamente, la aseguradora tenía la obligación de comunicar a la demandada, al menos con dos meses de antelación, cualquier modificación del contrato de seguro, y en el caso de autos se produjo una modificación muy relevante, como era el importe de la prima, que pasó de 674,13 € a 2.720,15 €, más del cuádruple.*
>
> *Y es que, tal y como se señala en las SAP Asturias de 7 de mayo de 2001, SAP Sevilla, de 14 de febrero de 2005, o SAP Burgos, de 5 de noviembre de 2004, "el precio del seguro o importe de la prima no es un elemento accidental del contrato de seguro, sino esencial en cuanto constituye la principal de las obligaciones del asegurado establecida en el artículo 14 de la Ley de Contrato de Seguro. De ahí que sea uno de los que ha de contener la póliza según lo esta-*

---

66 AP Madrid, sec. 10.ª, S 14-03-2024, n.º 137/2024, rec. 712/2023

67 Ver sentencias SAP Málaga, secc. 5.ª 269/2014, de 19 de junio; Sentencias de la Audiencia Provincial de Pontevedra de 23 de febrero de 2.000 y de 10 de mayo de 2006; las de la Audiencia Provincial de Vizcaya de 12 de abril de 2.007; y la de A Coruña (Sección 6.ª) de 15 de marzo de 2007

blece el artículo 8.6 de la Ley. Corolario de ello es la obligación de la aseguradora de atenerse en este punto a los términos pactados y de someter cualquier variación al alza, que exceda del coste de la vida, al previo consentimiento del asegurado, consentimiento que incluso el art. 5 de la propia ley obliga a efectuar por escrito".

47. ¿Cuáles son los plazos que tengo como asegurado para reclamar a mi aseguradora en caso de que entienda que ésta ha incumplido con algún aspecto del contrato de seguro?

La respuesta está en el artículo 23 de la LCS[68].

El pazo es de dos años, si hablamos de un seguro de daños (es decir, robo, incendio, etc..) o de cinco años, si es un seguro personal (accidentes, asistencia sanitaria, vida, por ejemplo).

¿Y cómo hemos de computar esos plazos para reclamar?

Habría que distinguir dos posibles escenarios:

– El primero: casos donde una empresa o una persona física (que tenga suscrito un contrato de seguro con cobertura de responsabilidad civil) sea demandada por un tercero perjudicado quien al final de todo el devenir procesal, obtiene una sentencia a su favor. Es entonces cuando la empresa o particular condenado a indemnizar a ese perjudicado, decide demandar a su propia aseguradora para resarcirse de lo pagado.

La pregunta es, por tanto, en estos casos ¿desde cuándo se computa el plazo de dos años que tiene la asegurada para reclamar a su aseguradora[69]?

---

68 Las acciones que se deriven del contrato de seguro prescribirán en el término de dos años si se trata de seguro de daños y de cinco si el seguro es de personas.

69 Ver sentencia del Tribunal Supremo (Civil), sec. 1.ª, S 17-03-2016, n.º 175/2016, rec. 353/2014; PTE.: Salas Carceller, Antonio:
"El artículo 73 LCS, dispone que «por el seguro de responsabilidad civil el asegurador se obliga, dentro de los límites establecidos en la Ley y en el contrato, a cubrir el riesgo del nacimiento a cargo del asegurado

El referido plazo de inicio del cómputo (dies a quo para el ejercicio de la acción) es aquel en que puede ejercitarse. Como punto de partido inicial, hemos de tener en cuenta el artículo 1969 del Código Civil: *"El tiempo para la prescripción de toda clase de acciones, cuando no haya disposición especial que otra cosa determine, se contará desde el día en que pudieron ejercitarse"*.

Este principio exige, para que la prescripción comience a correr en su contra, que la parte que propone el ejercicio de la acción disponga de los elementos fácticos y jurídicos idóneos para fundar una situación de aptitud plena para litigar.[70] Pues bien, es cierto que el ejercicio de la acción estaba condicionada al resultado de una sentencia previa civil que determinó el importe de la condena que la ahora recurrente pretende recuperar de la compañía aseguradora, por lo que sería la firmeza de sentencia, que se produce por ministerio de la ley, una vez agotados los recursos legales o transcurrido el término sin interponerlos, la que debería tomarse como día inicial para computar el plazo de su ejercicio, que es el de dos años.

– El segundo: casos en los que no existe una previa demanda en la que un tercero demanda y vence en juicio a una empresa o particular, sino donde la controversia se suscrita en las exclusivas

---

de la obligación de indemnizar a un tercero los daños y perjuicios causados por un hecho previsto en el contrato de cuyas consecuencias sea civilmente responsable el asegurado, conforme a derecho».

Esta Sala ha declarado en algunas ocasiones que el plazo de prescripción comienza a correr desde el momento de la firmeza de la sentencia que condena al asegurado a indemnizar a tercero siguiendo así lo establecido en el artículo 1969 CC (EDL 1889/1), por considerar que es a partir de dicho momento cuando la acción puede ejercitarse en toda su plenitud ya que se habrá determinado judicialmente la obligación de indemnizar y la cuantía de la indemnización que ha de satisfacer el asegurado, pues una interpretación adecuada del citado artículo 1969 CC (EDL 1889/1) requiere que la posibilidad de ejercicio sea efectiva y no una mera posibilidad legal, siendo así que sólo en aquel caso la inactividad involuntaria del reclamante producirá efectos prescriptivos".

70 SSTS de 27 de febrero de 2004 y 24 de mayo de 2010, 12 de diciembre 2011.

relaciones contractuales entre una aseguradora y su asegurado, por mor del contenido de su póliza.

En ese caso, el artículo a invocar sigue siendo el 23 de la LCS, si bien los plazos de dos o cinco años, respectivamente, habrán de computarse siempre que la parte que propone el ejercicio de la acción (asegurado) disponga de los elementos fácticos y jurídicos idóneos para fundar una situación de aptitud plena para litigar y esto variará según estemos ante un seguro de daños o de personas, estando siempre al caso concreto.

48. ¿Qué es el valor del interés asegurado?

Este término aparece recogido, que, no descrito, en el artículo 25 de la LCS y se puede definir como *"la relación, reflejada en términos económicos, que tiene el asegurado con los bienes o personas que están amparados en el contrato de seguro.*[71] *"*.

Eso significa que existe la necesaria condición de que el interés ha de existir para que persista el contrato de seguro. Ahora bien, el valor del interés evoluciona a lo largo de la vida del contrato, a través de varias fases:

- Valor inicial: en el momento de celebrarse el contrato.
- Valor sucesivo: en cualquier momento posterior de la vida de este.
- Valor final: momento inmediatamente anterior a la causación del siniestro.
- Valor de residuo: subiste tras el siniestro.

Pues bien, el relevante a los efectos de indemnizar es el valor final, tal y como previene el artículo 26 LCS[72], aunque las partes

---

[71] https://www.fundacionmapfre.org/publicaciones/diccionario-mapfre-seguros/interes-asegurado/

[72] El seguro no puede ser objeto de enriquecimiento injusto para el asegurado. Para la determinación del daño se atenderá al valor del interés

pueden establecer, de común acuerdo, en la póliza o posteriormente, el valor del interés asegurado que se tendrá en cuenta para el cálculo de la indemnización.

49.º.¿Qué es el infraseguro?

Este término aparece recogido en el artículo 30 de la LCS[73] y lo podemos definir como *"la situación que se origina cuando el valor que el asegurado o contratante atribuye al objeto garantizado en una póliza es inferior al que realmente tiene."*

En estos casos, las aseguradoras aplican la llamada "regla proporcional".

Ejemplo de aplicación de una regla proporcional:

Vivienda valorada en 400.000 €. Cantidad asegurada en póliza: 200.000 €. Esto implica que sólo está asegurado el 50% de su valor real.

Si los daños causados en la vivienda ascienden a 50.000 €, la aseguradora cubrirá el 50% de los daños, lo que corresponde a un total de 25.000 € de indemnización por los daños sufridos.

50. ¿Qué es el sobreseguro?

Es la situación que se origina cuando el valor que el asegurado o el contratante atribuye al objeto garantizado en una póliza es superior al que realmente tiene. Dado que la ley impide que se generen enriquecimientos injustos en favor del asegurado, en caso

---

asegurado en el momento inmediatamente anterior a la realización del siniestro.

73 Si en el momento de la producción del siniestro la suma asegurada es inferior al valor del interés, el asegurador indemnizará el daño causado en la misma proporción en la que aquélla cubre el interés asegurado. Las partes, de común acuerdo, podrán excluir en la póliza o con posterioridad a la celebración del contrato, la aplicación de la regla proporcional prevista en el párrafo anterior.

de siniestro, la entidad aseguradora sólo está obligada a satisfacer el daño efectivamente causado.

Ejemplo de sobreseguro:

Vivienda valorada en 200.000 euros (valor real). Se asegura por una suma de 300.000 €, luego existe en una situación de sobreseguro. En caso de siniestro y aunque parezca que tenemos una cobertura reforzada, la realidad es que tu compañía aseguradora solo te indemnizará hasta el valor real del bien asegurado, nunca más.

CONCLUSIÓN:[74] Conforme a la regulación general de la LCS, la indemnización en los seguros de daños está delimitada por tres factores: el valor del interés, el valor del daño y la suma asegurada; sin que pueda ser superada ninguna de esas tres cantidades.

Para concretar el importe de la indemnización habrá que establecer primeramente el valor del interés, entendido como la relación económica existente entre un sujeto y un bien que constituye el objeto cubierto por la póliza. A continuación, habrá que valorar el daño, que se obtiene hallando la diferencia entre el valor del interés inmediatamente anterior al siniestro y el valor residual o valor del interés después del siniestro.

Finalmente, se pone en relación el valor del interés con la suma asegurada, que es la expresión de los límites económicos pactados en la póliza, es decir, el valor o suma que se ha pretendido asegurar. Esto determinará la existencia de infraseguro (valor del interés mayor que la suma asegurada), sobreseguro (valor del interés menor que la suma asegurada) o seguro pleno (valor del interés igual a la suma asegurada).

---

[74] Ver Sentencia Tribunal Supremo (Civil), sec. 1.ª, S 21-06-2023, n.º 1014/2023, rec. 3418/2019

51. ¿Qué diferencia existe entre la llamada concurrencia de seguros y el coaseguro?

Para ello, hemos de acudir, en primer lugar, a los artículos 32 y 33 de la LCS.[75]

---

75 Art. 32: Cuando en dos o más contratos estipulados por el mismo tomador con distintos aseguradores se cubran los efectos que un mismo riesgo puede producir sobre el mismo interés y durante idéntico período de tiempo el tomador del seguro o el asegurado deberán, salvo pacto en contrario, comunicar a cada asegurador los demás seguros que estipule. Si por dolo se omitiera esta comunicación, y en caso de sobreseguro se produjera el siniestro, los aseguradores no están obligados a pagar la indemnización.
Una vez producido el siniestro, el tomador del seguro o el asegurado deberá comunicarlo, de acuerdo con lo previsto en el artículo dieciséis, a cada asegurador, con indicación del nombre de los demás.
Los aseguradores contribuirán al abono de la indemnización en proporción a la propia suma asegurada, sin que pueda superarse la cuantía del daño. Dentro de este límite el asegurado puede pedir a cada asegurador la indemnización debida, según el respectivo contrato. El asegurador que ha pagado una cantidad superior a la que proporcionalmente le corresponda podrá repetir contra el resto de los aseguradores.
Si el importe total de las sumas aseguradas superase notablemente el valor del interés, será de aplicación lo previsto en el artículo treinta y uno.
Art. 33: Cuando mediante uno o varios contratos de seguros, referentes al mismo interés, riesgo y tiempo, se produce un reparto de cuotas determinadas entre varios aseguradores, previo acuerdo entre ellos y el tomador, cada asegurador está obligado, salvo pacto en contrario, al pago de la indemnización solamente en proporción a la cuota respectiva.
No obstante lo previsto en el párrafo anterior, si en el pacto de coaseguro existe un encargo a favor de uno o varios aseguradores para suscribir los documentos contractuales o para pedir el cumplimiento del contrato o contratos al asegurado en nombre del resto de los aseguradores, se entenderá que durante toda la vigencia de la relación aseguradora los aseguradores delegados están legitimados para ejercitar todos los derechos y para recibir cuantas declaraciones y reclamaciones correspondan al asegurado. El asegurador que ha pagado una cantidad superior a la que le corresponda podrá repetir contra el resto de los aseguradores.

Pues bien, el artículo 32 de la LCS[76], regula el llamado "seguro múltiple o coaseguro impropio".

Características esenciales del seguro múltiple[77]:

- Que un mismo tomador, a iniciativa propia, celebre dos o más contratos de seguro con distintas aseguradoras, sin conocimiento previo y sin previo reparto de cuotas entre las mismas.
- Que dichas pólizas cubran los efectos que un mismo riesgo puede producir sobre el mismo interés asegurado.
- Que las diferentes pólizas, cubran dichos efectos durante el mismo periodo de tiempo.
- Que la obligación de indemnizar sea simultánea, no sucesiva. De no ser así, no habría concurrencia de seguros.

Respecto al artículo 33 de la LCS, conocido como Coaseguro:

1.º En el coaseguro, hay un único contrato de seguro, con independencia de que se pueda formalizar en una o varias pólizas de seguro. En el seguro múltiple, existen varios contratos de seguro, con los problemas que ello conlleva en cuanto a la obligación de la indemnización por parte de cada compañía.

---

76 Ver sentencia AP Cáceres, sec. 1.ª, S 04-10-2024, n.º 525/2024, rec. 509/2023

77 Ver sentencia AP A Coruña, sec. 6.ª, S 26-11-2024, n.º 353/2024, rec. 115/2023: será de aplicación lo previsto en el art. 31."
3. Del tenor del anterior precepto se deduce que son características de esta clase de seguro múltiple o cumulativo:
a) Una pluralidad de contratos de seguro celebrados por un tomador con varios aseguradores.
b) Los varios contratos han de tener los mismos efectos, en el sentido de cubrir las consecuencias que un "mismo riesgo" puede producir sobre el mismo interés y durante idéntico período de tiempo.
c) Ha de tratarse de seguros que han de operar conjuntamente, lo que no sucede en supuestos de seguro subsidiario o seguros complementarios.
d) La pluralidad de contratos se debe a iniciativa del tomador del seguro, sin acuerdo previo con los distintos aseguradores para la cobertura del mismo interés, riesgo y periodo de tiempo.

2.° En el coaseguro, las cuotas de las que responderá cada aseguradora están pactadas previamente, como dato diferencial evidente respecto del seguro múltiple donde, una vez producido el siniestro, las aseguradoras que concurren abonarán el siniestro en base a la suma asegurada por cada una de ellas, pudiendo variar la cuota de participación en función de cada suma asegurada.

52. En el caso del seguro múltiple, una vez producido el siniestro, ¿Tengo que avisar, como tomador, a cada una de las compañías con las que he suscrito cada uno de los contratos de seguro?

La respuesta es afirmativa y lo impone el artículo 32 de la LCS, que, a su vez, se remite al artículo 16 de la LCS, cuyo incumplimiento ya hemos visto que puede acarrear consecuencias perniciosas al asegurado/tomador, en caso de no comunicar convenientemente el siniestro.[78]

53. ¿Qué es la transmisión del objeto asegurado y dónde se regula?

Para ello hay que acudir al artículo 34de la LCS.[79]

Conclusiones importantes se pueden extraer del citado artículo:

- La regla general es que, al transmitirse el interés asegurado, la relación jurídica nacida del contrato de seguro permane-

---

78 Ver sentencia AP Ávila, sec. 1.ª, S 20-01-2023, n.° 18/2023, rec. 329/2022

79 Ver artículo 34: "En caso de transmisión del objeto asegurado, el adquirente se subroga en el momento de la enajenación en los derechos y obligaciones que correspondían en el contrato de seguro al anterior titular. Se exceptúa el supuesto de pólizas nominativas para riesgos no obligatorios, si en las condiciones generales existe pacto en contrario.
El asegurado está obligado a comunicar por escrito al adquirente la existencia del contrato del seguro de la cosa transmitida. Una vez verificada la transmisión, también deberá comunicarla por escrito al asegurador o a sus representantes en el plazo de quince días.

ce inalterable y, por imperativo legal y de forma automática, se produce un cambio en la persona del asegurado, que deja de serlo aquella persona que transmitió el interés asegurado para pasar a serlo aquella otra que lo adquirió, por lo que, de producirse el siniestro después de la transmisión del interés asegurado, el asegurador tendrá que cumplir con su obligación indemnizatoria del daño frente al nuevo asegurado que hubiera adquirido el interés.

Excepción a lo anterior: fuera de aquellos supuestos en los que la Ley impone la obligación de contratar un seguro para la cobertura de un concreto riesgo, se considera válido y eficaz el pacto del asegurador y del tomador del seguro en virtud del cual el adquirente del interés asegurado no se subrogue en la posición del asegurado transmitente del interés, siempre y cuando ese pacto figure en las condiciones generales del contrato.

– De la transmisión del objeto asegurado, se derivan dos consecuencias para la aseguradora y el asegurado:[80]

  a) *para el asegurado*: se le un doble deber de comunicación por escrito, por una parte, al adquirente del interés la existencia del contrato de seguro y de entregarle la póliza como título de legitimación de los derechos derivados del contrato.

  b) *para el asegurador:* la transmisión del interés asegurado en el plazo de quince días. Pero no se establecen las consecuencias que derivan del incumplimiento de ese doble deber de comunicación por escrito.

Serán solidariamente responsables del pago de las primas vencidas en el momento de la transmisión el adquirente y el anterior titular o, en caso de que éste hubiera fallecido, sus herederos.

80 Ver sentencia Tribunal Supremo (Civil), sec. 1.ª, S 23-03-2006, n.º 260/2006, rec. 3012/1999

Para ello, la doctrina suele indicar que el incumplimiento por el asegurado transmitente del interés de su doble deber de comunicación, no acarrea la liberación del asegurador de su obligación de indemnizar el daño para el caso de producirse el siniestro después de la transmisión, entendiéndose, por algunos autores, que la consecuencia de ese incumplimiento será que el transmitente quedará obligado a indemnizar los daños y perjuicios que, de la falta de notificación, puedan derivarse para el asegurador o para el adquirente, en base al artículo 1.101 del Código Civil.

Ahora bien, una vez que, por efecto de la transmisión del interés asegurado, ya se ha producido "ex lege" la subrogación del nuevo asegurado adquirente en la posición del anterior asegurado transmitente, el artículo 35 de la LCS, concede al asegurador y al adquirente del interés la facultad de resolver unilateralmente la relación jurídica derivada del contrato de seguro. Se trata de una verdadera facultad de denuncia, desistimiento o receso de la relación obligatoria de las que llevan a su extinción.

54. Por tanto, ¿Cómo hemos de entender lo que dice la LCS en los artículos 34 y 35, por ejemplo, en una compraventa de vehículo se segunda mano?

Quizás sea este el ejemplo más habitual que podemos encontrarnos en las transacciones comerciales diarias, sobre todo entre particulares. De la combinación de ambos artículos se extraen las siguientes conclusiones:

- Respecto del nuevo propietario: una vez se perfecciona[81] el contrato de compraventa, el nuevo dueño del vehículo

---

81 Ver sentencia AP Málaga, sec. 5.ª, S 15-10-2024, n.º 665/2024, rec. 241/2022: "– Resulta evidente que, respecto al contrato de compraventa del vehículo, se dan todos los requisitos que nuestro Código Civil exige para perfección del contrato, al existir acuerdo tanto respecto al objeto del contrato (el vehículo en cuestión), y el precio del mismo,

pasa a tener los mismos derechos y obligaciones que tenía el hasta entonces propietario, en relación al seguro de responsabilidad civil suscrito. Desde ese momento, dispone de quince días para resolver el contrato con la aseguradora que tenía contratada el antiguo titular, plazo a contar desde que tuvo conocimiento de la existencia del seguro, que normalmente será una información que aflorará en las conversaciones previas que tengan nuevo titular y el antiguo, antes de la compraventa.

– Respecto del antiguo titular: tiene que comunicar al nuevo propietario la existencia del pertinente seguro que tiene suscrito respecto de su vehículo y también, en plazo de quince días, desde que ya se haya perfeccionado el contrato de compraventa, habrá de comunicar a la aseguradora del vehículo adquirido, que resulta ser ahora el nuevo asegurado.

– Respecto de la aseguradora: una vez tenga conocimiento del cambio de titularidad del nuevo vehículo, podrá resolver el contrato dentro de los quince días siguientes. Para ello, habrá de transmitírselo por escrito al nuevo titular, quedando obligado a dar cobertura, dentro del plazo de

---

que ha sido abonado por la entidad demandada, pues realizó el pago de la cantidad transferida con este fin específico y no otro. Respecto a este contrato de compraventa, resultan cumplidos todos los requisitos que nuestro Código Civil exige para la perfección del contrato de compraventa del vehículo. Así, el artículo 1445 del CC (EDL 1889/1), señala que "Por el contrato de compra y venta uno de los contratantes se obliga a entregar una cosa determinada y el otro a pagar por ella un precio cierto, en dinero o signo que lo represente"., y el artículo 1450 señala que "La venta se perfeccionará entre comprador y vendedor, y será obligatoria para ambos, si hubieren convenido en la cosa objeto del contrato y en el precio, aunque ni la una ni el otro se hayan entregado". En el presente caso, existe acuerdo en relación al objeto del contrato, y su precio, por lo que el mismo se perfeccionó, y que la demandada pago el precio, imputando su pago al contrato de compraventa.

un mes desde que se lo comunicara al nuevo titular la resolución.

- Tanto nuevo titular, como el anterior, serán responsables solidarios del pago de las primas vencidas al momento de transmisión del vehículo.

Visto lo anterior ¿qué sucedería si el antiguo propietario del vehículo no comunica ni al nuevo dueño la existencia de un seguro, ni a la aseguradora que se ha producido un cambio de titularidad? De ser así, ¿esta situación libera a la aseguradora en caso de tener que indemnizar a terceros perjudicados? La respuesta es negativa. Tendrá que pagar, pero podrá reclamar al antiguo titular por los daños y perjuicios que éste le hubiere ocasionado al no comunicarle el cambio de titularidad y tener que asumir un siniestro.[82]

55. ¿Qué sucede en caso de incendio de una vivienda que tenga hipoteca?

Para ello, hemos de acudir al artículo 40 de la LCS[83].

---

82 Ver sentencia AP Madrid, sec. 9.ª, S 24-02-2012, n.º 100/2012, rec. 339/2011
FJ 2.º:
"En nuestro Derecho es opinión unánime de la doctrina que el incumplimiento por el asegurado transmitente del interés de su doble deber de comunicación no acarrea la liberación del asegurador de su obligación de indemnizar el daño para el caso de producirse el siniestro después de la transmisión, entendiéndose, por algunos autores, que la consecuencia de ese incumplimiento será que el transmitente quedará obligado a indemnizar los daños y perjuicios que, de la falta de notificación, puedan derivarse para el asegurador o para el adquirente, en base al artículo 1101 del Código Civil

83 Ver artículo 40: "El derecho de los acreedores hipotecarios, pignoraticios o privilegiados sobre bienes especialmente afectos se extenderá a las indemnizaciones que correspondan al propietario por razón de los bienes hipotecados, pignorados o afectados de privilegio, si el siniestro acaeciere después de la constitución de la garantía real o del nacimiento del privilegio. A este fin el tomador del seguro o el asegurado deberán comunicar al asegurador la constitución de la hipoteca, de la prenda o el privilegio cuando tuviera conocimiento de su existencia.

Suele suceder, en muchas ocasiones, que una persona o una empresa, tenga un seguro, ya sea de hogar, ya sea multirriesgo, donde conste que hay cobertura para el caso de incendio y que, además, existe en la póliza una cláusula de cesión expresa de derechos en favor de la entidad bancaria (acreedor hipotecario) para que, en caso de que la aseguradora tenga que indemnizar a su asegurado, en caso de incendio, precise antes del expreso consentimiento de la citada entidad, para proceder a indemnizar, ya que el artículo 40 de la LCS, en el art. 40 LCS, que es absolutamente tajante al reseñar que *"El asegurador a quien se haya notificado la existencia de estos derechos no podrá pagar la indemnización debida sin el consentimiento del titular del derecho real o del privilegio"*.

Esta previsión de cesión del derecho del banco a subrogarse en los derechos del prestatario, en caso de incendio, por ejemplo, es normal que aparezca en muchas escrituras de constitución de préstamos hipotecarios.

56. ¿Podemos considerar en estos casos al acreedor hipotecario (entidad prestamista) como asegurado o beneficiario del contrato de seguro?

La respuesta ha de ser negativa. Los acreedores a los que se refiere el artículo 40 de la LCS, no son asegurados, sino terceros en el contrato de seguro, por lo que no tienen un derecho a la indemnización, *sino un derecho sobre la indemnización*.[84]

El asegurador a quien se haya notificado la existencia de estos derechos no podrá pagar la indemnización debida sin el consentimiento del titular del derecho real o del privilegio. En caso de contienda entre los interesados o si la indemnización hubiera de hacerse efectiva antes del vencimiento de la obligación garantizada, se depositará su importe en la forma que convenga a los interesados, y en defecto de convenio en la establecida en los artículos mil ciento setenta y seis y siguientes del Código Civil.
Si el asegurador pagare la indemnización, transcurrido el plazo de tres meses desde la notificación del siniestro a los acreedores sin que éstos se hubiesen presentado, quedará liberado de su obligación".

84 Ver sentencia del Tribunal Supremo (Civil), sec. 1.ª, S 26-04-2023, n.º 628/2023, rec. 6707/2019

En palabras de la propia Dirección de General de Seguros:

> *"Lo que le reconoce la Ley es el derecho a que la garantía real que pesa sobre el inmueble se extienda a la indemnización, pero dicha indemnización únicamente debe ser entregada al titular del bien asegurado, es decir, a su propietario.*
>
> *No obstante, lo anterior, en la práctica hay contratos de seguro de daños en los que se estipula que el acreedor hipotecario es beneficiario del seguro o que el propietario del bien cede sus derechos sobre la indemnización a la entidad de crédito, o cualquier otra cláusula que implique la concesión de derechos al acreedor hipotecario superiores a los que les atribuye la Ley de Contrato de Seguro. El Servicio de Reclamaciones de la Dirección General de Seguros y Fondos de Pensiones considera que este tipo de cláusulas son contrarias a los artículos 40 y 42 de la Ley 50/1980, de 8 de octubre, de contrato de seguro; en consecuencia, las citadas cláusulas se consideran nulas y se tendrán por no puestas"*

57. Y si mi aseguradora, una vez acaecido el incendio, notifica a mi banco que hay una póliza que cubre el incendio de mi vivienda y que ofrece la indemnización al banco, si transcurridos tres meses desde esa notificación el banco no se opone, ¿Qué sucede?

Que la aseguradora podrá indemnizar a su asegurado y liberarse del pago, conforme al apartado tercero del artículo 40 de la LCS: *"si el asegurador pagare la indemnización, transcurrido el plazo de*

FJ 3.º:

"Junto a esta subrogación real, y sin previsión legal expresa, en algunos préstamos hipotecarios se introducen cláusulas que, según sus redacciones, pueden ir más allá de la subrogación real prevista legalmente. Algunas de tales cláusulas, como aquellas que confieren al banco prestamista la condición de beneficiario del seguro, plantean problemas de licitud, porque los seguros de daños sobre inmuebles, como en general los seguros multirriesgo del hogar, tienen un carácter plenamente indemnizatorio, es decir, solamente tiene derecho a percibir la indemnización el propietario del bien asegurado, como titular del interés, debido a que si la entidad aseguradora pagase la indemnización a cualquier *tres meses desde la notificación del siniestro a los acreedores sin que éstos se hubiesen presentado, quedará liberado de su obligación".*

58. ¿Qué se entiende por incendio a los efectos del contrato de seguro?

Para ello, hemos de acudir al artículo 45 de la LCS, cuya definición al respecto indica que: *"Se considera incendio la combustión y el abrasamiento con llama, capaz de propagarse, de un objeto u objetos que no estaban destinados a ser quemados en el lugar y momento en que se produce"*

De igual forma, la LOSSEAR[85], establece en su Anexo (A) Ramos de seguro distintos del seguro de vida y riesgos accesorios:

> ...
>
> *8. Incendio y elementos naturales: Incluye todo daño sufrido por los bienes (distinto de los comprendidos en los ramos 3, 4, 5, 6 y 7) causado por incendio, explosión, tormenta, elementos naturales distintos de la tempestad, energía nuclear y hundimiento de terreno.*

59. ¿A qué bienes se extiende la cobertura de incendios?

Acudimos al artículo 46 LCS, para afirmar que la cobertura se extiende a:

- Los objetos descritos en la póliza.
- Si se tratare de seguro sobre mobiliario, la cobertura incluirá los daños producidos por el incendio en las cosas de

---

otra persona se produciría un enriquecimiento injusto, puesto que dicha persona no ha sufrido el menoscabo o quebranto económico. En un seguro de daños no se puede decir estrictamente que exista la figura del beneficiario como elemento personal totalmente independiente del asegurado, puesto que en esta modalidad aseguradora coinciden asegurado y beneficiario.

85 Ley 20/2015, de 14 de julio, de ordenación, supervisión y solvencia de las entidades aseguradoras y reaseguradoras.

uso ordinario o común del asegurado, de sus familiares, dependientes y de las personas que con él convivan.[86]

El artículo 46 de la LCS dispone que la cobertura del seguro se extenderá a los objetos descritos en la póliza. Si se tratare de seguro inmobiliario, la cobertura incluirá los daños producidos por el incendio en las cosas de uso ordinario o común del asegurado, de sus familiares, dependientes y de las personas que con él conviven.

Ahora bien, respecto de los bienes muebles, nuestra jurisprudencia viene indicando que es necesario que se enumeren las cosas muebles que van a ser objeto de cobertura. Sin embargo, este principio viene matizado por los restantes párrafos del artículo, ya que la propia práctica aseguradora tratándose de bienes muebles en el sentido del artículo 335 del Código Civi[87] no exige una delimitación tan rigurosa como al asegurar los bienes inmuebles, salvo que se trate de bienes muebles de considerable valor o de clara identificación. La Ley de Contrato de Seguro dicta una regla interpretativa de bienes muebles asegurados, cuando la cobertura aseguratíva contra el incendio se extienda al conjunto de cosas muebles, que se delimita bajo la noción de mobiliario.

A su vez, se suele distinguir entre mobiliario personal e industrial. El mobiliario comercial o industrial comprende el "conjunto de bienes muebles o enseres profesionales, de oficina, comercio o industria, maquinaria e instalaciones, utillajes, herramientas de trabajo que sean propios de la profesión o actividad del asegurado, siempre que se hallen dentro del establecimiento o locales descritos en la póliza.

---

86 Ver sentencia Tribunal Supremo (Civil), sec. 1.ª, S 24-11-2006, n.º 1203/2006, rec. 111/2000

87 Artículo 335 CC: "Se reputan bienes muebles los susceptibles de apropiación no comprendidos en el capítulo anterior, y en general todos los que se pueden transportar de un punto a otro sin menoscabo de la cosa inmueble a que estuvieren unidos".

Por tanto y en sentido contrario, ¿qué queda excluido del seguro de incendio?

– Los daños que cause el incendio en los valores mobiliarios públicos o privados, efectos de comercio, billetes de Banco, piedras y metales preciosos, objetos artísticos.
– Cualesquiera otros objetos de valor que se hallaren en el objeto asegurado, aun cuando se pruebe su preexistencia y su destrucción o deterioro por el siniestro.

60. ¿Qué sucede si tengo que trasladar objetos que se están dentro de la vivienda o local donde se ubiquen y en ese traslado se incendian?

Para ello, acudimos al artículo 46 de la LCS[88]

Pues que no serán objeto de cobertura, a salvo de que ese traslado de cosas sea comunicado al asegurador por escrito, antes del citado traslado y en el plazo de quince días, no manifestara su oposición o disconformidad.

61. Si mi póliza de seguro de hogar me cubre el incendio y éste se ha producido sin que haya sido intencionado, ¿Está mi aseguradora obligada a indemnizarme?

La respuesta es obvia, pero procede constatarla. La aseguradora habrá de responder siempre que el incendio se haya caso fortuito, por malquerencia[89] de extraños, por negligencia propia o de las personas de quienes se responda civilmente. Es decir, sin intención alguna de engañar al seguro.

---

88 Ver artículo 46: "La destrucción o deterioro de los objetos asegurados fuera del lugar descrito en la póliza excluirá la indemnización del asegurador, a menos que su traslado o cambio le hubiere sido previamente comunicado por escrito y éste no hubiese manifestado en el plazo de quince días su disconformidad.

89 RAE: Mala voluntad contra alguien o contra algo. Sin. desafecto, hostilidad, inquina, ojeriza, manía, tirria.

Sensu contrario y como es lógico, si el incendio se ha causado intencionadamente por el propio asegurado, con el fin ilícito de ser indemnizado, ¿a qué consecuencias se puede enfrentar?[90]

Acudimos al artículo 337 del Código penal:

> *"El incendiario de bienes propios será castigado con la pena de prisión de uno a cuatro años si tuviere propósito de defraudar o perjudicar a terceros, hubiere causado defraudación o perjuicio, existiere peligro de propagación a edificio, arbolado o plantío ajeno o hubiere perjudicado gravemente las condiciones de la vida silvestre, los bosques o los espacios naturales".*

De igual forma, el artículo 248 del Código penal:

> *"Cometen estafa los que, con ánimo de lucro, utilizaren engaño bastante para producir error en otro, induciéndolo a realizar un acto de disposición en perjuicio propio o ajeno.*
>
> *Los reos de estafa serán castigados con la pena de prisión de seis meses a tres años. Para la fijación de la pena se tendrá en cuenta el importe de lo defraudado, el quebranto económico causado al perjudicado, las relaciones entre este y el defraudador, los medios empleados por este y cuantas otras circunstancias sirvan para valorar la gravedad de la infracción.*
>
> *Si la cuantía de lo defraudado no excediere de 400 euros, se impondrá la pena de multa de uno a tres meses".*

Pero ojo, si el incendio provocado provoca daños superiores a 50.000 €, el artículo 250 del Código penal, indica: "*1. El delito de estafa será castigado con las penas de prisión de uno a seis años y multa de seis a doce meses, cuando:*

> *...*
>
> *5.º El valor de la defraudación supere los 50.000 euros, o afecte a un elevado número de personas.*

90 A modo de ejemplo, las siguientes sentencias: AP Palencia, sec. 1.ª, S 21-07-2021, n.º 13/2021, rec. 4/2021; AP Madrid, sec. 17.ª, S 15-06-2020, n.º 282/2020, rec. 11/2020.

62. *¿Puede negarse mi aseguradora a indemnizarme si me han sustraído algo sin emplear fuerza, ni violencia, alegando que es un hurto y no un robo?*

Esta es una de las cuestiones más habituales que genera controversia cuando de la cobertura de robo se trata. Para ello, lo aconsejable es, en primer lugar, acudir a la póliza de hogar que cada uno tenga contratada y en concreto, es recomendable ver las Condiciones Generales de la póliza, que es donde se fijan las "definiciones" que cada aseguradora utiliza en sus pólizas.

Pues bien, en la mayoría de las pólizas, suele existir una descripción de robo que suele ser del siguiente o parecido tenor literal:

> Como robo ha de entenderse, conforme a su tipificación legal, el apoderamiento (por terceros) de los bienes asegurados ejerciendo fuerza sobre las cosas o violencia o intimidación contra las personas; en el hurto, por el contrario, no se produce las circunstancias de fuerza en las cosas ni violencia en las personas; como apropiación indebida ha de entenderse, en el mismo contexto, el apoderamiento por terceros de bienes asegurados que hayan recibido el depósito, comisión o administración, o por otro título que produzca obligación de entregarlos o devolverlos.

Visto lo anterior y como digo, teniendo en cuenta que cada aseguradora goza de una redacción distinta, en muchas ocasiones se suele advertir que el hurto, como tal, no será objeto de cobertura, puesto que no se ha producido ni fuerza sobre las cosas, ni violencia ni intimidación sobre las personas. Sin embargo, es también habitual que, en el catálogo general de coberturas, ubicadas al principio de las condiciones generales, sí se contemple el hurto o bien, se diga que se da cobertura a toda sustracción ilegítima de bien mueble. En estos casos, si en el catálogo general sí se da cobertura, para luego denegarla o excluirla en las cláusulas de exclusión o en las propias condiciones particulares, estaríamos ante una contradicción que habría de redundar, siempre, a favor del asegurado y no en contra.

En todo caso, el propio tenor literal del artículo 50 de la LCS[91], deja claro la cobertura de robo obliga a la aseguradora a indemnizar cuando se trata de una sustracción ilegítima por parte de terceros. Por ende, si la ley no distingue, no cabe distinguir.

En todo caso y por lo que a la polémica sobre si un hurto será siempre objeto de cobertura, cuando haya existido esa sustracción ilegítima, nuestra jurisprudencia ya ha manifestado que la terminología utilizada por la Ley de Contrato de seguro, para hablar de la cobertura de robo, ha de ser comprensiva tanto del robo, como del hurto.[92]

63. ¿Me puede exigir mi compañía de seguros que, tras un robo, tenga que acreditar y probar la existencia previo de todos los objetos que me hayan sustraído?

Siempre que sea posible hacerlo así, mediante facturas, justificantes de pago, fotografías, etc., o cualquier otro medio que acredite que ese bien era de mi propiedad, mucho mejor para agilizar la indemnización a mi favor por parte de mi aseguradora. En todo

---

91 Por el seguro contra robo, el asegurador se obliga, dentro de los límites establecidos en la Ley y en el contrato a indemnizar los daños derivados de la sustracción ilegítima por parte de terceros de las cosas aseguradas. La cobertura comprende el daño causado por la comisión del delito en cualquiera de sus formas.

92 Tribunal Supremo (Civil), S 29-04-2002, n.º 421/2002, rec. 3952/1996 FJ 2.º:
"Por ello, sin duda, el artículo 50 de la Ley de Contrato de Seguros, equipara el robo a la "sustracción ilegítima por parte de terceros de las cosas aseguradas", expresión que repite en otros preceptos. De este modo, se evita una calificación técnico-jurídica definitiva y se amplía la noción al emplear una terminología, dentro de la que cabe la figura del hurto, todo ello, paliado por el número primero del artículo 52 de la LCS que excusa el pago del siniestro si este se produjo por negligencia grave del asegurado".

caso, es harto frecuente, que no se cuente con estas pruebas directas de la preexistencia de lo sustraído.[93]

Es decir:

- ➢ Que para la determinación de los concretos objetos sustraídos no es posible la exigencia de una prueba directa, pudiendo alcanzarse la conclusión probatoria de su preexistencia por la prueba indirecta.
- ➢ En este sentido el artículo 386 LEC,[94] permite asumir la certeza de un hecho, a partir de otro hecho admitido o

---

[93] Sentencia de la AP Córdoba, sec. 1.ª, S 05-07-2024, n.º 682/2024, rec. 520/2023
FJ 2.º:
Pues bien sobre estas bases y si tenemos en cuenta las concretas circunstancias del caso, constituidas por el reconocido e indiscutido pago que ha efectuado la aseguradora su asegurada, la convergencia de ambos informes periciales en la consideración de que los valores otorgados a los bienes sustraídos son valoraciones correctas, y la circunstancia de que la relación de bienes pericialmente valorados y sustraídos e incluidos bajo el concepto controvertido se corresponden con el contenido de la denuncia puesta por el gerente de la asegurada el día 20 de mayo de 2015; la consecuencia debe ser la de confirmar lo que en relación a dicho extremo establece la sentencia apelada, puesto que dicho conjunto de circunstancias integran un conjunto de indicios o hechos base de los que razonablemente inferir ("según las reglas del criterio humano" o "conforme las reglas de la lógica y de la razón") la realidad de dicha preexistencia, pues entre dichos indicios y esa realidad presunta no puede obviarse la existencia de un enlace preciso y directo".

[94] Art. 386 LEC: 1. A partir de un hecho admitido o probado, el tribunal podrá presumir la certeza, a los efectos del proceso, de otro hecho, si entre el admitido o demostrado y el presunto existe un enlace preciso y directo según las reglas del criterio humano.
La sentencia en la que se aplique el párrafo anterior deberá incluir el razonamiento en virtud del cual el tribunal ha establecido la presunción.
2. Frente a la posible formulación de una presunción judicial, el litigante perjudicado por ella siempre podrá practicar la prueba en contrario a que se refiere el apartado 2 del artículo anterior.

probado, si entre el admitido o demostrado y el presunto existe un enlace preciso y directo según las reglas del criterio humano, sin que sea exigible que la deducción sea unívoca, pues de serlo no nos encontraríamos ante una verdadera presunción, sino ante hechos concluyentes e inequívocos, pudiendo en las presunciones seguirse del hecho base diversos hechos consecuencia, siempre que se ajuste o una rigurosa lógica deductiva.

64. ¿En qué casos mi aseguradora puede rechazar indemnizarme por robo?

Para ello, acudimos al artículo 52 de la LCS[95], donde se contiene en qué casos, la aseguradora puede quedar eximida de su obligación de pago por cobertura de robo. Vemos que, en uno de esos casos, el legislador utiliza la expresión "*diligencia grave*". ¿qué podemos entender como tal, en el seguro de robo?

Para valorar la diligencia exigible en el cumplimiento de los contratos y por tanto el grado de negligencia en que pudiera haber incurrido uno de los contratantes (en nuestro caso el asegurado víctima del robo), se hace preciso acudir a lo preceptuado en el art. 1104 del Código Civil[96] que como es sobradamente conoci-

---

95 Artículo 52: "El asegurador, salvo pacto en contrario, no vendrá obligado a reparar los efectos del siniestro cuando éste se haya producido por cualquiera de las siguientes causas:
Primera.— Por negligencia grave del asegurado, del tomador del seguro o de las personas que de ellos dependan o con ellos convivan.
Segunda.— Cuando el objeto asegurado sea sustraído fuera del lugar descrito en la póliza o con ocasión de su transporte, a no ser que una u otras circunstancias hubieran sido expresamente consentidas por el asegurador.
Tercera.— Cuando la sustracción se produzca con ocasión de siniestros derivados de riesgos extraordinarios.

96 Art. 1104 CC: La culpa o negligencia del deudor consiste en la omisión de aquella diligencia que exija la naturaleza de la obligación y corresponda a las circunstancias de las personas, del tiempo y del lugar.

do, define la diligencia media exigible como aquella que correspondería a un buen padre de familia.

Con ello, al referirse el art. 52 de la LCS a negligencia grave, es claro que la simple inobservancia de la diligencia de un buen padre de familia,[97] no sería suficiente como para exonerar de responsabilidad, sino que se habría de incurrir en una conducta negligente de mayor rango. No basta pues con despreciar u omitir las prevenciones que de ordinario habría adoptado un hombre medianamente diligente y cuidadoso, sino que el precepto requiere la omisión en definitiva de aquellas normas de cuidado que usualmente habría adoptado el más descuidado de los hombres y además que esa omisión (requisito segundo) sea precisamente la causa única del robo...".[98]

Cuando la obligación no exprese la diligencia que ha de prestarse en su cumplimiento, se exigirá la que correspondería a un buen padre de familia.

97 Así, por ejemplo, en un caso donde se produjo un robo de 50.000 kg de cobre, en la instancia, sí se consideró que hubo negligencia grave del asegurado, no así, la Audiencia Provincial:
Sentencia de la Audiencia Provincial de Valencia, sección 11.ª, núm. 317/2021 del 22 de julio de 2021:
"La sentencia recurrida, a partir de estos hechos, calificó la negligencia de grave, "...Lo que denota, una negligencia grave por no adoptar las medidas de precaución adecuadas y una total desatención/falta de vigilancia de las mercancías una vez cargadas. Máxime, teniendo en cuenta que la mercancía, consistía en aproximadamente 50.000 Kg de cobre, siendo de todos sabido la multitud de robos que existen en relación a este tipo de material y cuando, a una escasa distancia de 4 Km existe un aparcamiento cerrado y vigilado...". La Sala a tenor de la calificación de la negligencia de grave que exige el artículo 52 de la LCS, no aprecia esa gravedad en la negligencia. Pues no es suficiente una falta de diligencia, sino que exige que la omisión de la debida sea de importancia para ser calificada como de culpa grave, sin llegar al dolo o la mala fe, pero sí que teniendo en consideración las circunstancias concurrentes pueda ser calificado como de especial intensidad, por separarse abiertamente de lo que es común y se puede esperar del canon habitual de la diligencia exigible".

98 AP Barcelona, sec. 17.ª, S 30-05-2024, n.º 398/2024, rec. 745/2023.

65. ¿Es negligencia grave si me dejo las llaves encima de la mesa de un local, me las sustraen y con ello me roban mi coche?

Cuestión controvertida, de cara a la interpretación del término imprudencia grave del asegurado. Realizando una simple deducción lógica, todo parece apuntar que, si me dejo las llaves de mi coche encima de una mesa, mi negligencia es grave y la aseguradora puede exonerarse de indemnizar. Sin embargo, no es del todo tan sencillo. Veamos, por ejemplo, lo que dijo en un caso similar, **la Audiencia provincial de Granada sec. 4.ª, S 20-09-2019, n.º 252/2019, rec. 160/2019 —TOL7.679.036—.**

FJ 3.º:

> *"Pero, aunque entendiéramos que la conductora se dejó olvidadas las llaves encima de la mesa, esto no constituiría un supuesto de negligencia grave contemplado en el citado Art. 52.1.º de la LCS que permita la exoneración de la aseguradora. La jurisprudencia de las Audiencias Provinciales es uniforme a la de considerar este motivo de exclusión de forma excepcional y restrictiva. Así la sentencia de esta Audiencia Provincial (Sección 3a) de 22-3-2005: "el artículo 52-1a L.C.S dice que "el asegurador, salvo pacto en contrario, no vendrá obligado a reparar los efectos del siniestro cuando éste se haya producido por negligencia grave del asegurado o de las personas que de ellos dependan o con ellos convivan", negligencia grave a la que, sin duda, se refería el perito de la compañía para invocar las causas del robo. Y con referencia a la culpa civil, el artículo 1.104 CC dice que "la culpa o negligencia del deudor consiste en la omisión de aquella diligencia que exija la naturaleza de la obligación y corresponda a las circunstancias de las personas, del tiempo y del lugar", y que "cuando la obligación no exprese la diligencia que se ha prestarse en su cumplimiento, se exigirá la que corresponde a un buen padre de familia".*
>
> *Como es sabido, tradicionalmente se ha venido distinguiendo en nuestro ordenamiento jurídico tres grados de diligencia: grave o lata, que es la negligencia máxima del deudor que omite las precauciones más elementales, previstas por todos; leve, que es la omisión de la precaución generalmente observada por un buen padre de familia, y la levísima, que es la omisión en que pueden incurrir las personas más cuidadosas y prudentes. Y ni que decir tiene que el tipo de diligencia que, conforme a esa disquisición, se le exigía al asegurado para prevenir y evitar el riesgo objeto de cobertura, entrañaba la adopción de las precauciones más elementales que son de*

observancia común por la generalidad de las personas, en función y correlación, claro está, con la adopción de las medidas de seguridad pactadas para garantizar el riesgo objeto de cobertura".[99]

En el supuesto de autos, en modo alguno podemos calificar como negligencia grave el hecho de dejarse las llaves del turismo encima de la mesa del restaurante, pues, por desgracia, esto es habitual y le ocurre a una generalidad de personas, que olvidan llaves, teléfonos móviles y otros objetos en los mismos. De ahí que no pueda deducirse que se omitieron las más elementales precauciones, incluso las de las personas más descuidadas, y menos que esto era una "provocación" a la sustracción. Las circunstancias de lugar en que se estacionó el vehículo (muy céntrico y concurrido), visible desde el establecimiento, la hora en que tuvo lugar (al mediodía) y el tiempo que medió entre que abandonaron el bar y volvieron a preguntar por las llaves (apenas cinco minutos), induce a pensar que la conducta desplegada no fue ni mucho menos descuidada.

Por tanto, no siempre que algo así sucede, la aseguradora quedará exonerada de indemnizar a su asegurado, si bien y como es lógico, como cada caso es de específica valoración probatoria y análisis jurídico, siempre hay que extremar las precauciones.

66. ¿Es robo o hurto si me dejo una ventana medio entornada y los delincuentes acceden por ella al interior de la casa para robar?

Para ello, podemos acudir a lo dispuesto en el artículo 238 del Código penal.[100]

Si para entrar por la ventana, los delincuentes tienen que vencer un mínimo de resistencia física para acceder a la vivienda, podrá considerarse como robo y no como hurto, por lo que la aseguradora quedaría obligada a responder.

---

99 Sentencia la AP de Asturias de 7-5-2018; A P de Madrid, de fecha 21 de abril de 2017; SAP Sevilla de 17 de julio de 2014; SAP Guipúzcoa de 22 de febrero de 2013.

100 Artículo 238.
Son reos del delito de robo con fuerza en las cosas los que ejecuten el hecho cuando concurra alguna de las circunstancias siguientes:

El concepto de escalamiento ha sido delimitado por la jurisprudencia[101] en el sentido de: *"el concepto de escalamiento a aquellos supuestos, más acordes con los principios de legalidad y proporcionalidad, en los que la entrada o la salida por lugar no destinado al efecto haya exigido "una destreza o un esfuerzo de cierta importancia, destreza o esfuerzo presentes en la noción estricta de escalamiento "(trepar o ascender a un lugar determinado), que es el punto de referencia legal del que dispone el intérprete. Y el hecho de tener que salvar esa altura (unos tres metros y medio) supone una especial "energía criminal", suficiente para ser equiparable a una fuerza física en sentido estricto".*

Es decir, que en casos donde no haya evidentes signos de fuerza exterior, no es un dato suficientemente significativo de una negligencia grave a la cual quepa atar la consecuencia de la exclusión de la cobertura siempre que haya escalamiento como tal.[102]

67. *Si tengo un negocio y uno de mis empleados me roba, acreditándose esto judicialmente ¿Puede mi seguro rechazar la cobertura y no indemnizar?*

La respuesta es afirmativa. Para ello, acudimos al artículo 52.1 LCS: El asegurador, salvo pacto en contrario, no vendrá obligado a reparar los efectos del siniestro cuando éste se haya producido por cualquiera de las siguientes causas:

> *"Por negligencia grave del asegurado, del tomador del seguro o de las personas que de ellos dependan o con ellos convivan".*

1.º Escalamiento.
2.º Rompimiento de pared, techo o suelo, o fractura de puerta o ventana.
3.º Fractura de armarios, arcas u otra clase de muebles u objetos cerrados o sellados, o forzamiento de sus cerraduras o descubrimiento de sus claves para sustraer su contenido, sea en el lugar del robo o fuera del mismo.
4.º Uso de llaves falsas.
5.º Inutilización de sistemas específicos de alarma o guarda

101 Sentencia de Sala 2.ª del Tribunal Supremo, n.º 595/2016, de 6 de julio.

102 Sentencia AP Barcelona, sec. 17.ª, S 16-02-2024, n.º 118/2024, rec. 744/2022; AP Madrid, Secc. 12.º, 16/10/2014.

El razonamiento jurídico se explica porque si el asegurador puede llegar a excluir por propia negligencia grave, con mayor razón, para excluir pagar cuando ha existido dolo, en este caso, de un empleado. Es lo que, en muchas pólizas de seguro, por lo que a este particular se refiere, se califica como "infidelidad de los empleados". Tal concepto se corresponde con el de mala fe a que hace expresa mención el art. 19 LCS para excluir el deber de indemnización del asegurador en caso de que el asegurado haya causado el siniestro con mala fe.

En palabras del Tribunal Supremo[103]:

> *"Esto supone que, aunque cabe pactar otra cosa, en principio, forma parte del contenido natural del seguro de robo que quede fuera de la cobertura el siniestro (robo) producido "por negligencia grave del asegurado, del tomador del seguro o de las personas que de ellos dependan o con ellos convivan". En el caso de un seguro que pretende cubrir el robo en un establecimiento, debe entenderse que esta exclusión legal, salvo pacto en contrario, afecta a los dependientes de la tienda o local. De tal forma que, si la ley entiende que, salvo pacto en contrario, el siniestro (robo) propiciado por la negligencia del asegurado o sus dependientes queda fuera de la cobertura del seguro de robo, con mayor razón lo está el robo que se realiza con la participación de la dependienta del local, que le mereció la condena penal como coautora del robo".*

68. ¿Qué sucede si me roban mi vehículo y posteriormente es hallado por la policía?

Para ello hay que acudir a lo dispuesto en el artículo 53.1 de la LCS[104]

---

[103] Tribunal Supremo (Civil), sec. 1.ª, S 01-04-2024, n.º 423/2024, rec. 5684/2019

[104] Producido y debidamente comunicado el siniestro al asegurador, se observarán las reglas siguientes:
Primera.— Si el objeto asegurado es recuperado antes del transcurso del plazo señalado en la póliza, el asegurado deberá recibirlo, a menos que en ella le hubiera reconocido expresamente la facultad de su abandono al asegurador.

Si el objeto asegurado es recuperado antes del transcurso del plazo señalado en la póliza, el asegurado deberá recibirlo, a menos que en ella le hubiera reconocido expresamente la facultad de su abandono al asegurador.

Y en el caso de que la recuperación del objeto robado se produzca después del plazo estipulado en la póliza, el asegurado, toda vez fuera indemnizado, deberá entregar la propiedad del vehículo, salvo que, reintegre a la aseguradora la indemnización a cambio de recuperar la propiedad de lo sustraído.

En todo caso, es esencial estar a la redacción de cada póliza en concreto, dado que es el marco contractual en el que se desenvuelven las relaciones entre aseguradora y asegurado.

69. *En relación con el transporte por carretera de mercancías ¿Qué cuestiones esenciales he de saber acerca de la suscripción de este tipo de seguros?*

El seguro de transporte terrestre está expresamente regulado en los artículos 54 a 62 de la LCS. De igual forma, aparece también recogido en la LOSSEAR[105]

Se excluyen, por tanto, los daños derivados del transporte aéreo (Ley Navegación Aérea de 1960) y del transporte marítimo (LNM, artículo 406).

¿Qué sucede cuando hay varios medios de transporte implicados?

El artículo 55 de la LCS, nos dice: En el caso de que el viaje se efectúe utilizando diversos medios de transporte, y no pueda determinarse el momento en que se produjo el siniestro, se aplicarán las normas del seguro de transporte terrestre si el viaje por

---

[105] Anexo, A) 7. Mercancías transportadas (comprendidos los equipajes y demás bienes transportados.

este medio constituye la parte más importante del mismo (es el llamado “principio de la importancia relativa”)

En caso de que el transporte terrestre sea accesorio de uno marítimo o aéreo se aplicarán a todo el transporte las normas del seguro marítimo o aéreo.

¿Qué sucede si, por causa no imputable al asegurado, se han producido modificaciones en el tipo de transporte o el itinerario, por ejemplo?

Dice el artículo 60 de la LCS: “*El asegurado no perderá su derecho a la indemnización cuando se haya alterado el medio de transporte, el itinerario o los plazos del viaje o éste se haya realizado en tiempo distinto al previsto, en tanto la modificación no sea imputable al asegurado, sin perjuicio de lo dispuesto en los artículos once y doce*”.

Y en caso de que se produzca alguna de las situaciones anteriormente descritas ¿pierde el asegurado su derecho a ser indemnizado?

La respuesta es negativa y encuentra su justificación en el artículo 60 de la LCS: *“El asegurado no perderá su derecho a la indemnización cuando se haya alterado el medio de transporte, el itinerario o los plazos del viaje o éste se haya realizado en tiempo distinto al previsto, en tanto la modificación no sea imputable al asegurado, sin perjuicio de lo dispuesto en los artículos once y doce”*.

¿Qué personas pueden contratar este seguro?

Según el artículo 56 de la LCS, podrán hacerlo:

- El propietario del vehículo o de las mercancías transportadas.
- El comisionista de transporte.
- Las agencias de transporte.
- Todos los que tengan interés en la conservación de las mercancías, expresando en la póliza el concepto en que se contrata el seguro.

¿Cuánto tiempo se extienden los efectos de este contrato?

Según el artículo 57 de la LCS: "en cualquier caso, el asegurador indemnizará, de acuerdo con lo convenido en el contrato de seguro, los daños que sean consecuencia de siniestros acaecidos durante el plazo de vigencia del contrato, aunque sus efectos se manifiesten con posterioridad, pero siempre dentro de los seis meses siguientes a la fecha de su expiración".

¿Cómo se extiende la cobertura de este seguro?

El artículo 58 de la LCS nos indica que:

– Salvo pacto expreso en contrario, la comienza desde que se entregan las mercancías al porteador para su transporte en el punto de partida del viaje asegurado, y terminará cuando se entreguen al destinatario en el punto de destino, siempre que la entrega se realice dentro del plazo previsto en la póliza.

Y dice el artículo, también: "no obstante, cuando se pacte expresamente, el seguro puede extenderse a los riesgos que afecten a las mercancías desde que salen del almacén o domicilio del cargador para su entrega al transportista hasta que entran para su entrega en el domicilio o almacén del destinatario".

¿Qué contenido podrá tener?

Artículo 59 LCS: "Salvo pacto expreso en contrario, la cobertura del seguro prevista en los artículos anteriores comprenderá el depósito transitorio de las mercancías y la inmovilización del vehículo o su cambio durante el viaje cuando se deban a incidencias propias del transporte asegurado y no hayan sido causados por algunos de los acontecimientos excluidos del seguro.

La póliza podrá establecer un plazo máximo y, transcurrido éste sin reanudarse el transporte, cesará la cobertura del seguro"

¿Qué conceptos serán indemnizables?

Según el artículo 61 de la LCS:

- Los gastos de salvamento (art. 17 LCS), en concreto, los que fuere necesario o conveniente realizar para reexpedir los objetos transportados.

- En caso de pérdida total del vehículo el asegurado podrá abandonarlo al asegurador, si así se hubiese pactado, siempre que se observen los plazos y los demás requisitos establecidos por la póliza.

Y si no hay estimación, ¿Cómo se indemnizan los daños?

Acudimos al artículo 62 de la LCS:

- En caso de pérdida total, el precio que tuvieran las mercancías en el lugar y en el momento en que se cargaran.
- Todos los gastos realizados para entregarlas al transportista y el precio de seguro si recayera sobre el asegurado.
- Si bien lo anterior, cuando el seguro cubre los riesgos de mercancías que se destinen a la venta, la indemnización se regulará por el valor que las mercancías tuvieran en el lugar de destino.

¿Puede haber alguna cláusula controvertida en este tipo de seguro?

Por supuesto, por ejemplo, cuando la aseguradora incluye alguna que sea excesivamente limitativa para el asegurado, atendiendo, además, a la idiosincrasia de este tipo de transporte.

Por ejemplo, una cláusula que diga:

> *"B.1. Robo cuando el vehículo porteador y/o su carga hayan sido dejados sin la debida vigilancia.*
>
> *"A los efectos anteriores, por "debida vigilancia" se entenderá:*
>
> *1. En cuanto al vehículo en sí mismo, que se encuentre completamente cerrado y en funcionamiento y uso todos los dispositivos de cierre, alarma y bloqueo de que disponga.*
>
> *2. En cuanto a su situación, que se no encuentre en calles o zonas solitarias o mal iluminadas. Adicionalmente y desde las 20:00 horas hasta las 8:00 horas, el vehículo deberá permanecer en un estacionamiento vigilado, garaje o edificio completamente cerrado o recinto de construcción sólida y cerrada con llave; en caso de imposibilidad probada de cumplimiento de lo anterior, el Asegurado deberá tomar todas las medidas a su alcance para evitar el riesgo de robo estacionando el vehículo junto a otros camiones en*

zonas ampliamente iluminadas y colindantes con establecimientos abiertos las 24 horas del día, debiendo el conductor, además y en todo caso, pernoctar en el interior del vehículo. No se considerará que el vehículo cuenta con la debida vigilancia cuando el mismo permanezca estacionado en polígonos industriales o proximidades de almacenes de entrega de 20:00 a 8:00 de lunes a sábados o a cualquier hora del día durante domingos y festivos".

Pues bien, para el Tribunal Supremo, podemos estar ante un tipo de clausula limitativa para el asegurado.[106] ***—TOL8.165.886—***

¿Puede un contrato de este tipo albergar distintas coberturas[107]?

Así es, por ejemplo, el seguro de daños, como tal y el de responsabilidad civil. A saber[108]:

---

106 Véase sentencia Tribunal Supremo (Civil), sec. 1.ª, S 22-10-2020, n.º 548/2020, rec. 5097/2017
FJ 6.º:
En consecuencia, debemos concluir que una cláusula como la litigiosa, que establecía una serie de condicionantes (lugares y horarios de estacionamiento, recinto cerrado con llave, vigilancia, etc.) a la cobertura del riesgo para el caso de robo de la mercancía, es una cláusula limitativa de los derechos del asegurado, y no meramente delimitadora.

107 Como declaró la sentencia 661/2019, de 12 de diciembre:
"cuando una determinada cobertura de un siniestro es objetiva y razonablemente esperada por el asegurado, por constituir prestación natural de la modalidad de seguro concertado, es preciso que la restricción preestablecida cuente con la garantía adicional de conocimiento que implica el régimen de las cláusulas limitativas, por lo que la eficacia contractual de las condiciones sorpresivas queda condicionada a las exigencias del art. 3 LCS.

108 Por ejemplo: AP Navarra, sec. 3.ª, S 26-10-2022, n.º 789/2022, rec. 856/2021
"Es cierto que existe un importante debate jurídico acerca de si el porteador puede o no contratar el seguro de transporte de mercancía por su propia cuenta o hacerlo necesariamente por cuenta de un tercero; el problema es que se entremezclan en el ámbito del transporte aquí dos seguros distintos, como es el seguro de transporte y el seguro de responsabilidad civil, que cubriría el riesgo de que surja en el patrimonio del asegurado (porteador) una deuda como consecuencia de su

- Son dos intereses que pueden asegurarse independientemente; por una parte, el interés en la conservación de las cosas transportadas que tiene, estrictamente hablando, el cargador o el destinatario (el asegurado es el acreedor de la prestación de transporte, pudiendo quedar indeterminado en el momento de la conclusión del contrato de seguro).
- El interés que tiene el porteador en mantener su patrimonio incólume (aquí el asegurado es el porteador). Se ha llegado a decir, en este sentido, que el porteador, "si contrata un seguro de transporte terrestre "por cuenta propia", se tratará de un seguro de responsabilidad civil, que va a cargo de la empresa porteadora", y añade "en el caso que nos ocupa es inevitable tener la impresión de que algo de esto sucede.
- En efecto, se tiene que alguien sobre quien gravita legalmente la responsabilidad por los daños causados a determinados bienes ajenos en virtud de una relación contractual (como es el caso de porteador) concierta, en lugar de un seguro de responsabilidad civil destinado a cubrir específicamente ese riesgo, un seguro de daños como es el seguro de transporte, y lo hace por cuenta propia.
- De lo anterior, podemos decir que estaríamos, de este modo, ante una suerte de subrogado de la responsabilidad civil que habría de afrontar, en su caso, el porteador.[109]

---

responsabilidad por pérdidas o averías como consecuencia del contrato de transporte.

109 Ø En buena técnica asegurativa probablemente no sea la vía más correcta para alcanzar el resultado pretendido. El interés del porteador en la conservación de las mercancías sería, única y exclusivamente, el de "mantener indemne su patrimonio de las pretensiones posibles de los derechohabientes de las mercancías destruidas o deterioradas".

70. Si soy empresario y como consecuencia del cierre obligatorio, debido a la pandemia del Covid-19, tuve pérdidas por el citado cierre ¿Puedo reclamar a mi seguro y en qué concepto?

Lo primero que hay que delimitar es que, en casos como este, la cobertura concreta a la que todo perjudicado podría acogerse, debido a la pérdida de beneficios derivado de la paralización de la actividad, es el seguro de lucro cesante, regulado específicamente en los artículos 63 a 67 de la LCS.

De igual forma, es un tipo de seguro que aparece recogido en la LOSSEAR, en el apartado A) dentro de los ramos de seguros distintos al de vida, dentro del punto 16.º de "pérdidas pecuniarias diversas" cuando se indica que: "

> *"Incluye riesgos del empleo, insuficiencia de ingresos (en general), mal tiempo, pérdida de beneficios, subsidio por privación temporal del permiso de conducir, persistencia de gastos generales, gastos comerciales imprevistos, pérdida del valor venal, pérdidas de alquileres o rentas, pérdidas comerciales indirectas distintas de las anteriormente mencionadas, pérdidas pecuniarias no comerciales y otras pérdidas pecuniarias".*

El seguro de lucro cesante, según el artículo 63 de la LCS, define a este como:

> *"Por el seguro de lucro cesante el asegurador se obliga, dentro de los límites establecidos en la Ley y en el contrato, a indemnizar al asegurado la pérdida del rendimiento económico, que hubiera podido alcanzarse en un acto o actividad de no haberse producido el siniestro descrito en el contrato.*
>
> *Este seguro podrá celebrarse como contrato autónomo o añadirse como un pacto a otro de distinta naturaleza".*

¿Qué eventualidades me puede cubrir mi seguro si tengo contratada la cobertura de lucro cesante?

Indicar, en primer lugar, que no es extraño que en algunas de las pólizas que se comercializan en el mercado español, dentro del catálogo de coberturas contratadas, no aparezca en sentido gramatical, "lucro cesante" y en su lugar aparezca la de "*pérdida de beneficios*".

Una vez tengamos claro que esa cobertura sí está dentro de las coberturas que nos ofrece nuestra aseguradora, tenemos que verificar si aparece como un anexo aparte de nuestra póliza o bien, como una cobertura más, dentro de ese cuadro general de coberturas.

Y ya, verificado todo lo anterior, hemos de leer detenidamente cuál es el mecanismo por el que la concreta cobertura de lucro cesante o pérdida de beneficios, entraría en juego a nuestro favor. Es decir, qué requisitos se exigen en la póliza para que nuestra aseguradora nos indemnice.

Conviene dejar bien sentado este extremo porque, por razón de la famosa pandemia del covid-19, hubo algunos empresarios que, atendiendo al contenido de sus pólizas, reclamaron a sus seguros para que les indemnizaran por los días de paralización que estuvieron justificados por ese cierre obligatorio. Esas demandas se articularon sobre la sola base de la mera paralización de la actividad, sin más, como mero automatismo, cuando en realidad, la cobertura sólo entra en juego cuando la razón de ser de esa paralización es la producción de un siniestro previo, por ejemplo, un incendio, un robo, inundación, entre otros. Es decir, no se garantiza el pago de la indemnización prevista en el contrato a no ser que, esa paralización, no se hubiera producido como consecuencia inmediata de un evento daños previo.

Pues bien, dicho lo anterior y como ya es de sobre conocido por todos los profesionales del sector de la responsabilidad civil y el seguro, **la Audiencia Provincial de Girona, Sección 1.ª, en su famosa sentencia 59/2021, de 3 de febrero —TOL8.308.121—** falló en favor de la recurrente (la dueña de una pizzería), condenando a su aseguradora al abono de 6.000 € en concepto de lucro cesante.

Esta sentencia, produjo un verdadero efecto llamada de otros tantos empresarios que, a la vista del fallo estimatorio de la Audiencia de Girona, quisieron probar suerte.

De igual forma, la misma **Audiencia de Girona (Secc. 2.ª), de 16 de junio de 2021—TOL8.680.190—** falló igualmente en favor del recurrente, a condenando a la aseguradora de un restaurante a pagar 18.000 € por este concepto. Durante un tiempo, la litigiosidad sobre este concreto particular se disparó en España produciéndose un verdadero proceso de dispersión de criterio jurídico sobre esta cuestión. Cierto es que, a medida que pasaban los meses, cada vez más, las Audiencias Provinciales, veían desestimando gran parte de las pretensiones de los perjudicados interesados en el cobro de esta cobertura, a cargo de sus aseguradoras.

Tan es así, que la propia **Audiencia Provincial de Girona, en sentencia de 25 de mayo de 2022**[110] **—TOL9.097.710—** modifica su propio criterio hasta entonces mantenido, conforme al acuerdo de la Junta de Magistrados de las Secciones Civiles de 23 de marzo, y que establece lo siguiente:

> *"En cuanto a la posible cobertura de los seguros de daños firmados por comercios y empresas, de los cierres o pérdidas de beneficios producidos a raíz de la aplicación del Real Decreto 463/2020, de 14 de marzo, y sus prórrogas, decidimos los siguiente: Las coberturas de los contratos de seguros de daños que incluyan en sus condiciones particulares cláusulas de indemnización por paralización de actividad o por pérdida de beneficios no son aplicables al cierre total o parcial del negocio derivado de la declaración de estado de alarma.*
>
> *En tales contratos, el riesgo asegurado es la producción de daños en el local de negocio (continente) o en los objetos asegurados que se encuentren en su interior (contenido) por las causas que prevén. La paralización de la actividad o la pérdida de beneficios sólo producirán el derecho de a la indemnización cuando hayan sido una consecuencia de los daños en los bienes asegurados, situación que no se ha producido en el caso de la declaración del estado de alarma."*

¿Cuáles son los argumentos mantenidos, por tanto, por las Audiencias que han desestimado este tipo de demandas?

---

110 Conclusiones de nuevo recogidas por esta Audiencia Provincial de Girona en sus sentencias de 20 de junio de 2022 y 21 de septiembre de 2022, confirmando de esta forma su cambio de criterio

Existen innumerables sentencias dictadas sobre esta cuestión[111], por lo que, para evitar argumentaciones reiterativas, expresadas de manera más o menos semejante, en términos descriptivos y jurídicos, por lo que escojo, quizás porque es muy clarificadora, la sentencia de **la AP Madrid, sec. 9.ª, S 19-12-2024, n.º 580/2024, rec. 237/2024, —TOL10.431.68—** de la que extraigo lo que entiendo más relevante:

> *Por tanto, a la vista de la redacción de la cobertura es claro que el lucro cesante solo tiene cobertura si se produce por un siniestro cubierto por la póliza, (incendio, daños por agua, etc..), o por obras o zanjas provocadas por escapes de agua u otros sucesos accidentales, que expresamente añade el condicionado. Por tanto, la pandemia y las medidas de cierre adoptadas por imperativo legal, por el establecimiento del estado de alarma acordado por el Gobierno, no son un supuesto cubierto por la póliza, no pudiendo derivar la cobertura de lucro cesante."*
>
> *Recordamos que el art 63 LCS (EDL 1980/4219) distingue entre el seguro de lucro cesante celebrado como contrato autónomo, y el*

111 **Sentencias desestimando las reclamaciones por paralización:** SAP Madrid sección 18 núm. 49/2024, de 1 de febrero de 2024.; SAP Pontevedra sección 3 núm. 55/2024, de 1 de febrero de 2024; SAP Córdoba sección 1 núm. 1058/2023, de 27 de noviembre de 2023; SAP Girona sección 1 núm. 718/2023, de 16 de octubre de 2023; SAP Girona sección 2 núm 676/2023, de 9 de octubre de 2023; SAP Girona sección 2 núm. 625/2023, de 22 de septiembre de 2023; SAP Valencia sección 6 núm. 375/2023, de 18 de septiembre de 2023; SAP Granada sección 3 núm. 317/2023, de 15 de septiembre de 2023; SAP Oviedo sección 6 núm. 406/2023, de 11 de septiembre de 2023; SAP Lleida sección 2 núm. 613/2023, de 31 de julio de 2023; SAP Girona sección 1 núm. 576/2023, de 24 de julio de 2023; SAP Valencia sección 6 núm. 330/2023, de 18 de julio de 2023; SAP Madrid sección 20 núm. 299/2023, de 13 de julio de 2023; SAP Cádiz sección 8 núm. 177/2023, de 11 de julio de 2023; SAP Santa Cruz de Tenerife sección 4 núm. 579/2022, de 10 de julio de 2023; SAP Valladolid sección 3 núm. 804/2023, de 6 de julio de 2023; SAP Oviedo sección 4 núm. 256/2022, de 22 de junio de 2023; AP Almería sección 1 núm. 579/2023, de 30 de mayo de 2023; SAP Zaragoza sección 4 núm. 168/2023, de 19 de mayo de 2023; SAP Alicante sección 9 núm. 1009/2022, de 16 de mayo de 2023; SAP Palma de Mallorca sección 4 núm. 204/2023, de 27 de abril de 2023.

seguro de lucro cesante que se activa una vez producido el siniestro descrito donde se integra, precisando el artículo 67 de la LCS (EDL 1980/4219) que si el contrato tuviera exclusivamente por objeto la pérdida de beneficios, las partes no podrán predeterminar el importe de la indemnización, de modo que cuando se celebra un contrato de manera autónoma con la modalidad de pérdida de beneficios en ningún caso podría predeterminarse el importe de la indemnización.

Así si los daños se encuentran predeterminados se integra en el marco de otra garantía, y no podríamos estar ante un contrato autónomo por lucro cesante

A tenor de las condiciones generales expuestas no estamos en presencia de un seguro de paralización de actividad como seguro autónomo sino complementario que forma parte de otra garantía de tal forma que no cubriría la pérdida de beneficios por cualquier causa o siniestro.

Lo normal es que la cobertura se sujete y condicione a que se produzca el siniestro cubierto por el contrato de modo que sólo se active cuando exista un daño material o físico previsto en la póliza.

En relación a la cuestión planteada en la litis sobre cobertura de pérdida de beneficios por el estado de alarma decretado por el Gobierno para la gestión sanitaria ocasionada por el Covid, contamos con numerosas resoluciones de otras AP que han estimado la improcedencia de su concesión.

71. ¿Existe algún seguro que pueda dar cobertura a las relaciones comerciales entre un deudor y su acreedor?

En efecto. Existe un seguro concreto para ello, aunque terminológicamente, sean dos. El seguro de Crédito y Caución.

Generalmente, reciben un tratamiento conjunto porque comparten una relación jurídica de fondo, que puede ser real, es decir, que ya se ha producido o meramente potencial, basada en un relación de crédito que vincula a un acreedor y a un deudor.

Ahora bien, ambos seguros, tienen diferencias entre sí, que conviene apuntar brevemente:

- En el seguro de caución, el que aparece como tomador es el deudor, quien celebra un contrato por cuenta o en beneficio ajeno, siendo el acreedor el titular del crédito asegurado quien constará como asegurado en la póliza.

- En el seguro de crédito, es el acreedor titular del interés asegurado y quien celebra el contrato, asumiendo la doble posición de tomador y asegurado, asumiendo el coste de la prima en defensa de su propio interés del crédito.

A) <u>En cuanto al seguro de Crédito</u>:

Es un seguro que está regulado en los artículos 69 a 72 de la LCS, así como en la LOSSEAR, en su Anexo, apartado A), en el ramo 14: "comprende insolvencia general, venta a plazos, crédito a la exportación, crédito hipotecario y crédito agrícola".

¿Cuál es, por tanto, el interés, como concepto estructural de este seguro?

Se puede afirmar que está determinado por el propio derecho de crédito que concede a su titular una pretensión a la pretensión a la prestación del deudor.

Se puede concretar más indicando que, el interés es el derecho de crédito que el acreedor cubre mediante este contrato actuando tanto como tomador, como asegurado, siendo el riesgo la existencia de insolvencia definitiva o la imposibilidad de pagar por parte de uno o de varios deudores.

¿Qué considera, a los efectos de este contrato, insolvencia?

La respuesta está delimitada en el contenido del artículo 70 de la LCS, albergando cuatro escenarios posibles:

- ✓ Cuando haya sido declarado en quiebra mediante resolución judicial firme.
- ✓ Cuando haya sido aprobado judicialmente un convenio en el que se establezca una quita del importe.
- ✓ Cuando se haya despachado mandamiento de ejecución o apremio, sin que del embargo resulten bienes libres bastantes para el pago.
- ✓ Cuando el asegurado y el asegurador, de común acuerdo, consideren que el crédito resulta incobrable.

A salvo de lo anterior, transcurridos seis meses desde el aviso del asegurado al asegurador del impago del crédito, éste abonará a aquél el cincuenta por ciento de la cobertura pactada, con carácter provisional y a cuenta de ulterior liquidación definitiva.

¿Qué concepto es indemnizable, por tanto?

La respuesta está en el artículo 71 de la LCS: "

> *En caso de siniestro, la cuantía de la indemnización vendrá determinada por un porcentaje establecido en el contrato, de la pérdida final que resulte de añadir al crédito impagado los gastos originados por las gestiones de recobro, los gastos procesales y cualesquiera otros expresamente pactados. Dicho porcentaje no podrá comprender los beneficios del asegurado, ni ser inferior al cincuenta por ciento de la pérdida final".*

¿Qué obligaciones específicas pesan sobre el asegurado y/o el tomador en el seguro de crédito?

Están fijadas en el artículo 72 de la LCS:

- ✓ A exhibir, a requerimiento del asegurador, los libros y cualesquiera otros documentos que poseyere relativos al crédito o créditos asegurados.
- ✓ A prestar la colaboración necesaria en los procedimientos judiciales encaminados a obtener la solución de la deuda, cuya dirección será asumida por el asegurador.
- ✓ A ceder al asegurador, cuando éste lo solicite, el crédito que tenga contra el deudor una vez satisfecha la indemnización.

Atendiendo a lo anterior y como ya vimos cuando se trató el artículo 11 de la LCS[112], el impago de los créditos por parte del deudor, ¿se considera como una circunstancia que agrave el riesgo y

---

[112] 1. El tomador del seguro o el asegurado deberán durante la vigencia del contrato comunicar al asegurador, tan pronto como le sea posible, la alteración de los factores y las circunstancias declaradas en el cuestionario previsto en el artículo anterior que agraven el riesgo y sean de tal naturaleza que si hubieran sido conocidas por éste en el momento de

obligue al asegurado/tomador a comunicárselo a la aseguradora? De no hacerlo ¿se activarían las consecuencias contenidas en el artículo 11 de la LCS?

La respuesta, puede sustentarse en términos afirmativos y, a su vez, negativos. Hay jurisprudencia vacilante en tal sentido, incluso respecto de la emanada del Tribunal Supremo (TOL4.928.567) y de las Audiencias Provinciales. Según el Tribunal Supremo, el impago de los créditos, no puede tildarse de una circunstancia que agrave el riesgo, sino que forma parte de él, de manera inescindible y lógica.[113].

Sin embargo, en sentencias posteriores de algunas Audiencias, se constata lo contrario, aunque ciertamente, siempre habrá que estar a las especificidades del caso concreto.[114]

---

la perfección del contrato no lo habría celebrado o lo habría concluido en condiciones más gravosas.
2. En los seguros de personas el tomador o el asegurado no tienen obligación de comunicar la variación de las circunstancias relativas al estado de salud del asegurado, que en ningún caso se considerarán agravación del riesgo.
Artículo

113 Sentencia Tribunal Supremo (Civil), S 22-05-2003, n.º 520/2003, rec. 2903/1997. FJ 2.º. En el mismo sentido la sentencia de AP Vizcaya, sec. 3.ª, S 16-04-2013, n.º 158/2013, rec. 42/2013: "*No concurren en suma ninguno de los incumplimientos contractuales que la Sentencia apelada aprecia para desestimar la demanda, ni ninguno de los que como tales fueron alegados por la aseguradora demandada. Debe tenerse en cuenta, además, —pues así lo tiene dicho nuestra jurisprudencia—que solo los incumplimientos verdaderamente graves son susceptibles de impedir el cumplimiento por la aseguradora de las obligaciones derivadas del aseguramiento concertado. Como igualmente ha de tenerse en cuenta, que las normas de la carga de la prueba imponen a la aseguradora, que se opone al pago por incumplimiento, la indubitada demostración de la vulneración contractual impeditiva del mismo. Y en este caso no advierte la Sala que concurra en la mercantil asegurada ningún grave incumplimientos de los relativamente farragosos requisitos exigidos por la clausulada póliza, que permitan la desestimación de la demanda*"

114 AP Toledo, sec. 2.ª, S 28-05-2014, n.º 116/2014, rec. 258/2012
FJ 4.º:

B) En cuanto al seguro de Caución:

También regulado en la LCS, artículo 68.[115] Y a su vez, referenciado en la LOSSEAR, Anexo, apartado A), ramo 15: "15. Caución (directa e indirecta)".

¿Cuál es el interés en este contrato?

Sigue siendo un derecho de crédito en el que el tomador aparece como deudor, por lo que el asegurado es el acreedor, siendo

---

"Consideración distinta merece la alegación formulada relativa a la ocultación y agravamiento del riesgo, ocultación y agravamiento, conocido por la aseguradora, con posterioridad a la aceptación del expediente referido con anterioridad, y que se puso de manifiesto como consecuencia de la personación del Letrado en el Concurso Voluntario presentado por IBERICA PARQUETS Y TARIMAS S.L., escrito presentado en fecha 24 de junio de 2009, esto es con posterioridad a la comunicación de la insolvencia provisional (4 de febrero de 2009) y en el cual efectivamente consta que al tiempo de la comunicación de la insolvencia provisional respecto a la factura de fecha 12 de mayo de 2008, reclamada en la litis, se pone de manifiesto la existencia de otra factura previa de fecha 22 de febrero de 2008 por importe de 111.360 euros, no comunicada a la aseguradora, y para cuyo cobro se fueron girando diferentes pagarés, resultando acreditada la ocultación por parte de la asegurada, tanto del primer impago producido como las renovaciones de pago a la aseguradora, por lo que esta Sala no puede acoger la argumentación del Juez de Instancia en el sentido de desestimar la pretensión de la aseguradora, aduciendo que la factura de 22 de febrero de 2008 no es reclamada en la litis, cuestión intrascendente, por cuanto su importancia deviene, pese a no ser reclamada, de que se erige como una prueba del incumplimiento de la apelada de las condiciones pactadas en la póliza, constituyendo una ocultación y agravamiento del riesgo, excluyente de su derecho a ser indemnizada conforme a lo dispuesto en el artículo 11 C de la póliza".

115 Artículo 68: "Por el seguro de caución el asegurador se obliga, en caso de incumplimiento por el tomador del seguro de sus obligaciones legales o contractuales, a indemnizar al asegurado a título de resarcimiento o penalidad los daños patrimoniales sufridos dentro de los límites establecidos en la Ley o en el contrato. Todo pago hecho por el asegurador deberá serle reembolsado por el tomador del seguro".

que su crédito se cubre, generándose una alteración de las posiciones jurídicas.

¿Se puede considerar al contrato de caución como un seguro similar al de responsabilidad civil?

La respuesta es negativa. Lo que cubre en estos casos la aseguradora no es el daño ocasionado, sino que paga con carácter subsidiario por el deudor. En palabras del Tribunal Supremo: *"aunque el seguro de caución se configura en la LCS (artículo 68) como un seguro de daños, en la práctica suele funcionar como una garantía de cumplimiento, de forma que el asegurador no indemniza el daño, sino que paga subsidiariamente por el deudor. De tal modo que opera a resultas de un incumplimiento contractual o de obligaciones legales por el tomador del seguro que hayan producido un perjuicio patrimonial al asegurado"*[116]

¿Existe alguna característica específica respecto del seguro de caución y las Administraciones Públicas?

En efecto. Así lo establece la LOSSEAR en su Disposición Adicional 13.ª[117]a efectos de sintetizar su contenido, podemos concluir:

---

116 Sentencia Tribunal Supremo (Civil), sec. 1.ª, S 06-11-2024, n.º 1467/2024, rec. 4654/2020; sentencia TS (Civil) 09/05/2024, núm. 626/2024, Rec. 6286/2019.

117 El contrato de seguro de caución celebrado con entidad aseguradora autorizada para operar en el ramo de caución será admisible como forma de garantía ante las Administraciones públicas en todos los supuestos que la legislación vigente exija o permita a las entidades de crédito o a los establecimientos financieros de crédito constituir garantías ante dichas administraciones. Son requisitos para que el contrato de seguro de caución pueda servir como forma de garantía ante las Administraciones públicas los siguientes:
a) Tendrá la condición de tomador del seguro quien deba prestar la garantía ante la Administración pública y la de asegurado dicha Administración.
b) La falta de pago de la prima, sea única, primera o siguientes, no dará derecho al asegurador a resolver el contrato, ni éste quedará extingui-

- Se trata de un régimen especial de seguro de caución en favor de las Administraciones, de tal forma que se delimitan los requisitos que ha de reunir un contrato de seguro de caución celebrado con una aseguradora que actúe en el concreto ramo y sea admisible como forma de garantía ante la Administración en todos aquellos casos donde la ley exija o permita a las entidades de crédito constituir garantías antes las referidas Administraciones.
- El tomador será quien deba prestar la garantía ante la Administración pública, siendo ésta última, la que ostente la cualidad de asegurado.
- La póliza, habrá de ajustarse formalmente al modelo aprobado por el Ministerio competente.
- La falta de pago de la prima (ya sea única, primera o siguiente) no concede al asegurador la facultad de resolver el contrato, no queda éste extinguido, ni suspendido, por lo que no quedará ésta liberada de su obligación de pago en el caso de que acaezca el siniestro concurriendo las circunstancias que den lugar al nacimiento de la efectividad de la garantía.
- La aseguradora, no podrá oponer al asegurador las excepciones que le puedan corresponder frente al tomador del seguro.

---

do, ni la cobertura del asegurador suspendida ni éste liberado de su obligación en el caso de que se produzca el siniestro consistente en el concurso de las circunstancias en virtud de las cuales deba hacer efectiva la garantía.
c) El asegurador no podrá oponer al asegurado las excepciones que puedan corresponderle contra el tomador del seguro.
d) La póliza en que se formalice el contrato de seguro de caución se ajustará al modelo aprobado por orden del ministro de Economía y Competitividad.

72. ¿Qué es un seguro de responsabilidad civil?

Desde mi humilde punto de vista, podemos afirmar, casi sin ambages, que este es el seguro "estrella" dentro del sector asegurador. Tanto por su especial relevancia tuitiva, de cara a terceros y a su vez, de protección del patrimonio del asegurado, como por su extendida comercialización en muy diversos sectores de la economía, la industria y, por supuesto, a nivel particular.

Para encontrar su propia definición ortodoxa, hemos de acudir al artículo 73 de la LCS: *"Por el seguro de responsabilidad civil el asegurador se obliga, dentro de los límites establecidos en la Ley y en el contrato, a cubrir el riesgo del nacimiento a cargo del asegurado de la obligación de indemnizar a un tercero los daños y perjuicios causados por un hecho previsto en el contrato de cuyas consecuencias sea civilmente responsable el asegurado, conforme a derecho".*

A su vez, aparece recogido, normativamente, en la LOSSEAR, en su Anexo A), distinto a los ramos de vida, en sus apartados 10 a 13[118].

Es un seguro cada vez más demandado debido al incremento en los estándares de responsabilidad y calidad en la actividad empresarial y profesional. En cuanto a sus notas características, podemos resumirlas en cuatro:

a) El interés, que radica en la relación económica entre un sujeto su patrimonio, que no desea que sea perjudicado por la existencia de deudas que procedan de su responsabilidad civil, ya sea de etiología contractual o extracontractual.

---

[118] 10. Responsabilidad civil en vehículos terrestres automóviles (comprendida la responsabilidad del transportista).
11. Responsabilidad civil en vehículos aéreos (comprendida la responsabilidad del transportista).
12. Responsabilidad civil en vehículos marítimos, lacustres y fluviales (comprendida la responsabilidad del transportista).
13. Responsabilidad civil en general.

b) El riesgo, que básicamente, se erige aquí en la posible imputación al asegurado de una deuda de responsabilidad civil de la que ha de responder, convirtiéndose, así, en deudor de esta.

c) Siniestro. Surge con la existencia de la responsabilidad civil.

d) Daño. Consiste en el aumento del pasivo patrimonial del asegurado debido al nacimiento de la deuda de resarcimiento de responsabilidad civil.

73. ¿Todos los seguros de responsabilidad civil son obligatorios o también existen seguros voluntarios?

En efecto, no todos los seguros de responsabilidad civil existentes tienen carácter obligatorio. ¿De qué forma, por tanto, se puede saber qué actividades requieren tener suscrito un seguro de responsabilidad civil obligatorio?

Para ello, podemos acudir a la información que brinda el Consorcio de Compensación de Seguros (CCS), más concretamente al llamado Registro de Seguros Obligatorios (RSO)[119] donde se contiene la información actualizada relativa a los seguros obligatorios existentes en España, ya sean de ámbito estatal o de una determinada Comunidad autónoma, y las disposiciones legales específicas que los regulan.

En todo caso y con carácter meramente enunciativo, algunos de los seguros de responsabilidad civil obligatorios, son:

---

119 La normativa legal que regula el RSO está constituida por la disposición adicional segunda de la Ley 20/2015, de 14 de julio, de ordenación, supervisión y solvencia de las entidades aseguradoras y reaseguradoras; por la disposición adicional primera del Real Decreto 1060/2015, de 20 de noviembre, que desarrolla dicha Ley; y por la Resolución de 18 de diciembre de 2015 de la Dirección General de Seguros y Fondos de Pensiones (DGSFP), por la que se concreta el contenido del RSO, el procedimiento y las especificaciones de la información a remitir a la DGSFP

- ✓ Seguro de RC para la conducción de vehículos a motor.
- ✓ Seguro de RC del cazador.
- ✓ Seguro de daños materiales o de caución suscrito por el promotor de viviendas para cubrir posibles vicios o defectos que pudieran aparecer en los edificios construidos.
- ✓ Seguro obligatorio deportivo.
- ✓ Seguro de responsabilidad civil profesional.
- ✓ Seguro de RC para actividades pirotécnicas.
- ✓ Seguros de vida o de accidentes colectivos, según algunos convenios.

74. ¿Qué sucede si circulo con mi vehículo sin seguro?

El aseguramiento de un vehículo a motor es obligatorio por ley, así lo previene el artículo 2 del RD 8/2004, de 29 de octubre.[120] Su no aseguramiento, puede comportar, según el artículo 3 del RD 8/2004, lo siguiente:

- ➢ La prohibición de circulación por territorio nacional de los vehículos no asegurados.
- ➢ El depósito o precinto público o domiciliario del vehículo, con cargo a su propietario, mientras no sea concertado el seguro. A tener en cuenta, además:

---

[120] Artículo 2. De la obligación de asegurarse.
1. Todo propietario de vehículos a motor que tenga su estacionamiento habitual en España estará obligado a suscribir y mantener en vigor un contrato de seguro por cada vehículo de que sea titular, que cubra, hasta la cuantía de los límites del aseguramiento obligatorio, la responsabilidad civil a que se refiere el artículo 1. No obstante, el propietario quedará relevado de tal obligación cuando el seguro sea concertado por cualquier persona que tenga interés en el aseguramiento, quien deberá expresar el concepto en que contrata.

- Se acordará cautelarmente el depósito o precinto público o domiciliario del vehículo por el tiempo de un mes, que en caso de reincidencia será de tres meses.
- En el supuesto de quebrantamiento del depósito o precinto será de un año, y deberá demostrarse, para levantar dicho depósito o precinto, que se dispone del seguro correspondiente.
- Los gastos que se originen como consecuencia del depósito o precinto del vehículo serán por cuenta del propietario, que deberá abonarlos o garantizar su pago como requisito previo a la devolución del vehículo.

➢ Una sanción pecuniaria de 601 a 3.005 euros de multa, graduada según que el vehículo circulase o no, su categoría, el servicio que preste, la gravedad del perjuicio causado, en su caso, la duración de la falta de aseguramiento y la reiteración de la misma infracción.

75. ¿Qué importes máximos tiene el seguro obligatorio de circulación?

Los importes de la cobertura del seguro obligatorio serán:[121]

a) En los daños a las personas, 70 millones de euros por siniestro, cualquiera que sea el número de víctimas.

b) En los daños en los bienes, 15 millones de euros por siniestro.

76. ¿Quién cubre los posibles daños que genere en terceros si conduzco sin seguro?

El Consorcio de Compensación de Seguros, según el artículo 11.1 b) del RD 8/2004. Eso sí, una vez pagada la pertinente

[121] Artículo 4.2 RD 8/2004, de 29 de octubre.

indemnización a los perjudicados, podrá ejercitar su derecho a reclamar esas cantidades a quien proceda, según el artículo 10 del RD 8/2004.

77. *¿Qué es una cláusula "claim made"?*

Para ello, podemos acudir al artículo 73, apartado segundo de la LCS[122]

Es aquélla que ofrece cobertura de seguro a las reclamaciones efectuadas contra el asegurado durante la vigencia de la póliza, e independientemente de la fecha del siniestro, que puede ser muy anterior a la contratación del seguro. Es decir, la aseguradora no va a asumir el siniestro por producirse éste durante la vigencia del seguro, sino que ofrece cobertura siempre que la reclamación se presente estando en vigor la póliza, independientemente del momento en que se produjera.

El período de la retroactividad de las pólizas *claims made* se pacta en las condiciones particulares del seguro y no es de menos de un año de retroactividad, e incluso la retroactividad puede ser ilimitada.

---

122 Serán admisibles, como límites establecidos en el contrato, aquellas cláusulas limitativas de los derechos de los asegurados ajustadas al artículo 3 de la presente Ley que circunscriban la cobertura de la aseguradora a los supuestos en que la reclamación del perjudicado haya tenido lugar dentro de un período de tiempo, no inferior a un año, desde la terminación de la última de las prórrogas del contrato o, en su defecto, de su período de duración. Asimismo, y con el mismo carácter de cláusulas limitativas conforme a dicho artículo 3 serán admisibles, como límites establecidos en el contrato, aquéllas que circunscriban la cobertura del asegurador a los supuestos en que la reclamación del perjudicado tenga lugar durante el período de vigencia de la póliza siempre que, en este caso tal cobertura se extienda a los supuestos en los que el nacimiento de la obligación de indemnizar a cargo del asegurado haya podido tener lugar con anterioridad, al menos, de un año desde el comienzo de efectos del contrato, y ello aunque dicho contrato sea prorrogado.

¿Necesitan ser especialmente aceptadas y destacadas?

En efecto, dado que quedan sometidas a lo dispuesto en el ya tratado artículo 3 de la LCS. Son cláusulas que delimitan la cobertura del asegurador en dos sentidos:

- Hacia adelante, es decir, las cláusulas de cobertura posterior, que limitan la cobertura del asegurador a las reclamaciones del perjudicado derivadas de un evento causante que tenga lugar durante la vigencia de la póliza y que se realicen durante el año siguiente al final del periodo de seguro.
- Hacia atrás, esto es, las llamadas de "cobertura retroactiva" y que limitan la cobertura del asegurador a los hechos causantes que tiene lugar dentro del año anterior al periodo de vigencia de la póliza que hayan dado lugar a reclamaciones durante dicho periodo.

Cabe destacar, a nivel de jurisprudencia, la sentencia del **Pleno de la Sala 1.° del Tribunal Supremo S 26-04-2018, n.° 252/2018, rec. 2681/2015 —TOL6.585.648—** Los hechos se contraen a un litigio promovido por un arquitecto técnico cuya responsabilidad civil profesional venía siendo asegurada desde su colegiación por la mutua demandada. El demandante interesó esencialmente que se declarase ineficaz la resolución unilateral del contrato por la aseguradora y que se declarase injustificada e inaplicable, por contraria a Derecho, la cláusula de delimitación temporal de cobertura incluida en la póliza, cuestión esta última a la que se redujo la segunda instancia.

La Sala, al analizar este tipo de cláusulas, concluye, fijando doctrina, que:

> *"El párrafo segundo del art. 73 de la Ley de Contrato de Seguro regula dos cláusulas limitativas diferentes, cada una con sus propios requisitos de cobertura temporal, de modo que para la validez de las de futuro (inciso primero) no es exigible, además, la cobertura retrospectiva, ni para la validez de las retrospectivas o de pasado (inciso segundo) es exigible, además, que cubran reclamaciones posteriores a la vigencia del seguro".*

78. ¿Qué es la acción directa del perjudicado frente a la compañía aseguradora?

Para ello, hemos de acudir al tenor literal del artículo 76 de la LCS: *"El perjudicado o sus herederos tendrán acción directa contra el asegurador para exigirle el cumplimiento de la obligación de indemnizar, sin perjuicio del derecho del asegurador a repetir contra el asegurado, en el caso de que sea debido a conducta dolosa de éste, el daño o perjuicio causado a tercero. La acción directa es inmune a las excepciones que puedan corresponder al asegurador contra el asegurado. El asegurador puede, no obstante, oponer la culpa exclusiva del perjudicado y las excepciones personales que tenga contra éste. A los efectos del ejercicio de la acción directa, el asegurado estará obligado a manifestar al tercero perjudicado o a sus herederos la existencia del contrato de seguro y su contenido".*

Es uno de los artículos más invocados en las demandas interpuestas frente a las aseguradoras y de los más invocados en las sentencias que resuelven los conflictos intersubjetivos entre perjudicados y compañías de seguros.

Sin embargo, creo, con humildad, que es un artículo "manoseado" y excesivamente aludido de manera automática, bajo la falsa creencia de que siempre y en todo caso, cuando una persona sufra algún tipo de perjuicio por razón de un siniestro, donde no concurra su propia intervención y, por ende, su responsabilidad, podremos demandar con facilidad y casi con éxito garantizado a la aseguradora del responsable, sin pasar previamente por su asegurado, para obtener la oportuna indemnización. Pues bien, esto es un error que destila un claro desconocimiento de la génesis del mencionado artículo.

Por ello, conviene aclarar que para que la invocación del artículo 76 de la LCS nos lleve hacia la senda del éxito procesal, hemos de saber que:

La acción derivada del artículo 76 de la LCS, tiene naturaleza autónoma respecto de la que goza el derecho del perjudicado frente a la aseguradora. Para el éxito de una demanda planteada sobre la base del artículo 76 LCS, hemos de tener en consideración como presupuestos necesarios los siguientes[123]:

- Que exista un título de imputación jurídica que haga al asegurado responsable de la obligación del resarcimiento del daño (artículos 1101 y 1902 y ss. del CC).
- Constituye carga de la prueba correspondiente al perjudicado reclamante como hecho constitutivo básico de su pretensión indemnizatoria, así como la acreditación de la realidad y cuantía del daño sufrido, de manera tal que únicamente cabe la condena de la compañía si previamente se constata la responsabilidad del asegurado.
- La existencia de una cobertura válida, suscrita entre el causante del daño y la compañía aseguradora, que comprenda su responsabilidad civil, pues si la cobertura de la póliza no ha nacido o se ha extinguido, el perjudicado carece de derecho contra la aseguradora.

Derivado de lo anterior ¿Podemos concluir que siempre que reclamemos a una persona física o jurídica que tenga suscrito una póliza de responsabilidad civil, por el mero hecho de tenerla se sobreentiende que existe ya responsabilidad?

Evidentemente no. Parece obvio, pero no es infrecuente encontrar en algunas demandas formulaciones jurídicas atentatorias de la propia naturaleza del seguro de responsabilidad civil.

La finalidad de esta clase de seguros consiste pues en la protección del asegurado, ante la eventualidad de la responsabilidad en que pueda incurrir frente a terceros. La correlativa obligación de resarcimiento del asegurador, para dejar patrimonialmente indemne al asegurado, se encuentra condicionada a la producción del siniestro que, durante la vigencia del contrato, sea consecuen-

---

123 Ver (STS 469/2001, de 17 de mayo (EDJ 2001/5541) y 129/2022, de 19 de febrero y muy especialmente la sentencia del Tribunal Supremo (Civil), sec. 1.ª, S 14-12-2022, n.º 911/2022, rec. 1192/2019

cia de la realización de un riesgo, que no se encuentre debidamente excluido de cobertura, sino abarcado por la misma, bajo los requisitos legalmente exigibles; es decir "dentro de los límites establecidos en la Ley y en el contrato.[124]

79. La llamada "acción directa del perjudicado" frente a la aseguradora de quien me ha causado un daño, ¿Me asegura siempre que vaya a ser indemnizado por ésta?

La verdad es que no. Si bien hay matices importantes, hay que indicar que las aseguradoras no podrán oponer a los perjudicados algunos motivos que podrían igualmente invocar contra sus propios asegurados, como, por ejemplo, el dolo. Sin embargo, sí pueden invocar y, por tanto, oponer, cuestiones relativas, por ejemplo, a la delimitación temporal de la cobertura.

Aquí nos encontramos ante las llamadas *excepciones impropias,* es decir, es decir, las referidas a hechos relacionados con el contenido del contrato de seguro suscrito entre la compañía de seguros y el tomador, que producen daños en un tercero y quedan excluidos en la póliza o no se aseguran con las características con las que se produjo. Y, de otra parte, las llamadas *excepciones propias*

124 En términos concluyentes y una vez más acudiendo a las excelentes sentencias de este Magistrado (José Luis Seoane Spiegelberg), conviene resaltar, entre otras, la sentencia de la Sala 1.º del Tribunal Supremo sec. 1.ª, S 21-02-2022, n.º 129/2022, rec. 311/2019, cuando afirma:
"En esta clase de seguros, si no existe responsabilidad civil en el asegurado, de manera tal que su patrimonio pueda verse afectado en virtud de un título de imputación jurídica que implique deba hacerse cargo de un daño (art. 1911 CC), no puede haber responsabilidad de la compañía aseguradora; pues declararlo así implicaría que el daño discurriera por derroteros distintos a los contemplados por las partes a la hora de contratar el seguro. No puede existir una responsabilidad por la mera asegurabilidad, de forma que la existencia de una póliza de seguro dé amparo a reclamaciones de daños fuera de la órbita de la ley y del contrato, como exige el art. 73 de la LCS (EDL 1980/4219) para la operatividad de la cobertura objeto del proceso".

u objetivas, *tales como la definición del riesgo, el alcance de la cobertura y, en general, todos los hechos impeditivos objetivos que deriven de la ley o de la voluntad de las partes del contrato de seguro.* Estas últimas, serán oponibles por el asegurador al perjudicado.[125]

80. ¿Qué es el seguro de defensa jurídica?

Encontramos su correlativa definición en el artículo 76 de la LCS (desarrollado desde la letra a), hasta la f).

Dice el artículo que *"Por el seguro de defensa jurídica, el asegurador se obliga, dentro de los límites establecidos en la Ley y en el contrato, a hacerse cargo de los gastos en que pueda incurrir el asegurado como consecuencia de su intervención en un procedimiento administrativo, judicial o arbitral, y a prestarle los servicios de asistencia jurídica judicial y extrajudicial derivados de la cobertura del seguro".*

La primera observación que hay que hacer, obligadamente es que, no hay que confundir la defensa jurídica que como tal ejercita la compañía de seguros en favor de su asegurado, cuando éste recibe la reclamación de un tercero perjudicado, con el seguro en sentido estricto, de cobertura de defensa jurídica. Pudiera resultar de ociosa cita la diferencia establecida pero no es infrecuente que, por su similitud en cuanto a la intercalación del término "defensa" se refiere, se infiera que hablamos de cosas parecidas.

Cuando hablamos de la defensa relativa al seguro de responsabilidad civil, al amparo del artículo 74 de la LCS, hemos de saber que regula el deber de dirección jurídica a cargo del asegurado derivado del propio contrato de seguro de responsabilidad civil. Es decir, el seguro de responsabilidad civil se rige, en lo que respecta a la defensa del asegurado que incurre en responsabilidad civil frente a terceros, por el régimen establecido en el artículo 74

---

[125] Sobre este particular, entre otras: STS n.º 321/2019, (Sala 1.ª), de 5 de junio (EDJ 2019/610582); STS n.º 40/2009, de 23 de abril (Sala 1.ª (EDJ 2009/62981); Tribunal Supremo (Penal), sec. 1.ª, S 01-12-2020, n.º 649/2020, rec. 4102/2018.

LCS, que atribuye al asegurador la simple dirección jurídica del asegurado (lo que la doctrina menor ha denominado en ocasiones como "defensa estricta") frente a la reclamación del perjudicado, siendo de su cuenta los gastos de defensa que se ocasionen.[126]

Sentado lo anterior y en aras a la diferenciación nítida de esta cobertura respecto del seguro de defensa jurídica como tal, podemos sintetizar aquí cuáles son las notas definitorias respecto de la mera defensa jurídica ejercitada por la aseguradora, en favor de su asegurado (ex. artículo 74 de la LCS) y del seguro de defensa jurídica (ex. artículo 76 de la LCS). A saber:

- La dirección jurídica del asegurado puede ser asumida por la asegurado puede ser asumida por la aseguradora a través de dos instrumentos contractuales, a saber, de un lado, en función del seguro de responsabilidad civil, y de otro, en virtud del seguro de defensa jurídica.
- Dicho lo anterior, respecto del seguro de responsabilidad civil, se rige por el art. 74 de la Ley de contrato de Seguro.
- Respecto del seguro de defensa jurídica, como tal, se rige por la regulación comprendida en la misma Ley a partir de la reforma operada por la Ley 19 de diciembre de 1990 en el art. 76 a) 76 g).
- En el seguro de responsabilidad civil, el asegurador, salvo pacto en contrario, asumirá la dirección jurídica frente a las reclamaciones del asegurado.
- En el seguro de defensa jurídica, rige el principio de libre elección de profesionales o la asunción por el propio asegurador de tal obligación.

Por tanto, la diferencia entre ambas modalidades es que en el seguro de responsabilidad civil, la defensa forma parte y es accesoria del mismo, mientras que en el seguro de defensa jurídica,

---

126 De interés, STS, Sala Civil de 14 de julio de 2020; Rec: 4922/2017; Resolución: 421/2020.

se conforma como un contrato de seguro autónomo, exigiéndose que sea objeto de un contrato independiente, y en el supuesto de que se incluya en el de responsabilidad civil, que se configure en un capítulo aparte dentro de la póliza única, especificándose el contenido de la defensa jurídica garantizada, más amplia sin duda que en el caso anterior, así como la prima que corresponde.

81. Tal y como previene el artículo 76 a) de la LCS, se habla de que "...el asegurador se obliga, dentro de los límites establecidos en la Ley y en el contrato, a hacerse cargo de los gastos en que pueda incurrir el asegurado como consecuencia de su intervención en un procedimiento administrativo, judicial o arbitral..." Por tanto, ¿No caben otras personas como beneficiarias de esa cobertura jurídica, por ejemplo, el cónyuge, tomador, conductor, por ejemplo?

Si bien es cierto que, siempre hay que acudir a lo que la póliza de aplicación contiene en sus condiciones generales y particulares, lo normal es que allí donde la norma dice "el asegurado", podamos entender también a la "unidad familiar", es decir, contemplar la unidad familiar como asegurada en la defensa jurídica, por lo que no sería razonable que la mención del asegurado para la libre elección de abogado y procurador para su defensa y representación no comprendiese a las personas que tengan un interés económico en el siniestro, contempladas en el clausulado citado, esto es, quienes hubiesen sufrido un quebranto económico con ocasión de él y se le haya garantizado su defensa.

Se daría el contrasentido de que el asegurado, a quien circunscribe la elección de abogado la parte recurrida, tuviese una dirección letrada y su cónyuge otra, la de la aseguradora, con diversidad de criterio a la hora de litigar o transigir sobre el siniestro.[127]

---

[127] De sumo interés, la STS, Sala Civil, de 27 de junio de 2019, N.º de Recurso: 2265/2016; N.º de Resolución: 373/2019.

82. *¿La cobertura que ofrece este seguro comprende cualquier tipo de vicisitud judicial o sancionadora en la que pudiera incurrir el asegurado?*

La respuesta es negativa y viene dada por la literalidad del artículo 76 b), que dice *"Quedan excluidos de la cobertura del seguro de defensa jurídica el pago de multas y la indemnización de cualquier gasto originado por sanciones impuestas al asegurado por las autoridades administrativas o judiciales"*.

83. *¿Ha de adoptar alguna forma contractual específica el seguro de defensa jurídica?*

Lo que dice el artículo 76 c) de la LCS es que:

✓ Deberá ser objeto de un contrato independiente.

✓ No obstante, podrá incluirse en capítulo aparte dentro de una póliza única, en cuyo caso habrán de especificarse el contenido de la defensa jurídica garantizada y la prima que le corresponde.

84. *Como asegurado, ¿Tengo derecho al amparo del seguro de defensa jurídica de nombrar abogado y procurador de mi confianza?*

La respuesta es radicalmente afirmativa y encuentra su respaldo legal en el propio tenor del artículo 76 d) de la LCS:

> *"El asegurado tendrá derecho a elegir libremente el Procurador y Abogado que hayan de representarle y defenderle en cualquier clase de procedimiento.*
>
> *El asegurado tendrá, asimismo, derecho a la libre elección de Abogado y Procurador en los casos en que se presente conflicto de intereses entre las partes del contrato."*

Es decir, que ese derecho viene configurado ante la presencia de dos posibles situaciones: tanto cuando el asegurado desee iniciar algún tipo de acción legal en su beneficio, contra quien proceda, como cuando exista conflicto de interés entre su aseguradora y sus propios intereses subjetivos. La importancia de que el asegurado conozca de la existencia de los referidos derechos arriba referidos, es patente por cuanto la propia norma establece, en su artículo 76 f), que *"La póliza del contrato de seguro de defensa jurídica habrá de recoger expresamente los derechos reconocidos al asegurado por los dos artículos anteriores"*.

Además, como nota añadida de especial relevancia, resulta normal que, como consecuencia de lo anterior, los profesionales libremente designados por el asegurado, en ningún caso, se sometan a las indicaciones jurídicas de su compañía de seguros. Así lo consagra el apartado d) del mencionado artículo 76 de la LCS: *"El Abogado y Procurador designados por el asegurado no estarán sujetos, en ningún caso, a las instrucciones del asegurador"*.

85. Si designo libremente abogado y procurador de mi confianza, en el contexto del seguro de defensa jurídica, ¿Mi compañía de seguros asume ilimitadamente el coste de estos profesionales?

Lógicamente no. De hecho, el propio artículo 76 a) ya indica que *"...el asegurador se obliga, dentro de los límites establecidos en la Ley y en el contrato"*.

Esto tiene toda lógica y resulta normal admitir que, en función de la prima pagada, puede establecerse una limitación del riesgo cubierto cuando se recurra a servicios jurídicos escogidos libremente mientras que la cobertura sea total si los servicios son prestados por el asegurador, pues cabe pensar que cuando la compañía presta el servicio de defensa con sus propios medios o con servicios jurídicos concertados, los costes asumidos serán menores.

Ahora bien y esto es realmente importante: cuando los intereses económicos en juego, por lo que al impacto patrimonial del asegurado se refiere, son elevados, si la cuantía que ofrece la aseguradora por razón del seguro de defensa jurídica es muy exigua, podemos entender que se haga ilusoria la facultad atribuida de libre elección de los profesionales, equivale en la práctica a vaciar de contenido la propia cobertura que dice ofrecer la póliza.

En estos casos, donde por ejemplo, las minutas de los profesionales intervinientes son acordes a la enjundia del procedimiento, a las diversas partes intervinientes, al tiempo y dedicación al tema en concreto y, además, son honorarios que se determinan conforme a criterios de honorarios establecidos en colegios profesionales, es plausible llegar a considerar esas coberturas "ridículas" como verdaderas cláusulas lesivas para el asegurado porque reducen considerablemente y de manera desproporcionada el derecho del asegurado, vaciándolo de contenido, de manera que es prácticamente imposible acceder a la cobertura del siniestro.[128]

Es decir, que lo aconsejable siempre es revisar en la póliza que cada uno tenga suscrita, ya sea del seguro del vehículo, de la vivienda, de responsabilidad profesional, etc., cuál es el límite cuantitativo que la aseguradora nos impone en el condicionado general y/o particular. En muchos casos, la cuantía es del todo punto exiguo en atención a la complejidad y a los intereses económicos en juego, de tal forma que, a la vista del límite máximo ofrecido por la aseguradora, la posibilidad de poder recuperar gran parte de los honorarios abonados por el asegurado a los profesionales de su elección es prácticamente inexistente. Por ello, hay que revisar siempre estos límites para no llevarnos desagradables sorpresas.

86. ¿Puedo reclamar a mi propio seguro, con cargo a la cobertura de defensa jurídica, los gastos en los que he incurrido precisamente por litigar contra ella cuando ha existido conflicto de intereses entre la compañía y yo, como asegurado?

La respuesta es negativa y encuentra su motivación, entre otras, en la propia Sala 1.ª del Tribunal Supremo[129] (TOL8.614.970).

---

128 Véase la muy interesante sentencia de la Sala 1.ª del TS, de 24 de febrero de 2021; Rec: 2934/2018
Resolución: 101/2021.

129 Tribunal Supremo (Civil), sec. 1.ª, S 27-09-2021, n.º 636/2021, rec. 5177/2018.

La cuestión litigiosa, plenamente aplicable a idénticos conflictos que pueda tener cualquier asegurado contra su aseguradora, nace de la demanda interpuesta por una mercantil contra su propia aseguradora. En concreto, se plantea como cuestión jurídica si la cobertura adicional de defensa jurídica incluida en una póliza de un seguro de automóvil cubre los gastos de la reclamación judicial del tomador contra la propia aseguradora ante las discrepancias surgidas entre las partes del contrato de seguro acerca de la cuantía que debe abonar la aseguradora por los daños al propio vehículo en un caso de siniestro total cubierto por la póliza.

La demanda se estima en primera instancia, resulta revocada en la Segunda y se interpone recurso de casación por la asegurada-actora. La Sala, en esencia, desestima el recurso aduciendo:

- No estamos ante un riesgo cubierto por el seguro de defensa jurídica.
- El seguro de defensa jurídica requiere alteridad en el litigio cuya defensa o cuyos gastos deben ser asumidos por el asegurador.
- El seguro de defensa jurídica no tiene por objeto cubrir los gastos de los profesionales a los que recurra el asegurado con el fin de exigir el cumplimiento de las prestaciones pactadas por las partes en el contrato de seguro.
- Carece de sentido que la aseguradora pudiera asumir la defensa jurídica de una reclamación entablada por el asegurado contra ella para exigir el cumplimiento de otros capítulos de la póliza.
- Se llegaría al absurdo de que la aseguradora debería reintegrar al asegurado los gastos incluso cuando, por desestimación íntegra de la demanda, hubiera sido condenado en costas.
- Por último, concluir y rematar que la exclusión del seguro de defensa jurídica de los gastos por las reclamaciones contra la misma aseguradora no restringe los derechos del ase-

gurado ni desnaturaliza la cobertura esperable, sino que acota y define el riesgo de manera coherente con el objeto propio de este seguro, que se refiere a la protección jurídica o la cobertura de los gastos por reclamaciones frente a terceros.

87. ¿Qué es un reaseguro?

Para delimitar conceptualmente este tipo de seguro, hemos de acudir al artículo 77 de la LCS. A saber:

> *"Por el contrato de reaseguro el reasegurador se obliga a reparar, dentro de los límites establecidos en la Ley y en el contrato la deuda que nace en el patrimonio del reasegurado a consecuencia de la obligación por éste asumida como asegurador en un contrato de seguro.*
>
> *El pacto de reaseguro interno, efectuado entre el asegurador directo y otros aseguradores, no afectará al asegurado, que podrá, en todo caso, exigir la totalidad de la indemnización a dicho asegurador, sin perjuicio del derecho de repetición que a éste corresponda frente a los reaseguradores, en virtud del pacto interno".*

Por tanto, simplificando lo anterior, podemos afirmar que este contrato nace cuando el asegurador que ha asumido un determinado riesgo puede tener interés en transferir a otro asegurador, todo o parte del riesgo asumido por él, mediante otro contrato que se superpone al primero y que se llama por eso reaseguro.

Así las cosas, se trata de un contrato distinto del contrato de seguro, a pesar de la íntima relación existente entre ambos —el seguro es presupuesto necesario del reaseguro— pues es distinto el riego que se asume en cada uno de ellos, el interés que se protege en uno y otro, y los sujetos también son diferentes salvo el asegurador, lógicamente, que interviene en ambos contratos, aunque en posiciones distintas.

Esa independencia entre el seguro y el reaseguro se ha recogido en el artículo 77.2 y en el 78 de la LCS, disponiéndose en este último que *"El asegurado no podrá exigir directamente del reasegurador indemnización ni prestación alguna* ", lo que tiene su razón de ser en que asegurado y reasegurador no están vinculados por ningún contrato propio.

88. *¿Puede el asegurado solicitar de su seguro el total de la indemnización, de manera directa, sin tener que reclamar al reaseguro?*

Parece que la respuesta es positiva. Como ya hemos visto antes, el propio artículo 77 de la LCS, deja bien claro que *"...podrá, en todo caso, exigir la totalidad de la indemnización a dicho asegurador, sin perjuicio del derecho de repetición que a éste corresponda frente a los reaseguradores, en virtud del pacto interno".*

Es más, podemos llegar a indicar lo mismo, pero alterando la redacción, en estricta aplicación de lo que alguna sentencia[130] confirma al respecto. Las conclusiones que podemos albergar sobre la naturaleza del contrato de seguro y el de reaseguro, son:

- ➢ El contrato de seguro y el de reaseguro son autónomos, de forma que el asegurado no podrá reclamar contra el reasegurador "strictu sensu", dado que solo ostenta acciones contra el asegurador.
- ➢ Ambos contratos ostentan un régimen jurídico y naturaleza heterogénea entre sí.
- ➢ Que el reasegurador deba resarcir, en virtud del acuerdo convenido al asegurador de la deuda que éste tenga para con el asegurado, no deslegitima al asegurador para ejercitar la acción subrogatoria del art. 43 de la LCS contra los causantes del siniestro. Todo ello sin perjuicio de las acciones que reasegurador y aseguradora hayan convenido entre sí.

---

130 Sentencia Tribunal Supremo (Civil), sec. 1.ª, S 03-12-2014, n.º 706/2014, rec. 2523/2012

89. ¿Qué son los seguros de personas? ¿Cuáles son los seguros de personas que regula la LCS?

Podemos decir, de manera breve, que son aquellos que se caracterizan porque el objeto asegurado es la persona humana, haciéndose depender de su existencia, salud e integridad al pago de la prestación. Salvo en casos muy concretos, como pueden ser la prestación de asistencia sanitaria por lesiones o por enfermedad, p. ej., el pago de la indemnización no guarda relación con el valor del daño producido por la ocurrencia del siniestro.[131]

Se regulan en el Título III de la LCS, en los artículos 80 a 106 de la LCS[132].

Como luego veremos, el seguro de personas admite un criterio diferenciador, si bien, hay unos rasgos comunes a toda la tipología de seguros de personas, que, esencialmente son:

- Son seguros que engloban todos los riesgos que puedan afectar a la existencia, integridad corporal o salud del asegurado.
- Se pueden celebrar con respecto a riesgos relativos a una persona o a un grupo de ellas. Este grupo deberá estar delimitado por alguna característica común extraña al propósito de asegurarse.
- En estos seguros, el asegurador, aun después de pagada la indemnización, no puede subrogarse en los derechos que en su caso correspondan al asegurado contra un tercero como consecuencia del siniestro. Veíamos en los seguros de daños que esta posibilidad está expresamente contemplada en el artículo 43 de la LCS, al que nos remitimos.

---

[131] https://www.fundacionmapfre.org/publicaciones/diccionario-mapfre-seguros/seguro-de-personas/

[132] Anexo de la LOSSEAR, apartado B) Ramo de vida y riesgos complementarios.

- Son seguros de "abstracta cobertura de necesidad o de indemnización presunta". Es decir, que, si bien podemos afirmar que existe interés, como uno de los elementos esenciales del contrato de seguro, no es menos cierto que el interés se presenta como más flexible y no tan rígido, como en el seguro de daños y la prestación del asegurador no tiene por qué agotar el interés afectado.

Si bien lo anterior, esta imposibilidad del asegurador en la opción de subrogarse, en el seguro de personas, sí cabe respecto a los gastos de asistencia sanitaria.

Respecto a los seguros de personas que regula la LCS, son los siguientes:

➢ Seguro de vida.

➢ Seguro de accidentes.

➢ Seguros de enfermedad y asistencia sanitaria.

➢ Seguro de decesos y dependencia.

Dicho lo anterior, en la práctica diaria, hay otro tipo de seguros, quizás no tan conocidos, que también se comercializan, como son el de nupcialidad o natalidad, por ejemplo.[133]

90. *¿Qué son los seguros colectivos?*

También llamados *"seguros de grupo"*. Se caracterizan por cubrir, mediante un único contrato, múltiples asegurados que integran una colectividad homogénea, como los empleados de una misma empresa, de una federación deportiva, etc.

---

133 Anexo LOSSEAR B) Ramo de vida y riesgos complementarios.
El seguro directo sobre la vida se incluirá en un solo ramo, el ramo de vida, que comprenderá:
1. El seguro sobre la vida, tanto para caso de muerte como de supervivencia, o ambos conjuntamente, incluido en el de supervivencia el seguro de renta; el seguro sobre la vida con contraseguro; el seguro de nupcialidad, y el seguro de natalidad.

Los seguros colectivos presentan notas específicas que pueden englobarse en una doble vertiente:

- ✓ La existencia de un solo contrato suscrito por la misma persona física o jurídica (tomador) que actúa por cuenta ajena interviniendo, no en propio interés, sino en favor de las personas que integran el grupo asegurado.
- ✓ Son contratos que generan un conjunto de relaciones aseguradoras entre la aseguradora y todos y cada uno de los miembros asegurados, generándose así un contenido "asimétrico". ¿Por qué asimétrico? Básicamente porque, por ejemplo, es claro que cada una de las personas que forman parte del grupo asegurado, tienen características antropomórficas distintas. Cada persona tiene una condición física única, una edad distinta, unos antecedentes médicos particulares etc.
- ✓ Los siniestros que pueden surgir, afectarán a sus miembros en distintos momentos temporales y ello desembocará en diversas prestaciones.

91. ¿Existe alguna obligación de información previa por parte del asegurador al asegurado en este tipo de seguros?

Así es. Si bien, a este tipo de seguros les resulta igualmente aplicable el régimen general de información precontractual propia de todo tipo de seguros. Hay que distinguir entre persona física y jurídica (tomador). A saber:

a) <u>Persona física</u>.

- El asegurador deberá informar al tomador, por escrito o en soporte electrónico, sobre los siguientes extremos:
  - a) Sobre la legislación aplicable al contrato cuando las partes no tengan libertad de elección o, en caso contrario, sobre la propuesta por el asegurador.

b) Sobre las diferentes instancias de reclamación, tanto internas como externas, utilizables en caso de conflicto, así como el procedimiento a seguir.

Además, todo lo anterior, deberá figurar en la póliza o en el documento de cobertura provisional de forma clara y precisa.

b) Persona jurídica.

– El asegurador deberá suministrar la información que afecte a los derechos y obligaciones de los asegurados, con anterioridad a la firma del boletín de adhesión cuando proceda dicha firma o, durante la vigencia del contrato en caso contrario, salvo que dicha obligación sea asumida por el tomador del seguro.

En los boletines de adhesión y certificados de seguro deberá figurar la información que afecte a los derechos y obligaciones de los asegurados. El asegurador informará por escrito, o mediante soporte electrónico duradero, sobre cualquier cambio en el contenido de dichos documentos.

En cuanto al régimen específico de los seguros de vida, por lo que a ese deber de información se refiere, hay que distinguir dos momentos distintos. A saber:

a) Antes de la contratación:

Sobre ello, hay que decir que, habida cuenta de que la ley[134] contempla once apartados distintos, creo innecesario aludir aquí

---

[134] Artículo 124.1 ROSSEAR:

a) Definición de las garantías y opciones ofrecidas.

b) Periodo de vigencia del contrato.

c) Condiciones para su rescisión.

d) Condiciones, plazos y vencimientos de las primas.

e) Método de cálculo y de asignación de las participaciones en beneficios.

f) Indicación de los valores de rescate y de reducción y naturaleza de las garantías correspondientes; en el caso de que éstas no puedan ser a todos ellos, si bien, entiendo que, por su mayor facilidad de comprensión y por ser datos más frecuentes en el día a día del consumidor, lo más importante a recordar es:

- Definición de las garantías y opciones ofrecidas.
- Periodo de vigencia del contrato.
- Condiciones para su rescisión.
- Condiciones, plazos y vencimientos de las primas.
- Información específica para permitir una comprensión adecuada de los riesgos subyacentes al contrato que asume el tomador del seguro.

b) A lo largo del periodo de vigencia de seguro.

De igual forma a lo indicado anteriormente, dada la extensión normativa al respecto de este concreto particular, a efectos ilustrativos, destaco las indicaciones más sobresalientes que destaca la ley. Por tanto, el asegurador, deberá aportar al asegurado:

- Las condiciones generales y particulares.

---

establecidas exactamente en el momento de la suscripción, indicación del mecanismo de cálculo, así como de los valores mínimos.
g) Primas relativas a cada garantía, ya sea principal o complementaria, cuando dicha información resulte adecuada.
h) En los contratos de capital variable, definición de las unidades de cuenta a las que están sujetas las prestaciones e indicación de los activos representativos.
i) Modalidades y plazo para el ejercicio del derecho de resolución y, en su caso, formalidades necesarias para el ejercicio de la facultad unilateral de desistimiento a que se refiere el artículo 83.a) de la ley 50/1980, de 8 de octubre, de contrato de seguro.
j) Indicaciones generales relativas al régimen fiscal aplicable.
k) Información específica para permitir una comprensión adecuada de los riesgos subyacentes al contrato que asume el tomador del seguro.

- La denominación o razón social del asegurador, la forma jurídica o el domicilio social y, en su caso, la dirección de la sucursal con la cual se haya celebrado el contrato.
- En caso de emitirse un suplemento de póliza o de modificarse la legislación aplicable al contrato, el tomador del seguro deberá recibir toda la información contenida en el apartado 1.
- En los seguros en los que el tomador asuma el riesgo de la inversión se informará de forma clara y precisa de que el importe que se va percibir dependerá de fluctuaciones en los mercados financieros, ajenas al control del asegurador y cuyos resultados históricos no son indicadores de resultados futuros. Asimismo, se especificará el importe, base de cálculo y periodicidad de todos los gastos inherentes a la operación.
- El tomador de seguro podrá solicitar a la entidad aseguradora el detalle del cálculo de la rentabilidad esperada debiendo ser entregado por ésta en un plazo máximo de diez días. La información facilitada debe ser completa y fácilmente comprensible para el tomador de seguro.

92. ¿Qué es un seguro de vida?

Aparentemente, el seguro de vida es un tipo de seguro sobre el que, de manera generalizada, todo el mundo sabe de su existencia, tanto por información televisiva, como a nivel familiar, amistades, etc. A pesar de ello y como habrá ocasión de examinar aquí, son diversas las cuestiones controvertidas que en torno a él pueden surgir, patentizado, por tanto, que su aparente sencillez, es pura leyenda urbana.

De momento y para iniciar su desarrollo, procede que definamos qué es un seguro de vida. Para ello, en evitación así de las siempre difíciles delimitaciones conceptuales derivadas de la doctrina o la jurisprudencia, acudimos al mismo artículo 83 de la LCS: *"Por el seguro de vida el asegurador se obliga, mediante el cobro de la prima estipulada y dentro de los límites establecidos en la Ley y en el contrato, a satisfacer al beneficiario un capital, una renta u otras prestaciones convenidas, en el caso de muerte o bien de supervivencia del asegurado, o de ambos eventos conjuntamente".*

Superada su necesaria delimitación conceptual, podemos decir que el seguro de vida admite una división tripartita, a su vez, pudiendo admitir la presencia de, al menos, tres modalidades. A saber:

- Seguro de vida riesgo: para caso de fallecimiento o incapacidad.
- Seguro de vida ahorro: para caso de vida o supervivencia si el asegurado vive a partir de determinada fecha.
- Seguro mixto: una combinación de los dos anteriores.

La primera tipología se puede encontrar, muy especialmente, en el seguro de vida riesgo hipotecario. ¿En qué consiste el mismo?:

Son seguros que van asociados a la formalización de una hipoteca, (generalmente inmobiliaria) y que tiene como misión cubrir la deuda del préstamo hipotecario para el caso de fallecimiento o incapacidad del asegurado, hasta donde alcance para cancelar el capital pendiente de amortizar. ¿y si hubiera exceso de capital? En este caso se destinaría a cubrir cualquier otra deuda que tuviéramos con la propia entidad prestataria. De igual forma, si, aun así, aún hubiera exceso de capital, éste se entregaría a los beneficiarios indicados en la póliza.

Respecto a la segunda tipología, hemos visto que puede consistir en el seguro propiamente dicho de "muerte", esto es, el lógico y razonable miedo a morir que suele inquietar a todo el mundo y, por tanto, el deseo de prever y, sobre todo, reaccionar ante las posibles consecuencias negativas que van a impactar directamente sobre el grupo de personas vinculadas con el asegurado.

De otra parte, en su vertiente de "*supervivencia*", que consiste en la obtención de una prestación económica, en forma de un capital o de una pensión periódica, una vez alcanzada cierta edad, para satisfacer las necesidades de una persona que normalmente coincide con la merma de su capacidad para generar ingresos.

En relación a la diferenciación anterior y una vez más por su claridad expositiva y didáctica, en palabras del Magistrado SEOANE SPIEGELBERG[135], tenemos que:

- ✓ En la modalidad de seguro de personas para el caso de muerte, el riesgo es la incertidumbre sobre la duración de la vida humana, que constituye un evento "*certus an*", toda vez que las personas estamos sometidas a la inexorable ley del fallecimiento, pero "*incertus quando*", ya que ignoramos el concreto momento en el que tal fatal desenlace se producirá, dentro, claro está, de los límites temporales de supervivencia del género humano.
- ✓ En el supuesto del seguro de supervivencia es, por el contrario, un contrato "incertus an", puesto que se ignora si la persona sobrevivirá en el período de vigencia del contrato, y "certus quando" en tanto en cuanto se conoce de antemano el vencimiento de la póliza.

93. ¿En qué se diferencia un seguro de vida de un seguro de accidentes?

No es infrecuente encontrar sentencias cuyo trasfondo aborde la necesidad de delimitar y detectar, cuándo estamos ante un seguro de vida y cuándo ante un seguro de accidentes.

Son muchas las sentencias[136/137] —TOL4.972.875— (que lo abordan, por lo que intentaré aquí realizar la pertinente diferenciación de la manera más didáctica posible. A saber:

---

135 "El seguro de vida y sus distintas problemáticas", ponencia presentada al XXI Congreso Nacional de la Asociación Española de Abogados Especializados en Responsabilidad Civil y Seguro, Granada 11, 12 y 13 de noviembre de 2021. Ed. SEPIN, 2021.

136 Ver la sentencia de la Sala 1.ª del Tribunal Supremo de 27 de noviembre de 20034, diferenció también el seguro de accidentes, del seguro de vida y del seguro de enfermedad, en los términos siguientes: "[...] en el seguro sobre la vida, para el caso de muerte, el riesgo asegurado es precisamente el fallecimiento de la persona, cualquiera que sea su causa, salvo que esta se encuentre excluida de manera expresa en la pó-

- En el seguro de vida, el objeto de la cobertura viene dado por la muerte o la supervivencia, o ambas a la vez, obligando así a la compañía aseguradora a satisfacer al beneficiario un capital, renta u otras prestaciones convenidas.
- En el seguro sobre la vida, para el caso de muerte, el riesgo asegurado es precisamente el fallecimiento de la persona, cualquiera que sea su causa salvo que ésta se encuentre excluida de manera expresa en la póliza.
- En el seguro de accidentes, el pretendido objeto es la lesión corporal, que llegue a producir la muerte —o la invalidez temporal o permanente— del asegurado, como consecuencia del accidente.
- El seguro de accidentes no queda delimitado negativamente por la inexistencia de una enfermedad, sino que lo determinante es sí la lesión corporal sufrida, y que deriva en resultado de muerte o invalidez, ha sido causa por un "accidente "en el sentido que a esta expresión le da el art. 100 LCS.

94. ¿Puedo resolver de manera unilateral mi seguro de vida?

Hay que precisar la respuesta.

En primer lugar, hay que concretar que el tomador, en los contratos de seguro individual, de duración superior a seis meses que haya estipulado el contrato sobre la vida propia o la de un tercero tendrá la facultad unilateral de resolver el contrato, sin tener, ade-

---

liza (art. 91). En el seguro de enfermedad, el riesgo es precisamente la presencia de esta, que puede ser causa no solo de los gastos necesarios para su cuidado, sino también de una invalidez, temporal o permanente, pero, a diferencia de lo que sucede en el accidente, la enfermedad ha de deberse a unas causas diversas a las que producen este".

137 Ver sentencia AP Ciudad Real, sec. 1.ª, S 14-11-2024, n.º 295/2024, rec. 508/2022

más, que indicar los motivos y sin penalización alguna dentro del plazo de 30 días siguientes a la fecha en la que el asegurador le entregue la póliza o documento de cobertura provisional.

Excepción a lo anterior: *en los contratos de seguro en los que el tomador asume el riesgo de la inversión, así como los contratos en los que la rentabilidad garantizada esté en función de inversiones asignadas en los mismos.*

Y para resolver el contrato, en los términos antes citados, ¿he de guardar alguna formalidad? A saber:

– Habrá de ejercitarse por el tomador mediante comunicación dirigida al asegurador a través de un soporte duradero, disponible y accesible para éste y que permita dejar constancia de la notificación.

– Además, esa comunicación habrá de expedirse por el tomador del seguro antes de que venza el plazo indicado en el apartado anterior.

Cumplido lo anterior ¿qué efectos va a tener esa resolución para las partes?

– A partir de la fecha en que se expida la comunicación, cesará la cobertura del riesgo por parte del asegurado.

– El tomador del seguro tendrá derecho a la devolución de la prima que hubiera pagado, salvo la parte correspondiente al período de tiempo en que el contrato hubiera tenido vigencia.

– El asegurador dispondrá para ello de un plazo de 30 días a contar desde el **día que reciba la comunicación de rescisión.**

95. ¿Qué cosas hemos de saber acerca del "beneficiario" en un seguro de vida?

La LCS no da una definición de beneficiario, si bien, podemos definir a éste como la persona física que tiene derecho a recibir la prestación, pudiendo ser el propio partícipe (casos de jubilación e invalidez) o su cónyuge, hijos o herederos legales (caso de fallecimiento del partícipe).

Designación del beneficiario.

- ✓ Corresponde al tomador y sólo a él, la designación del mismo y no precisa autorización ni consentimiento por parte del asegurador.
- ✓ La designación, se podrá hacer tanto en la póliza; en una declaración posterior, que habrá de comunicarse al asegurador y en testamento.
- ✓ Si en el momento del fallecimiento del asegurado no hubiere beneficiario concretamente designado, ni reglas para su determinación, el capital formará parte del patrimonio del tomador.

Precisiones sobre quiénes podrán ser beneficiarios.

- ✓ En caso de designación genérica de los hijos de una persona como beneficiarios, se entenderán como hijos todos sus descendientes con derecho a herencia.
- ✓ Si la designación se hace en favor de los herederos del tomador, del asegurado o de otra persona, se considerarán como tales los que tengan dicha condición en el momento del fallecimiento del asegurado.
- ✓ Si la designación se hace en favor de los herederos sin mayor especificación, se considerarán como tales los del tomador del seguro que tengan dicha condición en el momento del fallecimiento del asegurado.
- ✓ La designación del cónyuge como beneficiario atribuirá tal condición igualmente al que lo sea en el momento del fallecimiento del asegurado.
- ✓ Los beneficiarios que sean herederos conservarán dicha condición, aunque renuncien a la herencia.

96. ¿Se puede entender, a los efectos de ser considerado beneficiario, la persona que no es cónyuge, pero sí pareja de hecho?

Con todas las cautelas deseables, dado que cada caso es una realidad jurídica única y diversa, podemos sintetizar mucho la respuesta diciendo que sí. Precisando más aún y como se decía antes, analizando caso por caso, la respuesta podrá tornarse como positiva, *pero ojo, en aquellos supuestos de personas que, no habiendo contraído matrimonio, llevan inscritos muchos años en el registro correspondiente, como pareja de hecho y, efectivamente, su relación en con vocación de compromiso y permanencia en el tiempo.* Son las relaciones llamada "*more uxorio*", con carácter estable. Una cosa es adoptar una decisión de no contraer matrimonio y vivir como un matrimonio bajo una relación more uxorio con publicidad registral, y otra distinta la de ser beneficiario de un seguro.[138] (TOL8.230.455).

97. ¿Se puede revocar la designación de beneficiario?

Efectivamente. Pero para ello, hay que tener en cuenta que habrá de hacerse de manera análoga a cómo se realizó la designación, es decir: si se hizo en la póliza, habrá de hacerse en un suplemento de la misma; si se hizo en una declaración comunicada al asegurado, habrá de hacerse de igual forma y se hizo en testamento, habrá de modificarse este último testamento.

Dicho lo anterior y en sentido contrario a este derecho del tomador. También puede éste renunciar al derecho de revocar al beneficiario, pero en este caso, le hace perder su capacidad de disposición sobre la póliza, privándole de sus derechos de rescate, anticipo, reducción y pignoración.[139]

---

138 Tribunal Supremo (Civil), sec. 1.ª, S 25-11-2020, n.º 636/2020, rec. 2740/2018

139 Ver artículo 87 LCS: El tomador del seguro puede revocar la designación del beneficiario en cualquier momento, mientras no haya renunciado expresamente y por escrito a tal facultad. La revocación deberá hacerse en la misma forma establecida para la designación. El tomador

98. *¿A quién ha de ser entregada, por tanto, la prestación del asegurador?*

Siempre y en todo caso, al beneficiario, aun contra las reclamaciones de los herederos legítimos y acreedores de cualquier clase del tomador del seguro. Unos y otros podrán, sin embargo, exigir al beneficiario el reembolso del importe de las primas abonadas por el contratante en fraude de sus derechos.[140]

Son muchos los casos en los que, en el seno de controversias hereditarias, casi siempre por razón de la concurrencia de cónyuges supérstites con los hijos, ya sea comunes de la pareja o no, este tipo de seguros genera una alta carga de litigiosidad. Si nos atenemos a la literalidad del artículo 88 de la LCS, vemos que, el beneficiario, permanecerá inmune frente a cualquier reclamación o "ataque" procesal que provenga de otros, incluidos los herederos.[141]

99. *¿Es, por tanto, el seguro de vida y por ello el beneficiario, inatacable por parte de terceros o de posibles herederos?*

A la vista de la lectura de la respuesta anterior, todo parece que sí, sin embargo, no son pocas las controversias jurídicas que surgen en torno a si, efectivamente, estamos ante un verdadero seguro de vida, en sentido jurídicamente completo, o ante figuras similares que, reuniendo alguna de las características que conforman al seguro de vida, no son tales, por lo que, en puridad, la contundente previsión del artículo 88 LCS, decaería.

Por tanto, ¿cuándo nos encontramos, en buena técnica aseguradora, ante un verdadero seguro de vida?

---

perderá los derechos de rescate, anticipo, reducción y pignoración de la póliza si renuncia a la facultad de revocación.

140 Ver artículo 88 LCS.

141 Ver sentencia AP Madrid, sec. 18.ª, S 15-11-2017, n.º 375/2017, rec. 432/2017

Del artículo 83.3 de la Ley del Contrato de Seguro, se desprende que el criterio para diferenciar el seguro sobre la vida de otras operaciones constitutivas de contratos financieros que carecen de la consideración legal de seguro sobre la vida, es que, en el seguro sobre la vida, la prestación convenida en la póliza ha sido determinada por el asegurador mediante la utilización de criterios y bases de técnica actuarial referidas a la esperanza de vida del asegurado. Asimismo, en el caso del seguro de supervivencia, tiene especial relevancia el denominado interés técnico.

Pues bien, en muchas ocasiones, pueden advertirse situaciones en las que una persona que tiene varios herederos potenciales pueda prever la transmisión al heredero de un capital de dinero mediante la suscripción de pólizas de vida de prima única, burlando así los derechos de los legitimarios. En estos casos, la jurisprudencia suele indicar *que "las primas satisfechas por el causante deben tomarse en consideración a efectos del cómputo de la legítima en atención a lo dispuesto en el párrafo 1.º del art. 88 LCS; y en todo caso, podrían computarse como donatum en tanto que desembolsos gratuitos no usuales del tomador —estipulante a favor del asegurador— promitente que reducen el caudal relicto y benefician por vía indirecta al beneficiario-donatario"*[142]

Por tanto y a modo de conclusión. ¿cuándo nos encontraremos ante un seguro de vida, siendo el beneficiario "intocable" por terceros y en qué casos no?

Depende, como hemos visto, de la naturaleza del producto contratado. Si éste no es calificable como un propio seguro de vida, sino como un producto financiero y de inversión, por carecer de base técnica actuarial, aunque se comercialice por compañías de seguro, por contar con importantes ventajas fiscales, entonces cabe entender que se produjo una donación indirecta

---

142 Ver sentencia Audiencia Provincial de Barcelona, sección 1.ª, de 23 de enero de 2013.

de la prima única al beneficiario, lo que implica su computo en la herencia como bien colacionable.[143]

Si, por el contrario, el producto tuviera la verdadera naturaleza de un contrato de seguro de vida, en tal caso resultaría de aplicación el artículo 88 de la Ley de Contrato de Seguro al disponer que "La prestación del asegurador deberá ser entregada al beneficiario, en cumplimiento del contrato, aún contra las reclamaciones de los herederos legítimos y acreedores de cualquier clase del tomador del seguro. Unos y otros podrán, sin embargo, exigir al beneficiario el reembolso del importe de las primas abonadas por el contratante en fraude de sus derechos".[144]

Es decir, si se colaciona[145] el importe de las primas no se percibiría la totalidad de la prestación, pues quedaría integrado en el haber del beneficiario y coheredero. Por tanto, desde la propia integración interpretativa el artículo sólo en caso de perjuicio de las legítimas, que constituye un derecho intangible, cabe entender que opera la cláusula fraude a la que se refiere el artículo 88 LCS.

100. ¿Qué cosas relevantes he de saber del cuestionario de salud cuando vaya a contratar un seguro de vida?

Esta es una de las cuestiones que más importancia, alcance y litigiosidad tienen los seguros de vida. Para ello, tomaremos como referencia, de nuevo el ya mencionado artículo 10 de la LCS[146],

---

143 Ver sentencias de 5 de julio de 2007 de la Sección 4.ª de la Audiencia Provincial de La Coruña y 15 de enero de 2014 de la Audiencia Provincial de Salamanca; ver sentencia n.º 23/2016 de dos de febrero de dos mil dieciséis dictada en el recurso de apelación n.º 164/2014 de la Sección 21 de la AP de Madrid.

144 Ver sentencia de 23 de julio de 2014 de la Sección 3 .ª de Baleares.

145 La colación es una obligación jurídica regulada en el artículo 1035 del Código Civil. La misma consiste básicamente en la obligación que tiene un heredero forzoso de aportar el valor de los bienes que haya recibido del causante en vida a la masa hereditaria.

146 Ver preguntas 17 a 25 de esta obra.

pero ahora, en directa interrelación con el artículo 89 LCS, que disciplina, de manera específica, el fenómeno del cuestionario, pero en el estrecho cerco de los seguros de vida.[147]

Como ya veíamos al tratar el mencionado artículo 10 LCS, la relevancia que tiene para el asegurado ser veraz, diríamos coloquialmente, "todo lo sincero que se pueda ser", es palmaria. No podemos olvidar y por ello, no creo que sea ocioso incurrir en cierta reiteración argumental en favor del objetivo de esta obra, que en aquellos casos en los que la entidad aseguradora nos someta al cuestionario de salud, si ocultamos la existencia de una enfermedad o datos relativos a nuestro estado de salud, así como si en ese momento estamos recibiendo tratamiento médico por alguna enfermedad, si posteriormente sucede el fatal desenlace, que nadie quiere, pero al que no podemos escapar, o bien, sufrimos alguna incapacidad y está relacionado con esa enfermedad que hemos ocultado, allanaremos el camino a la compañía de seguros para que rechace el siniestro y no proceda a la entrega del capital acordado.

Como tuvimos ocasión de analizar, al tratar el artículo 10 LCS, este rechazo vendrá justificado por el hecho de que, ese ocultamiento informativo del asegurado a su aseguradora, seré considerado como intencionado (doloso, a efectos de la terminología usada por la LCS), quedando así liberada de su obligación de pago.

---

147 Artículo 89 LCS: "En caso de reticencia e inexactitud en las declaraciones del tomador, que influyan en la estimación del riesgo, se estará a lo establecido en las disposiciones generales de esta Ley. Sin embargo, el asegurador no podrá impugnar el contrato una vez transcurrido el plazo de un año, a contar desde la fecha de su conclusión, a no ser que las partes hayan fijado un término más breve en la póliza y, en todo caso, salvo que el tomador del seguro haya actuado con dolo.
Se exceptúa de esta norma la declaración inexacta relativa a la edad del asegurado, que se regula en el artículo siguiente.

101. ¿Siempre y en todo caso, cualquier ocultación de información al seguro, se considerará como dolosa?

Para tranquilidad del lector, la respuesta es negativa. Entendiendo, eso sí, que más que ocultar, entendiendo como tal la omisión intencionado de información relevante, hablemos de "ausencia" de información completa, por hacer uso de una expresión de fácil comprensión, por parte del asegurado. Es decir, cuando no haya mala intención y esto suele ocurrir por simple descuido o porque el asegurado no concede importancia trascendente a ciertos datos de su salud que, sin embargo, sí pudieran serlo para la aseguradora.

Sin perjuicio de que el tenor literal de los artículos 10 y 89 LCS, parece contundente y clarificador, lo cierto es que la combinación de ambos artículos, son ampliamente generadores de una alta carga de litigiosidad, por lo que, una vez más, siempre habrá que estar al caso concreto y no establecer como dogma la fría literalidad del precepto.

Existen numerosas sentencias tanto de las Audiencias Provinciales, como de nuestro más Alto Tribunal, abordando estas procelosas cuestiones. Entre las muy variadas, se hará mención de aquellas más frecuentes en nuestros Tribunales. A saber:

¿Cómo han de ser las preguntas que se formulen en el cuestionario?

- Han de estar formuladas y encaminadas a que el asegurado pueda representarse a qué antecedentes de salud que él conociera o no pudiera desconocer se referían, es decir, si las preguntas que se le hicieron le permitieron ser consciente de que, al no mencionar sus patologías, estaba ocultando intencionadamente datos relevantes para la exacta valoración del riesgo.[148]

---

[148] STS 323/2018, Sala 1.ª: "En definitiva, la falta de concreción del cuestionario debe operar en contra del asegurador, pues a este incumben

- Por tanto, la jurisprudencia ha negado la existencia de ocultación en casos de cuestionarios (o declaraciones de salud) demasiado genéricos o ambiguos, con preguntas sobre la salud general del asegurado claramente estereotipadas que no permitieran al asegurado vincular dichos antecedentes con la enfermedad causante del siniestro.[149]

En estos casos, como se ha visto, la inmensa mayoría de las sentencias obligan a la aseguradora a cumplir con la obligación de pago de la prestación fijada en la póliza, al no advertir dolo o mala fe del asegurado en las respuestas dadas en el cuestionario al que fue sometido.

Pero y como resulta lógico, la otra cara de la moneda viene dada por la inmensa casuística de casos en los que, sí se advierte por los Tribunales, que la aseguradora quede exonerada de su deber prestacional, al concurrir por parte del asegurado dolo, tras ocultar datos relevantes que servirían al asegurador para la correcta tarificación de la prima, o bien para establecer condiciones más gravosas al asegurado o, incluso, denegar la posible contratación.

---

las consecuencias de la presentación de una declaración o cuestionario de salud excesivamente ambiguo o genérico, ya que el art. 10 LCS, en su párrafo primero, exonera al tomador-asegurado de su deber de declarar el riesgo tanto en los casos de falta de cuestionario cuanto en los casos, como el presente, en que el cuestionario sea tan genérico que la valoración del riesgo no vaya a depender de las circunstancias comprendida en él o por las que fue preguntado el asegurado".

149 STS 157/2016, de 16 de marzo, 222/2017, de 5 de abril: "la sentencia 222/2017 consideró que el hecho de que la tomadora no manifestara los antecedentes de psicosis que padecía desde mucho antes no permitía concluir que estuviera ocultando datos de salud relevantes para la valoración del riesgo, "pues no se le preguntó específicamente sobre si padecía o había padecido enfermedad o patología afectante a su salud mental (solo se aludió a patologías de tipo cardiaco, respiratorio, oncológico, circulatorio, infeccioso, del aparato digestivo o endocrino —diabetes—) ni si padecía enfermedad de carácter crónico, con tratamiento continuado, que ella pudiera vincular de forma razonable con esos antecedentes de enfermedad mental que condujeron finalmente a la incapacidad".

En este nutrido grupo de casos, encontramos sentencias relativas, por ejemplo, a casos donde aunque las preguntas hubieran sido más genéricas, sin referencia a enfermedades concretas, al menos sí se le hubiera preguntado si había tenido o seguía teniendo alguna limitación física o psíquica o enfermedad crónica, si había padecido en los últimos años alguna enfermedad o accidente que hubiera necesitado de tratamiento médico o de intervención quirúrgica y si se consideraba en ese momento en buen estado de salud.[150]

Por ejemplo, hay sentencias que entienden que, por más que no se formularan al asegurado preguntas concretas sobre sus antecedentes por depresión, la manera en que había cursado esta enfermedad, con numerosas crisis que merecieron sucesivas intervenciones de los servicios de atención primaria y tratamiento con medicación, permitía concluir que el asegurado no podía desconocer su enfermedad y, por tanto, que no estaba justificado que negara todo padecimiento previo o tratamiento.

O por ejemplo, hay sentencias que entienden que, aunque la pregunta que se formuló al asegurado (si padecía enfermedad que necesitara tratamiento) podía considerarse genérica, sin embargo existían suficientes elementos significativos que el asegurado debía representarse como objetivamente influyentes para que la aseguradora pudiera valorar el riesgo cubierto, como la naturaleza de los padecimientos que venía sufriendo desde años antes, que afectaban a su movilidad y tenían un pronóstico de evolución negativa, y el carácter específico de la medicación prescrita para el tratamiento de esos padecimientos.

Por último y por lo que al deber de ser veraz en el cuestionario se refiere, al margen de lo establecido normativamente en los artículos 10 y 89 de la LCS, hacer una somera mención, para ahondar más en este específico deber de "lealtad" en la cumplimentación del

---

150 STS 72/2016, de 17 de febrero; 726/2016, de 12 de diciembre, y 542/2017, de 4 de octubre.

cuestionario, al recordar que según el art. 2.5 de la Ley 41/2002, de 14 de noviembre, básica reguladora de la autonomía del paciente y de los derechos y obligaciones en materia de información y documentación clínica, *"los pacientes o usuarios tienen el deber de facilitar los datos sobre su estado físico o sobre su salud de manera leal y verdadera, así como el de colaborar en su obtención, especialmente cuando sean necesarios por razones de interés público o con motivo de la asistencia sanitaria"*.

102. ¿Puede rellenar el cuestionario una persona distinta al asegurado? En ese caso ¿puede tener efectos negativos sobre el asegurado?

Es una interesante pregunta que patentiza una realidad que, no siendo para nada lo habitual, tampoco es algo totalmente infrecuente. Tan es así que tenemos la suerte de contar con una sentencia del Tribunal Supremo[151] que aborda esta concreta cuestión.

Se trata de un caso de la reclamación de la madre del asegurado fallecido contra su compañía de seguros, pidiendo el cumplimiento de un contrato de seguro de vida vinculado a un préstamo hipotecario suscrito con una entidad de crédito del mismo grupo al que pertenecía la aseguradora. hasta aquí, no hay nada extraño de no ser porque el seguro fue suscrito y el cuestionario de salud fue rellenado por la hermana del asegurado, en su nombre. Pues bien, en este y otros caso de este tipo, ¿podemos afirmar que hubo dolo por del asegurado al declarar el riesgo?

El Tribunal Supremo no lo entiende así (TOL9.556.617), De hecho, concluye que:

> *"los hechos probados corroboran la conclusión del tribunal sentenciador de que fue la compañía la que convirtió su deber de presentar un verdadero cuestionario al asegurado en un mero formalismo, al aceptar sin reparo la actuación del empleado del banco que medió en la contratación del seguro (que, como se ha dicho, necesariamente tuvo que advertir que quien firmaba la póliza y el*

---

[151] Tribunal Supremo (Civil), sec. 1.ª, S 08-05-2023, n.º 681/2023, rec. 2947/2019

cuestionario no era el asegurado sino su hermana) y, por tanto, que el cuestionario se cumplimentara en tales circunstancias.

En definitiva, el descuido o desatención de la propia aseguradora en relación con el cuestionario equivale en este caso a la falta de cuestionario y, por tanto, impide apreciar el dolo o culpa grave del asegurado a que se refiere el art. 10 LCS".

103. Si pido un préstamo hipotecario o personal ¿Puede el banco obligarme a suscribir un seguro con la compañía que me indiquen?

Hay que distinguir, por tanto, entre un crédito hipotecario y uno personal. A saber:

- En el crédito hipotecario, Desde 2019, los bancos no pueden obligar a suscribir este tipo de seguros como requisito operacional para conceder el préstamo. No es obligatorio por ley contratar un seguro de vida con la hipoteca, pero algunos bancos lo imponen de forma indirecta al ofrecer condiciones menos favorables si no lo contratas. Por ello, en muchos casos, el seguro de vida obligatorio para obtener una hipoteca es una condición impuesta por el banco, aunque aparentemente y en caso de reclamación ante los Tribunales, se muestre como una "bonificación".
- Con los créditos personales, sucede lo mismo.

Como digo, desde 2019, esto ya no es obligatorio desde la entrada en vigor de la Ley 5/2019, de 15 de marzo, "Reguladora de los Contratos de Crédito Inmobiliario" al establecer, en su artículo 17, que: "Quedan prohibidas las prácticas de venta vinculada de préstamos, con las excepciones previstas en este artículo".

Sin embargo, el legislador dejó la ventana abierta a su aceptación en el siguiente párrafo cuando indica que:

"No obstante, la autoridad competente de conformidad con el artículo 28 podrá autorizar prácticas de ventas vinculadas concretas cuando el prestamista pueda demostrar que los productos vinculados o las categorías de productos ofrecidos, en condiciones

> *similares entre sí, que no se presenten por separado, acarrean un claro beneficio a los prestatarios".*

Es decir, que la contratación de seguros vinculados está prohibida, salvo que el prestamista demuestre (y sobre este recaerá la carga de la prueba) que se beneficia a los prestatarios, en comparación con otros productos del mercado. Y además será necesaria la autorización del Banco de España. Si no se cumplen ambas exigencias, el contrato será nulo sin perjuicio de la pervivencia del préstamo.

Dicho lo anterior, las entidades prestamistas, para sortear legalmente esta traba impuesta por el legislador, incorporan muchas veces las llamadas fichas de información previas a la firma del préstamo hipotecario (FIPER, FEIN, FIAE y FIPRE) con el objetivo de justificar haber informado al cliente sobre el seguro vinculado

104. ¿Se puede contratar un seguro de vida, renta vitalicia u otros una persona discapacitada?

Para ello, hemos de acudir a la Ley 8/2021, de 2 de junio.[152].

Para lograr racionalizar la respuesta en términos legislativos, acudimos al apartado III del Preámbulo de la citada norma, cuando dice:

> *"La institución objeto de una regulación más detenida es la curatela, principal medida de apoyo de origen judicial para las personas con discapacidad. El propio significado de la palabra curatela —cuidado—, revela la finalidad de la institución: asistencia, apoyo, ayuda en el ejercicio de la capacidad jurídica; por tanto, como principio de actuación y en la línea de excluir en lo posible las actuaciones de naturaleza representativa, la curatela será, primordialmente, de naturaleza asistencial. No obstante, en los casos en*

[152] Ley 8/2021, de 2 de junio, por la que se reforma la legislación civil y procesal para el apoyo a las personas con discapacidad en el ejercicio de su capacidad jurídica. BOE núm. 132, de 03/06/2021.

los que sea preciso, y solo de manera excepcional, podrá atribuirse al curador funciones representativas.

El valor del cuidado, en alza en las sociedades democráticas actuales, tiene particular aplicación en el ejercicio de la curatela. Todas las personas, y en especial las personas con discapacidad, requieren ser tratadas por las demás personas y por los poderes públicos con cuidado, es decir, con la atención que requiera su situación concreta"

De igual forma, el marco sustantivo normativo nos lo dan los artículos 268,[153]269[154] y 287 del Código Civil, a cuya lectura me remito para evitar aburrir innecesariamente al sufrido lector.

---

153 "Las medidas tomadas por la autoridad judicial en el procedimiento de provisión de apoyos serán proporcionadas a las necesidades de la persona que las precise, respetarán siempre la máxima autonomía de esta en el ejercicio de su capacidad jurídica y atenderán en todo caso a su voluntad, deseos y preferencias.
Las medidas de apoyo adoptadas judicialmente serán revisadas periódicamente en un plazo máximo de tres años. No obstante, la autoridad judicial podrá, de manera excepcional y motivada, en el procedimiento de provisión o, en su caso, de modificación de apoyos, establecer un plazo de revisión superior que no podrá exceder de seis años.
Sin perjuicio de lo anterior, las medidas de apoyo adoptadas judicialmente se revisarán, en todo caso, ante cualquier cambio en la situación de la persona que pueda requerir una modificación de dichas medidas".

154 La autoridad judicial constituirá la curatela mediante resolución motivada cuando no exista otra medida de apoyo suficiente para la persona con discapacidad. La autoridad judicial determinará los actos para los que la persona requiere asistencia del curador en el ejercicio de su capacidad jurídica atendiendo a sus concretas necesidades de apoyo. Sólo en los casos excepcionales en los que resulte imprescindible por las circunstancias de la persona con discapacidad, la autoridad judicial determinará en resolución motivada los actos concretos en los que el curador habrá de asumir la representación de la persona con discapacidad.
Los actos en los que el curador deba prestar el apoyo deberán fijarse de manera precisa, indicando, en su caso, cuáles son aquellos donde debe ejercer la representación. El curador actuará bajo los criterios fijados en el artículo 249. En ningún caso podrá incluir la resolución judicial la mera privación de derechos.

Además de lo anterior y por ser ilustrativa a tal fin, destaco una sentencia del Tribunal Supremo que, si bien no aborda de manera concreta esta duda específica, sí nos da las pautas más importantes para encajar estos supuestos más especiales y sensibles a nivel jurídico y humano. Dado que ofrecer una respuesta muy exhaustiva obligaría a realizar todo un recorrido con la evolución normativa que disciplinaba el trámite de incapacitación de las personas que así lo necesitaran, simplemente diremos que desde 2021, a la sazón de la ley arriba indicada, transformó la incapacitación y la constitución de la guarda legal (tutela o curatela) en una modificación de capacidad para la provisión de apoyos a la persona con discapacidad.

Por tanto y para dar respuesta a la pregunta formulada, debemos proyectar las reseñadas directrices legales del art. 268 CC al caso concreto de tal manera que habría que tratar, en primer lugar, el conjunto de medidas de apoyo que desde un juzgado de instancia habrían de acordarse, para luego evaluar si las medidas de apoyo acordadas responden a las necesidades de la persona y están proporcionadas a esas necesidades; si respetan la máxima autonomía de la persona interesada/afectada en el ejercicio de su capacidad jurídica; y si se atiende a su voluntad, deseos y preferencias.

105. ¿Puede cobrar la indemnización el beneficiario que causa la muerte intencionada del asegurado?

La pregunta, así formulada, parece casi atentar a las más elementales normas del sentido común. Por ello y en línea de cohe-

---

El curador que ejerza funciones de representación de la persona que precisa el apoyo necesita autorización judicial para los actos que determine la resolución y, en todo caso, para los siguientes:

…

9.º Celebrar contratos de seguro de vida, renta vitalicia y otros análogos, cuando estos requieran de inversiones o aportaciones de cuantía extraordinaria.

rencia con lo anterior, la propia norma ya prevé este supuesto, negando, lógicamente, cualquier derecho sobre el beneficiario que atentare de manera intencionada contra la vida del asegurado.[155]

Pues bien, a pesar de lo anterior y dado que como en todo proceso vital, siempre habrá acontecimientos que nos sorprendan sobremanera, algunos, hasta extremos insospechados, la contundente respuesta anterior, basada en la pura lógica y en el tenor literal de la ley, ha venido a ser matizada, aunque con la singularidad propia que cada caso ofrece, con una impactante sentencia (al menos, al que suscribe, así se lo ha parecido), que aborda el siguiente supuesto de hecho:

Una mujer concertó un contrato de seguro vitalicio, denominado «Seguros de Ahorro Previsión, figurando ella en la póliza de seguro como tomadora/asegurada y beneficiaria en caso de supervivencia al vencimiento y se consignaba como único beneficiario para el «caso de fallecimiento del asegurado por cualquier causa de forma previa a la fecha de vencimiento» a su hermano, quien padecía padece un deterioro cognitivo compatible con un Síndrome Demencial, que, en el momento de los hechos, le afectaba de manera severa en su entendimiento de la realidad que le rodeaba, hasta abolir de manera plena su capacidad de comprensión. Pues bien, un buen día, cuando la asegurada llega al domicilio de su hermano, quien tenía una visita médica programada, sin motivo alguno comenzó a golpearla hasta causar su muerte, utilizando dos martillos para golpearla en la cabeza.

El sujeto fue condenado como autor de un delito de asesinato, pero absuelto en vía penal, por su grave alteración psíquica y condenado a internamiento psiquiátrico por periodo de veinte años.

Posteriormente, se alternan distintos procedimientos civiles entre los otros hermanos de la fallecido y el asesino sobre cuestio-

---

155 Ver artículo 92 LCS: "La muerte del asegurado, causada dolosamente por el beneficiario, privará a éste del derecho a la prestación establecida en el contrato, quedando ésta integrada en el patrimonio del tomador.

nes hereditarias, entre ellas, que la hija del asesino, nombrada su tutora, reclamó a la aseguradora el capital suscrito en favor de su padre (23.600 €), reclamación que la aseguradora rechazó invocando, precisamente, el artículo 92 de la LCS. Pues bien, la contienda judicial, que se prolongó durante años, siendo desestimada la demanda de la hija del asesino en primera y segunda instancia, dando lugar a un recurso de casación, que llega hasta el Tribunal Supremo. Y es aquí, cuando el lector tiene que plantear seguir leyendo o ingerir cantidades nada despreciables de hipnóticos u otras sustancias sedantes, a la vista de lo que el Alto Tribunal, ha sentenciado recientemente.

La sentencia, al margen de que sea trabajada y profusa en la invocación de otras sentencias (hay que decir que, relativas al seguro de accidentes, no tanto al de vida), se despacha de la siguiente manera:

Veamos:

> *Fundamento Jurídico Tercero:*
>
> ...
>
> *"Doctrina jurisprudencial recaída sobre la interpretación de los conceptos de «mala fe», «dolo» e «intencionadamente», utilizados en los artículos 19 y 102 LCS ".*
>
> ...

En el supuesto enjuiciado, la sentencia penal declaró probado que el acusado D. León «

> *padece un deterioro cognitivo compatible con un Síndrome Demencial, que, en el momento de los hechos, le afectaba de manera severa en su entendimiento de la realidad que le rodeaba, hasta abolir de manera plena su capacidad de comprensión, pudiendo comprometer a la voluntariedad de quien lo padece, viéndose su impulsividad afectada por una incapacidad para el control de sus frenos inhibitorios dando lugar a diferentes tipo conductuales apartados de la norma, que pueden incluir episodios de extrema violencia».*
>
> *En consecuencia, la sentencia descartó la imputabilidad del acusado D. León, al apreciar la eximente prevista en el art. 20.1.° CP (EDL 1995/16398), a saber, que, al tiempo de cometer el asesi-*

nato, debido a la mencionada anomalía o alteración psíquica, no podía «comprender la ilicitud del hecho o actuar conforme a esa comprensión».

A mayor abundamiento, cabe añadir que, aun admitiendo a efectos dialécticos que la redacción literal del precepto pudiera suscitar dudas sobre el alcance e interpretación de la expresión «dolosamente», tales dudas habrían de resolverse ex artículos 3.1 CC en pro de la más favorable al espíritu y finalidad de la norma, que consiste en privar de la indemnización a quien actúa con plena conciencia y asunción de la potencialidad lesiva de la acción, lo que aquí no sucede.

Conclusión impactante de todo lo anterior: a la pobre mujer fallecida, por ser asesinada por su hermano, no le salió bien la intención de dejar a su hermano como beneficiario, teniendo a otros dos más, posiblemente porque a la vista de la situación de salud mental grave que padecía y ser el más necesitado de ayuda, quiso beneficiarle. Al final, la tutora del asesino (sea inimputable por sentencia, no me va a privar del derecho a calificarle como tal), verá estimada su demanda reclamatoria gracias a las vueltas jurídicas que la Sala del Tribunal ha tenido que dar para dar cobijo a su pretensión.

No haré más comentarios personales del tema, pero aquí dejo la sentencia para que aquel no termine de creer lo que digo, satisfaga su lógica curiosidad leyéndola.

106. ¿Qué dice la ley para el caso de que el asegurado, en un seguro de vida, se suicide?

Para ello acudimos al artículo 93 de la LCS, que dice:

"Salvo pacto en contrario, el riesgo de suicidio del asegurado quedará cubierto a partir del transcurso de un año del momento de la conclusión del contrato. A estos efectos se entiende por suicidio la muerte causada consciente y voluntariamente por el propio asegurado".

Se trata de una exclusión con carácter temporal, un plazo de carencia para evitar restar aleatoriedad al seguro si el asegurado hubiera planeado quitarse la vida en un acto solidario frente a los beneficiarios.

¿Qué podemos entender, por tanto, por suicidio, a los efectos aplicativos de la norma?

Es el Acto por el que una persona da fin, voluntariamente, a su propia vida. Más específicamente, la RAE, define "suicidio" como: "Acción y efecto de suicidarse".

Dicho lo anterior, ¿podemos hablar de un solo tipo de suicidio o de varios, a los efectos del artículo 93 de la LCS? Pues a la vista de la jurisprudencia[156] (TOL5.164.556) que se ha ido configurando durante décadas, de manera muy sintetizada, podemos decir que hay dos tipos:

- El causado de manera absolutamente voluntaria y consciente.
- Y el que se causa de manera inconsciente.

La constatación de una u otra forma de suicidio no es baladí, dado que derivado del primer tipo tenemos la exclusión de cobertura dentro del primer año de la misma (dentro del periodo de carencia estipulado por la norma) y consecuencia del segundo tipo, la aseguradora, no tendría motivos para oponer al beneficiario el pago del capital convenido.

Por tanto, ¿Qué es lo que excluye el artículo 93 de la LCS?

El precepto sólo excluiría aquel, como versión para evitar el fraude al asegurador. Se trata de un supuesto doloso (con conciencia y voluntad de querer morirse), lo que excluye supuestos culposos, y los casos en que el fallecido carecía de conciencia o voluntad.

Por tanto, para que ese dolo de suicidarse tenga directa influencia en la dinámica del artículo 93 LCS, se requiere:

---

156 Ver sentencia AP A Coruña, sec. 3.ª, S 25-05-2015, n.º 161/2015, rec. 74/2015

- No es bastante cualquier afectación mental, sino que se requiere *«una situación mental que le despojase de todo dominio sobre sus actos que originase inconsciencia o involuntariedad productora de carencia de valor de acto humano imputable a quien lo realiza»*

- Tampoco se exige un dolo específico de querer defraudar al asegurador, sino que es bastante que exista una voluntad deliberada de privarse de la vida, con independencia de los motivos, siempre que no se aparezca una enfermedad que altere gravemente la voluntad o la conciencia.

107. ¿Qué es el llamado "derecho de rescate"?

Se contempla en el artículo 94 de la LCS.[157]

Podemos definirla como una operación característica de algunas modalidades de Seguro de Vida, en virtud del cual, por voluntad del asegurado, este percibe de su asegurador el importe que le corresponde (valor de rescate) de la provisión matemática constituida sobre el riesgo que tenía garantizado. Efectuado el rescate, la póliza rescatada queda automáticamente rescindida.

Tal y como establece la Ley 50/1980, de 8 de octubre, de Contrato de Seguro, en la póliza respondiendo al requisito de transparencia de los seguros deben plasmarse tanto los derechos de rescate como de reducción de la suma asegurada para que el asegurado conozca en todo momento el valor exacto de lo que puede recuperar.

El tomador puede beneficiarse del derecho de rescate —de la totalidad o de anticipos— siempre y cuando haya pagado las dos primeras anualidades a las que corresponde el plazo inferior previsto en la póliza en base a unas tablas de valores fijadas en ella.

---

[157] Ver artículo 94 LCS: "En la póliza de seguro se regularán los derechos de rescate y reducción de la suma asegurada, de modo que el asegurado pueda conocer en todo momento el correspondiente valor de rescate o de reducción.

El derecho de rescate se aplica no solo a los seguros de vida riesgo, sino también a los seguros de vida ahorro y a los seguros de accidentes.

Por último. Hay que tener muy en cuenta que el derecho de rescate no opera respecto de los seguros de supervivencia y en los seguros temporales para caso de muerte, ahora bien, los aseguradores podrán, no obstante, conceder al tomador los derechos de rescate, reducción y anticipos en los términos que se determinen en el contrato.[158]

108. ¿Qué son los llamados seguros de vida "en inversión"?

Conocidos en la terminología sajona como "*Unit Linked*",[159] se caracterizan por la concurrencia de tres rasgos esenciales:

- Están vinculados a fondos de inversión u otros activos, que se clasifican dentro del ramo de seguro directo de vida.[160]
- El tomador asume el riesgo de la inversión.

---

158 Ver artículo 98 LCS.

159 A nivel jurisprudencial y si el lector desea ahondar más en estas cuestiones, nuestro Tribunal Supremo ha tenido ocasión de pronunciarse en distintas ocasiones, en dos casos muy llamativos que afectaban a dos conocidas entidades bancarias. Me refiero al llamado caso Espíritu Santo (STS Pleno de la Sala 1.ª núm. 469/2014, de 10 de septiembre de 2014 y el caso Santander, STS del Pleno de la Sala 1.ª núm. 769/2014, de 12 de enero de 2015

160 Ver Anexo LOSSEAR: B) Ramo de vida y riesgos complementarios. El seguro directo sobre la vida se incluirá en un solo ramo, el ramo de vida, que comprenderá:
1. El seguro sobre la vida, tanto para caso de muerte como de supervivencia, o ambos conjuntamente, incluido en el de supervivencia el seguro de renta; el seguro sobre la vida con contraseguro; el seguro de nupcialidad, y el seguro de natalidad. Asimismo, comprende cualquiera de estos seguros cuando estén vinculados con fondos de inversión u otros activos a los que se refiere el artículo 73.

Ello refuerza las prevenciones que hay que tener tanto en materia de transparencia contractual, como regulatoria.[161]

– Se trata de productos de inversión basado en seguros.

109. ¿Cuándo se determina la fecha del siniestro en los seguros de invalidez?

Cuestión esta controvertida que ha generado numerosa litigiosidad, tanto en la jurisdicción civil, como en la social. Distingamos:

- En los supuestos de incapacidad permanente por accidente, la fecha del siniestro se fija en el momento en el que se produce el mismo y se inicia el proceso de incapacidad temporal.
- En los supuestos de incapacidad permanente por enfermedad común, la fecha de siniestro se suele situar en el momento en el que se reconocen los efectos económicos de dicha incapacidad.

Sobre este particular, por tanto, hay que recordar que, como regla general, se viene considerando que, salvo pacto expreso en contrario para este tipo de seguros el pago de la indemnización corresponde a la aseguradora cuyo contrato *estaba en vigor cuando se produjo la declaración de invalidez, aunque no lo estuviera cuando se inició la enfermedad invalidante.*

---

[161] Ver artículo 136 ROSSEAR:
Artículo 136. Provisión de seguros de vida cuando el tomador asume el riesgo de la inversión y asimilados.
1. La provisión de los seguros de vida en los que contractualmente se haya estipulado que el riesgo de inversión será soportado íntegramente por el tomador se determinará en función de los activos específicamente afectos o de los índices o activos que se hayan fijado como referencia para determinar el valor económico de sus derechos. No serán aplicables al cálculo de esta provisión las disposiciones establecidas en el artículo 132.

Ahora bien, los giros jurisprudenciales a los que nuestro Tribunal Supremo nos tiene acostumbrados, ponen de manifiesto que sí cabe indicar que, aunque la póliza no esté vigente cuando se dicta la resolución de invalidez, sí lo estaba en el momento en el que se diagnostica —de forma definitiva— la enfermedad por la que se declara dicha situación de incapacidad, lo que precisamente ha de determinar la Sala Primera, *es la fecha de producción del siniestro*.

Las conclusiones prácticas que podemos extraer de este giro jurisprudencial, son las siguientes:[162]

✓ Que, para determinar la fecha del siniestro en el seguro de invalidez o incapacidad permanente, resulta preciso coordinar la jurisprudencia de la Sala Primera con la de la Sala Cuarta del Tribunal Supremo.

✓ En lo que respecta al seguro que cubre la incapacidad o invalidez causada por un accidente, a efectos de determinación de la fecha del siniestro, lo relevante es la fecha en que se produjo el accidente, aunque posteriormente se produzca la declaración de la incapacidad.

✓ Sin embargo, en lo que respecta al seguro que cubra la incapacidad o invalidez causada por enfermedad común, se establece como regla general que para determinar la fecha del hecho causante ha de acudirse a la correspondiente norma sobre prestaciones obligatorias de Seguridad Social, que fija aquélla en la fecha de dictamen del EVI[163], y como excepción a dicha regla general, la posibilidad de retrotraer la fecha del hecho causante al momento real en el que las secuelas se revelan como permanentes e irreversibles.

Dicho lo anterior y como creo procede señalar, no hay una corriente unánime jurisprudencial que nos permita determi-

---

162 Revista RC INESE (septiembre 2025). Cuestiones controvertidas en el Seguro de Vida. Javier López y García-De la Serrana

163 Equipo de Valoración de Incapacidades.

nar que lo anteriormente señalado, sea del todo punto incontrovertido. Habrá que estar al caso concreto y, sobre todo, a la estricta literalidad de las pólizas que cubren este tipo de eventualidades.

110. ¿Qué hemos de entender, a efectos de lo que muchas pólizas recogen, por "invalidez por cualquier causa"?

Lo que se quiere decir con esta pregunta es que, en muchas pólizas se contiene la llamada cobertura de invalidez "por cualquier causa", expresión que, muchas veces choca frontalmente con la cláusula contenida en algunos condicionados generales bajo la rúbrica "*Qué se cubre*", cuando se trata de invalidez se suele definir como la *"situación física irreversible y consolidada del asegurado provocada por cualquier causa que le incapacite para mantener cualquier relación laboral o actividad profesional"*.

Es decir, la cobertura contratada como "invalidez por cualquier causa" debe cubrir cualquier tipo de incapacidad (incluida la total), o sólo cubre la absoluta, de conformidad con la definición contenida en las condiciones generales de la póliza, donde se circunscribe el riesgo asegurado a la invalidez para cualquier tipo de trabajo o profesión, y no para un trabajo en concreto.

Ahora bien, no todo es tan diáfano ya que, de hecho, por razón de dos sentencias de la Sala 1.ª del Tribunal Supremo,[164] (TOL8.420.439 —TOL8.800.604—) aparentemente controvertidas entre sí, finalmente y para concretar la respuesta a la pregunta formulada en este apartado, podemos concluir que:

- En algunos casos, las pólizas al hablar la póliza de "invalidez por cualquier causa" se refiere a cualquier posible origen de dicha invalidez (accidente, enfermedad, etc.).

---

164 Tribunal Supremo (Civil), sec. 1.ª, S 06-05-2021, n.º 263/2021, rec. 3824/2018; Tribunal Supremo (Civil), sec. 1.ª, S 07-02-2022, n.º 100/2022, rec. 680/2019

- Cuando define la invalidez incapacitante se está refiriendo a un tipo concreto —la absoluta— dentro de las posibles. Además, resulta relevante el hecho de que "las expresiones "invalidez por cualquier causa" y "(...) por cualquier causa que le incapacite para mantener cualquier relación laboral o actividad profesional" se encuentran en una misma cláusula, conectadas entre sí, en un mismo apartado o apartados consecutivos y con idéntico tratamiento tipográfico".
- De esta forma, concluye que la póliza se expresa en términos claros e incluso didácticos, porque explica de manera sencilla qué cubre y qué no, y basta una lectura meramente comprensiva para interpretar que lo cubierto era la invalidez absoluta para toda clase de profesión, por lo que la cláusula que define en el condicionado general qué debe entenderse cubierto por invalidez, no puede considerarse como cláusula limitativa en cuanto concreta el riesgo asegurado.

111. ¿Qué es la cesión de la póliza? ¿Puedo ceder mi póliza de seguro de vida?

La cesión de póliza es el acto por el cual el titular de un contrato de seguro transfiere parcial o totalmente los derechos y obligaciones derivados del mismo a un tercero. Esto significa que el cesionario, al aceptar la cesión, se convierte en el nuevo beneficiario o asegurado de la póliza y asume todas las responsabilidades asociadas.

Acotaciones a lo anterior, según el artículo 99 LCS, hay que saber:

- El tomador podrá, en cualquier momento, ceder o pignorar la póliza, siempre que no haya sido designado beneficiario con carácter irrevocable. La cesión o pignoración de la póliza implica la revocación del beneficiario.
- Si la póliza se emite a la orden, la cesión o pignoración se realizarán mediante endoso.

- El tomador deberá comunicar por escrito fehacientemente al asegurador la cesión o pignoración realizada.

En términos legales, la cesión debe estar permitida por las condiciones generales del contrato de seguro y puede requerir el consentimiento de la aseguradora. Gestiones a realizar para la cesión:

- Autorización de la aseguradora: En muchos casos, la cesión de póliza requiere la aprobación previa de la compañía de seguros. Esto garantiza que el cesionario cumpla con los requisitos establecidos por la aseguradora.
- Contrato de cesión: Es necesario formalizar la cesión mediante un documento escrito, firmado por el cedente y el cesionario, donde se detallen los términos de la transferencia.
- Notificación formal: La cesión debe ser comunicada a la aseguradora de forma oficial, aportando la documentación necesaria para que esta actualice los datos del contrato.
- Condiciones de la póliza: No todas las pólizas permiten la cesión, por lo que es fundamental revisar las condiciones generales del contrato antes de iniciar el proceso.

112. ¿Qué se entiende por "accidente" para la LCS, por lo que al seguro de accidentes se refiere?

El seguro de accidentes se regula en los artículos 100 a 104 de la LCS.

Accidente es *"la lesión corporal que deriva de una causa violenta súbita, externa y ajena a la intencionalidad del asegurado, que produzca invalidez temporal o permanente o muerte"*.

En apariencia, es una definición que se antoja sencilla y clara en su delimitación conceptual, sin embargo, nada de ello se compadece con la realidad litigiosa que de tal acotación se desprende.

De entrada, la consideración que se tiene en la jurisdicción laboral de "accidente", difiere de la que alberga la jurisdicción civil y, por ende, de la que se desprende del mencionado artículo 100 de la LCS.

En síntesis, para que podamos considerar cualquier "incidente" o "siniestro", como un accidente, a los efectos del seguro de accidentes, como tal, han de concurrir las siguientes características[165] (TOL1.376.415):

- Hay que ver, en primer lugar, el contenido de la póliza que tengamos suscrita para ver cuál es la definición que le da al término "accidente".
- El accidente, es un riesgo complejo en el que han de concurrir varios elementos causalmente vinculados entre sí y que forman parte de un proceso cuya conclusión determina la realización del siniestro.
- No basta con la existencia de una lesión corporal, sino que, además, es necesario que ésta derive de determinadas causas y, a su vez, produzca como efecto la muerte o la invalidez del asegurado.
- La causa determinante de la lesión corporal requiere tres condiciones, ya que ha de ser: violenta súbita, externa y ajena a la intencionalidad del asegurado.
- Por causa violenta y súbita debemos entender una acción lesiva repentina o afectación brusca e inmediata de cierta intensidad, que no responde a una patología o enfermedad prolongada determinante de un deterioro progresivo de la salud.
- Por causa externa hay que entender la que no responde a un padecimiento orgánico ni ha sido generada básicamente por una enfermedad, sino que obedece a un factor extrínseco al propio cuerpo del lesionado.[166]

---

165 SAP A Coruña, sec. 5.ª, de 14-2-2008 EDJ 2008/57989.

166 En parecidos términos, las SS TS de 15 diciembre 1992 EDJ 1992/12391 EDJ1992/12391, 13 junio 1998 EDJ 1998/7877 EDJ1998/7877, 20 junio

113. ¿Qué se entiende por "violento" a los efectos del artículo 100 LCS?

El adjetivo "violento[167]" no ha de entenderse referido al hecho causal de la lesión, en el sentido de causa traumática, proveniente de un golpe o agente mecánico externo, *sino al modo en que dicha causa actúa, en su acepción de rápido, imprevisible, en definitiva, como sinónimo de súbito.* Opuesta por tanto a la acción lenta y progresiva que caracteriza a la enfermedad, que integra un riesgo distinto objeto dentro de los seguros de personas de una modalidad diferenciada.

114. ¿Puede mi póliza excluir de cobertura a los accidentes que pueda sufrir si hago uso de ciclomotores, por ejemplo?

La respuesta es que sí. En muchas pólizas, dentro de la cobertura de accidentes, en los condicionados generales y/o particulares, pueden aparecer redacciones del tipo:

> *"Quedan también excluidos, salvo que, mediante sobreprima, se acuerde su cobertura en Condiciones Particulares, los accidentes que se produzcan: Durante el uso de ciclomotores y motocicletas, exceptuando la cobertura para la garantía «doble indemnización por accidente de circulación» de la que quedarán totalmente excluidos".*
>
> *"se garantiza el pago de la indemnización indicada en las Condiciones Particulares si el asegurado fallece a consecuencia de un accidente cubierto por la póliza".*
>
> *"Doble indemnización por Accidente de Circulación": "Se entenderá como accidente de circulación, el que sufra el asegurado: como conductor o pasajero de un vehículo terrestre con o sin motor, distinto a los de transporte público, con excepción de los que pueda sufrir el Asegurado en calidad de conductor o pasajero de ciclomotores o motocicletas cualquiera que sea su cilindrada ".*

Visto lo anterior, la pregunta que cabe hacerse es si este tipo de cláusulas, para ser válidas, han de estar expresamente destacadas, conocidas y firmadas por el asegurado o no. Es decir, si se pueden

---

2000 EDJ 2000/13145 EDJ2000/13145, 5 junio 2001 EDJ 2001/7148 EDJ2001/7148 y 14 noviembre 2002 EDJ 2002/49691 EDJ2002/49691).

167 AP Palencia, sec. 1.ª, S 15-03-2005, n.º 69/2005, rec. 461/2004

considerar delimitativas o limitativas de los derechos del asegurado. Pues bien, a todas luces, son consideradas como meramente limitativas, por lo que no será preceptiva la firma y subrayado de las mismas por parte de la asegurado en la redacción de sus Condicionados.[168] (TOL1.053.714).

115. Si conduzco mi vehículo bajo los efectos del alcohol y tengo un accidente, ¿Puede considerarse la ingesta etílica como un hecho intencionado por mi parte y, por tanto, puede mi seguro excluir de cobertura el siniestro respecto a los perjuicios que sufra por el accidente?

Aunque en alguna ocasión, ha sido una cuestión controvertida a nivel técnico-jurídico, las últimas sentencias del Alto Tribunal parecen descartar tal hipótesis. Los motivos por los que la ingesta de alcohol no se puede asimilar a una conducta dolosa, son[169] (TOL8.455.085):

- Solo son susceptibles de ser consideradas como intencionales las situaciones en las que el asegurado provoca consciente y voluntariamente el siniestro o, cuando menos, se lo representa como altamente probable y lo acepta para el caso de que se produzca.
- No todo supuesto de dolo penal, en su modalidad de dolo eventual, comporta dolo del asegurado equivalente a la pro-

---

168 Ver sentencia Tribunal Supremo (Civil), sec. 1.ª, S 30-03-2007, n.º 425/2007, rec. 3566/2000: ""una cláusula delimitadora del riesgo" y también que, aun cuando no figure suscrito por el asegurado el documento complementario en el que se contengan las condiciones generales, "esta Sala ha venido considerando que resulta suficiente que en las condiciones particulares por el asegurado suscritas, se exprese, de la misma forma clara y precisa, que el asegurado conoce y ha recibido y comprobado las condiciones generales (por todas, Sentencia del Pleno de la Sala de 11 de septiembre de 2006, recurso n.º 3260/1999)"
Ver STS Tribunal Supremo. Sala de lo Civil; 29/04/2009; Recurso: 2146/2005; Resolución: 294/2009

169 Ver sentencia Tribunal Supremo (Civil), sec. 1.ª, S 24-05-2021, n.º 355/2021, rec. 4455/2018.

ducción intencional del siniestro, por cuanto en el ámbito civil del seguro una relación de causalidad entre la intencionalidad y el resultado producido, mientras que en el ámbito penal el dolo puede referirse a conductas de riesgo.

- No se pueden asimilar los supuestos de temeridad manifiesta a los supuestos de intencionalidad en la causación del accidente, habida cuenta de que el término intencionalidad, dolo o mala fe, empleado en diversas ocasiones por la LCS, no deja lugar a dudas acerca de que no comprende la negligencia, aunque sea manifiesta, especialmente si se tiene en cuenta que cuando la LCS quiere incluir junto a los de dolo los casos de culpa grave por parte de alguno de los intervinientes en el contrato de seguro lo hace constar expresamente así.
- La conducción con exceso de alcoholemia no demuestra por sí misma una intencionalidad en la producción del accidente, ni siquiera la asunción de un resultado altamente probable y representado por el sujeto como tal, sino sólo un acto ilícito administrativo o delictivo según las circunstancias, resulta evidente que la mera demostración de la concurrencia de dicho exceso no es suficiente para fundamentar la falta de cobertura de la póliza de accidentes respecto del sufrido por el conductor.

116. *Y si es el beneficiario el que causa dolosamente el accidente, ¿Qué sucede?*

La consecuencia es que quedará nula la designación hecha a su favor. La indemnización corresponderá al tomador o, en su caso, a la de los herederos de éste.

117. *A efectos del concepto de accidente del artículo 100 LCS ¿Se considera como tal el infarto?*

Esta es una cuestión nada pacífica en la jurisprudencia y desde luego, el tratamiento jurídico que recibe esta cuestión ostenta evidentes diferencias en función de si estamos ante la jurisdicción civil o laboral.

- ➢ En la póliza de seguro de accidente pueden delimitarse por las partes los riesgos incluidos y excluidos, de tal manera que en el caso de un infarto de miocardio se permite que pueda estar expresamente excluido en las pólizas de accidente

- ➢ Si bien el infarto de miocardio no está comprendido en los supuestos del art. 100 LCS (salvo estipulación), sin embargo, debe comprenderse dentro del seguro de accidente cuando tenga su génesis en una causa externa; y a tal efecto se ha tomado en consideración la causa inmediata consistente en la presión y el "stress" consecuencia del aumento del trabajo, por ejemplo.

- ➢ En caso de falta de estipulación expresa, el infarto únicamente puede ser calificado como accidente a efectos del contrato de seguro (art. 100 LCS) si responde a una causa externa, inmediata e independiente de los factores orgánicos. Es decir, en ausencia de una plasmación en el contrato del infarto como causa indemnizable habrá que analizar si el desencadenante del infarto fue una causa externa que produce el fatal resultado.

- ➢ La Jurisprudencia del Tribunal Supremo, ha estado dividida en el tratamiento de la presente cuestión, entre aquellas sentencias que sí incluyen el infarto como riesgo indemnizable y las que no. A saber:

  - <u>A favor</u>:

    Sentencias que han entendido que el infarto de miocardio sufrido por el asegurado, debía ser considerado como accidente cubierto por las pólizas correspondientes, bien porque se había desencadenado como consecuencia de la caída de un vehículo, de una bicicleta, práctica de tenis o fútbol, o de un esfuerzo excesivo o bien, casos en los que había surgido en persona sin antecedentes médicos relevantes como consecuencia del agobio físico a que se había visto sometido el sujeto en una situación de fuerte estrés

– En contra:

Sentencias niegan que el infarto de miocardio pueda ser incluido entre los accidentes a que se refiere el art. 100 LCS. Por ejemplo, relativas a que el actor no demuestra que el infarto ha obedecido a una causa externa al agente; aquellas que excluyen de la cobertura del seguro si es consecuencia de una enfermedad arterioesclerótica de larga y lenta evolución; las que lo excluyen, salvo que explícitamente haya sido pactada su inclusión por las partes, entre otras.

Conclusiones finales[170]:

Visto todo lo anterior, para que el infarto de miocardio sufrido por un asegurado que tenía suscrita una póliza de seguro de accidente con una compañía de seguros pueda incluirse dentro de un concepto indemnizable deben concurrir los presupuestos siguientes:

1. Que no conste expresamente excluido de la póliza el infarto como riesgo asegurado.
2. Que se alegue en la demanda la circunstancia externa y súbita que ha sido la causa desencadenante del infarto.
3. Que se lleve a cabo un esfuerzo por la actora para acreditar la existencia del agente externo al infarto que ha sido el desencadenante del fallecimiento del asegurado. Y ello, aunque este tuviera antecedentes de salud respecto a este

170 Interpretación y alcance del contenido de las pólizas de seguro de accidentes en los casos de infarto del asegurado; Por D. Vicente Magro Servet. Presidente de la Audiencia Provincial de Alicante.
Comentario publicado en Revista de Jurisprudencia, núm. 3, febrero de 2009.

problema, pese a lo cual la prueba practicada demuestra que el agente externo y súbito fue de una calidad tal que sin duda alguna desencadenó el fatal desenlace.

4. Sólo tiene el concepto de indemnizable a efectos del seguro privado el infarto de miocardio cuando se demuestra que fue producido por una causa externa y por ello ajena al propio asegurado.
5. Debe haberse probado que ha existido un sobreesfuerzo del asegurado, o incluso que la actividad se ha desarrollado en el ejercicio de una actividad deportiva, pero que suponía una tensión o estrés.

118. Respecto de los gastos sanitarios derivados de la cobertura de accidentes ¿Qué dice la ley?

Para ello, la LCS establece que:

> *"Los gastos de asistencia sanitaria serán por cuenta del asegurador, siempre que se haya establecido su cobertura expresamente en la póliza y que tal asistencia se haya efectuado en las condiciones previstas en el contrato. En todo caso, estas condiciones no podrán excluir las necesarias asistencias de carácter urgente".*

119. ¿Cuándo se determina el grado de invalidez derivado de un accidente?

Para dar respuesta, acudimos al tenor del artículo 104 de la LCS, cuando dice:

> *"La determinación del grado de invalidez que derive del accidente se efectuará después de la presentación del certificado médico de incapacidad"*

A pesar de su aparente rotundidad, no ha sido un artículo exento de debate jurídico. Sirva como ejemplo y como más reciente en el tiempo, **la STS de la Sala 1.ª, de 25 de junio de 2025, núm. 1017/2025 —TOL10.610.295—.**

En esencia y para no ahondar en exceso en los antecedentes que traen causa de la sentencia, se trató de determinar si es viable interponer una primera demanda de reclamación de una indemnización por incapacidad temporal y posteriormente una acción de reclamación de una indemnización por incapacidad permanente, en ambos casos con fundamento en una misma póliza de seguro.

Pues bien, el Tribunal Supremo es tajante y la respuesta en negativa. Veamos:

FJ 4.º:

> *"Como declaró la sentencia 772/2022, de 10 de noviembre, que la parte demandante manifestara en la primera demanda que se reservaba expresamente la acción indemnizatoria por incapacidad permanente para un segundo procedimiento es indiferente, porque no depende de la voluntad de la parte el cumplimiento de las exigencias legales, que en este caso impiden la incoación de dos procedimientos sucesivos para la obtención de una condena dineraria que podría haberse obtenido en un solo procedimiento".*

Y respecto del cuándo hay que fijar la fecha para determinar el grado de invalidez:

FJ 4.º:

> *"Tanto por lo dispuesto en la póliza como por aplicación de la jurisprudencia de la sala (sentencia del pleno 129/2023, de 31 de enero-—TOL9.383.027—),* ***la fecha del siniestro a efectos de la incapacidad permanente es la de la propuesta del EVI recogida en la resolución del INSS.*** *En consecuencia, si la determinación del siniestro por ese concepto estaba todavía en estudio no cabe afirmar que cuando se interpuso la primera demanda no existía una incertidumbre sobre la concurrencia de la situación de incapacidad permanente".*

120. ¿Qué cubren los seguros de enfermedad y asistencia sanitaria?

Según el artículo 105 de la LCS: *"Cuando el riesgo asegurado sea la enfermedad, el asegurador podrá* **obligarse**, *dentro de los límites de* *la póliza, en caso de siniestro, al pago de ciertas sumas y de los gastos de asistencia médica y farmacéutica. Si el asegurador asume directamente la prestación de los servicios médicos y quirúrgicos, la realización de tales servicios se efectuará dentro de los límites y condiciones que las disposiciones reglamentarias determinan".*

A pesar de lo anterior, quisiera llamar la atención al lector respecto de una controversia, nada infrecuente, que surge cuando la Administración suscribe acuerdos marco con una aseguradora privada, para dar cobertura a un colectivo humano concreto, en este caso MUFACE, suscribe acuerdo con ASISA.

Pues bien, en este caso, el mutualista de la Mutualidad General de Funcionarios Civiles del Estado, adscrita a ASISA, presentó solicitud dirigida a la Dirección Provincial de Madrid de la Mutualidad explicando que el Doctor Don Cecilio adscrito al centro Integral Oncológico "Clara Campal" a cuya consulta acudía, solicitó una serie de pruebas diagnósticas, concluyendo que sufría un proceso de tumoración gástrica, distal T2 elaborando un informe en el que exponía la situación de la paciente y solicitaba prueba PET TAC para planificar estrategia de la paciente.

La interesada presentó solicitud de autorización de dicha prueba ante ASISA, que le comunicó que no podían autorizar la citada prueba pro uno estar incluida en las indicaciones aprobadas en el nuevo protocolo de la Guía de PET publicado por las MUTUALIDADES. El Doctor Cecilio está concertado con la entidad.

La paciente realizó la prueba en el Hospital San Chinarro de Madrid, cuyos gastos reclama, por importe de 950 euros que hubo de abonar al Hospital en que fue realizada la misma. La resolución de MUFACE parte de la normativa general y se destinan la solicitud ya que es una prueba diagnóstica no incluida en el Concierto suscrito por MUFACE con la Entidad ASISA.

Disconforme con dicha decisión la interesada interpuso recurso de alzada, alegando que ASISA había incurrido en una denegación injustificada de asistencia por no haber ofrecido una alternativa y entiende que la prueba está incluida en el NUEVO PROTOCOLO

DE LA GUÍA PET-TEC autorizada por la Agencia Española de Medicamentos y considerada oportuna en fase preoperatoria

¿Qué pasó después?

Contra dicha resolución se interpuso recurso contencioso-administrativo, siendo que el **TSJ de Madrid (Contencioso), sec. 6.ª, S 06-04-2016, n.º 193/2016, rec. 360/2015 —TOL5.731.243—** resolvió en favor del recurrente, en el siguiente sentido, que sintetizo en varios puntos, para mejor comprensión:

Por tanto, sobre esta base el facultativo que atendía la enfermedad de la recurrente, adscrito a la Entidad ASISA, emitió un informe solicitando la prueba en los términos antes descritos. Dada la especificidad de la prueba, y la evolución de las indicaciones de la misma, y el contenido de la Guía PET con el protocolo de prescripción, el médico que prescribió la prueba valoró la situación y consideró conveniente la práctica de la misma tal como consta en el Informe. En los documentos aportados, se acredita que dicha prueba está incluida en el SNS si un facultativo especialista lo considera necesario. En la Guía de prestaciones se recoge la prueba, si bien con determinadas indicaciones, y en concreto se detalla ESTADIFICACION e incluye cáncer de esófago, entre otros.

La Estadificación, según Diccionario de la Real Academia de la Lengua, es la acción y efecto de estadificar y, a su vez, estadificar es "clasificar la extensión y gravedad de una enfermedad tumoral maligna.

La recurrente no ha acudido por voluntad propia a un facultativo distinto, ni a realizar una prueba determinada que consideró de su interés, sino que se sometió a lo que indicaba el especialista que diagnosticó la enfermedad, quien consideró conveniente la realización de dicha prueba, explicando las razones de su necesidad. La negativa a hacerse cargo de la misma deriva de que no está recogida en el Concierto, pero, sin embargo, éste se remite a la Guía de prestaciones, que contiene indicaciones sobre la prueba y evolución sobre su utilidad para determinados supuestos. Podría cuestionarse la decisión médica, si se entendiera que no era la oportuna para el tipo de enfermedad que se había diagnosticado, pero no es ese el tema objeto de debate.

De hecho, el Anexo 5 del Concierto detalla en su punto 2.1, 2 que en ningún caso se denegará una solicitud de un medio diagnóstico o terapéutico incluido en la cartera de Servicios establecida, indicado por un facultativo de la Entidad, y en el caso de que se trate de un proceso para el que la Comisión de Prestaciones haya aprobado un protocolo, que la indicación se ajuste al mismo.

En tales condiciones, y no siendo una prueba excluida de las recogidas en la Guía de Prestaciones, si bien se ha evolucionado sobre la conveniencia o utilidad de la misma para determinados supuestos, no puede rechazarse su práctica cuando el facultativo de la Entidad, especialista en oncología, la había recomendado para determinar la extensión de la enfermedad, y dicha prueba está incluida en el Sistema Nacional de Salud. Por tanto, la asistencia se ha de prestar con arreglo a la Cartera de Servicios, y si se consideraba que la prueba no era relevante, debió darse una opción o solicitarse un informe complementario al facultativo. De otro modo, no puede hacerse recaer sobre el paciente el importe de la prueba en cuestión, puesto que ello implicaría una denegación de asistencia[171].

121. ¿Qué es un seguro de decesos?

Para dar respuesta, acudimos al artículo 106 bis de la LCS: *"Por el seguro de decesos el asegurador se obliga, dentro de los límites establecidos en este título y en el contrato, a prestar los servicios funerarios pactados en la póliza para el caso en que se produzca el fallecimiento del asegurado"*.[172]

---

171 En sentido muy similar a lo anterior y también con sentencia favorable para el recurrente, la sentencia del TSJ Madrid (Contencioso), sec. 6.ª, S 06-06-2024, n.º 351/2024, rec. 314/2023.

172 Ver Anexo LOSSEAR (Ramo 19.ª): "Incluye operaciones de seguro que garanticen la prestación de servicios funerarios para el caso de que se produzca el fallecimiento, o bien subsidiariamente, cuando no se pue-

122. *¿Qué sucede si los costes efectivos del servicio funerario han sido inferiores a la suma asegurada?*

En tal caso, la ley permite al tomador o a los herederos, reclamar a la aseguradora con quien el finado tenía contratado el seguro de decesos, reclamar la devolución del excedente. Para ello, es aconsejable:

- Revisar las condiciones de la póliza y comprobar la suma asegurada.
- Ponerse en contacto con la compañía de seguros y solicitar la documentación imprescindible (certificado de defunción, facturas y recibos detallados de los gastos funerarios).

123. *¿Qué sucede si el asegurador no hubiera podido, finalmente, cumplir con el servicio contratado?*

Para ello, tal y como establece el artículo 106 bis de la LCS, *"el asegurador quedará obligado a satisfacer la suma asegurada a los herederos del asegurado fallecido, no siendo responsable de la calidad de los servicios prestados"*.

124. *¿Qué sucede si el tomador había contratado más de un seguro de decesos con la misma aseguradora?*

En ese caso, dice la ley que el asegurador estará obligado a devolver, a petición del tomador, las primas pagadas de la póliza que haya decidido anular desde que se produjo la concurrencia.

---

da realizar la prestación, por causa de fuerza mayor o por haberse realizado el servicio a través de otros medios, distintos de los dispuestos por la aseguradora, a satisfacer a los herederos legales del asegurado fallecido la suma asegurada, que no debe exceder del valor medio de los gastos funerarios por un fallecimiento"

125. ¿Qué sucede si el tomador había contratado más de un seguro de decesos con distintas aseguradoras?

La ley dice que, en tal caso, *"el asegurador que no hubiera podido cumplir con su obligación de prestar el servicio funerario en los términos y condiciones previstos en el contrato, vendrá obligado al pago de la suma asegurada a los herederos del asegurado fallecido"*.

126. ¿Qué es un seguro de dependencia?

Encontramos respuesta en el artículo 106 ter, de la LCS:[173] *"Por el seguro de dependencia el asegurador se obliga, dentro de los límites establecidos en este título y en el contrato, para el caso de que se produzca la situación de dependencia, al cumplimiento de la prestación convenida con la finalidad de atender, total o parcialmente, directa o indirectamente, las consecuencias perjudiciales para el asegurado que se deriven de dicha situación"*

De obligada referencia, a los efectos de esta concreta cobertura, la ley de Promoción de la Autonomía Personal y Atención a las personas en situación de dependencia.[174]

Por tanto, habrá de entenderse por "dependencia" (artículo 2 de la citada Ley):

> *"el estado de carácter permanente en que se encuentran las personas que, por razones derivadas de la edad, la enfermedad o la discapacidad, y ligadas a la falta o a la pérdida de autonomía física, mental, intelectual o sensorial, precisan de la atención de otra u otras personas o ayudas importantes para realizar actividades*

---

173 Ver Anexo LOSSEAR, Ramo B (Vida): ". El seguro sobre la vida, tanto para caso de muerte como de supervivencia, o ambos conjuntamente, incluido en el de supervivencia el seguro de renta; el seguro sobre la vida con contraseguro; el seguro de nupcialidad, y el seguro de natalidad. Asimismo, comprende cualquiera de estos seguros cuando estén vinculados con fondos de inversión u otros activos a los que se refiere el artículo 73. Igualmente, podrá comprender el seguro de dependencia".

174 BOE 15/12/2006. Ley 39/2006, de 14 de diciembre.

básicas de la vida diaria o, en el caso de las personas con discapacidad intelectual o enfermedad mental, de otros apoyos para su autonomía personal".

127. *¿Cuáles son las coberturas en las que podrá consistir este seguro de dependencia?*

Según la LCS, las siguientes:

a) Abonar al asegurado el capital o la renta convenida.

b) Reembolsar al asegurado los gastos derivados de la asistencia.

c) Garantizar al asegurado la prestación de los servicios de asistencia, debiendo el asegurador poner a disposición del asegurado dichos servicios y asumir directamente su coste.

Capítulo II

Los seguros obligatorios más habituales

I. EL ASEGURAMIENTO DERIVADO DE LA TENENCIA DE ANIMALES

1. ¿Cómo regula actualmente la normativa el llamado "seguro de mascotas"?

Esta es una de las preguntas más habituales que suelen hacerse miles de personas en nuestro país y aunque la respuesta pareciera obvia y la pregunta, ociosa, lo cierto y verdad es que, a la vista del vaivén legislativo que venimos sufriendo en España en los últimos años, a día de hoy y por los motivos que luego se detallarán, la duda reina en el ambiente.

Lo primero que hay que saber, desde el punto de vista de la Ley de Contrato de Seguro (LCS en lo sucesivo), es que no hay una específica mención a ello, si bien y por su propia naturaleza, habrá de incluirse dentro del seguro de responsabilidad civil.

¿Qué debemos entender por *mascota* a efectos de la normativa?

Según el diccionario de la RAE, *"mascota"* es un animal de compañía. No especifica más el diccionario. Por tanto, y para encontrar encaje conceptual dentro de la normativa actual, hemos de preguntarnos, por tanto, qué es un animal doméstico, a diferencia de un animal *"fiero o salvaje"*.

Según el Diccionario Panhispánico del Español Jurídico (DPEJ), "animal doméstico" es: *"animal de compañía perteneciente a especies que crían y poseen tradicional y habitualmente los seres humanos, con el fin de vivir en domesticidad en el hogar, así como los de acompañamiento, conducción y ayuda de personas ciegas o con deficiencia visual grave o severa. No es susceptible de apropiación por ocupación".*

En cuanto a la definición normativa, debemos acudir a la **Ley de protección de los derechos y el bienestar de los animales (en lo sucesivo ley 7/2023)**[175], que en su artículo 3.º, define animal de compañía, como:

> *"animal doméstico o silvestre en cautividad, mantenido por el ser humano, principalmente en el hogar, siempre que se pueda tener en buenas condiciones de bienestar que respeten sus necesidades etológicas, pueda adaptarse a la cautividad y que su tenencia no tenga como destino su consumo o el aprovechamiento de sus producciones o cualquier uso industrial o cualquier otro fin comercial o lucrativo y que, en el caso de los animales silvestres su especie esté incluida en el listado positivo de animales de compañía.*

En todo caso perros, gatos y hurones, independientemente del fin al que se destinen o del lugar en el que habiten o del que procedan, serán considerados animales de compañía. *Los animales de producción sólo se considerarán animales de compañía en el supuesto de que, perdiendo su fin productivo, el propietario decidiera inscribirlo como animal de compañía en el Registro de Animales de Compañía"*

Por tanto, de la definición anterior, podemos extraer las siguientes conclusiones:

- Que se trate de un animal doméstico o silvestre en cautividad, mantenido por el ser humano, principalmente en el hogar.
- siempre que se pueda tener en buenas condiciones de bienestar que respeten sus necesidades etológicas, pueda adaptarse a la cautividad.
- que su tenencia no tenga como destino su consumo o el aprovechamiento de sus producciones o cualquier uso industrial o cualquier otro fin comercial o lucrativo.

---

175 Ley 7/2023, de 28 de marzo. BOE de 29/03/2023. En vigor desde el 29/09/2023.

Dicho lo anterior, ¿Es posible que los llamados "*animales de producción*" sean considerados como animales de compañía?

La respuesta es positiva y tiene encaje legal dentro del artículo 3.ª) de la mencionada ley, cuando dice: *"Los animales de producción sólo se considerarán animales de compañía en el supuesto de que, perdiendo su fin productivo, el propietario decidiera inscribirlo como animal de compañía en el Registro de Animales de Compañía"*

Por tanto, es palmario que los animales de compañía por antonomasia, son perros y gatos. Por el contrario, a lo anterior, ¿qué hemos de entender como animal fiero o salvaje? Según el DPEJ, es "aquel animal que, vagando libre por la tierra, el aire o el agua, es objeto adecuado para la apropiación por ocupación como res nullius mediante su caza o su pesca".

En cuanto a la definición legal de animal *"silvestre"*, dice el artículo 3 d):

> *"Animal silvestre en cautividad: todo aquel animal silvestre cuyo geno/fenotipo no se ha visto significativamente alterado por la selección humana y que es mantenido en cautividad por el ser humano. Puede ser animal de compañía si se incluye en el listado positivo de animales de compañía, de lo contrario, será considerado a los efectos de esta ley como silvestre en cautividad, sin perjuicio de la sujeción de los animales silvestres de producción a la Ley 32/2007, de 7 de noviembre, para el cuidado de los animales, en su explotación, transporte, experimentación y sacrificio."*

2. *¿Estoy obligado a tener un seguro de responsabilidad civil si tengo un perro o gato?*

Esta pregunta, fácil en su formulación, tiene una respuesta un tanto más imprecisa debido a la que el legislador, por motivos que aquí se nos escapan, ha querido dar sensación de obligatoriedad a la contratación de un seguro de responsabilidad civil para mascotas, si bien y como ahora veremos, actualmente, no existe, en puridad, una obligación legal imperativa. Me explico:

Si acudimos a la ley 7/2023, en su artículo 30.3, tenemos que: *"en el caso de la tenencia de perros y durante toda la vida del animal, la persona titular deberá contratar y mantener en vigor un seguro de responsabilidad civil por daños a terceros, que incluya en su cobertura a las personas responsables del animal, por un importe de cuantía suficiente para sufragar los posibles gastos derivados, que se establecerá reglamentariamente".*

Pues bien, sucede que, a falta de previsión reglamentaria sobre el seguro en cuestión, llegado el 29 de septiembre de 2023, fecha de entrada en vigor de la norma, al no existir desarrollo reglamentario sobre esta cuestión, se generó una evidente situación de incertidumbre que dejaba en un abismo de inseguridad jurídica a todos los tenedores de perros, así como a las aseguradoras que operan en el ramo del seguro de hogar.

A tal fin y en vista de lo anterior, se dio publicidad a una nota informativa conjunta de la DG de Seguros y Fondos de Pensiones, así como de la DG de Derechos de los Animales sobre los seguros de responsabilidad civil para titulares de perros.[176]

De la referida nota conjunta, podemos extraer las siguientes conclusiones:

- ✓ Si bien, en puridad de términos jurídicos, no resulta efectivamente aplicable hasta que se produzca el desarrollo reglamentario de dicho precepto, de conformidad con lo dispuesto en el mismo.
- ✓ Asimismo, se deberá atender a lo recogido sobre esta materia en las normativas autonómicas y locales que ya establecen, en algunos casos, la obligatoriedad de disponer seguro de responsabilidad civil por tenencia de perros.
- ✓ A los efectos de la obligación recogida en el apartado anterior, serán válidos aquellos seguros del hogar que incluyan

---

176 https://dgsfp.mineco.gob.es/es/Regulacion/DocumentosRegulacion/report_CIRCULAR%20SEGURO.pdf

la responsabilidad civil sobre los animales de compañía del titular del seguro.

✓ En el caso de los titulares de perros potencialmente peligrosos, la normativa específica (Real Decreto 28/2002, de 22 de marzo, por el que se desarrolla la Ley 50/1999, de 23 de diciembre, sobre el régimen jurídico de la tenencia de animales potencialmente peligrosos) obliga a que la cobertura mínima del seguro de responsabilidad civil sea de, al menos, 120.000€.

CONCLUSIÓN: si bien no resulta obligatorio, a fecha de hoy y a nivel estatal, un seguro de responsabilidad civil para los tenedores de perros, hay que estar al tanto de lo que cada Comunidad Autónoma pueda exigir dentro del marco de sus competencias.

Es, por tanto, del todo punto aconsejable, suscribir un seguro de responsabilidad civil específico para perros, ya que el mercado actual tiene cada vez más oferta al respecto, con coberturas adecuadas a la realidad de los tiempos y a cambio de primas bastante razonables.

En todo caso, la inmensa mayoría de las coberturas que ofrece el seguro de hogar, ya contempla al perro como animal de compañía que, en caso de producir daños o lesiones en terceros, permite acoger la posible reclamación de estos a cargo de la aseguradora del hogar. Es aconsejable revisar bien la póliza que tengamos contratada y ver qué cuantías cubren y qué posibles exclusiones nos podamos encontrar, evitando así desagradables sorpresas en caso de que tengamos un percance con nuestro perro.

3. ¿Qué se considera como animal potencialmente peligroso?

Para ello, lo más sencillo es acudir *a la Ley sobre el Régimen Jurídico de la Tenencia de Animales Potencialmente Peligrosos.*[177] (en adelante, la ley 50/1999):

---

[177] Ley 50/1999, de 23 de diciembre. BOE 24/12/1999.

De entrada, nos dice la citada ley

> 1. *Con carácter genérico, se consideran animales potencialmente peligrosos todos los que, perteneciendo a la fauna salvaje, siendo utilizados como animales domésticos, o de compañía, con independencia de su agresividad, pertenecen a especies o razas que tengan capacidad de causar la muerte o lesiones a las personas o a otros animales y daños a las cosas.*
>
> *2. También tendrán la calificación de potencialmente peligrosos, los animales domésticos o de compañía que reglamentariamente se determinen, en particular, los pertenecientes a la especie canina, incluidos dentro de una tipología racial, que, por su carácter agresivo, tamaño o potencia de mandíbula tengan capacidad de causar la muerte o lesiones a las personas o a otros animales y daños a las cosas.*

4. ¿Debo tener una licencia si soy tenedor de un animal peligroso?

La respuesta es afirmativa y la ley es rotunda en tal sentido. A saber:

La tenencia de cualesquiera animales clasificados como potencialmente peligrosos al amparo de esta Ley requerirá la previa obtención de una licencia administrativa, que será otorgada por el Ayuntamiento del municipio de residencia del solicitante, una vez verificado el cumplimiento de, al menos, los siguientes requisitos:

a) Ser mayor de edad y no estar incapacitado para proporcionar los cuidados necesarios al animal.

b) No haber sido condenado por delitos de homicidio, lesiones, torturas, contra la libertad o contra la integridad moral, la libertad sexual y la salud pública, de asociación con banda armada o de narcotráfico, así como ausencia de sanciones por infracciones en materia de tenencia de animales potencialmente peligrosos.

c) Certificado de aptitud psicológica.

d) Acreditación de haber formalizado un seguro de responsabilidad civil por daños a terceros que puedan ser causados por sus animales, por la cuantía mínima que reglamentariamente se determine.

Sobre ello, hay que indicar que la cifra mínima es de 120.000 € (Art. 3 del RD 287/2002)

Este precepto se desarrollará reglamentariamente[178]

5. *¿Qué razas de perro se consideran potencialmente peligrosas?*

Las siguientes:

a) Pit Bull Terrier.
b) Staffordshire Bull Terrier.
c) American Staffodshire Terrier.
d) Rottweiler.
e) Dogo Argentino.
f) Fila Brasileiro.
g) Tosa Inu.
h) Akita Inu.

Importante precisión a lo anterior. Aunque nuestro perro no sea una de las razas anteriormente indicadas, no por ello y en caso de que atacara a una persona, por ejemplo, quedaría exonerado de ser considerado perro peligroso. El artículo 2.2 del RD 287/2022, es muy claro: *"En todo caso, aunque no se encuentren incluidos en el apartado anterior, serán considerados perros potencialmente peligrosos aquellos animales de la especie canina que manifiesten un carácter marcadamente agresivo o que hayan protagonizado agresiones a personas o a otros animales".*

6. *¿Quién será, por tanto, responsable de los daños y perjuicios que mi perro pueda causar a terceros?*

Para ello, acudimos al artículo 1905 del Código Civil (CC), que nos dice:

---

178 Real Decreto 287/2002, de 22 de marzo, por el que se desarrolla la Ley 50/1999, de 23 de diciembre, BOE 27/03/2002.

> *"El poseedor de un animal, o el que se sirve de él, es responsable de los perjuicios que causare, aunque se le escape o extravíe. Sólo cesará esta responsabilidad en el caso de que el daño proviniera de fuerza mayor o de culpa del que lo hubiese sufrido"*

Es decir, como puede observarse y en contra de lo que se suele pensar habitualmente, la responsabilidad que deriva del daño que un animal pueda causar a terceros, no es atribuible directamente al propietario/a del perro, de manera automática, por el mero hecho de serlo, sino que esta responsabilidad es consecuencia de su tenencia o posesión y no tanto de la propiedad.[179] —TOL7.580.971—.

Por tanto, lo más importante, a efectos jurídicos, no es de quién sea el animal que genera daños en terceros, sino quien se hacía cargo o se servía de él en el preciso instante de acaecer los hechos. Esto tiene su importancia en casos donde, siendo el animal (normalmente perros) propiedad de una persona o una empresa, ésta cede en otra persona, la tenencia transitoria del animal, véase, por ejemplo, una empresa que se dedica a la seguridad privada y que tiene perros de vigilancia y que, en un momento determinado, alquila a ese animal a otra empresa. Si finalmente el perro, ataca o muerde a un tercero, la responsabilidad civil será achaca-

---

179 Así, por ejemplo, entre muchas, la sentencia de la AP Madrid, sec. 9.ª, S 27-06-2019, n.º 338/2019, rec. 368/2019:
FJ 4.ª.
"La responsabilidad afecta al poseedor del animal, no a su propietario, si éste no tiene cuidado directo por tanto la responsabilidad deriva de la tenencia o riesgo y no de la culpa del poseedor. Como dice la STS de 29 de mayo 2003, El artículo 1905 del Código civil establece, como criterio de imputabilidad, la posesión del animal o el servicio del mismo: "el poseedor de un animal o el que se sirve de él, dice literalmente. Lo que significa que se impone la obligación de reparar el daño al que tiene el poder de hecho (posesión de hecho, inmediata) o el interés en la utilización (servicio) del animal, sea o no propietario. La sentencia de 28 de enero de 1986 precisa que se trata de una responsabilidad por riesgo inherente a la utilización del animal".

ble a la empresa arrendataria del animal y a quien resultaba ser propietaria del mismo.[180] —TOL4.319.768.—

7. ¿Qué sucede si mi perro se pierde o extravía y al cruzar una carretera acaba provocando un accidente de circulación?

En este caso y dado que en el preciso instante de la colisión o del accidente viario provocado por el perro, no había nadie poseyendo o sirviéndose del animal, la responsabilidad es clara de quien resulte propietario del mismo, siempre que termine averiguándose, lógicamente (normalmente mediante microchip) quién es el propietario.[181] —TOL9.099.729—.

8. ¿Puedo pedir indemnización por daño moral si otro perro ataca al mío causándole lesiones o la muerte?

La respuesta es claramente afirmativa y actualmente tiene acogida no sólo a nivel jurisprudencial, sino normativo. Lo anterior, se explica por el tenor literal del artículo 333.4 bis del Código Civil, que indica:

> *"En el caso de que la lesión a un animal de compañía haya provocado su muerte o un menoscabo grave de su salud física o psíquica, tanto su propietario como quienes convivan con el animal tienen derecho a que la indemnización comprenda la reparación del daño moral causado"*

Al margen de lo anterior, la inmensa mayoría de las sentencias que acogían supuestos de este tipo, ya contemplaban, incluso antes de la actual redacción del artículo antes citado, la concesión de daño moral al propietario de un perro atacado por otro.[182] —TOL10.195.477—.

---

180 Ver sentencia AP Vizcaya, sec. 5.ª, S 19-09-2012, n.º 330/2012, rec. 269/2012

181 Ver sentencia de la AP de Alicante de 15/03/2022; Núm. 98/2022, Rec. 391/2021.

182 Ver sentencia AP Almería, sec. 1.ª, S 18-06-2024, n.º 638/2024, rec. 448/2023

La indemnización podrá reclamarse tanto al propietario del perro agresor, como a la compañía aseguradora que dé cobertura por eventualidades de este tipo, ya sea un seguro específico de responsabilidad civil por tenencia de perros o bien, a la aseguradora del ramo de hogar del dueño/a del perro agresor, ya que, en la casi totalidad de los casos, los clausulados de los seguros de hogar dan cobertura a este tipo de situaciones.[183] —TOL1.780.798—.

II. EL SEGURO OBLIGATORIO DE VIAJEROS Y SU PROBLEMÁTICA JURÍDICA

Entiendo imprescindible abordar esta cuestión dado que es evidente que, la inmensa mayoría de los ciudadanos, hacen uso de los distintos medios de transporte, ya sea de manera frecuente o esporádica, según el caso. Por ello y por tratarse de un fenómeno colectivo de masas que comporta siempre evidentes riesgos que pueden materializarse en daños concretos, he querido entrar a analizar, de manera somera, cuál es el régimen jurídico cuyo conocimiento básico es más que aconsejable para cualquiera que haga uso de un medio de transporte. Vayamos con las preguntas más esenciales al respecto.

1. *¿Cuál es la norma que debo tener en cuenta como usuario de transporte público?*

Pues se regula en el RD 1575/1989, de 22 de diciembre (Reglamento del Seguro Obligatorio de Viajeros), al que denominaré el RSOVI.[184]

Su finalidad es indemnizar a los viajeros o a sus derechohabientes, cuando sufran daños corporales en accidente que tenga

---

183 Ver sentencia AP Valencia, sec. 11.ª, S 14-10-2009, n.º 577/2009, rec. 395/2009

184 BOE» núm. 311, de 28/12/1989.

lugar con ocasión de desplazamiento en un medio de transporte público colectivo de personas, siempre que concurran las circunstancias establecidas en el RSOVI.

Es un seguro obligatorio y ampara a todo viajero que utilice medios de locomoción destinados al transporte público colectivo de personas y es compatible con cualquier otro seguro concertado por el viajero o a él referente.

2. *¿Qué coberturas garantiza este seguro?*

Exclusivamente, las indemnizaciones pecuniarias y la asistencia sanitaria establecidas en esta disposición, cuando, como consecuencia de un accidente producido en las circunstancias previstas en el artículo 1, se produzca muerte, invalidez permanente o incapacidad temporal del viajero.

3. *¿A quién cubre el RSOVI?*

Hay dos precisiones al respecto:

- A todos los usuarios de medios de transporte público colectivo español de viajeros, urbanos e interurbanos contemplados en la Ley 16/1987, de 30 de julio, de Ordenación de los Transportes Terrestres, en tanto circulen por territorio nacional y en todos los viajes que tengan su principio en dicho territorio, aunque sin limitación de destino.
- A todos los usuarios de medios de transporte marítimo español, en todos los viajes que realicen y tengan su principio en territorio nacional, sin limitación de destino.

4. *Por tanto, ¿quiénes son considerados como Asegurados a los efectos de este seguro?*

En concreto, toda persona que en el momento del accidente esté provista del título de transporte, de pago o gratuito.

Importante: cuando el título de transporte se expida sin exigir la identificación del viajero, se presumirá que el accidentado estará provisto de billete en todos aquellos casos en que por las características del accidente sea verosímil el extravío o destrucción de dicho billete.

Están también protegidos los usuarios menores de edad que, según las normas que regulan cada medio de transporte, estén exentos del pago de billetes o pasaje.

Por último, son también asegurados el personal dedicado por la Empresa transportista a los servicios requeridos para la utilización o el funcionamiento del vehículo, así como el personal al servicio de las Administraciones Públicas que se hallen, durante el viaje, en ejercicio de sus funciones.

5. *¿Qué tipo de eventualidades que pueda sufrir un usuario de transporte público quedan aseguradas?*

En concreto:

- Las lesiones corporales que sufran éstos a consecuencia directa de choque, vuelco, alcance, salida de la vía o calzada.
- Lesiones debido a rotura, explosión, incendio, reacción, golpe exterior
- Y cualquier otra avería o anormalidad que afecte o proceda del vehículo

Más concretamente y para detallar aún más qué tipo de accidentes, de todos los posibles, quedarán protegidos a los efectos del RSOVI, podemos enunciar:

- Los accidentes acaecidos durante el viaje y los ocurridos, tanto antes de comenzar éste, una vez que el vehículo hubiera sido puesto a disposición de los viajeros para utilizarlo;
- Los inmediatamente sobrevenidos después de terminar, siempre que, al producirse, el asegurado se encontrara en dicho vehículo.

Si bien lo anterior y dado que la casuística siempre puede ser tan rica que exceda de lo normativamente contemplado, al menos, a título enunciativo, la ley indica que, en todo caso, gozarán de protección:

a) Los accidentes ocurridos al entrar el asegurado en el vehículo o salir de él por el lugar debido, teniendo contacto directo con aquél, aun cuando lo tuviera también con el suelo, así como los ocurridos durante la entrega o recuperación del equipaje directamente del vehículo.

   En el transporte marítimo, los ocurridos al viajero hallándose situado sobre la plancha, escala real o pasarelas que unen la embarcación con el muelle, así como el acaecido durante el traslado, en otras embarcaciones, desde el muelle a buques no atracados y viceversa.

b) Los accidentes que ocurran con ocasión de acceso o abandono de vehículos que hayan de ocuparse o evacuarse en movimientos por exigirlo así la naturaleza del medio de transporte.

c) Los que sobrevinieran cuando fuera necesario efectuar el acceso o evacuación del vehículo en situación excepcional que implique para él mayor peligrosidad que de ordinario, y ocurra durante la misma.

6. *Este seguro, ¿Es aplicable a todo tipo de transportes públicos?*

La respuesta es negativa si hablamos de medios destinados al transporte público de personas con capacidad inferior a nueve plazas, salvo que se traten de: "*Los que tienen por objeto transportes de personas que se lleven a cabo en trolebús, así como los realizados en teleféricos, funiculares, telesquíes, telesillas, telecabinas u otros medios en los que la tracción se haga por cable y en los que no exista camino de rodadura fijo*".

Por tanto y sensu contrario, los medios de transporte públicos que sí están incluidos en la cobertura del RSOVI, son:

a) Los que tienen por objeto transportes de viajeros realizados en vehículos automóviles que circulen, sin camino de rodadura fijo, y sin medios fijos de captación de energía, por toda clase de vías terrestres urbanas e interurbanas, de carácter público, y asimismo de carácter privado, cuando el transporte que en los mismos se realice sea público.

b) Los que tienen por objeto transportes de personas por ferrocarril, considerándose como tales aquellos en los que los vehículos en los que se realizan circulan por un camino de rodadura fijo que les sirve de sustentación y de guiado, incluyendo los denominados «trenes-cremallera» constituyendo el conjunto camino-vehículo una unidad de explotación.

   No tendrán la consideración de ferrocarril, a los efectos establecidos en este artículo, las vagonetas sin motor, ni las máquinas aisladas dedicadas exclusivamente a realizar maniobras dentro del recinto de las estaciones o de sus dependencias.

c) Los que tienen por objeto transportes de personas que se lleven a cabo en trolebús, así como los realizados en teleféricos, funiculares, telesquíes, telesillas, telecabinas u otros medios en los que la tracción se haga por cable y en los que no exista camino de rodadura fijo.

d) Las embarcaciones de matrícula y pabellón españoles que estén autorizadas para el transporte público colectivo de pasajeros.

7. *¿Cuáles son las precisiones legales que he de conocer sobre el contenido del RSOVI?*

Esencialmente, las siguientes:

a) Fallecimiento. Respecto a ello, hay que saber que la indemnización, en caso de muerte, será única. Procederá la indemnización *por muerte si ésta ocurre durante el transcurso de dieciocho meses, contados desde la fecha del accidente y es consecuencia directa del mismo.* Se considerará que concurre esta última circunstancia en el accidente que origine el fallecimiento por agravación de enfermedad o lesión padecida por el asegurado con anterioridad.

b) Incapacidad permanente. Hemos de saber que, en estos casos que, cuando la naturaleza de las lesiones que presumiblemente deban dar lugar a incapacidad permanente haga imposible el diagnóstico definitivo durante el curso del tratamiento, el asegurado podrá solicitar y obtener en ese período el abono de cantidades en concepto de anticipos a cuenta de la indemnización que pueda corresponderle.

c) Incapacidad temporal. En estos casos, se indemnizará en función del grado de inhabilitación que se atribuye en el baremo anexo a este Reglamento a las lesiones de los asegurados, sin tener en consideración la duración real de las que hayan sufrido.

d) Asistencia sanitaria. La asistencia garantizada por el Seguro Obligatorio de Viajeros se extenderá, como límite máximo, hasta las setenta y dos horas siguientes al momento del accidente, cuando se trate de lesiones que no requieran hospitalización del asegurado o tratamiento especializado en cura ambulatoria; hasta diez días cuando los asegurados la tuvieran cubierta por otros seguros obligatorios, y hasta noventa días en los demás casos.

8. En caso de que suframos un accidente como usuario de un transporte público, ¿Es compatible el seguro de responsabilidad civil obligatorio a todo vehículo a motor, con el RSOVI?

No es una cuestión infrecuente que, siendo perjudicados como usuarios en un medio de transporte público, no sepamos si reclamar a la empresa propietaria del medio de transporte, con cargo al RSOVI o a la aseguradora del medio de transporte, vía seguro de responsabilidad civil obligatoria.

Pensemos en que se trata de dos seguros con distinta naturaleza jurídica: el RSOVI, es un seguro de accidentes y el llamado "seguro obligatorio", comúnmente conocido como "a terceros", es un seguro de responsabilidad civil.

No ha sido esta una cuestión donde haya existido una opinión unánime y continuada en el tiempo, ya sea en favor de admitir la posibilidad de reclamar al amparo de ambos seguros o en contra y han sido diversas las opiniones encontradas, esencialmente, entre distintas Audiencias Provinciales entre sí.[185]

9. *Si soy perjudicado como usuario de un medio de transporte público ¿Hay que entender que existe responsabilidad solidaria entre la empresa transportista y la aseguradora que cubra el SOVI?*

La respuesta, si tomamos como parámetro de referencia lo que sucede con el seguro obligatorio del automóvil, donde existe ex lege un régimen de responsabilidad solidaria entre el conductor, el propietario y la entidad aseguradora del vehículo, parece tornarse como afirmativa, sin mayores esfuerzos. Sin embargo, la realidad es bien distinta en el caso del RSOVI. Es muy importante precisar que, si pretendemos demandar, como perjudicados, exclusivamente al amparo del seguro obligatorio de viajeros, la indemnización deberá ser asumida, "en soledad", a cargo de la entidad aseguradora de dicho seguro, no siendo viable en este caso posible establecer la solidaridad con la empresa transportista.[186]

---

185 En todo caso, acudiendo al Tribunal Supremo, diremos que, el Alto Tribunal sí admite tal posibilidad, así como dentro de la llamada Jurisprudencia menor, como, por ejemplo: SAP Barcelona de 19/06/2023; SAP Sevilla, de 26/05/2022; SAP Madrid, 01/06/2022.

186 Ver sentencia AP Las Palmas, sec. 4.ª, S 30-01-2024, n.º 35/2024, rec. 311/2023; FJ 2:

10. Si quiero reclamar por las lesiones que he sufrido en un medio de transporte público, ¿Puedo reclamar sólo a la empresa transportista sin demandar también a su aseguradora?

La respuesta es negativa. Quien tiene legitimación pasiva para ser demandada, ya sea si nos dirigimos contra la aseguradora del SOVI o frente a la aseguradora que cubra la responsabilidad civil obligatoria, hemos de dirigirnos a la/as aseguradoras pertinentes, no a la empresa transportista.

Sirva como ejemplo, entre otras:[187]

Sentencia **AP Barcelona, sec. 1.ª, S 09-10-2017, n.º 529/2017, rec. 88/2016 —TOL6.442.211—.**

FJ 2.º:

> *"Lo expuesto significa que al haberse dirigido la reclamación únicamente contra la empresa de transportes y no contra la entidad aseguradora, la reclamación que se pretende se sitúa en el expresado marco de la responsabilidad imputable a dolo o culpa, y no a la responsabilidad objetiva que cubre el SOVI porque para que pudiera predicarse la expresada cobertura la acción debió de haberse dirigido contra la compañía de seguros, careciendo la demandada de legitimación pasiva en este concreto ámbito del seguro obligatorio".*

III. LA PRÁCTICA DE LA CAZA

Según datos oficiales ministeriales, en el año 2019, se expidieron en España 743.650 licencias de caza. Si bien estos datos y por

---

"Puesto que es un seguro de accidentes y el asegurado es el pasajero, no cubre la responsabilidad civil del transportista (tomador). No resultan de aplicación las disposiciones de la Ley 50/1980, de 8 de octubre, de Contrato de Seguro (EDL 1980/4219) sobre el seguro de responsabilidad civil (en particular la acción directa del artículo 76 de la que surgiría responsabilidad solidaria".

187 AP Barcelona 09/10/2017; SAP Madrid, 14/09/2022.

lo que he podido contrastar, varían sustancialmente en función de la fuente que ofrece el dato. En todo caso y dado que no es objeto detallado de este apartado, es innegable que la práctica cinegética en España es una actividad muy extendida y desde la noche de los tiempos, me arriesgo a afirmar, en toda la geografía de nuestro país.

Sentado lo anterior, es obvio, por lo que la práctica de tal actividad comporta, que el riesgo de que suceda un siniestro, con consecuencias siempre imprevisibles pero cuya intensidad puede ser desde pequeños incidentes, hasta el fallecimiento de personas, que la interrelación entre la caza y el mundo del seguro es palmaria.

1. Por tanto, ¿Qué he de saber, a grandes rasgos, si quiero iniciarme en la práctica de la caza en relación a posibles responsabilidades y aseguramientos?

Para ello, hemos de acudir a la Ley de Caza[188] y en concreto a dos artículos específicos que hacen mención al régimen de responsabilidad por daños causados por la práctica de la caza y al seguro obligatorio. En concreto:

Artículo 33.5: "*Todo cazador estará obligado a indemnizar los daños que causare con motivo del ejercicio de la caza, excepto cuando el hecho fuera debido únicamente a culpa o negligencia del perjudicado o a fuerza mayor. En la caza con armas, si no consta el autor del daño causado a las personas, responderán solidariamente todos los miembros de la partida de caza*".

Artículo 52.1: "*Todo cazador con armas deberá concertar un contrato de seguro que cubra la obligación de indemnizar los daños a las personas establecidas en el número 5 del artículo 33 de esta Ley. La obligación de indemnizar estará limitada por la cuantía que reglamentariamente señale el Gobierno para las prestaciones del Seguro Obligatorio, sin perjuicio de*

[188] Ley 1/1970, de 4 de abril, de caza, BOE 06/04/1970.

las indemnizaciones que, por encima de dicho límite o para los daños a las cosas puedan derivarse de la aplicación de los Códigos Penal y Civil".

Por tanto, a tener en cuenta:

– La culpa del cazador que causa lesiones o la muerte de otra persona, en el acto de la caza, por culpa o negligencia, responderá siempre, como responsable civil, salvo que se logre acreditar que la imprudencia fue de la víctima o bien, por causa de fuerza mayor.

– Si en el acto de la caza intervienen distintas personas y no logra identificarse al concreto autor de los daños y perjuicios causados a otra persona, se establece un régimen de solidaridad entre todos los intervinientes en esa partida de caza.

– Toda persona que quiera practicar caza, deberá tener licencia y el correspondiente seguro obligatorio, con las coberturas que reglamentariamente se determinen.[189]

2. *¿Qué coberturas tiene el Reglamento del Seguro de Responsabilidad Civil del Cazador, de suscripción obligatoria?*[190]

Según el artículo 2, del Real Decreto 63/1994, de 21 de enero, el ámbito de cobertura, es el siguiente:

a) Los daños referidos en el apartado anterior ocasionados por un disparo involuntario del arma.

b) Los daños referidos en el apartado anterior ocasionados en tiempo de descanso dentro de los límites del terreno de caza, en tanto se esté practicando el ejercicio de la misma.

---

189 Real Decreto 63/1994, de 21 de enero, por el que se aprueba el Reglamento del Seguro de Responsabilidad Civil del Cazador, de suscripción obligatoria.

190 Como jurisprudencia interesante de aplicación, entre otras:
AP Córdoba, sec. 1.ª, S 12-11-2019, n.º 880/2019, rec. 596/2019; SAP Cáceres de 20/02/2024; SAP León de 08/11/2023.

¿Qué daños no están incluidos?

Aquellos en los que el cazador no esté obligado a indemnizar porque el hecho fuera debido únicamente a culpa o negligencia del perjudicado o a fuerza mayor. No se considerarán casos de fuerza mayor los defectos, roturas o fallos de las armas de caza y sus mecanismos o de las municiones.

IV. EL SEGURO SOBRE BIENES HIPOTECADOS

1. Si tengo una vivienda sobre la que pesa una hipoteca ¿Tengo obligación de suscribir algún seguro?

En efecto, si soy titular de un bien sobre el que se constituya una garantía hipotecaria, debo suscribir un seguro contra daños[191]

El motivo que da justificación legal a esta obligación tiene sentido dado que, al ser la vivienda la garantía del banco para recuperar el capital prestado al cliente, si ésta se destruyese por un incendio, por ejemplo, ello le perjudicaría

A tal fin, es frecuente que el banco que ha concedido el préstamo con garantía hipotecaria, exija que el cliente suscriba un segu-

---

191 Ver art. 10 del RD 716/2009, de 24 de abril, por el que se desarrollan determinados aspectos de la Ley 2/1981, de 25 de marzo, de regulación del mercado hipotecario y otras normas del sistema hipotecario y financiero.
Artículo 10: Los bienes sobre los que se constituya la garantía hipotecaria deberán contar con un seguro contra daños adecuado a la naturaleza de los mismos. Los riesgos cubiertos deberán ser, al menos, los incluidos en los ramos de seguro 8 y 9 del artículo 6.1 del Real Decreto Legislativo 6/2004, de 29 de octubre, por el que se aprueba el texto refundido de la Ley de ordenación y supervisión de los seguros privados, con excepción del robo. La suma asegurada deberá coincidir con el valor de tasación del bien asegurado excluido el valor de los bienes no asegurables por naturaleza, en particular el suelo.

ro que asegure la vivienda por el valor de tasación excluyendo los elementos no asegurables por naturaleza, en particular el suelo.

Es habitual que el contrato de hipoteca incluya una cláusula en la que se te obliga a mantener vigente el contrato, de tal forma que si tú no lo haces el banco puede contratarlo a tu nombre. En este último caso, el banco debe informarte previamente de las características esenciales del seguro (prima, riesgos cubiertos, sumas aseguradas).

2. *Si mi vivienda hipotecada sufre un incendio y tengo un seguro de hogar ¿A quién debe abonar la indemnización mi compañía de seguros?*

Para ello hemos de acudir a los artículos 40 y 41 de la LCS, de donde se deduce, lo siguiente:

- Los acreedores hipotecarios tienen un derecho sobre la indemnización en caso de destrucción del bien hipotecado, puesto que de no ser así el acreedor no podría hacer efectivo su derecho de garantía en caso de siniestro. Por eso, la ley obliga al tomador o al asegurado a comunicar a la aseguradora la existencia o la constitución de la hipoteca sobre dicho bien.
- En caso de siniestro, la aseguradora tendrá que solicitar el consentimiento del acreedor hipotecario para poder pagar la indemnización al asegurado. Pasados tres meses de dicha solicitud sin oposición por parte del mismo, se presume dicho consentimiento. En caso de que no se llegue a un acuerdo entre el titular de la garantía hipotecaria y el asegurado, la indemnización habrá de ser consignada.
- El asegurador debe comunicar al acreedor hipotecario la extinción del contrato de seguro o el impago de la prima. La extinción del contrato de seguro no es oponible frente al acreedor hipotecario hasta que transcurra un mes desde que se le comunicó el hecho que motivó la extinción; ade-

más, el acreedor hipotecario, para proteger su derecho, puede abonar la prima impagada, aún frente a la oposición del tomador o del asegurado.

3. *Visto lo anterior ¿Podemos considerar, por tanto, que, en caso de incendio de mi vivienda, la entidad que me ha concedido el préstamo hipotecario es beneficiaria de la posible indemnización?*

En puridad, lo que le reconoce la Ley al banco prestamista es el derecho a que la garantía real que pesa sobre el inmueble se extienda a la indemnización, pero dicha indemnización únicamente debe ser entregada al titular del bien asegurado, es decir, a su propietario. Esto se desprende del artículo 110[192] de la Ley Hipotecaria[193]

Ahora bien, no es infrecuente en la práctica habitual que existan contratos de seguro de daños en los que se estipula que el acreedor hipotecario es beneficiario del seguro o que el propietario del bien cede sus derechos sobre la indemnización a la entidad de crédito, o cualquier otra cláusula que implique la concesión de derechos al acreedor hipotecario superiores a los que les atribuye la Ley de Contrato de Seguro.

---

192 Conforme a lo dispuesto en el artículo anterior, se entenderán hipotecados juntamente con la finca, aunque no se mencionen en el contrato, siempre que correspondan al propietario:

...

Segundo: Las indemnizaciones concedidas o debidas al propietario de los inmuebles hipotecados por razón de éstos, siempre que el siniestro o hecho que las motivare haya tenido lugar después de la constitución de la hipoteca y, asimismo, las procedentes de la expropiación de los inmuebles por causa de utilidad pública. Si cualquiera de estas indemnizaciones debiera hacerse efectiva antes del vencimiento de la obligación asegurada y quien haya de satisfacerlas hubiere sido notificado previamente de la existencia de la hipoteca, se depositará su importe en la forma que convengan los interesados o, en defecto de convenio, en la establecida por los artículos 1.176 y siguientes del Código Civil

193 Decreto de 8 de febrero de 1946 por el que se aprueba la nueva redacción oficial de la Ley Hipotecaria. BOE 27/02/1946.

El Servicio de Reclamaciones de la Dirección General de Seguros y Fondos de Pensiones considera que este tipo de cláusulas son contrarias a los artículos 40 y 42 de la Ley 50/1980, de 8 de octubre, de contrato de seguro; en consecuencia, las citadas cláusulas se consideran nulas y se tendrán por no puestas.

4. *¿Puede la entidad bancaria que concede el préstamo hipotecario fijar la suma asegurada en el contrato de seguro?*

Es frecuente que las entidades de crédito condicionen la concesión de un préstamo a la contratación, por parte del deudor, de un seguro contra daños sobre el bien hipotecado, pero también lo es que la suma asegurada coincida con el valor de tasación del bien asegurado, excluidos los elementos no asegurables. Pero hay que tener en cuenta algo importante y es que el valor del suelo nunca puede formar parte de la suma asegurada, dado que es un elemento no asegurable por naturaleza.

5. *¿Qué son los llamados seguros vinculados y los combinados?*

No es infrecuente que estos términos se confundan por ostentar cierto “parecido” en su nomenclatura, motivo que hace necesario esclarecer qué entendemos por cada uno de ellos. A saber:

Lo primero que hay que tener en cuenta es que la ley 5/2019, de 15 de marzo, reguladora de los contratos de crédito inmobiliario, los regula en su artículo 17.

6. *¿Qué es, por tanto, una venta vinculada[194]?*

Podemos afirmar que se produce cuando el préstamo se ofrece dentro de un paquete con otros productos y debe ser obligatoriamente contratado con ellos. Es decir, cuando el seguro es auxiliar

---

194 https://clientebancario.bde.es/pcb/es/blog/productos-combinados-y-vinculados.html

a un bien o servicio que no sea de seguros, como parte de un mismo paquete o acuerdo y ambos productos formen parte inseparable de manera que no puedan adquirirse por separado.

¿En qué casos sí está permitida la venta vinculada[195]?

Cuando el seguro constituye el producto principal y el otro producto o servicio es el accesorio.

Cuando el seguro sea el producto accesorio de bien o servicio de carácter financiero que es el principal y que esté sometido a la normativa de las Directivas MIFID, Directiva Hipotecaria y Directiva sobre cuentas de pago. (Ejemplo: Un Seguro de Amortización de Préstamo vinculado a un préstamo Hipotecario)

A sensu contrario, no están permitidas las ventas vinculadas cuando:

Cuando el seguro sea el producto accesorio de bien o servicio de carácter financiero que es el principal y que no esté sometido a la normativa de las Directivas MIFID, Directiva Hipotecaria y Directiva sobre cuentas de pago.

Esta práctica no está permitida, con algunas excepciones como la vinculación con la apertura de cuentas de ahorro o corrientes necesarias para la liquidación de los pagos del préstamo. También se permite a los prestamistas exigir seguros de daños o de amortización, pero con la obligación de que el cliente pueda elegir asegurador, es decir, no pueden imponer la aseguradora.

7. *¿Qué es una venta combinada?*

En el caso de la venta combinada, se puede ofrecer el paquete de productos, pero también han de ofrecerse éstos mismos de manera individualizada, de manera que el prestatario pueda contratar únicamente la financiación. La entidad debe advertir las diferencias entre una oferta y otra. Con frecuencia, la contrata-

195 https://www.leydedistribuciondeseguros.es/newpage9

ción de productos/servicios accesorios implica una mejora en las condiciones del préstamo.

En los casos en los que el contrato se seguro es el producto principal, el distribuidor de seguros informará al cliente de si los distintos componentes pueden contratarse de manera independiente, y, en tal caso, ofrecerá una descripción adecuada de los diferentes componentes del acuerdo debiendo facilitar por separado justificantes de los costes y gastos de cada componente.

Si el seguro, no es el producto principal, el distribuidor de seguros ofrecerá al cliente la posibilidad de adquirir el bien o servicio por separado. Ahora bien, excepción a lo anterior, en los siguientes casos:

a) cuando el producto de seguro sea complementario de un servicio o actividad de inversión en el sentido del artículo 4, apartado 1, punto 2, de la Directiva 2014/65/UE,

b) cuando el producto de seguro sea complementario de un contrato de crédito en el sentido del artículo 4, punto 3, de la Directiva 2014/17/UE del Parlamento Europeo y del Consejo, de 4 de febrero de 2014 sobre los contratos de crédito celebrados con los consumidores para bienes inmuebles de uso residencial, o

c) cuando el contrato de seguro sea complementario de una cuenta de pago en el sentido del Real Decreto-ley 19/2017, de 24 de noviembre, de cuentas de pago básicas, traslado de cuentas de pago y comparabilidad de comisiones.

V. EL SEGURO AÉREO

Parecería extraño que, así como en otras actividades humanas que comportan riesgos menos intensos, el transporte aéreo de personas, no fuera también un aspecto objeto de coberturas obligatorias. Por tanto, ¿existen seguros obligatorios respecto del transporte aéreo? La respuesta es afirmativa y veamos en qué términos.

Para ello, hemos de acudir a la Ley de Navegación Aérea (LNA)[196], en sus artículos 126 a 129.

1. *¿Cuál es el objeto de este seguro?*

Garantizar los riesgos propios de la navegación que afectan a la aeronave, mercancías, pasajeros y flete, así como las responsabilidades derivadas de los daños causados a tercero por la aeronave en tierra, agua o vuelo.

2. *¿Qué seguros resultan obligatorios, dentro del fenómeno aéreo?*

- El seguro de pasajeros.
- El de daños causados a tercero.
- El de aeronaves destinadas al servicio de líneas aéreas.
- Las que sean objeto de hipoteca.

3. *¿Qué norma hemos de tener en cuenta si sufrimos un accidente aéreo?*

`Hemos de acudir al Convenio de Montreal[197], en su artículo 17.1*: "El transportista es responsable del daño causado en caso de muerte o de lesión corporal de un pasajero por la sola razón de que el accidente que causó la muerte o lesión se haya producido a bordo de la aeronave o durante cualquiera de las operaciones de embarque o desembarque".*

Ahora bien, como precisión a lo anterior, hay que tener en cuenta los límites cuantitativos a efectos indemnizatorios, en caso de lesiones muerte. Para ello, acudimos al artículo 21 del citado Convenio:

---

196 Ley 48/1960, de 21 de julio, sobre Navegación Aérea. BOE 23/07/1960.

197 INSTRUMENTO de Ratificación del Convenio para la unificación de ciertas reglas para el transporte aéreo internacional, hecho en Montreal el 28 de mayo de 1999. – Boletín Oficial del Estado, de 20-05-2004

> *Artículo 21. Indemnización en caso de muerte o lesiones de los pasajeros.*
>
> *1. Respecto al daño previsto en el párrafo 1 del artículo 17 que no exceda de 100.000 derechos especiales de giro por pasajero, el transportista no podrá excluir ni limitar su responsabilidad.*
>
> *2. El transportista no será responsable del daño previsto en el párrafo 1 del artículo 17 en la medida que exceda de 100.000 derechos especiales de giro por pasajero, si prueba que:*
>
> *a) el daño no se debió a la negligencia o a otra acción u omisión indebida del transportista o sus dependientes o agentes; o*
>
> *b) el daño se debió únicamente a la negligencia o a otra acción u omisión indebida de un tercero.*

Además de lo anterior, el BOE de 27 de febrero de 2025 publica una Enmienda a los artículos 21 y 22 del Convenio para la unificación de ciertas reglas para el Transporte Aéreo Internacional, hecho en Montreal el 28 de mayo de 1999, en respuesta a la previsión contenida en el artículo 24 de dicho Convenio en relación con la revisión cada 5 años de los límites de responsabilidad de los transportistas aéreos. Esta enmienda y las modificaciones introducidas son aplicables a partir del 28 de diciembre de 2024.

El Convenio de Montreal fija en sus artículos 21 y 22 los límites de responsabilidad de los transportistas aéreos por daños relacionados con el transporte de pasajeros, equipaje y carga, expresando dichas sumas en derechos especiales de giro (DEG), que es la unidad contable establecida por el Fondo Monetario Internacional (FMI).

A su vez, el artículo 24 del Convenio de Montreal dispone que los referidos límites de responsabilidad serán revisados por el Depositario cada cinco años. Pues bien, en cumplimiento de este mandato los límites de responsabilidad de los transportistas aéreos previstos en los artículos 21 y 22 del Convenio de Montreal han sido modificados en los años 2009, 2019 y ahora, a través de la enmienda que nos ocupa, en el año 2024.

En definitiva, la revisión de 2024 conlleva una modificación de las indemnizaciones establecidas, que, para los casos de lesiones o fallecimiento, son:

Hasta el 28/12/2024: 128.821 DEG.

A partir del 28/12/2024: 151.880 DEG.

¿Qué son los DEG? Se llaman así a los llamados Derechos especiales de Giro. Es una unidad definida por el Fondo Monetario Internacional, cuyo valor es la suma de determinadas cantidades de varias monedas: dólar USA, euro, yen japonés y libra esterlina. La equivalencia en euros se encuentra en la web del Banco de España (Equivalencia a 6 de abril de 2015 a 1,26723 €).

VI. EL SEGURO DE LAS EMBARCACIONES DE RECREO O DEPORTIVAS

Otro de los seguros obligatorios que son dignos de expresa mención, por su práctica extendida en un país como España, de larga tradición náutica y donde el componente de ocio está igualmente imbricado con el plano deportivo, es el seguro de responsabilidad civil de suscripción obligatoria para embarcaciones de recreo o deportivas.[198]

Para ello, parece de obligada referencia previa, delimitar conceptualmente a qué tipo de vehículos o artefactos hace referencia la norma cuando habla de embarcaciones de recreo. A tal fin y a los efectos de la aplicación del RD 607/1999, *son embarcaciones de recreo o deportivas, los objetos flotantes destinados a la navegación de recreo y deportiva propulsados a motor, incluidas las motos náuticas, así como aquellos que carezcan de motor y tengan una eslora superior a seis metros.*

1. ¿Cuál es el objeto de este seguro?

Perfilados los parámetros conceptuales de lo que se entiende por embarcación de recreo, tenemos que saber cuál es el con-

[198] Real Decreto 607/1999, de 16 de abril, por el que se aprueba el Reglamento del seguro de responsabilidad civil de suscripción obligatoria para embarcaciones de recreo o deportivas. BOE 30/04/1999.

creto objeto del seguro de responsabilidad civil que regula el RD 607/1999. Su cobertura se extiende a la responsabilidad civil extracontractual en que puedan incurrir las siguientes personas:

- Los navieros o propietarios de embarcaciones de recreo o deportivas;
- Las personas que debidamente autorizadas por el propietario patroneen las mismas y aquellas otras que les secunden en su gobierno;
- Los esquiadores que pueda arrastrar la embarcación.

Y delimitadas las personas sobre las que recaería la posible responsabilidad civil, toca acotar cuál es el ámbito dañoso concreto al que se circunscribiría su actuación imprudente o negligente:

Las anteriores personas, responderían, a través del seguro regulado en el RD 607/1999 por los daños materiales y personales y por los perjuicios que sean consecuencia de ellos que, mediando culpa o negligencia, causen a:

- Terceros.
- Puertos o instalaciones marítimas, como consecuencia de colisión, abordaje y, con carácter general, por los demás hechos derivados del uso de las embarcaciones en las aguas marítimas españolas.
- Así como por los esquiadores y objetos que éstas remolquen en el mar.

2. *¿Qué prevenciones de he adoptar si soy naviero o propietario de embarcación extranjera de recreo o deportiva?*

Las siguientes:

Si se navega por el mar territorial español y por sus aguas marítimas interiores, siempre que tengan entrada o salida en un puerto español, se deberá asegurar la responsabilidad civil en que puedan incurrir con motivo de la navegación o acreditar, en su caso, la existencia de un seguro, con el alcance y condiciones que para los navieros o propietarios de embarcaciones españolas se prescriben en este Reglamento.

En cuanto al contenido mínimo del seguro, respecto de la cobertura obligatoria que ofrece el RD 607/1999, el documento acreditativo de la misma deberá contener, como mínimo, las siguientes indicaciones:

a) La indicación de que la garantía se concede dentro de los límites y condiciones previstos como obligatorios en este Reglamento.

b) La indicación de que, en caso de siniestro, se aplicarán los límites y condiciones previstos como obligatorios en la legislación española y, en concreto, en el presente Reglamento.

c) Las indicaciones establecidas en el artículo 12 de este Reglamento.[199]

3. *A efectos de este seguro, ¿Quién es el tomador?*

Deberá ser concertado por el naviero o propietario de la embarcación, considerándose como tal la persona natural o jurídica

---

[199] 1. Hará prueba de la vigencia del seguro, el justificante del pago de la prima del período de seguro en curso, siempre que contenga, al menos, las siguientes especificaciones:
a) La entidad aseguradora que suscribe la cobertura.
b) La identificación suficiente de la embarcación asegurada.
c) El período de cobertura, con indicación de la fecha y hora en que comienzan y terminan sus efectos.
d) La indicación de que se trata de la cobertura del seguro obligatorio.
2. Esta documentación acreditativa deberá obrar a bordo de la embarcación. En caso de ser requerida por las autoridades competentes y no encontrarse dicha documentación a bordo, el tomador dispondrá del plazo de cinco días hábiles para justificar ante las mismas la vigencia del segur

a cuyo nombre figure la embarcación en el correspondiente registro administrativo.

Además de lo anterior, podrá también concertar el seguro cualquier otra persona o usuario que tenga interés en el aseguramiento de la embarcación, quien deberá expresar el concepto en el que contrata.

4. ¿Cuál es el ámbito material del seguro de responsabilidad civil del RD 607/1999?

Tal y como establece su artículo 6, el siguiente:

- ✓ Muerte o lesiones corporales de terceras personas.
- ✓ Daños materiales a terceros.
- ✓ Pérdidas económicas sufridas por terceros que sean consecuencia directa de los daños relacionados en los párrafos a) y b) anteriores.
- ✓ Daños a buques por colisión o sin contacto.

Y en sentido contrario y especialmente importante para no llevarse sorpresas cuando suscribamos este seguro obligatorio, hemos de saber qué circunstancias están excluidas, en caso de que tenga lugar un accidente:

a) Los daños producidos al tomador del seguro, al naviero o al propietario de la embarcación identificada en la póliza o al asegurado usuario de la misma.

b) La muerte o lesiones sufridas por personas transportadas que efectúen pagos para el crucero o viaje.

c) La muerte o lesiones sufridas por las personas que intervengan profesionalmente en el mantenimiento, conservación y reparación de la embarcación asegurada.

d) La muerte o lesiones sufridas por el patrón o piloto de la embarcación.

e) Los daños sufridos por la embarcación asegurada.

f) Los daños causados por la embarcación durante su reparación, su permanencia en tierra, o cuando sea remolcada o transportada por vía terrestre, ya sea sobre vehículo o de cualquier otra forma.

g) Los daños sufridos por los bienes que por cualquier motivo (propiedad, depósito, uso, manipulación, transporte u otros) se hallen en poder del asegurado o de las personas que de él dependan o de los ocupantes de la embarcación.

h) Los daños personales o materiales sufridos por las personas con ocasión de ocupar voluntariamente una embarcación, pilotada o patroneada por persona que careciera del adecuado título, si el asegurador probase que aquéllos conocían tal circunstancia.

i) Los daños producidos a embarcaciones y objetos remolcados, con el fin de salvarlos, y a sus ocupantes.

j) Los daños personales y materiales producidos por embarcaciones aseguradas que hubieran sido robadas o hurtadas.

k) El pago de sanciones y multas, así como las consecuencias del impago de las mismas.

l) Los daños producidos por la participación de las embarcaciones en regatas, pruebas, competiciones de todo tipo y sus entrenamientos, incluidos apuestas y desafíos, sin perjuicio de lo establecido en el apartado 2 del artículo 3 precedente.

5. *¿Cuáles son las cuantías máximas que ofrece este seguro?*

En concreto, son:

✓ El seguro de responsabilidad civil de suscripción obligatoria cubre frente a terceros la reparación de los daños a personas hasta un límite de 120.202,42 € por víctima con un límite máximo de 240.404,84 € por siniestro.

✓ Respecto a los daños materiales y las pérdidas, hasta el límite de 96.161, 94 € por siniestro.

VII. EL SEGURO OBLIGATORIO DE RESPONSABILIDAD MEDIOAMBIENTAL

Este es otro de los seguros obligatorios que, a mi juicio, son de referencia más que aconsejable, tanto desde la esfera de a quien le interesa suscribir este tipo de seguros, que veremos a quiénes, como desde el plano de los posibles perjudicados por este tipo de actividades donde el medio ambiente goza de una explícita cobertura ante la posibilidad de que se produzcan siniestros en los que la flora o la fauna, puedan sufrir algún tipo de daño.

Para ello, hemos de saber que hay una norma específica que regula este fenómeno y es Ley 26/2007, de 23 de octubre, de Responsabilidad Medioambiental (en lo sucesivo la LRMA).

El objeto fundamental de la norma es regular la responsabilidad de los operadores de prevenir, evitar y reparar los daños medioambientales, de conformidad con el principio, acuñado en términos coloquiales, pero con efectos traslativos en la propia norma, como «quien contamina paga».

1. *¿Qué conceptos básicos hemos de tener en cuenta antes de profundizar en el específico ámbito del aseguramiento?*

Para evitar exponer aquí la prolija exposición que la norma regula en su artículo 2.°, dedicado a las definiciones básicas previas para poder asimilar cada uno de los términos que se incluyen en la misma, simplemente expondré, a los efectos que aquí nos interesan, aquellos que creo esenciales. Es decir:

1. «Daño medioambiental»:

a) Los daños a las especies silvestres y a los hábitat, es decir, cualquier daño que produzca efectos adversos significativos en la posibilidad de alcanzar o de mantener el estado favorable de conser-

vación de esos hábitat o especies. El carácter significativo de esos efectos se evaluará en relación con el estado básico, teniendo en cuenta los criterios expuestos en el anexo I.

b) Los daños a las aguas, entendidos como cualquier daño que produzca efectos adversos significativos.

c) Los daños a la ribera del mar y de las rías, entendidos como cualquier daño que produzca efectos adversos significativos sobre su integridad física y adecuada conservación, así como también aquéllos otros que impliquen dificultad o imposibilidad de conseguir o mantener un adecuado nivel de calidad de aquélla.

d) Los daños al suelo, es decir, cualquier contaminación del suelo que suponga un riesgo significativo de que se produzcan efectos adversos para la salud humana o para el medio ambiente debidos al depósito, vertido o introducción directos o indirectos de sustancias, preparados, organismos o microorganismos en el suelo o en el subsuelo.

2.«Operador»: Cualquier persona física o jurídica, pública o privada, que desempeñe una actividad económica o profesional o que, en virtud de cualquier título, controle dicha actividad o tenga un poder económico determinante sobre su funcionamiento técnico. Para su determinación se tendrá en cuenta lo que la legislación sectorial, estatal o autonómica, disponga para cada actividad sobre los titulares de permisos o autorizaciones, inscripciones registrales o comunicaciones a la Administración.

2. ¿Qué daños medioambientales quedan cubiertos por la ley?

El ámbito de aplicación de la Ley incluye los daños y las amenazas inminentes de daños a las aguas, a la ribera del mar y de las rías, al suelo y a las especies de flora y fauna silvestres, así como a los hábitats.

Además, se aplicará solamente a los daños medioambientales que produzca efectos adversos significativos en estos recursos, con los criterios que se establecen en la ley.

3. ¿Qué daños medioambientales quedan excluidos?

- ✓ Los daños al aire y los denominados daños tradicionales, es decir a las personas y sus bienes, salvo que constituyan un recurso natural.

✓ Los daños medioambientales y las amenazas inminentes de que tales daños se produzcan cuando hayan sido ocasionados por alguna de las siguientes causas:

- Un acto derivado de un conflicto armado, de hostilidades, de guerra civil o de una insurrección.
- Un fenómeno natural de carácter excepcional, inevitable e irresistible.
- Las actividades cuyo principal propósito sea servir a la defensa nacional o a la seguridad internacional, y las actividades cuyo único propósito sea la protección contra los desastres naturales.
- Los daños medioambientales cuando tengan su origen en un suceso cuyas consecuencias en cuanto a responsabilidad o a indemnización estén establecidas por alguno de los convenios internacionales enumerados en el anexo IV.
- Los riesgos nucleares, a los daños medioambientales o a las amenazas inminentes de que tales daños se produzcan, causados por las actividades que empleen materiales cuya utilización esté regulada por normativa derivada del Tratado constitutivo de la Comunidad Europea de la Energía Atómica, ni a los incidentes o a las actividades cuyo régimen de responsabilidad esté establecido por alguno de los convenios internacionales enumerados en el anexo V.

4. Y en caso de que se produzcan daños derivados de la posible responsabilidad medioambiental ¿Cómo queda regulado en la norma?

En el caso particular de la presente norma y a diferencia de otras, donde la irrupción del seguro de responsabilidad civil aparece casi como consecuencia lógica y natural como medida correctora y reparado de un daño, en el presente ámbito, la nomenclatura que utiliza el legislador es la de "garantía financiera", entendiendo como tal al instrumento que garantiza que el operador disponga de recursos económicos suficientes para hacer frente a la responsabilidad medioambiental derivada de su actividad.

Cuestiones relevantes a saber sobre la garantía financiera[200]:

- La constitución de ésta es un requisito impuesto por la Ley de Responsabilidad Medioambiental para las actividades incluidas en su anexo III, sin perjuicio de las exenciones previstas en el artículo 28 de Ley 26/2007.
- La cantidad que como mínimo deberá quedar garantizada, y que no limitará en sentido alguno las responsabilidades establecidas en la ley, será determinada por el operador de acuerdo a la intensidad y la extensión del daño que su actividad puede causar. La fijación de la cuantía de la garantía financiera obligatoria partirá del análisis de riesgos medioambientales de la actividad, y su límite es 20 millones de euros.

Independientemente de la obligación o no de constituir garantía financiera, los operadores incluidos en el anexo III[201] de la Ley 26/2007, tienen una responsabilidad objetiva e ilimitada.

---

200 https://www.miteco.gob.es/es/calidad-y-evaluacion-ambiental/temas/responsabilidad-mediambiental/preguntas-frecuentes.html

201 1. La explotación de instalaciones sujetas a una autorización de conformidad con la Ley 16/2002, de 1 de julio, de Prevención y Control Integrados de la Contaminación. Esto incluye todas las actividades enumeradas en su anexo I, salvo las instalaciones o partes de instalaciones utilizadas para la investigación, elaboración y prueba de nuevos productos y procesos.
Igualmente incluye cualesquiera otras actividades y establecimientos sujetos al ámbito de aplicación del Real Decreto 1254/1999, de 16 de julio, por el que se aprueban medidas de control de los riesgos inherentes a los accidentes graves en los que intervengan sustancias peligrosas.
2. Las actividades de gestión de residuos, como la recogida, el transporte, la recuperación y la eliminación de residuos y de residuos peligrosos, así como la supervisión de tales actividades, que estén sujetas a permiso o registro de conformidad con la Ley 10/1998, de 21 de abril.

Estas actividades incluyen, entre otras cosas, la explotación de vertederos y la gestión posterior a su cierre de conformidad con el Real Decreto 1481/2001, de 27 de diciembre, por el que se regula la eliminación de residuos mediante depósito en vertedero y la explotación de instalaciones de incineración, según establece el Real Decreto 653/2003, de 30 de mayo, sobre incineración de residuos.
3. Todos los vertidos en aguas interiores superficiales sujetas a autorización previa de conformidad con el Real Decreto 849/1986, de 11 de abril, por el que se aprueba el Reglamento del Dominio Público Hidráulico y la legislación autonómica aplicable.
4. Todos los vertidos en las aguas subterráneas sujetas a autorización previa de conformidad con el Real Decreto 849/1986, de 11 de abril, y la legislación autonómica aplicable.
5. Todos los vertidos en aguas interiores y mar territorial sujetos a autorización previa de conformidad con lo dispuesto en la ley 22/1988, de 28 de julio, de Costas y en la legislación autonómica aplicable.
6. El vertido o la inyección de contaminantes en aguas superficiales o subterráneas sujetas a permiso, autorización o registro de conformidad con el Real Decreto Legislativo 1/2001, de 20 de julio, por el que se aprueba el texto refundido de la Ley de Aguas.
7. La captación y el represamiento de aguas sujetos a autorización previa de conformidad con el Real Decreto Legislativo 1/2001, de 20 de julio.
8. La fabricación, utilización, almacenamiento, transformación, embotellado, liberación en el medio ambiente y transporte in situ de:
a) Las sustancias peligrosas definidas en el artículo 2.2 del Real Decreto 363/1995, de 10 de marzo, por el que se aprueba el Reglamento sobre notificación de sustancias nuevas y clasificación, envasado y etiquetado de sustancias peligrosas.
b) Los preparados peligrosos definidos en el artículo 2.2 del Real Decreto 255/2003, de 28 de febrero, por el que se aprueba el Reglamento sobre clasificación, envasado y etiquetado de preparados peligrosos.
c) Los productos fitosanitarios definidos en el artículo 2.1 del Real Decreto 2163/1994, de 4 de noviembre, por el que se implanta el sistema armonizado comunitario de autorización para comercializar y utilizar productos fitosanitarios.
d) Los biocidas definidos en el artículo 2.a) del Real Decreto 1054/2002, de 11 de octubre, por el que se regula el proceso de evaluación para el registro, autorización y comercialización de biocidas.

5. *¿Qué modalidades de garantía financiera existen?*

Existen tres modalidades de garantía financiera que el operador de las actividades económicas o profesionales incluidas en el

---

9. El transporte por carretera, por ferrocarril, por vías fluviales, marítimo o aéreo de mercancías peligrosas o contaminantes de acuerdo con la definición que figura en el artículo 2.b) del Real Decreto 551/2006, de 5 de mayo, por el que se regulan las operaciones de transporte de mercancías peligrosas por carretera en territorio español, o en el artículo 2.b) del Real Decreto 412/2001, de 20 de abril, que regula diversos aspectos relacionados con el transporte de mercancías peligrosas por ferrocarril o en el artículo 3.h) del Real Decreto 210/2004, de 6 de febrero, por el que se establece un sistema de seguimiento y de información sobre el tráfico marítimo.
10. La explotación de instalaciones que, estando sujetas a autorización de conformidad con la directiva 84/360/CEE del Consejo, de 28 de junio de 1994, relativa a la lucha contra la contaminación atmosférica procedente de las instalaciones industriales en relación con la liberación a la atmósfera de alguna de las sustancias contaminantes reguladas por la directiva mencionada, requieren una autorización de conformidad con la Ley 16/2002, de 1 de julio, de Prevención y Control Integrados de la Contaminación.
11. Toda utilización confinada, incluido el transporte, de microorganismos modificados genéticamente, de acuerdo con la definición de la Ley 9/2003, de 25 de abril, por la que se establece el régimen jurídico de la utilización confinada, liberación voluntaria y comercialización de organismos modificados genéticamente.
12. Toda liberación intencional en el medio ambiente, transporte y comercialización de organismos modificados genéticamente de acuerdo con la definición de la Ley 9/2003, de 25 de abril.
13. El traslado transfronterizo de residuos dentro, hacia o desde la Unión Europea sujeto a autorización o prohibido según lo dispuesto en el Reglamento (CE) número 1013/2006, del Parlamento Europeo y del Consejo, de 14 de junio de 2006, relativo al traslado de residuos.
14. La gestión de los residuos de las industrias extractivas, según lo dispuesto en la Directiva 2006/21/CE del Parlamento Europeo y del Consejo, de 15 de marzo de 2006, sobre la gestión de los residuos de industrias extractivas y por la que se modifica la Directiva 2004/35/CE.

anexo III de la Ley de Responsabilidad Medioambiental puede constituir alternativa o complementariamente entre sí:

- ✓ Póliza de seguro, suscrita con una entidad aseguradora autorizada para operar en España.
- ✓ Aval, concedido por alguna entidad financiera autorizada para operar en España.
- ✓ Reserva técnica mediante dotación de un fondo ad hoc, con materialización en inversiones financieras respaldadas por el sector público.

6. ¿Qué deberá cubrir la garantía financiera?

La garantía financiera deberá cubrir las obligaciones de la actividad en relación con la prevención y evitación de daños medioambientales y la reparación primaria de daños medioambientales originados por el desarrollo de la actividad.

VIII. EL SEGURO OBLIGATORIO DEPORTIVO

Este es otro de los seguros cuya mención aquí, resulta obligada, no sólo por su carácter obligatorio, sino porque se trata de uno de los seguros más extendidos en nuestro país, concitando en su seno tanta a personas más jóvenes, como a los adultos de muy distintas edades. La práctica del deporte está íntimamente vinculada al ocio, al deseo o necesidad de esparcimiento del individuo y a los evidentes beneficios físicos y psicológicos que de su práctica se derivan. Por ello, estimo muy necesario, si quiera, esbozar las líneas básicas del seguro obligatorio del deporte y poder aportar así, al lector que, además, adquiere la condición de interesado o

15. La explotación de los lugares de almacenamiento de carbono de conformidad con la Ley 40/2010, de 29 de diciembre, de almacenamiento geológico de dióxido de carbono.

practicante activo de alguna categoría deportiva, de los conocimientos mínimos necesarios sobre esta interesante materia.

Podría comenzar haciendo un viaje al pasado para dejar constancia de aquellas normas que han venido a regular el fenómeno de la práctica del deporte, pero seria del todo punto excesivo e innecesario, atendiendo a la clara intencionalidad práctica de esta obra. En todo caso, sí creo que conviene indicar que el seguro obligatorio deportivo aparece por primera vez, a nivel normativo, con la ya derogada Ley del Deporte de 1990[202]

En concreto y por lo que aquí interesa, cabía destacar:

Artículo 59.2: *"Con independencia de otros aseguramientos especiales que puedan establecerse, todos los deportistas federados que participen en competiciones oficiales de ámbito estatal deberán estar en posesión de un seguro obligatorio que cubra los riesgos para la salud derivados de la práctica de la modalidad deportiva correspondiente".*

De igual forma, la Disposición Final 1.ª de la LD de 1990 establecía: *"se autoriza al Gobierno para dictar, a propuesta del ministro de Educación y Ciencia, las disposiciones necesarias para el desarrollo de la presente Ley".*

Pues bien, por razón del anterior mandato, vía Disposición Final, la ley 10/90 dio lugar al surgimiento del Real Decreto 849/1993, de 4 de junio, por el que se determina las prestaciones mínimas del Seguro Obligatorio Deportivo (en lo sucesivo RD-SOD). Hablamos de un Reglamento que, actualmente y a falta de una específica y necesaria reforma, sigue en plena vigencia a pesar de que, sus coberturas y cuantías[203], están absolutamente

---

202 Ley 10/1990, de 15 de octubre, del Deporte

203 Anexo del RD 949/1993:
Prestaciones mínimas a cubrir por el seguro obligatorio para deportistas federados
1.º Asistencia médico-quirúrgica y sanatorial en accidentes ocurridos en el territorio nacional, sin límites de gastos, y con un límite temporal de hasta dieciocho meses desde la fecha del accidente.

anticuadas, albergando cifras que se presentan como verdaderamente ridículas para dar cobertura a la posibilidad tanto de fallecimiento de un deportista, como de que sufra graves lesiones.

2.° Asistencia farmacéutica en régimen hospitalario, sin límite de gastos, y con un límite temporal de dieciocho meses desde la fecha del accidente.
3.° Asistencia en régimen hospitalario, de los gastos de prótesis y material de osteosíntesis, en su totalidad, y con un límite temporal de dieciocho meses desde la fecha del accidente.
4.° Los gastos originados por rehabilitación durante el período de dieciocho meses desde la fecha del accidente.
5.° Asistencia médico-quirúrgica, farmacéutica y sanatorial en accidentes ocurridos en el extranjero, hasta un límite, por todos los conceptos, de 1.000.000 de pesetas, y con un límite temporal de hasta dieciocho meses desde la fecha del accidente. Esta prestación es compatible con las indemnizaciones por pérdidas anatómicas o funcionales, motivadas por accidente deportivo, que se concedan al finalizar el tratamiento.
6.° Indemnizaciones por pérdidas anatómicas o funcionales motivadas por accidente deportivo, con un mínimo, para los grandes inválidos (tetraplejia), de 2.000.000 de pesetas.
7.° Auxilio al fallecimiento, cuando éste se produzca como consecuencia de accidente en la práctica deportiva, por un importe no inferior a 1.000.000 de pesetas.
8.° Auxilio al fallecimiento, cuando éste se produzca en la práctica deportiva, pero sin causa directa del mismo, por un importe mínimo de 300.000 pesetas.
9.° Gastos originados por la adquisición de material ortopédico para la curación de un accidente deportivo (no prevención), por un importe mínimo del 70 por 100 del precio de venta al público del mencionado material ortopédico.
10.° Gastos originados en odonto-estomatología, por lesiones en la boca motivadas por accidente deportivo. Estos gastos serán cubiertos hasta 40.000 pesetas como mínimo.
11.° Gastos originados por traslado o evacuación del lesionado desde el lugar del accidente hasta su ingreso definitivo en los hospitales concertados por la póliza del seguro, dentro del territorio nacional.
12.° Asistencia médica en los centros o facultativos concertados en todas las provincias del territorio nacional.
13.° Libre elección de centros y facultativos concertados en toda España

Avanzando en el tiempo y siendo la norma actualmente vigente, nos topamos con la Ley 39/2022, 30 de diciembre[204].

¿Qué dice la presenta ley sobre el seguro obligatorio?

Artículo 22. 2 derechos de las personas deportistas.

> *Son derechos específicos de las personas deportistas integradas en una federación deportiva estatal:*
>
> *...*
>
> *c) La cobertura, a través del seguro correspondiente, de los accidentes que puedan ocurrir en el desarrollo y práctica de la actividad deportiva, incluyendo los viajes y desplazamientos organizados en el seno de la federación deportiva, de acuerdo con lo que se establezca reglamentariamente.*
>
> *Artículo 23.2 Deberes de las personas deportistas.*
>
> *Son deberes específicos de las personas deportistas integradas en una federación deportiva:*
>
> *e) Con independencia de otros aseguramientos especiales que puedan establecerse, todas las personas deportistas federadas que participen en competiciones oficiales de ámbito estatal deberán estar en posesión de un seguro obligatorio que cubra los riesgos para la salud derivados de la práctica de la modalidad deportiva correspondiente.*
>
> *Los seguros que suscriban, en su condición de tomadores del seguro, las federaciones deportivas españolas o las federaciones de ámbito autonómico integradas en ellas para los deportistas inscritos en las mismas, que participen en competiciones oficiales de ámbito estatal, cubrirán, en el ámbito de protección de los riesgos para la salud, los que sean derivados de la práctica deportiva en que el deportista asegurado esté federado, incluido el entrenamiento para la misma y, en todo caso, se respetará lo establecido en el artículo 118 de la Ley 20/2015, de 14 de julio, de ordenación, supervisión y solvencia de las entidades aseguradoras y reaseguradoras en lo relativo a la libertad de los tomadores para decidir la contratación de los seguros y la aseguradora con la que lo contratan.*
>
> *3. La cuantía de las prestaciones mínimas del seguro obligatorio deportivo (SOD) será, como poco, la del baremo establecido para*

---

204 BOE» núm. 314, de 31 de diciembre de 2022. En vigor desde el 31/12/2023

la valoración de los daños y perjuicios causados en accidente de circulación. Particularmente, en el caso de los deportistas del motor.

De todo lo anterior, podemos concluir, muy brevemente:

¿Quiénes están obligados a tener un seguro obligatorio deportivo?

Todas las personas deportistas federadas que participen en competiciones oficiales de ámbito estatal deberán estar en posesión de un seguro obligatorio que cubra los riesgos para la salud derivados de la práctica de la modalidad deportiva correspondiente.

¿Quiénes serán los tomadores de esos seguros?

las federaciones deportivas españolas o las federaciones de ámbito autonómico integradas en ellas para los deportistas inscritos en las mismas, que participen en competiciones oficiales de ámbito estatal.

Dicho todo lo anterior y con ánimo de ir concluyendo este apartado. Le consta al autor de esta obra que se están produciendo conversaciones y reuniones con el objetivo de conformar un nuevo Reglamento que satisfaga las necesidades de actualizar las cuantías y conceptos del ya manido RD de 1993.

A fecha de redacción de estas líneas, lo que puedo afirmar, como cierto, por lo que a esa futura reforma se refiere, pasa por enunciar que:

Ante la discordancia deseable y la falta de armonización entre el RD 849/1993 y las reglas de aplicación del nuevo Baremo, distintos grupos parlamentarios estimaron aconsejable ordenar expresamente la adaptación a los nuevos tiempos del RD 849/1993. Estas iniciativas recogían la siguiente redacción:

"El Gobierno deberá presentar a las Cortes Generales, en el plazo de un año desde la entrada en vigor de la presente ley, un proyecto de Ley que actualice, modernice y adecúe a la realidad actual, el Real Decreto 849/1993, de 4 de junio, por el que se determinan las

> *prestaciones mínimas del seguro obligatorio deportivo" (enmienda número 329)".*
>
> *"Reglamentariamente se procederá a la regulación de los seguros de accidentes previstos en el presente apartado" (enmienda número 686).*

De igual forma y ante la controversia suscitada sobre si la nueva LD 39/22 deroga o no el SOD de 1993, algunos grupos parlamentarios sugirieron retrotraer la aplicabilidad del artículo 23.3 de la LD 39/22 (artículo 22.3 del proyecto de ley) a las reclamaciones de responsabilidad patrimonial de la Administración (enmiendas números 240 y 327), de la siguiente manera:

> *"Lo establecido en el Art. 22.3 se aplicará a las reclamaciones de responsabilidad patrimonial de la Administración por insuficiencia de las cuantías del Seguro Obligatorio Deportivo cuyos procedimientos se encuentren en curso en el momento de entrada en vigor de la presente ley, entendiendo por tales aquellos cuya reclamación se hubiese presentado antes de dicha fecha".*

En los que no se hubiese dictado resolución firme en vía administrativa y judicial". El hecho de que esta última recomendación no fuese finalmente aprobada lleva a concluir que el Baremo no aplica respecto de los accidentes sucedidos con anterioridad a 2023. En definitiva, el cometido del nuevo artículo 23.3 de la nueva Ley del Deporte es permitir que los beneficiarios de un SOD cubran de manera íntegra las contingencias derivadas de la práctica de su actividad deportiva.

Sentado lo anterior, ¿qué novedades parlamentarias se han ido produciendo a lo largo del intervalo 2024/2025 sobre la reforma del SOD?

Podemos destacar la CONSULTA PÚBLICA PREVIA SOBRE UN PROYECTO DE REAL DECRETO POR EL QUE SE APRUEBA EL REGLAMENTO DEL SEGURO OBLIGATORIO DEPORTIVO (Ministerio de Educación, Formación profesional y Deporte.

Objetivo de la reforma:

Se pretende solucionar diferentes cuestiones que afectan a:

- La actualización de las coberturas y prestaciones del seguro obligatorio deportivo.
- El papel y las obligaciones de las Federaciones Deportivas tomadoras del seguro obligatorio deportivo.
- La publicidad y el certificado del seguro obligatorio deportivo.

De igual forma, establece la referida consulta que la necesidad y oportunidad de su aprobación obedece a:

> *"La necesidad de aprobar este reglamento trae causa del largo tiempo transcurrido desde que se dictó el Real Decreto 849/1993, de 4 de junio, por el que se determinan las prestaciones mínimas del seguro obligatorio deportivo. Las cuantías de estas prestaciones requieren claramente su actualización. Además, atendiendo el mandato de desarrollo reglamentario de la Ley 39/2022, de 30 de diciembre, del Deporte es oportuno resolver algunos problemas que venían produciéndose en la operativa de las prestaciones del seguro".*

Además de lo anterior, a destacar la pregunta que se registró en la Mesa del Congreso de los Diputados el pasado 20 de marzo de 2204, por el grupo parlamentario popular, por la que se preguntaba al Gobierno si tenía intención de actualizar el SOD.

Con fecha 30 de abril de 2024, se registró la respuesta dada a la anterior pregunta, en el siguiente sentido:"

<u>RESPUESTA</u>:

> *"En relación con la iniciativa parlamentaria de referencia, se indica que el Gobierno de España ha aprobado ya parte del desarrollo reglamentario de la Ley 39/2022, de 30 de diciembre, del Deporte.*
>
> *El pasado 12 de enero se abrió el plazo de consulta pública previa sobre el proyecto de Real Decreto por el que se regula el seguro obligatorio deportivo. El 26 de enero finalizó el plazo de presentación de aportaciones. Actualmente se están valorando jurídicamente las aportaciones recibidas para su incorporación al texto y continuar con la tramitación oportuna.*
>
> *La nueva norma tiene por objetivo actualizar el Real Decreto 849/1993, de 4 de junio, por el que se determina las prestaciones*

mínimas del Seguro Obligatorio Deportivo, adaptar la norma a las exigencias de la Ley del Deporte, mejorar las coberturas y prestaciones del seguro deportivo, así como perfilar, de manera más detallada, su ámbito de aplicación, subjetivo, objetivo y territorial"

Por tanto, habrá que esperar a que esa reforma llegue y ver si las nuevas cuantías se adaptan, realmente, a los tiempos actuales y a las verdaderas necesidades de cobertura de los deportistas federados.

IMPORTANTE y para concluir, por lo que al seguro obligatorio deportivo se refiere:

Según la Disposición final cuarta bis, de la Ley 5/2025, de 24 de julio,[205]:

"El gobierno deberá llevar a cabo el desarrollo reglamentario del artículo 23.3 de la Ley 39/2022, de 30 de diciembre, del Deporte, en el plazo de seis meses desde la publicación de la Ley 5/2025, de 24 de julio, por la que se modifican el texto refundido de la Ley sobre responsabilidad civil y seguro en la circulación de vehículos a motor, aprobado por el Real Decreto Legislativo 8/2004, de 29 de octubre, y la Ley 20/2015, de 14 de julio, de ordenación, supervisión y solvencia de las entidades aseguradoras y reaseguradoras en el "Boletín Oficial del Estado".

Habrá que ver si realmente y como sucede en muchas ocasiones, esa previsión termina por materializarse o va a permanecer como una noble propuesta en el espacio tiempo sin ejecución material.

IX. EL SEGURO ESCOLAR OBLIGATORIO

Respecto de esta concreta modalidad de seguro, tanto si el lector ostenta la condición de progenitor/a, como si no, considero que es, al menos desde el punto de vista didáctico, dedicarle unas breves líneas al mismo.

---

205 Ley 5/2025, de 24 de julio: "por la que se modifican el texto refundido de la Ley sobre responsabilidad civil y seguro en la circulación de vehículos a motor, aprobado por el Real Decreto Legislativo 8/2004, de 29 de octubre, y la Ley 20/2015, de 14 de julio, de ordenación, supervisión y solvencia de las entidades aseguradoras y reaseguradoras"

Hay que decir que se trata de una figura preconstitucional que se remonta a la Ley de 17 de julio de 1953, bajo la nomenclatura de "sobre establecimiento del Seguro Escolar en España".

Se trata de un Seguro que protege a los estudiantes, menores de 28 años, que cursen estudios oficiales desde 3.º de Educación Secundaria Obligatoria (E.S.O.), hasta el final del 3er ciclo universitario, mediante prestaciones sanitarias y económicas, en caso de enfermedad, accidente escolar e infortunio familiar.

Causantes:

El estudiante.

Prestaciones:

- ✓ Accidente Escolar: Asistencia médica y farmacéutica, indemnizaciones económicas por incapacidad y gastos de sepelio.
- ✓ Enfermedad: Asistencia médica, asistencia farmacéutica y gastos de sepelio. Incluye la cirugía general, neuropsiquiatría, tocología, tuberculosis pulmonar y ósea. En determinados casos se pueden otorgar prestaciones de fisioterapia, radioterapia, cobaltoterapia.
- ✓ Infortunio familiar: Prestación económica por fallecimiento del cabeza de familia o ruina familiar.
- ✓ La asistencia médica y farmacéutica debe solicitarse en el plazo de un año desde que tenga lugar el accidente.

Duración:

La cobertura se produce desde el momento del accidente hasta la fecha en la que se produce el alta médica o la declaración de incapacidad, y en todo caso, con el plazo máximo de duración de un año desde el accidente.

Elección de facultativo y centro sanitario:

Si en la provincia a la que se traslada el estudiante no existe un médico o centro colaborador con el Seguro Escolar, por lo que solo puede acudir a un médico o centro no colaborador, se abonará al estudiante la totalidad de los gastos originados por el accidente. En los casos de asistencia urgente debidamente justificada en los que el estudiante haya acudido a centros privados no concertados, bien porque el estudiante no se encuentre en condiciones de proceder a la elección del centro hospitalario, o bien por la distancia hasta el centro concertado, se abonará al estudiante la totalidad de los gastos ocasionados.

- ✓ Los gastos de desplazamiento sólo se abonarán en caso de urgencia vital.
- ✓ Las prestaciones farmacéuticas por accidente se abonarán en su totalidad por el Seguro Escolar, siempre que este reconozca su relación con el accidente.
- ✓ La asistencia médica incluye, en su caso:
  - El internamiento sanatorial y la intervención quirúrgica.
  - El suministro y renovación de los aparatos de prótesis y ortopédicos que se consideren necesarios para la asistencia.
  - El tratamiento de rehabilitación necesario para la curación.
  - Las pruebas médicas necesarias para su diagnóstico o tratamiento.
  - El reembolso de la asistencia debe solicitarse en el plazo de un año desde la fecha del accidente escolar.

Indemnizaciones y pensiones por incapacidad.

Si el accidente produce y se declara una incapacidad permanente y absoluta para los estudios ya iniciados, se abona una indemnización que oscila entre 150,25 euros y 601,01 euros, fijada proporcionalmente al tiempo de estudios ya realizados y a la disminución de la capacidad ulterior para una actividad profesional.

Si el accidente produce y se declara una gran invalidez para los estudios, quedando incapacitado el estudiante para los actos más esenciales de la vida, se abona una pensión vitalicia de 144,24 euros anuales.

Estas indemnizaciones y pensiones deben solicitarse en el plazo de un año desde la fecha del accidente escolar.

Fallecimiento:

Hay que distinguir entre las siguientes situaciones:

- Si el accidente, en este caso escolar o no, produjese la muerte, se abonará a los familiares 30,05 euros en concepto de gastos de sepelio.
- Si el accidente se hubiese producido en lugar distinto al de la residencia familiar, estos gastos pueden oscilar entre 30,05 y 120,20 euros.
- Si el estudiante fallecido tuviese a cargo cónyuge, pareja de hecho formalizada y acreditada por el 221 LGSS, hijos, ascendientes directos mayores de 65 años o incapacitados para todo trabajo, o hermanos menores de edad o incapacitados para todo trabajo, se concederán 300,51 euros.

Estas indemnizaciones deben solicitarse en el plazo de un año desde el día siguiente al fallecimiento, si se debe a un accidente escolar; y de cinco años desde el día siguiente al fallecimiento, si es un accidente no escolar.

X. SEGURO OBLIGATORIO PARA LAS EMPRESAS DE MANTENIMIENTO DE ASCENSORES

Este es otro de los seguros obligatorio cuya referencia aquí, aunque mínima, me gustaría destacar. Es evidente que los ascensores son ya artefactos que forman parte del "hábitat" natural en la inmensa mayoría de edificaciones que existen en toda la geografía española, por lo que, como usuarios habituales de este tipo de mecanismos, conviene saber que, aunque afortunadamente, no es habitual que existan siniestros de consecuencias graves donde esté implicado un ascensor, siempre existen y para tal caso, hemos de saber, al menos, que:

- ✓ Existe una normativa específica que, además de cuestiones de índole puramente técnica, también regula la obligación de suscribir un seguro de responsabilidad civil a las empresas encargadas del mantenimiento de los ascensores.[206]
- ✓ Estas empresas habrán de tener suscrito un seguro de responsabilidad civil profesional u otra garantía equivalente, que cubra los daños que puedan provocar en la prestación del servicio, con cobertura mínima de 600.000 euros por accidente.

XI. EL SEGURO OBLIGATORIO DE RESPONSABILIDAD CIVIL PARA VEHÍCULOS PERSONALES LIGEROS

Esta es una de las cuestiones más novedosas que, sin duda alguna, son de obligada referencia aquí, por cuanto afecta a un fenómeno viario cada vez más extendido por la inmensa mayoría de municipios españoles y por supuesto, a nivel europeo. Me refiero, especialmente, a los ya famosos patinetes eléctricos cuyo uso está sobradamente extendido y asimilado por todos, como un elemento de transporte más para tener en cuenta tanto a nivel normativo, como de movilidad pública.

Dicho lo anterior y desde que estos artefactos se fueron poniendo "de moda" cada vez de manera más generalizada, no han sido esporádicos los accidentes que se han producido por el uso

---

206 Real Decreto 355/2024, de 2 de abril, por el que se aprueba la Instrucción Técnica Complementaria ITC AEM 1 «Ascensores», que regula la puesta en servicio, modificación, mantenimiento e inspección de los ascensores, así como el incremento de la seguridad del parque de ascensores existente.

de los mismos, teniendo como víctimas no sólo a personas viandantes que transitaban por las aceras, sino también, a los propios usuarios de estos, así como de otros conductores, ya sea de turismos, como de motocicletas.

En España se registraron al menos 396 siniestros con patinete eléctricos en 2024, que dejaron 240 lesionados, 102 de ellos de carácter grave, y 14 personas muertas. Las principales causas de los sucesos fueron la colisión con otros vehículos (65%), seguida de las caídas (22%) y el atropello a peatones (10%).[207]

Estas son las principales conclusiones del Análisis de la Siniestralidad de Vehículos de Movilidad Personal 2024, realizado por Fundación Mapfre y el Centro de Experimentación y Seguridad Vial Mapfre (CESVIMAP) a partir de siniestros publicados en los medios de comunicación, que ha sido difundido hoy. Las cifras reflejan un aumento del 23% en siniestros respecto a 2023.

Vayamos ahora con la información básica que al respecto hemos de tener en cuenta como posibles usuarios de este tipo de artefactos, así como de viandantes, para el caso de que suframos algún tipo de percance con estos nuevos medios de transporte. Veamos:

1. *¿Tienen los patinetes eléctricos ahora la consideración de vehículos a motor?*

Dependiendo de sus características técnicas, medidas, pesos y velocidades. Es decir, NO serán considerados vehículos a motor todos aquellos que no superen los rangos técnicos descritos anteriormente para ser considerado vehículo a motor. De ser así, son considerados como vehículo personal ligero (VPL).

---

207 https://www.economistjurist.es/actualidad-juridica/legislacion/en-espana-se-produjeron-al-menos-400-siniestros-con-patinetes-electricos-en-2024-con-240-lesionados-y-14-muertos/

2. *¿Qué es un vehículo personal ligero?*[208]

La ley describe ahora a estos vehículos como:

Se consideran vehículos personales ligeros, a efectos del seguro obligatorio de responsabilidad civil, los vehículos que circulan por suelo mediante una o más ruedas, dotados de una única plaza y propulsados exclusivamente por motores eléctricos que pueden proporcionar al vehículo una velocidad máxima de fabricación entre 6 y 25 km/h, si su peso es inferior a 25 kg, o una velocidad máxima de fabricación entre 6 y 14 km por hora, si su peso es superior a 25 kg. Solo pueden estar equipados con un asiento o sillín si están dotados de sistema de auto equilibrado.

En sentido contrario, no serán considerados vehículos personales ligeros:

Se excluyen de la definición de vehículo personal ligero:

a) los vehículos diseñados y fabricados para ser utilizados exclusivamente por las Fuerzas Armadas,

b) los vehículos motorizados o elementos de apoyo a la movilidad y autonomía personal que son destinados exclusivamente para ser utilizados por personas con discapacidad o con movilidad reducida.

c) los ciclos o las bicicletas de pedales con pedaleo asistido equipadas con un motor eléctrico auxiliar de potencia nominal continua máxima inferior o igual a 250 w, cuya potencia disminuya progresivamente y que finalmente se interrumpa antes de que la velocidad del vehículo alcance los 25 km/h o si el ciclista deja de pedalear.

¿Qué requisitos legales he de cumplir si soy propietario de un VPL?

Todo propietario de un vehículo personal ligero estará obligado a suscribir y mantener en vigor un contrato de seguro que

---

208 Disposición adicional primera Ley 5/2025.Seguro obligatorio de responsabilidad civil para vehículos personales ligeros que no estén incluidos en el concepto legal de «vehículo a motor»

cubra la responsabilidad civil hasta la cuantía mínima prevista en la ley.

¿Desde cuándo?

A partir del 2 de enero de 2026.

¿Qué cuantías mínimas son esas, por tanto?

- En los daños a las personas, 6.450.000 euros por siniestro, cualquiera que sea el número de víctimas;
- En los daños a los bienes, 1.300.000 euros por siniestro.

Dicho lo anterior y en relación con el seguro obligatorio de los VPL, la nueva reforma legal también exige que:

- Que cuenten con un certificado de circulación[209].
- Estar inscritos en el Registro de Vehículos de la Dirección General de Tráfico.
- Tener una etiqueta identificativa con el número de inscripción asignado o, en su caso, matrícula, con la finalidad de garantizar la cobertura de las indemnizaciones por los daños personales y materiales a los perjudicados por accidentes en los que intervengan este tipo de vehículos.

¿Cómo puedo saber si mi patinete está homologado por la DGT?

Para ello, basta con consultar el listado oficial en la página web de la DGT[210] o busca la placa identificativa en el patinete, que

---

209 Importante: Los Vehículos de Movilidad Personal (VMP) que se comercialicen a partir del 22 de enero de 2024 deberán disponer de su certificado VMP. De la misma manera, a partir del 22 de enero de 2027 solo podrán circular los VMP que dispongan de dicho certificado.

210 Consulta la lista de la DGT: Visita la página web de la DGT (www.dgt.es/vmp) y busca la marca y modelo de tu patinete en el listado de Vehículos de Movilidad Personal (VMP) certificados.
Busca la placa identificativa: Los patinetes homologados deben tener una placa visible con los datos del fabricante, modelo, número de serie

debe incluir el número de certificado de homologación. Los patinetes homologados tienen características obligatorias y un certificado emitido por un laboratorio autorizado.

¿Y si mi patinete no está homologado?

Puedes seguir usándolo hasta el 22 de enero de 2027, según la normativa actual. Posterior a esa fecha, se necesita un patinete homologado para poder circular legalmente. Para el proceso de homologación del patinete, puede requerir una certificación técnica por parte de un ingeniero o laboratorio autorizado.

Además de los vehículos a motor habituales y por todos conocidos ¿Qué tipo de artefactos deberán también tener ahora un seguro de responsabilidad civil para poder circular?

En concreto, los siguientes:

> *a) Ciclos de motor diseñados para funcionar a pedal que cuentan con propulsión auxiliar de velocidad máxima superior a 25 km/hora.*
>
> *b) Cualquier otro vehículo definido dentro de la categoría L1e-B del anexo I del Reglamento (UE) n.º 168/2013 del Parlamento Europeo y del Consejo, de 15 de enero de 2013.*
>
> *c) Cualquier otro vehículo diseñado para funcionar a pedal que no puede incluirse en ninguna de las categorías L1e del anexo I del Reglamento (UE) n.º 168/2013 del Parlamento Europeo y del Consejo, de 15 de enero de 2013 por contar con propulsión auxiliar de velocidad máxima superior a los 45 km/hora establecida genéricamente como límite para los vehículos de la categoría L1e.*

Dicho lo anterior e importante:

Quedarán exentos los propietarios de alguno de los artefactos anteriormente indicados, si el seguro es concertado por cualquier otra persona, sea esta física o jurídica, que tenga interés en el aseguramiento, debiendo indicar, eso sí, el concepto en que contrata.

---

y el número de certificado de homologación, que suele comenzar con las letras A o B.

Si voy conduciendo un VPL y tengo un accidente en el que atropello a alguien por ir bebido, por ejemplo. ¿la compañía de seguros del patinete reclamarme las cantidades que llegara a indemnizar al perjudicado?

La respuesta es que sí y algo muy importante que introduce la nueva reforma. Esa posibilidad de reclamar las cantidades que tiene la aseguradora, no sólo cabe frente al propietario y conductor del VPL, sino también contra aquellos *usuarios que hubieran manipulado las características técnicas del vehículo, siempre que esta manipulación haya contribuido al acaecimiento del siniestro o a su agravamiento.*[211]

Es evidente que el legislador ha tenido que adaptarse a la realidad social actual en la que es muy habitual que este tipo de artefactos sean manipulados ("trucados" en la jerga coloquial) para dotarlos de mayor potencia y velocidad. Parece claro el ánimo disuasorio de la norma respecto de estas personas que, pueden ser el mismo propietario o conductor o terceros ajenos que hayan implementado esos cambios técnicos que agravan el riesgo.

Vemos cómo la norma habla directamente de "acaecimiento del siniestro o a su agravamiento", por lo que no conviene olvidar lo que se ya decía en esta obra cuando de abordaba el tratamiento específico de las obligaciones del tomador o asegurado en casos de agravamiento del riesgo y las consecuencias de no hacerlo, de cara a la activación de la cobertura (ver los artículos 11 y 12 de la LCS y la página 21.° de esta obra (pregunta número 27.°).

---

[211] DA de la Ley 5/2025, 24 julio: "e) Será de aplicación la facultad de repetición regulada en el artículo 10 del texto refundido de la Ley de responsabilidad civil y seguro en la circulación de vehículos a motor, pudiendo ejercerse, además, contra aquellos usuarios que hubieran manipulado las características técnicas del vehículo, siempre que esta manipulación haya contribuido al acaecimiento del siniestro o a su agravamiento.

Para terminar con este concreto apartado y dado que es un tema de máxima actualidad, acompaño una breve relación casuística de algunas sentencias que abordan el fenómeno.

Teniendo en cuenta que este tipo de artefactos, desde que ya son de uso más que frecuente y generalizado en todo el territorio español, está implicado en una heterogénea lista de accidentes y siniestros diversos, intentaré condensar a nivel jurisprudencial, aquellos supuestos más habituales sobre los cuales nuestros juzgados y Tribunales vienen a dar respuesta. A saber:

A) Siniestros donde se causan lesiones a un peatón por parte del conductor de un patinete.

SAP Barcelona, Secc.1.ª, fecha 31/01/2022, núm. 27/2022, Rec.118/2021 —TOL8.924.094—.

Esta sentencia aborda un caso en el que una viandante se hallaba caminando cuando fue atropellada por un patinete eléctrico que circulaba por encima de la acera sin que la conductora demandada adoptara las debidas precauciones.

En primera instancia, el juzgado estimó parcialmente la demanda presentada por la actora frente a la conductora del patinete condenando a ésta a pagar la demandante la cantidad de 21.940'48 euros, la cual devengará los intereses legales correspondientes, a computar desde la interpelación judicial.

En sede de Apelación, la Sala estima en parte el recurso y entiende que la culpa es de la conductora del patinete, quien en su defensa alegaba "caso fortuito". Dice la Sala:

> *El hecho no puede ser calificado de fortuito ni mucho menos de fuerza mayor porque la circulación por la acera del patinete eléctrico impone a su conductor una especial atención puesto que la acera es la zona de prioridad de los peatones y la circunstancia acontecida en el caso de autos, como la salida de una persona de un establecimiento de hostelería, es un hecho habitual y previsible cuando se transita por las aceras públicas, de igual modo que lo hubiera sido la incorporación a la acera de un viandante procedente de algunos de los portales con salida a la acera en cuestión.*

> *La juzgadora de instancia valora acertadamente la prueba y el reparto específico y diferenciado de responsabilidades entre quien transita normalmente por la acera, ya fuera caminando o incorporándose a la vía pública procedente de un bar, siendo la conductora del patinete la que ejecuta una conducta invasiva parala que debía tener especial cuidado y respetar la preferencia del peatón en la acera, de modo que el conflicto que esta convivencia venía generando ha llevado a que se haya prohibido la circulación de patinetes por las aceras tras la entrada en vigor el día 2 de enero de 2022 de la reforma del Reglamento General de Circulación del Reglamento General de Vehículos aprobada por Real Decreto 970/2020, de 10 de noviembre.*
>
> *II. En consecuencia, el suceso no puede situarse en el marco del caso fortuito del artículo 1105 CC. porque no era imprevisible ni inevitable, sino que ha de encuadrarse dentro de la responsabilidad por culpa del artículo1902 CC. al apreciar negligencia en la conducta de la demandada que generó una situación de riesgo en la seguridad de los viandantes del que debe responder.*

SAP Álava, Secc 1.ª, fecha 18/09/2017, núm. 392/2017, Rec. 364/2017 —TOL6.449.600—.

Se trata de unos hecho en los que una mujer circulaba con un monopatín eléctrico por un paso de peatones en la calle Bremen cuando fue golpeada por un vehículo asegurado por Liberty Seguros que circulaba por el carril central y que había parado para ceder el paso a un peatón. El vehículo reanudó la marcha sin percatarse del monopatín que circulaba a una velocidad superior a la de un peatón, lo que provocó la colisión. La actora sufrió lesiones con secuelas y reclamó indemnización. No existía ordenanza municipal que regulase la circulación de monopatines eléctricos en la vía pública.

El tribunal reconoce que ambos conductores actuaron con negligencia: el vehículo reanudó la marcha sin observar adecuadamente la vía y la presencia del monopatín, y la actora circulaba a una velocidad superior a la permitida para zonas peatonales, incumpliendo la normativa aplicable. Por tanto, se declara la concurrencia de culpas, atribuyendo a la compañía aseguradora la responsabilidad del 50% de la indemnización reclamada. Se estima parcialmente el recurso de apelación de la actora, revocando la sentencia de primera instancia en cuanto a la desestimación total, y condenando a la aseguradora a abonar la mitad de la indemnización calculada. No se impone costas en ninguna instancia. No se establece un cambio doctrinal, sino una aplicación concreta y equilibrada de la normativa vigente y la valoración probatoria.

B) Casos en los que un patinete auto combustiona dentro de un local y provoca un incendio.

No son nada infrecuentes, los casos en los que el propietario de un patinete, que adquirió meses antes, debido a la aparición de fallos mecánicos en éste, lo lleva a reparar al establecimiento donde lo adquirió y una vez depositado allí, auto combustiona en el interior del local y provoca un incendio del mismo. Los daños provocados por este incendio son abonados por la aseguradora del local afectado, conforme a la cobertura pactada y posteriormente, la aseguradora demanda a quien considera responsable de esa auto combustión, pudiendo tratarse de la empresa que le vendió el patinete a su asegurado, al distribuidor, fabricante, etc. según el caso. Veamos:

AP Madrid, sec. 19.ª, S 12-02-2025, n.º 63/2025, rec. 746/2023[212] —TOL10.490.375—.

En este caso, la aseguradora del local afectado, una vez pagada la indemnización a éste, por razón de la cobertura de incendio, demandó a la empresa distribuidora del patinete. Absuelve a la distribuidora, confirmando la sentencia de instancia, con este argumento:

> *"No es controvertido que la demandada no fabricó el patinete que causó el incendio. El informe pericial aportado con la demanda como documento número 5 atribuye el incendio a un fallo en una de las celdas de la batería del patinete, desconociéndose en qué consistió específicamente ese fallo, si fue un problema de diseño,*

212 En sentido similar y muy interesante la SAP Madrid, sec. 19.ª, S 13-03-2025, n.º 110/2025, rec. 559/2023

> *un problema de configuración de las celdas, u otro. En el acto del juicio, el perito ha señalado que el fallo consistiría en que la celda ha tenido un deterioro o un fallo de conexión. El informe pericial de la demandada señala que las causas fundamentales de las fallas de las celdas energéticas se pueden clasificar en: abuso térmico (exposición de la batería a altas o bajas temperaturas), abuso mecánico (golpes que pueden ocasionar cortocircuitos), abuso eléctrico (batería expuesta a voltajes o corrientes para los que no ha sido diseñada), mal diseño electroquímico de la celda o fallas internas de las celdas asociadas a defectos de fabricación, añadiendo que en este caso estaríamos ante un fallo eléctrico.*
>
> *Es claro que la hoy demandada no tiene nada que ver ni con el diseño de las celdas ni con ninguna otra cuestión relacionada con las mismas, por lo que ninguna acción u omisión concreta y específica cometió que le haga responder".*

3. Cuidado con manipular nuestro patinete alterando su configuración inicial. De la posible responsabilidad del propietario de un patinete que lo manipula si éste arde después.

Llamada de atención a todos aquellos que, ya sea nada más adquirir un patinete o un lapso temporal posterior, que puede ser días o semanas, deciden hacer alarde de sus capacidades manuales y tecnológicas y se aventuran a modificar el patinete que compraron, normalmente, para darle más potencia y lograr mayor velocidad. También puede ser que, en lugar de hacerlo nosotros mismos, deleguemos tal innovadora y valerosa tarea a un tercero.

¿Qué puede pasar, por tanto, si modifico patinete y un buen día comienza a arder, dentro de mi vivienda, de un local o de otro lugar? ¿puedo tener responsabilidad en tal caso?

Así es. Sirva como ejemplo, la **SAP Álava, sec. 1.ª, S 23-09-2024, n.º 891/2024, rec. 1004/2024.**

Antecedentes básicos de los hechos:

> *De acuerdo con la demanda, "El 27 de octubre de 2021 se produjo un siniestro en la vivienda asegurada en AXA a consecuencia del fallo y recalentamiento de la batería de un patinete eléctrico, que*

había adquirido la asegurada 5 meses antes, mientras se encontraba enchufado a la red eléctrica de la vivienda.".

Y añade: "Se acompaña como documento n.º 3 informe pericial elaborado por Elisabeth, perito del Gabinete VET+A, junto con reportaje fotográfico y valoración detallada de los daños. En dicho informe se recoge que el origen de los daños se localiza en la batería del patinete eléctrico que combustionó mientras estaba en estado de carga, provocando un incendio y daños por humo en la vivienda, en paramentos y suciedad en toda la vivienda.".

Con ese soporte fáctico, se interpone una demanda frente a UJ SOLUTIONS S.C., por ser la vendedora del patinete eléctrico Currus NF 11 Panther, y frente a ELECORIDE S.L., por ser la fabricante del patine eléctrico causante del siniestro por el cual se reclama.

El Juzgado de Primera Instancia n.º 3 dictó sentencia con fecha 5 de abril del 2024.

Lo hizo condenando a UJ SOLUTIONS SC, la vendedora del patinete, a pagar a la actora la cantidad de 3.599 EUROS con sus intereses y absolviendo a ELECORIDE SL. de todos los pedimentos realizados en su contra. Condenó a la actora a abonar las costas causadas en este proceso a instancia de ELECORIDE S.L. y no hizo expresa imposición de costas en cuanto a la pretensión dirigida por la actora frente a UJ SOLUTIONS S.C.

Sentencia:

Que, estimando el recurso de apelación interpuesto por la Procuradora señora Marco Sáenz de Ormijana, en nombre y representación de UJ Solutiones SC, contra la sentencia dictada el 5 de abril del 2024, por el Juzgado de Primera Instancia n.º 3 de los de esta Ciudad y en los autos de proceso ordinario 181/2023, debemos revocar, y revocamos, dicha resolución, dictando en su lugar otra por la que desestimamos la demanda interpuesta en su día por AXA Seguros Generales SA, imponemos a ésta las costas procesales de la primera instancia, mantenemos el resto de los pronunciamientos de la sentencia recurrida, y no condenamos a ninguno de los litigantes al pago de las costas procesales de esta segunda.

<u>Motivo que da la Sala para absolver a la vendedora del patinete</u>:

FJ 6.º:

Es así porque, además de un posible defecto de fabricación, no es inusual que la explosión obedezca a lo que en <u>jerga se conoce como "tuning", o "tuneado", del propio patinete (las alteraciones destinadas a mejorar su potencia y/o aumentar su velocidad), y,</u>

entre otros, otro de los factores posibles es la utilización de cargadores inadecuados.

Lo que, además, y como veremos, afecta directamente a la identidad del producto vendido, elemento esencial del desarrollo de la pretendida responsabilidad civil de la vendedora frente a una consumidora/compradora.

La prueba practicada por las codemandadas evidencia que existieron comunicaciones por WhatsApp, audios y correos, de los que se desprende la intervención de una tercera persona, usuaria del patinete, quien afirma haber realizado en el vehículo, adquirido en junio del 2021 y con evidente inmediación temporal a esa adquisición, determinadas actuaciones: A) Manipulación de los cables, la terminal y el transformador. La terminal es precisamente el componente afectado por la limitación de velocidad realizada en fábrica. B) Intervención en los leds. C) Nueva manipulación de cables, al parecer subsecuente a una afectación por agua. D) Instalación de una nueva tabla del patinete (algo ajeno al sistema eléctrico) con previa manipulación de tornillos.

XII. EL SEGURO OBLIGATORIO DE CIRCULACIÓN DE VEHÍCULOS A MOTOR

Para concluir este bloque dedicado a los seguros obligatorios más habituales, es imprescindible hablar del seguro obligatorio de circulación de vehículos a motor. Su conocimiento resulta del todo punto obligado tanto para los conductores de vehículos a motor (cuyo catálogo ya hemos visto queda ahora ampliado por otras categorías de nuevo cuño), como por el resto de usuarios de la vía que también interactúan y quedan sometidos, en caso de que se produzca algún siniestro que implique a un vehículo a motor y a un peatón, a las previsiones, coberturas y excepciones de esta importante modalidad de seguro. A efectos de economía narrativa, llamaré a este seguro, en lo sucesivo, SOVM.

1. *¿Cuáles son las normas que debo tener en cuenta por los que al SOVM se refiere?*

Fundamentalmente, son dos:

- RDL 8/2004, de 29 de octubre, por el que se aprueba el texto refundido de la Ley sobre responsabilidad civil y seguro en la circulación de vehículos a motor.[213]
- Real Decreto 1507/2008, de 12 de septiembre, por el que se aprueba el Reglamento del seguro obligatorio de responsabilidad civil en la circulación de vehículos a motor.[214] (RSORCCVM).

Ahora bien, muy a tener en cuenta:

- Ley 5/2025, de 24 de julio, por la que se modifican el texto refundido de la Ley sobre responsabilidad civil y seguro en la circulación de vehículos a motor, aprobado por el Real Decreto Legislativo 8/2004, de 29 de octubre, y la Ley 20/2015, de 14 de julio, de ordenación, supervisión y solvencia de las entidades aseguradoras y reaseguradoras.[215]

Centrada la normativa que resulta de aplicación al SOVM, es imprescindible realizar una breve comparativa entre cómo era la redacción inicial del Reglamento del seguro obligatorio de responsabilidad civil en la circulación de vehículos a motor, antes del 25 de julio de 2025 (fecha en la que sus artículos 1.° y 2.° quedan derogados) y cómo quedan después de esa fecha.

<u>Redacción artículo 1.° RSORCCVM, hasta julio de 2025</u>:

> *1. Tienen la consideración de vehículos a motor, a los efectos de la responsabilidad civil en la circulación de vehículos a motor y de la obligación de aseguramiento, todos los vehículos idóneos para circular por la superficie terrestre e impulsados a motor, incluidos los ciclomotores, vehículos especiales, remolques y semirremolques, cuya puesta en circulación requiera autorización administrativa de acuerdo con lo dispuesto en la legislación sobre tráfico, circulación de vehículos a motor y seguridad vial. Se exceptúan de la obligación de aseguramiento los remolques, semirremolques y máquinas remolcadas especiales cuya masa máxima autorizada no exceda*

213 BOE 05/11/2004.
214 BOE 13/09/2008.
215 BOE 25/07/2025.

de 750 kilogramos, así como aquellos vehículos que hayan sido dados de baja de forma temporal o definitiva del Registro de Vehículos de la Dirección General de Tráfico.

2. No se encontrarán incluidos en el ámbito material del presente Reglamento:

a) Los ferrocarriles, tranvías y otros vehículos que circulen por vías que le sean propias.

b) Los vehículos a motor eléctricos que por concepción, destino o finalidad tengan la consideración de juguetes, en los términos definidos y con los requisitos establecidos en el artículo 1.1 del Real Decreto 880/1990, de 29 de junio, por el que se aprueban las normas de seguridad de los juguetes, y su normativa concordante y de desarrollo.

Tampoco se encontrarán incluidas en el ámbito material del presente Reglamento las sillas de ruedas.

3. A los efectos de este reglamento, se aplicarán los conceptos recogidos en el anexo I del Real Decreto Legislativo 339/1990, de 2 de marzo, por el que se aprueba el texto articulado de la Ley sobre Tráfico, Circulación de Vehículos a Motor y Seguridad Vial.

Redacción artículo 2.º RSORCCVM, hasta julio de 2025:

Artículo 2. Hechos de la circulación.

1. A los efectos de la responsabilidad civil en la circulación de vehículos a motor y de la cobertura del seguro obligatorio regulado en este Reglamento, se entienden por hechos de la circulación los derivados del riesgo creado por la conducción de los vehículos a motor a que se refiere el artículo anterior, tanto por garajes y aparcamientos, como por vías o terrenos públicos y privados aptos para la circulación, urbanos o interurbanos, así como por vías o terrenos que sin tener tal aptitud sean de uso común.

2. No se entenderán hechos de la circulación:

a) Los derivados de la celebración de pruebas deportivas con vehículos a motor en circuitos especialmente destinados al efecto o habilitados para dichas pruebas, sin perjuicio de la obligación de suscripción del seguro especial previsto en la disposición adicional segunda.

b) Los derivados de la realización de tareas industriales o agrícolas por vehículos a motor especialmente destinados para ello, sin perjuicio de la aplicación del apartado 1 en caso de desplazamiento de esos vehículos por las vías o terrenos mencionados en dicho apartado cuando no estuvieran realizando las tareas industriales o agrícolas que les fueran propias.

En el ámbito de los procesos logísticos de distribución de vehículos se consideran tareas industriales las de carga, descarga, almacenaje y demás operaciones necesarias de manipulación de los vehículos que tengan la consideración de mercancía, salvo el transporte que se efectúe por las vías a que se refiere el apartado 1.

c) Los desplazamientos de vehículos a motor por vías o terrenos en los que no sea de aplicación la legislación señalada en el artículo 1, tales como los recintos de puertos o aeropuertos.

3. Tampoco tendrá la consideración de hecho de la circulación la utilización de un vehículo a motor como instrumento de la comisión de delitos dolosos contra las personas y los bienes. En todo caso sí será hecho de la circulación la utilización de un vehículo a motor en cualquiera de las formas descritas en el Código Penal como conducta constitutiva de delito contra la seguridad vial, incluido el supuesto previsto en el artículo 382 de dicho Código Penal.

Ambos artículos han sido derogados por la ley 5/2025 de 24 de julio, que ahora incorpora un nuevo artículo 1 bis, modificando sustancialmente lo que se recogía antes por la norma. Los dos artículos ahora derogados y su nueva redacción, son de un impacto normativo extraordinario, puesto que ahora se establecen nuevas categorías de vehículo a motor, ampliando así el anterior catálogo "cerrado" y, de otro lado, se delimita conceptualmente el concepto de "hecho de la circulación", cuya modificación era del todo punto necesaria para adaptarla a la realidad social vigente, mucho más heterogénea y dinámica en su dimensión jurídica y social.

Por tanto, a la vista de lo anterior, podemos formularnos las siguientes preguntas:

2. ¿Qué se entiende ahora por vehículo a motor?

Se entiende por vehículo a motor:

…

a) Todo vehículo automóvil accionado exclusivamente mediante una fuerza mecánica que circula por el suelo y que no utiliza una vía férrea, con:

i. una velocidad máxima de fabricación superior a 25 km/h, o

ii. un peso neto máximo superior a 25 kg y una velocidad máxima de fabricación superior a 14 km/h.

En sentido contrario a lo anterior ¿qué vehículos, por tanto, no son considerados como vehículo a motor?

Los siguientes:

a) Los ferrocarriles, tranvías y otros vehículos que circulen por vías que les sean propias.

b) Las sillas de ruedas y otros vehículos motorizados específicos de apoyo a la movilidad de personas con movilidad reducida, que son destinados exclusivamente a tales personas. En todo caso, son vehículos a motor aquellos que cumpliendo la definición hayan sido adaptados para su uso por personas con movilidad reducida.

3. ¿Y qué se entiende actualmente por hecho de la circulación, por lo que al seguro obligatorio se refiere?

Con la nueva nomenclatura normativa, ahora se entiende por hecho de la circulación toda utilización de un vehículo a motor que sea conforme con la función del vehículo como medio de transporte en el momento del accidente, con independencia de las características de este, del terreno en el que se utilice el vehículo y de si está parado o en movimiento.

4. En sentido contrario ¿Cuándo podemos afirmar que NO estamos ante un hecho de la circulación?

En los siguientes casos:

a) Los derivados de la utilización de vehículos en eventos y actividades automovilísticos[216], tales como carreras y competiciones, así como entrenamientos, pruebas y demostraciones que, con la debida autorización, tengan lugar en zonas restringidas y demarcadas o se desarrollen en itinerarios o en circuitos especialmente destinados o habilitados para dichas actividades.

---

[216] **Ver sentencias: SAP Asturias 19 mayo 2016 (EDJ 2016/102986); SAP Madrid 8 de marzo de 2016 (EDJ 2016/303441); SAP Baleares 17 diciembre de 2024 (EDJ 2024/824106).**

En estos casos, el organizador de la actividad deberá disponer de un seguro, aval o garantía financiera que ofrezca una protección a terceros equivalente a la ofrecida por el seguro regulado en esta ley, incluidos los espectadores y otros transeúntes, con los mismos límites establecidos en el artículo 4, aunque no cubra necesariamente los daños a los conductores participantes y sus vehículos.

b) La utilización de un vehículo a motor como medio para causar deliberadamente daños a las personas o en los bienes, sin perjuicio de la obligación del Consorcio de Compensación de Seguros de indemnización en los términos establecidos en el artículo 11.1.g). (Se verá con más detalle cuando se trate la figura del Consorcio de Compensación de Seguros).

c) Los desplazamientos de vehículos a motor utilizados exclusivamente en determinadas zonas de acceso restringido de puertos y aeropuertos[217], sin perjuicio de la obligatoriedad de disponer de un seguro, aval o garantía financiera equivalente que garantice una protección a terceros equivalente a la ofrecida por el seguro regulado en esta ley, con los mismos límites establecidos en el artículo 4.

5. *¿Quiénes están obligados a tener en vigor un seguro obligatorio de circulación?*

En virtud de la nueva normativa, podemos afirmar que:

- Todo propietario de vehículos a motor que tenga su estacionamiento habitual en España estará obligado a suscribir y mantener en vigor un contrato de seguro por cada vehículo de que sea titular.

---

217 Ver Real Decreto Legislativo 2/2011, de 5 de septiembre, por el que se aprueba el Texto Refundido de la Ley de Puertos del Estado y de la Marina Mercante. BOE» núm. 253, de 20/10/2011.

- Además de lo anterior, que cubra hasta la cuantía de los límites del aseguramiento obligatorio, la responsabilidad civil a que se refiere el artículo 1.
- También deberán asegurar su responsabilidad civil en las mismas condiciones establecidas en el párrafo anterior los propietarios de:
- Ciclos de motor diseñados para funcionar a pedal que cuentan con propulsión auxiliar de velocidad máxima superior a 25 km/hora.
- Cualquier otro vehículo definido dentro de la categoría L1e-B del anexo I del Reglamento (UE) n.º 168/2013 del Parlamento Europeo y del Consejo, de 15 de enero de 2013.
- Cualquier otro vehículo diseñado para funcionar a pedal que no puede incluirse en ninguna de las categorías L1e del anexo I del Reglamento (UE) n.º 168/2013 del Parlamento Europeo y del Consejo, de 15 de enero de 2013 por contar con propulsión auxiliar de velocidad máxima superior a los 45 km/hora establecida genéricamente como límite para los vehículos de la categoría L1e.

6. *¿Qué sucede con los vehículos que antes de la entrada en vigor de esta ley no tuviesen la consideración de vehículos a motor y que pasen a ser considerados vehículos a motor?*

En estos casos, que nos serán escasos, la norma establece que los propietarios dispondrán del plazo de seis meses, contados a partir del 26 de julio de 2025, para suscribir el SOVM.

7. *¿Qué pasa en aquellos casos de transitoriedad de estos vehículos que hasta la entrada en vigor de la nueva norma no era considerados vehículo a motor? ¿Me pueden sancionar?*

Dice ahora la norma que: *"Durante el período transitorio no les será de aplicación lo dispuesto en el artículo 3 del texto refundido de la*

Ley sobre responsabilidad civil y seguro en la circulación de vehículos a motor"[218].

8. *Por tanto ¿qué pasa con esos vehículos que no eran considerados vehículos a motor antes de la nueva reforma?*

Hasta que se proceda a la suscripción del seguro obligatorio, tales vehículos serán considerados vehículos a motor no asegurados a efectos de lo previsto en el artículo 11 del RD 8/2004, de 29 de octubre (que regula las funciones del Consorcio de Compensación de Seguros).

9. *¿Cuáles son las coberturas cuantitativas del SOVM?*

El SOVM, comúnmente conocido como "*seguro a terceros*", por lo que respecta al ámbito de aseguramiento español, goza de una de las coberturas más amplias de todo el espectro normativo europeo. Esto significa que, tanto para los conductores que hayan

---

[218] Artículo 3. Incumplimiento de la obligación de asegurarse.
1. El incumplimiento de la obligación de asegurarse determinará:
a) La prohibición de circulación por territorio nacional de los vehículos no asegurados.
b) El depósito o precinto público o domiciliario del vehículo, con cargo a su propietario, mientras no sea concertado el seguro.
Se acordará cautelarmente el depósito o precinto público o domiciliario del vehículo por el tiempo de un mes, que en caso de reincidencia será de tres meses y en el supuesto de quebrantamiento del depósito o precinto será de un año, y deberá demostrarse, para levantar dicho depósito o precinto, que se dispone del seguro correspondiente. Los gastos que se originen como consecuencia del depósito o precinto del vehículo serán por cuenta del propietario, que deberá abonarlos o garantizar su pago como requisito previo a la devolución del vehículo.
c) Una sanción pecuniaria de 601 a 3.005 euros de multa, graduada según que el vehículo circulase o no, su categoría, el servicio que preste, la gravedad del perjuicio causado, en su caso, la duración de la falta de aseguramiento y la reiteración de la misma infracción.

tenido un accidente y sean responsables de los daños causados a terceros (en sus personas o bienes) como de cara a esos perjudicados, el sistema dota de unas cuantías suficientemente amplias para que tanto infractores, como víctimas o perjudicados, tengan la tranquilidad de saber que las cifras son muy amplias. En concreto:

- En los daños a las personas: 70 millones de euros por siniestro, cualquiera que sea el número de víctimas.
- En los daños en los bienes: 15 millones de euros por siniestro.

10. ¿Qué circunstancias quedan fuera de la cobertura del SOVM?

Hay una serie de vicisitudes, no de escasa relevancia, que quedan fuera del paraguas proyector del SOVM y son:

- Los daños y perjuicios ocasionados por las lesiones o fallecimiento del conductor del vehículo causante del accidente[219].
- Los daños en los bienes sufridos por el vehículo asegurado, por las cosas en él transportadas ni por los bienes de los que resulten titulares el tomador, el asegurado, el propietario o el conductor, así como los del cónyuge o los parientes hasta el tercer grado de consanguinidad o afinidad de los anteriores.
- Los daños personales y materiales por el seguro de suscripción obligatoria quienes sufrieran daños con motivo de la circulación del vehículo causante, si hubiera sido robado. A los efectos de esta ley, se entiende por robo la conducta tipificada como tal en el Código Penal. En los supuestos de robo será de aplicación lo dispuesto en el artículo 11.1.c).

---

219 Ver artículo 5.º del RD 8/2004, de 29 de octubre.

11. ¿Cuáles son las consecuencias de no asegurar mi vehículo?

Según datos oficiales ofrecidos por la propia DGT, basados en un estudio de la aseguradora Línea Directa, se calcula que en España circulan más de 2.600.000 de coches '*zombis*' o vehículos sin seguro (un 8% de nuestro parque móvil), cifra resultante del cruce del Registro de Vehículos de la DGT y del Fichero Informático de Vehículos Asegurados (FIVA), a cargo del Consorcio de Compensación de Seguros.

El citado estudio, también señala que cada año se imponen 130.000 multas por circular sin tener seguro obligatorio, y que en la última década se han producido 300.000 accidentes con vehículos sin asegurar, siniestros que, además, son más graves, ya que la posibilidad de lesión se multiplica por 2,4.

Por tanto, no es una cuestión baladí que deba ser tomada en escasa consideración, es algo muy relevante a efectos de peligrosidad vial. La ley es clara al establecer cuáles son las consecuencias de no asegurar mi vehículo. A saber:[220]

> *a) La prohibición de circulación por territorio nacional de los vehículos no asegurados.*
>
> *b) El depósito o precinto público o domiciliario del vehículo, con cargo a su propietario, mientras no sea concertado el seguro.*

Además de lo anterior, se acordará cautelarmente el depósito o precinto público o domiciliario del vehículo por el tiempo de un mes, que en caso de reincidencia será de tres meses y en el supuesto de quebrantamiento del depósito o precinto será de un año, y deberá demostrarse, para levantar dicho depósito o precinto, que se dispone del seguro correspondiente.

Importante de lo anterior que hemos de saber como propietarios de un vehículo sin asegurar: *los gastos que se originen como consecuencia del depósito o precinto del vehículo serán por cuenta del pro-*

[220] Ver artículo 3.º del RD 8/2004.

pietario, que deberá abonarlos o garantizar su pago como requisito previo a la devolución del vehículo.

c) Una sanción pecuniaria de 601 a 3.005 euros de multa, graduada según que el vehículo circulase o no, su categoría, el servicio que preste, la gravedad del perjuicio causado, en su caso, la duración de la falta de aseguramiento y la reiteración de la misma infracción.

Capítulo III

Instituciones y organismos vinculados al fenómeno asegurador

Entramos ahora en otra perspectiva de conocimiento, también necesario para dotar al ciudadano de una información concreta y lo más amena posible, de otras cuestiones relativas a instituciones y organismos importantes dentro del sector asegurador, con quien, a buen seguro, tendrá que tomar contacto por razón de algún tipo de siniestro que tendrá lugar, salvo que se tenga la inmensa suerte de no sufrir incidencia alguna en ningún momento de la vida.

Por ello, se abordarán aquí cuestiones relativas al Consorcio de Compensación de Seguros, a la Dirección General de Seguros, a los cauces que tiene el asegurado para formular quejas y reclamaciones a su aseguradora, a los sistemas de resolución de conflictos al margen del cauce judicial (arbitraje/mediación) y al importante fenómeno de la figura del mediador de seguros.

Empezamos por el Consorcio de Compensación de Seguros (CCS)

I. EL CONSORCIO DE COMPENSACIÓN DE SEGUROS

1. ¿Qué es el Consorcio de Compensación de Seguros?

En lo sucesivo, lo denominaremos CCS.

Antes de entrar directamente a exponer cuestiones puramente jurídicas y para amenizar el tratamiento de esta importante institución vinculada al fenómeno asegurador, aunque con su idiosincrasia propia, me gustaría hacer una breve remisión histórica[221] de la misma.

---

221 Información extraída de la web del CCS: https://www.consorseguros.es/la-entidad/acerca-de-ccs/antecedentes-historicos

En 1941 se creó el Consorcio de Compensación de Riesgos de Motín con carácter de provisionalidad, como instrumento de apoyo al mercado asegurador español para dar respuesta a las pérdidas originadas por la Guerra Civil (1936-1939).

Circunstancialmente sirvió también para atender otros grandes siniestros: incendio de Santander, en febrero de 1941; incendio de Canfranc, en abril de 1944; incendio de El Ferrol, en mayo de 1944; explosión de minas de La Marina en Cádiz, en agosto de 1947; explosión de polvorín en Alcalá de Henares, en septiembre de 1948. A partir de 1954 la iniciativa adquirió un carácter permanente y de proyección de futuro, configurándose lo que es hoy el Consorcio de Compensación de Seguros (CCS).

Desde esa fecha el Consorcio aparece íntimamente ligado a la cobertura de los riesgos extraordinarios, como figura central de un sistema de indemnización por daños catastróficos único en el mundo. Pero en su trayectoria histórica iría asumiendo otros cometidos, como los relacionados con el seguro de crédito a la exportación, el seguro agrario combinado, el seguro de responsabilidad civil de automóviles de suscripción obligatoria, el seguro obligatorio de viajeros, el seguro obligatorio del cazador y el seguro de responsabilidad civil de riesgos nucleares, en un elenco de actividades de carácter subsidiario y de fondo de garantía.

Además, desde comienzos de 1998, su actividad se extiende también al campo de los riesgos medioambientales, habiendo entrado a formar parte del Pool Español de Riesgos Medioambientales. Finalmente, y por disposición de la Ley 44/2002, de 22 de noviembre, el Consorcio asume las funciones de liquidación de entidades aseguradoras que venía desempeñando la CLEA (Comisión Liquidadora de Entidades Aseguradoras).

2. *¿Cuál es su naturaleza jurídica?*

El Consorcio de Compensación de Seguros (CCS), instrumento al servicio del sector asegurador español, con una amplia trayectoria histórica, es una entidad pública empresarial adscrita al

Ministerio de Economía, Comercio y Empresa, a través de la Dirección General de Seguros y Fondos de Pensiones. Desempeña múltiples funciones en el ámbito del seguro, y entre ellas destacan las relacionadas con la cobertura de los riesgos extraordinarios, el seguro obligatorio de automóviles, el seguro agrario combinado y la liquidación de entidades aseguradoras.

El CCS tiene personalidad jurídica propia y plena capacidad de obrar, y su específico marco de actuación viene determinado por su Estatuto Legal. Tiene patrimonio propio, distinto al del Estado, y en su actividad no depende de ningún presupuesto público. Su máximo órgano decisorio es el Consejo de Administración, que, presidido por el director general de Seguros y Fondos de Pensiones, está compuesto por 14 miembros, siete de los cuales son altos directivos de entidades aseguradoras privadas, siendo los otros siete altos cargos de la Administración.

3. ¿Qué funciones tiene el CCS?

Hay que decir que el CCS, puede actuar como asegurador directo y como fondo de garantía. Quizás sea en este último ámbito donde sea más conocido o donde el ciudadano lego en cuestiones jurídicas del sector asegurador lo vincule de manera natural. Goza de una norma que regula su naturaleza y funcionamiento y es el RD 7/2004, de 29 de octubre.[222] (en lo sucesivo "RD 7/2004).

Dentro de este estricto ámbito de los llamados "fenómenos extraordinarios", el CCS tiene el deber de indemnizar, en régimen de compensación, las pérdidas derivadas de acontecimientos extraordinarios acaecidos en España y que afecten a riesgos en ella situados.

¿Qué se entiende, por tanto, por *riesgos extraordinarios?*

---

222 RD 7/2004, de 29 de octubre, por el que se aprueba el texto refundido del Estatuto Legal del Consorcio de Compensación de Seguros. BOE 05/11/2004.

Están regulados en el artículo 6 del RD 7/2004 y son los siguientes:

a) Los siguientes fenómenos de la naturaleza: terremotos y maremotos, las inundaciones extraordinarias, las erupciones volcánicas, la tempestad ciclónica atípica y las caídas de cuerpos siderales y aerolitos.

b) Los ocasionados violentamente como consecuencia de terrorismo, rebelión, sedición, motín y tumulto popular.

c) Hechos o actuaciones de las Fuerzas Armadas o de las Fuerzas y Cuerpos de Seguridad en tiempo de paz.

Y respecto de la cobertura del CCS, ¿se extiende a cualquier localización geográfica?

La ley dice que, a los efectos exclusivamente de la cobertura del Consorcio, se entenderá por riesgos situados en España los que afecten a:

a) Los vehículos con matrícula española.

b) Los bienes inmuebles situados en el territorio nacional.

c) Los bienes muebles que se encuentren en un inmueble situado en España, estén o no cubiertos por la misma póliza de seguro, excepto aquellos que se encuentren en tránsito comercial.

d) En el caso de seguros de personas, cuando el asegurado tenga su residencia habitual en España.

e) En los demás casos, cuando el tomador del seguro tenga su residencia habitual en España o, si fuera una persona jurídica, tenga en España su domicilio social o la sucursal a que se refiere el contrato.

Y sentido contrario **¿Qué situaciones no están cubiertas por el CCS?**

El listado es prolijo y abarca a todas estas vicisitudes:

a) Los que no den lugar a indemnización según la Ley 50/1980, de 8 de octubre, de contrato de seguro.

b) Los ocasionados en personas o bienes asegurados por contrato de seguro distinto a aquellos en que es obligatorio el recargo a favor del Consorcio.

c) Los debidos a vicio o defecto propio de la cosa asegurada.

d) Los producidos por conflictos armados, aunque no haya precedido la declaración oficial de guerra.

e) Los que por su magnitud y gravedad sean calificados por el Gobierno como "catástrofe o calamidad nacional".

f) Los derivados de la energía nuclear.

g) Los debidos a la mera acción del tiempo o los agentes atmosféricos distintos a los fenómenos de la naturaleza señalados en el apartado 1.

h) Los causados por actuaciones producidas en el curso de reuniones y manifestaciones llevadas a cabo conforme a lo dispuesto en la Ley Orgánica 9/1983, de 15 de julio, reguladora del Derecho de Reunión, así como durante el transcurso de huelgas legales, salvo que las citadas actuaciones pudieran ser calificadas como acontecimientos extraordinarios conforme al apartado 1.

i) Los indirectos o pérdidas de cualquier clase derivados de daños directos o indirectos, distintos de la pérdida de beneficios que se delimite reglamentariamente.

4. ¿Cómo puedo saber, por tanto, ¿cuándo hay un riesgo extraordinario que active la cobertura del CCS?

Ahora que ya sabemos cuáles son las funciones que tiene el CCS en aquellos siniestros relacionados con los llamados fenómenos extraordinarios, hemos de saber que, para tener conocimiento de cuándo podemos estar ante un siniestro denominado "consorciable" es decir, que por su naturaleza, habrá de ser asumido por el CCS y no por la compañía aseguradora en la que tengamos asegurado nuestro vehículo o vivienda, por ejemplo, existe una norma que detalla los parámetros concretos que determinan, cuándo un siniestro ha de ser indemnizado por el CCS.

En concreto, hay que acudir al Real Decreto 300/2004, de 20 de febrero, por el que se aprueba el Reglamento del seguro de riesgos extraordinarios.[223], para saber qué fenómenos extraordinarios se cubren y muy especialmente, saber qué entiende la ley,

---

223 BOE 24/02/2004

desde el punto de vista conceptual, por cada uno de esos riesgos extraordinarios. Es decir:

a) Terremoto: sacudida brusca del suelo que se propaga en todas las direcciones, producida por un movimiento de la corteza terrestre o punto más profundo.

b) Maremoto: agitación violenta de las aguas del mar, como consecuencia de una sacudida de los fondos marinos provocada por fuerzas que actúan en el interior del globo.

c) Inundación extraordinaria: el anegamiento del terreno producido por la acción directa de las aguas de lluvia, las procedentes de deshielo o las de los lagos que tengan salida natural, de los ríos o rías o de cursos naturales de agua en superficie, cuando éstos se desbordan de sus cauces normales, así como los embates de mar en las costas. No se entenderá por tal la producida por aguas procedentes de presas, canales, alcantarillas, colectores y otros cauces subterráneos, construidos por el hombre, al reventarse, romperse o averiarse por hechos que no correspondan a riesgos de carácter extraordinario amparados por el Consorcio de Compensación de Seguros, ni la lluvia caída directamente sobre el riesgo asegurado, o la recogida por su cubierta o azotea, su red de desagüe o sus patios.

d) Erupción volcánica: escape de material sólido, líquido o gaseoso arrojado por un volcán.

e) Tempestad ciclónica atípica: tiempo atmosférico extremadamente adverso y *riguroso producido por:*

   - *Ciclones violentos de carácter tropical, identificados por la concurrencia y simultaneidad de velocidades de viento superiores a 96 kilómetros por hora, promediados sobre intervalos de 10 minutos, lo que representa un recorrido de más de 16.000 metros en este intervalo, y precipitaciones de intensidad superior a 40 litros de agua por metro cuadrado y hora.*

- *Borrascas frías intensas con advección de aire ártico identificadas por la concurrencia y simultaneidad de velocidades de viento mayores de 84 kilómetros por hora, igualmente promediadas sobre intervalos de 10 minutos, lo que representa un recorrido de más de 14.000 metros en este intervalo, con temperaturas potenciales que, referidas a la presión al nivel del mar en el punto costero más próximo, sean inferiores a 6. °C bajo cero.*
- *Tornados, definidos como borrascas extra tropicales de origen ciclónico que generan tempestades giratorias producidas a causa de una tormenta de gran violencia que toma la forma de una columna nubosa de pequeño diámetro proyectada de la base de un cumulonimbo hacia el suelo.*
- *Vientos extraordinarios, definidos como aquellos que presenten rachas que superen los 120 km por hora. Se entenderá por racha el mayor valor de la velocidad del viento, sostenida durante un intervalo de tres segundos.*

f) Caídas de cuerpos siderales y aerolitos: impacto en la superficie del suelo de cuerpos procedentes del espacio exterior a la atmósfera terrestre y ajenos a la actividad humana.

g) Terrorismo:[224] toda acción violenta efectuada con la finalidad de desestabilizar el sistema político establecido, o

---

224 Artículo 573 del Código penal:
Se considerará delito de terrorismo la comisión de cualquier delito grave contra la vida o la integridad física, la libertad, la integridad moral, la libertad e indemnidad sexuales, el patrimonio, los recursos naturales o el medio ambiente, la salud pública, de riesgo catastrófico, incendio, de falsedad documental, contra la Corona, de atentado y tenencia, tráfico y depósito de armas, municiones o explosivos, previstos en el presente Código, y el apoderamiento de aeronaves, buques u otros medios de transporte colectivo o de mercancías, cuando se llevaran a cabo con cualquiera de las siguientes finalidades:
1.ª Subvertir el orden constitucional, o suprimir o desestabilizar gravemente el funcionamiento de las instituciones políticas o de las estructu-

causar temor e inseguridad en el medio social en que se produce.

h) Rebelión[225]: hechos y actuaciones a los que se refieren los artículos 472 a 484, ambos inclusive, del Código Penal.

---

ras económicas o sociales del Estado, u obligar a los poderes públicos a realizar un acto o a abstenerse de hacerlo.
2.ª Alterar gravemente la paz pública.
3.ª Desestabilizar gravemente el funcionamiento de una organización internacional.
4.ª Provocar un estado de terror en la población o en una parte de ella.
2. Se considerarán igualmente delitos de terrorismo los delitos informáticos tipificados en los artículos 197 bis y 197 ter y 264 a 264 quater cuando los hechos se cometan con alguna de las finalidades a las que se refiere el apartado anterior.
3. Asimismo, tendrán la consideración de delitos de terrorismo el resto de los delitos tipificados en este Capítulo.

225 Ver artículo 472 del Código penal:
Son reos del delito de rebelión los que se alzaren violenta y públicamente para cualquiera de los fines siguientes:
1.º Derogar, suspender o modificar total o parcialmente la Constitución.
2.º Destituir o despojar en todo o en parte de sus prerrogativas y facultades al Rey o a la Reina, al Regente o miembros de la Regencia, u obligarles a ejecutar un acto contrario a su voluntad.
3.º Impedir la libre celebración de elecciones para cargos públicos.
4.º Disolver las Cortes Generales, el Congreso de los Diputados, el Senado o cualquier Asamblea Legislativa de una Comunidad Autónoma, impedir que se reúnan, deliberen o resuelvan, arrancarles alguna resolución o sustraerles alguna de sus atribuciones o competencias.
5.º Declarar la independencia de una parte del territorio nacional.
6.º Sustituir por otro el Gobierno de la Nación o el Consejo de Gobierno de una Comunidad Autónoma, o usar o ejercer por sí o despojar al Gobierno o Consejo de Gobierno de una Comunidad Autónoma, o a cualquiera de sus miembros de sus facultades, o impedirles o coartarles su libre ejercicio, u obligar a cualquiera de ellos a ejecutar actos contrarios a su voluntad.
7.º Sustraer cualquier clase de fuerza armada a la obediencia del Gobierno.

i) Sedición[226]: hechos y actuaciones a los que se refieren los artículos 544 a 549, ambos inclusive, del Código Penal.

j) Motín: todo movimiento acompañado de violencia dirigido contra la autoridad para obtener satisfacción de ciertas reivindicaciones de orden político, económico o social, siempre que el hecho no tuviese carácter terrorista o fuese considerado tumulto popular.

k) Tumulto popular: toda actuación en grupo y con la finalidad de atentar contra la paz pública que produzca una alteración del orden, causando lesiones a las personas o daños a las propiedades, siempre que el hecho no tuviese carácter terrorista o fuese considerado motín.

l) Hechos o actuaciones de las Fuerzas Armadas o de las Fuerzas y Cuerpos de Seguridad en tiempo de paz: los que tengan su origen en actuaciones de las Fuerzas Armadas y Fuerzas y Cuerpos de Seguridad del Estado y de los Cuer-

---

226 Importante: La Ley Orgánica 14/2022 se publicó en el Boletín Oficial del Estado (BOE) el pasado 23 de diciembre, un día después de quedar definitivamente aprobada por las Cortes Generales, indicando que entraría en vigor a los 20 días de su publicación, es decir, este 12 de enero. La nueva norma deriva de una proposición de ley que se tramitó en apenas seis semanas para eliminar la sedición y reformar la malversación, aunque también se incluyeron otras medidas, como el agravamiento de condena por ocultación de cadáver.
El principal cambio es la eliminación del artículo 544 del CP, que recogía el delito de sedición, penado con entre 10 y 15 años de cárcel e inhabilitación para crear uno nuevo de desórdenes públicos agravados en el artículo 557, donde las penas equiparables al tipo derogado van de los 3 a 5 años de cárcel y 6 a 8 de inhabilitación.
No obstante, en su tipo básico establece que "serán castigados con la pena de prisión de 6 meses a 3 años los que, actuando en grupo y con el fin de atentar contra la paz pública, ejecuten actos de violencia o intimidación sobre las personas o las cosas; u obstaculizando las vías públicas ocasionando un peligro para la vida o salud de las personas; o invadiendo instalaciones o edificios alterando gravemente el funcionamiento efectivo de servicios esenciales en esos lugares".

pos de policía de las Comunidades Autónomas y Corporaciones Locales, que causen daños en los bienes de terceros o en personas no integradas en las unidades actuantes de las citadas Fuerzas o Cuerpos de Seguridad.

5. *¿Cómo puedo saber, como posible perjudicado por uno de los anteriores hechos extraordinarios de tipo meteorológico, si el CCS está utilizando información contrastada o no?*

La pregunta formulada puede parecer un tanto "osada", al deslizar la posibilidad de que el CCS, una vez producido un siniestro de los anteriormente descritos, en su afán de no dar cobertura, pueda afirmar que, según, su información, el riesgo que me afecta (normalmente será colectivo y afectará a muchas más personas), es consorciable o no.

La ley dice que, en estos casos, esa información que tiene el CCS, estará basada en informes certificados expedidos por el Instituto Nacional de Meteorología, el Instituto Geográfico Nacional y demás organismos públicos competentes en la materia.

De igual manera y para aquellos otros siniestros que queden al margen de lo meteorológico, el CCS podrá recabar de los órganos jurisdiccionales y administrativos competentes información sobre los hechos.

6. *Si tengo un negocio y como consecuencia de un hecho extraordinario de los anteriormente descritos, he de cerrar un tiempo y tengo pérdidas ¿Puedo reclamar esa pérdida de beneficios al CCS?*

Esta respuesta es aplicable a lo que ya se hablaba cuando dedicábamos el estudio al concreto seguro de lucro cesante. Ya decíamos que, es una leyenda urbana el hecho de pensar que, la mera paralización de la actividad, sin más, como mero automatismo, da derecho a ser indemnizado, en este caso por el CCS. Esto no es cierto y por lo que al CCS se refiere, hay que indicar que éste sólo indemnizará al perjudicado cuando éste, a su vez, tenga suscrito un seguro que cubra la actividad afectada. Para ser más exacto, dice la ley:

> *"Para que la pérdida de beneficios como consecuencia de un acontecimiento de los previstos en este reglamento resulte indemnizable por el Consorcio de Compensación de Seguros, será necesario que una póliza ordinaria de las previstas en el artículo siguiente contemple su cobertura como consecuencia de alguno de los riesgos ordinarios de incendio, explosión, robo, fenómenos atmosféricos o avería o rotura de maquinaria, y que se haya producido un daño directo en los bienes asegurados en la propia póliza u otra distinta, y que sean propiedad o estén a disposición del propio asegurado, no quedando cubiertas, por lo tanto, las pérdidas de beneficios consecuencia de daños sufridos por otros bienes o por los de otras personas físicas o jurídicas distintas del asegurado, por razón, entre otros, de los bienes o servicios que aquéllas deban y no puedan suministrar a éste a consecuencia del evento extraordinario".*

Por tanto, es verdaderamente esencial que tengamos cubierta nuestra actividad industrial o comercial, con el seguro respectivo (se suelen denominar Multirriesgo), con coberturas típicas de incendio, robo, inundación etc. para que, en casos de siniestros extraordinarios, el CCS pueda atender nuestra reclamación.

Esto mismo es plenamente aplicable cuando no se trata de nuestro negocio, sino de nuestra vivienda. En el mismo sentido hay que decir que, si no tenemos un seguro de hogar vigente a la fecha en que el siniestro extraordinario haya afectado gravemente a nuestro hogar, no podremos esperar indemnización alguna del CCS, más allá de las ayudas extraordinarias que puedan concederse en el Consejo de ministros o que cada CCAA pueda poner en marcha, dentro del ámbito de sus competencias.

7. *Si tengo asegurado, por ejemplo, mi vehículo en una compañía aseguradora y deviene un siniestro extraordinario ¿El CCS va a respetar esas coberturas mínimas que contempla mi póliza?*

La respuesta es que sí. En el caso concreto de los vehículos a motor, hay que diferenciar si tenemos un seguro "a todo riesgo", es decir, con cobertura también de daños propios o sólo el seguro obligatorio (llamado "a terceros").

Dice la ley:

> *a) En las pólizas que cubran daños propios a los vehículos a motor la cobertura de riesgos extraordinarios por el Consorcio de Compensación de Seguros garantizará la totalidad del interés asegurable, aunque la póliza ordinaria sólo lo haga parcialmente.*
>
> *b) Cuando los vehículos únicamente cuenten con una póliza de responsabilidad civil en vehículos terrestres automóviles, la cobertura de riesgos extraordinarios por el Consorcio de Compensación de Seguros garantizará el valor del vehículo en el estado en que se encuentre en el momento inmediatamente anterior a la ocurrencia del siniestro según precios de compra de general aceptación en el mercado.*

8. Cuando se produce un siniestro extraordinario y soy afectado, ¿La valoración de los daños y perjuicios la realiza el propio CCS? En tal caso ¿Le vinculan otros informes que no sean los suyos propios?

En efecto, la valoración la realiza el propio CCS, sin quedar vinculado por ningún otro informe pericial.

9. ¿Qué funciones asume el CCS en materia de accidentes de circulación?

Como ya se veía al inicio del desarrollo de las cuestiones relativas a las funciones que ostenta el CCS, además de todo aquello que tiene que ver con catástrofes o fenómenos meteorológicos extraordinarios, es incuestionable que este organismo ostenta una serie de funciones muy amplias y relevantes por lo que tiene que ver con el tránsito motorizado.

Hay que indicar que estas funciones han sido sustancialmente modificadas, en concreto ampliadas desde su última redacción en 2007, por razón de la ley 5/2025, de 24 de julio. Por tanto, su actual artículo 11, es mucho más extenso que su redacción anterior e introduce algunos cambios importantes. Para evitar ser excesivamente prolijos en este concreto punto, extracto el tenor literal del actual artículo 11 como nota a pie de página, para que el lector pueda acudir allí, si lo desea, y analizar con más sosiego, cómo queda actualmente su redacción.

De los cambios operados, cabe destacar:

b) Indemnizar los daños en las personas y en los bienes, en los siguientes supuestos:

- Los accidentes ocasionados con un vehículo a motor que tenga su estacionamiento habitual en España, así como los ocasionados dentro del territorio español a personas con residencia habitual en España o a bienes de su propiedad situados en España con un vehículo a motor con estacionamiento habitual en un tercer país no firmante del Acuerdo entre las oficinas nacionales de seguros de los Estados miembros del Espacio Económico Europeo y de otros Estados asociados, en ambos casos cuando dicho vehículo a motor no esté asegurado.
- Los accidentes ocasionados en España por cualquier vehículo a motor no asegurado que circule a pesar de no disponer de autorización para hacerlo por estar dado de baja temporal o definitivamente en el registro de vehículos de la Dirección General de Tráfico o autoridad equivalente del Estado miembro distinto de España en el que tenga su estacionamiento habitual. En este último caso, el Consorcio de Compensación de Seguros solicitará el reembolso al organismo que corresponda del Estado en que tuviera su estacionamiento habitual.
- Los accidentes ocasionados en España por vehículos utilizados exclusivamente en las zonas de acceso restringido de puertos y aeropuertos y que no hubiesen suscrito el seguro, aval o garantía financiera a que se refiere el artículo 1.bis.4.c).
- Los accidentes ocasionados en España por el uso de vehículos en eventos y actividades automovilísticas, así como

entrenamientos, pruebas o demostraciones, en el caso de incumplimiento de la obligación de suscribir un seguro, aval o garantía financiera a que se refiere el artículo 1.bis.4.a). En este caso el Consorcio de Compensación de Seguros indemnizará los daños a terceros, incluyendo espectadores y transeúntes y excluyendo a los conductores y vehículos participantes, y tendrá derecho a recobrar de los organizadores de las pruebas el importe de las indemnizaciones que hubiera satisfecho.

- Indemnizar los daños a las personas y en los bienes ocasionados en España por un vehículo a motor que esté asegurado y haya sido objeto de robo o robo de uso.
- Los daños a las personas y en los bienes ocasionados en otro Estado por un vehículo a motor con estacionamiento habitual en España que esté asegurado y haya sido robado o robado de uso se indemnizarán por el Consorcio de Compensación de Seguros cuando el fondo de garantía de ese Estado no asuma funciones de indemnización de los daños producidos por vehículos a motor robados.
- Indemnizar los daños a las personas y en los bienes ocasionados en España por un vehículo a motor utilizado como medio para causar deliberadamente estos daños.
- El Consorcio de Compensación de Seguros podrá repetir en los supuestos definidos en el artículo 10. También podrá repetir contra el propietario y el responsable del accidente cuando se trate de un vehículo a motor no asegurado, contra los autores, cómplices o encubridores del robo o robo de uso del vehículo a motor causante del siniestro, contra el responsable del accidente que conoció la sustracción de aquel, y contra el causante de los daños producidos en España por un vehículo a motor utilizado como medio para causar deliberadamente daños a las personas y a los bienes, así como en cualquier otro supuesto en que también pudiera proceder tal repetición con arreglo a las leyes.

En suma y como se puede observar, la nueva configuración de las funciones del CCS en materia relacionada con la circulación de vehículos a motor, asigna ya, de manera normativa y sin tener que acudir a la jurisprudencia, en cada caso, la obligación de indemnizar por parte del CCS, en todos aquellos supuestos donde la localización del siniestro se produzca en las zonas de acceso restringido de puertos y aeropuertos y que no hubiesen suscrito el seguro, aval o garantía financiera; los accidentes ocasionados en España por el uso de vehículos en eventos y actividades automovilísticas, así como entrenamientos, pruebas o demostraciones, en el caso de incumplimiento de la obligación de suscribir un seguro, aval o garantía financiera; y desde mi humilde punto de vista, viene a zanjar una cuestión que siempre ha suscitado enorme polémica y mucho debate, nada pacífico, en cuanto la asunción de responsabilidad civil que hasta ahora asumían las compañías de seguros, cuando una persona utilizaba un vehículo a motor para causar, de manera intencionada, no ya lesiones en otro, sino la propia muerte.

En todo caso, habrá que esperar aún tiempo hasta que lleguen a producirse (porque lamentablemente seguirán ocurriendo) este tipo de luctuosos siniestros para esperar la reacción del CCS, quien, intuyo, a salvo de casos donde la intencionalidad del conductor sea manifiesta en el sentido de causar daño a otro, intentará defender postulados propios de la configuración del dolo directo vs dolo eventual, todo ello en perfecto maridaje con la culpa consciente.

10. ¿Puedo asegurar mi vehículo en el CCS? ¿Qué pasos tengo que dar?

Quizás sea esta cuestión una de las que menos se suele abordar en términos habituales. Cierto es que, lo más frecuente es que la mayoría de los vehículos asegurados no lo estén en el CCS, entre otras cosas y como se verá, porque el acceso al mismo, como aseguradora directa, requiere de la concurrencia de una serie de requisitos y condicionantes que, sin duda alguna, son más exigentes que los que se requieren para contratar con cualquier otra aseguradora privada del sector.

Veamos qué dice la ley para poder contratar un vehículo en el CCS:

– Requisitos para contratar el seguro con el Consorcio:

a) Con carácter general, para que el Consorcio pueda asegurar su vehículo es requisito imprescindible que Ud. se haya dirigido antes a dos entidades aseguradoras y que éstas hayan denegado su solicitud por cualquier medio admitido en derecho.

b) Además de lo anterior, para realizar la contratación vía electrónica es imprescindible disponer de certificado o DNI electrónicos y de una tarjeta bancaria con la que efectuar el pago de la prima.

– Qué cubre el seguro del CCS:

➢ La reparación de los DAÑOS PRODUCIDOS A TERCEROS por hechos de la circulación HASTA LAS SIGUIENTES CANTIDADES establecidas en la Ley sobre responsabilidad civil y seguro en la circulación de vehículos a motor:

  - Daños a las personas: hasta 70 millones de euros, cualquiera que sea el número de víctimas.
  - Daños en los bienes: hasta 15 millones de euros por siniestro.

➢ Asistencia médica, farmacéutica y hospitalaria: en la cuantía necesaria hasta la sanación o consolidación de secuelas, siempre que el gasto esté debidamente justificado.

➢ Gastos de entierro y funeral: según los usos y costumbres del lugar donde se preste el servicio, en la cuantía que se justifique.

A tener en cuenta: los gastos señalados en los dos párrafos anteriores se considerarán incluidos dentro del límite previsto para daños en las personas y serán compatibles entre sí.

– ¿Qué no cubre el seguro del CCS?

- Daños causados a terceros por encima de los referidos límites cuantitativos.
- Los daños y perjuicios ocasionados por las lesiones o fallecimiento del conductor del vehículo causante del accidente.
- Los daños materiales sufridos por el propio vehículo asegurado ni por las cosas en él transportadas.
- Las coberturas distintas a la de responsabilidad civil tales como reclamación de daños, defensa jurídica, asistencia en viaje, etc.

– ¿Qué coberturas ofrece el CCS respecto si quiero asegurar allí mi vehículo en caso de riesgo extraordinario?

El CCS, indemnizará los daños materiales causados al propio vehículo por riesgos extraordinarios acaecidos en España.

Dichos riesgos extraordinarios son los específicamente relacionados en el Estatuto Legal del Consorcio y en el Reglamento del seguro de riesgos extraordinarios (ya vistos anteriormente) y que reiteramos, son:

> *a) Los siguientes fenómenos de la naturaleza: terremotos y maremotos; inundaciones extraordinarias, incluidas las producidas por embates de mar; erupciones volcánicas; tempestad ciclónica atípica (incluyendo los vientos extraordinarios de rachas superiores a 120 km/h y los tornados); y caídas de cuerpos siderales y aerolitos.*
>
> *b) Los ocasionados violentamente como consecuencia de terrorismo, rebelión, sedición, motín y tumulto popular.*
>
> *c) Hechos o actuaciones de las Fuerzas Armadas o de las Fuerzas y Cuerpos de Seguridad en tiempo de paz.*

– ¿Cómo puedo contactar con el CCS para comunicar un siniestro?

La comunicación al Consorcio de los daños producidos al propio vehículo por alguno de los anteriores riesgos extraordinarios y la obtención de cualquier información relativa al procedimiento y al estado de tramitación del siniestro podrá realizarla por teléfono o por internet, dirigiéndose a los números de teléfono que se señalan a continuación.

900 22 26 65 / 952 367 042

A saber, también: si quiero comunicarme con el CCS mediante certificado o DNI electrónico, requiere disponer de certificado o DNI electrónicos. El usuario, una vez identificado mediante sus correspondientes claves, seguirá los pasos que marquen las distintas pantallas que van mostrándose en el proceso, al final del cual podrá descargarse la documentación de la póliza de seguro contratada.

11. ¿Cuáles son los pasos que tengo que dar para declarar la existencia de un riesgo?

Esencialmente, estos son los pasos a dar:

- La declaración de datos vía on-line debe realizarse directamente por la persona que, teniendo capacidad para contratar, vaya a figurar en la póliza de seguro como TOMADOR, que es quien se obliga a pagar la prima del seguro.
- En caso de que el Consorcio tuviera conocimiento de inexactitud o falta de veracidad en alguno de los datos suministrados por el tomador para la celebración del contrato, el Consorcio podrá rescindir la póliza mediante declaración dirigida al tomador del seguro en el plazo de un mes desde que tuvo conocimiento de la inexactitud o reserva, quedando de su propiedad las primas correspondientes al período en curso, salvo que concurra dolo o culpa grave del propio Consorcio.
- Si el accidente sobreviene antes de que el Consorcio haga la declaración a la que se refiere el párrafo anterior, el Consorcio podrá ejercitar la acción de repetición proporcionalmente a la diferencia entre la prima convenida y la que corresponda de acuerdo con la verdadera entidad del

riesgo. Cuando la reserva o inexactitud se hubiese producido mediante dolo o culpa grave del tomador, el Consorcio podrá ejercitar la acción de repetición contra éste por la cuantía total del daño indemnizado al perjudicado.

Durante el proceso de contratación, el tomador debe realizar el pago de la prima mediante tarjeta bancaria. Y, realizado el pago, podrá descargarse la documentación de la póliza de seguro contratada (condiciones generales, condiciones particulares, recibo de pago de la prima y modelo de parte europeo de accidente).

El derecho de desistimiento no se aplica al contrato relativo al seguro de automóviles de suscripción obligatoria (arts. 7.1.3) a) y 10.2 b) 4.º de la Ley 22/2007, de 11 de julio, sobre comercialización a distancia de servicios financieros destinados a los consumidores).

12. *¿Qué de he de saber para el caso de renovación de la póliza contratada vía electrónica?*

La póliza contratada por vía electrónica tendrá una duración anual. Una vez finalizado dicho período de vigencia, el tomador deberá abonar el recibo de renovación mediante tarjeta bancaria a través de la página web del Consorcio **durante los treinta días naturales** (30.º) siguientes a la fecha del vencimiento del seguro contratado. Ocho días antes de la fecha del vencimiento del seguro, el Consorcio enviará al tomador un mensaje recordatorio del citado plazo de treinta días naturales existente para el pago del recibo, a través de SMS y correo electrónico dirigidos al número de teléfono móvil y dirección, respectivamente, facilitados en el momento de la contratación.

En caso de no realizarse el abono del recibo de renovación en el período indicado, la póliza de seguro quedará anulada.

Por último y dado que no es mi deseo extenderme mucho más sobre este concreto particular, acompaño el enlace informativo de la web oficial del CCS, respecto del procedimiento a seguir en caso de que quiera solicitar un presupuesto a la referida entidad:

https://apps2.consorseguros.es/SDParticularesVI/html/S099J_ayudaInicio.html#uno

II. LA DIRECCIÓN GENERAL DE SEGUROS Y FONDOS DE PENSIONES

Toca ahora abordar otro organismo de suma importancia dentro del marco del sector asegurador, tal es el caso de la Dirección General de Seguros y Fondos de Pensiones (al que me referiré como DGSFP).

1. ¿Cuál es su naturaleza jurídica y qué funciones tiene?

La Dirección General de Seguros y Fondos de Pensiones es un órgano administrativo que depende de la Secretaría de Estado de Economía y Apoyo a la Empresa, adscrita al Ministerio de Economía, Comercio y Empresa de acuerdo con la reestructuración ministerial establecida por Real Decreto 410/2024, de 23 de abril, por el que se desarrolla la estructura orgánica básica del Ministerio de Economía, Comercio y Empresa.[227]

---

[227] La Dirección General de Seguros y Fondos de Pensiones ejerce las funciones que le atribuye el **artículo 66 de la Ley 40/2015,** de 1 de octubre, en el ámbito de sus competencias, y en particular las siguientes:
a) La preparación e impulso de los proyectos normativos en las materias de su competencia.
b) La coordinación de las relaciones en el ámbito de los seguros y reaseguros privados, distribución de seguros y reaseguros, y planes y fondos de pensiones con las instituciones de la Unión Europea, con los supervisores de otros Estados y con organismos internacionales. En especial, el seguimiento y la participación en las actividades de la Autoridad Europea de Seguros y Pensiones de Jubilación y de los grupos y comités internacionales en materia de regulación y supervisión de seguros y fondos de pensiones.

---

c) La contestación a las consultas formuladas en materia de seguros y reaseguros privados, distribución de seguros y reaseguros, y planes y fondos de pensiones.
d) El análisis de la documentación que deben remitir las entidades aseguradoras y reaseguradoras, los mediadores de seguros y reaseguros y las entidades gestoras de fondos de pensiones a la Dirección General de Seguros y Fondos de Pensiones para facilitar el control de su solvencia y actividad.
e) La supervisión financiera continua, mediante la comprobación de los estados financieros contables, el análisis económico financiero, la revisión del cumplimiento normativo, y la revisión y evaluación de los riesgos y de la solvencia de las entidades aseguradoras y reaseguradoras y de los grupos de entidades aseguradoras y reaseguradoras.
f) La supervisión por inspección de las operaciones y de la actividad ejercida por las personas y entidades que actúan en el mercado de seguros y reaseguros, de la distribución de seguros y reaseguros y de los planes y fondos de pensiones y de sus entidades gestoras. Esta supervisión comprende la revisión contable, la revisión de la valoración de activos y pasivos, la revisión del cumplimiento normativo general, y la revisión y evaluación de los riesgos y de la solvencia.
g) El seguimiento, por cualquier medio encomendado a la Dirección General de Seguros y Fondos de Pensiones, de las medidas impuestas a las personas y entidades sujetas a supervisión, incluyendo las referidas a las situaciones de deterioro financiero y a los procedimientos de medidas de control especial.
h) La comprobación de los cálculos financieros y actuariales aplicados en las operaciones de seguros y reaseguros, y por los planes y fondos de pensiones y sus entidades gestoras, así como el desarrollo y gestión de los sistemas y aplicaciones informáticas utilizados en las funciones de supervisión.
i) La autorización para el cálculo del capital regulatorio, incluidos los referentes a modelos internos o parámetros específicos y los demás procedimientos derivados del régimen de solvencia basado en riesgo.
j) El seguimiento y participación en los Colegios internacionales de supervisión de entidades aseguradoras y reaseguradoras derivados del régimen de Solvencia II, la colaboración con otros supervisores en las actuaciones de supervisión de conglomerados financieros y el análisis de los aspectos macro prudenciales del sector asegurador y de fondos de pensiones.

La Dirección General de Seguros y Fondos de Pensiones tiene su sede en: Paseo de la Castellana, 44 28046 Madrid.

Teléfono Contacto: 952 24 99 82

Horario de lunes a viernes de 9:30 a 14:30 horas

---

k) El control del cumplimiento de los requisitos precisos para el acceso y la ampliación de la actividad aseguradora y reaseguradora y de los requisitos exigibles a los administradores, socios y directores de las entidades que realizan dicha actividad y a las demás personas físicas y jurídicas sujetas a la regulación de seguros privados. El control en materia de fusiones, agrupaciones, cesiones de cartera, transformaciones, escisiones y otras operaciones estructurales entre entidades aseguradoras, y las iniciativas sobre medidas y operaciones que comporten una mejora en la estructura sectorial o en la de alguno de sus ramos; sin perjuicio de las funciones atribuidas a la Comisión Nacional de los Mercados y de la Competencia.
l) El control de los requisitos para la autorización de planes y fondos de pensiones y de sus entidades gestoras.
m) El control previo para el acceso a la actividad de distribución de seguros y reaseguros y el desempeño de las demás funciones de vigilancia previstas en la regulación de la distribución.
n) La supervisión de las conductas y prácticas de mercado de las entidades aseguradoras y reaseguradoras, mediadores de seguros y reaseguros y demás personas que operan en el mercado de seguros, y de las personas y entidades que operen en relación con los planes y fondos de pensiones y sus entidades gestoras.
ñ) La protección administrativa a los asegurados, beneficiarios, terceros perjudicados y partícipes en planes de pensiones mediante la atención y resolución de las reclamaciones y quejas que se presenten ante las entidades y personas sujetas a supervisión, así como mediante la atención de consultas.
o) La realización de estudios sobre los sectores de seguros y fondos de pensiones, y de mercados e instrumentos de previsión social complementaria.
p) La supervisión operativa de los procesos digitales y de innovación tecnológica del sector asegurador y de fondos de pensiones, así como el análisis y seguimiento de los riesgos tecnológicos específicos de las entidades aseguradoras y reaseguradoras y de los fondos de pensiones.

2. ¿Cómo se tramitan las quejas y reclamaciones ante la DGSFP?

Teniendo en cuenta que la presente obra pretende ofrecerse como una guía práctica pensada, no sólo para los operadores jurídicos habituados al sector seguros, sino también, a todos los ciudadanos que, por diversos motivos tienen alguna duda o incidencia con alguno de los seguros que tiene contratados, estimo imprescindible abordar cuáles son los cauces que legalmente existen para que las personas afectadas puedan elevar sus quejas o reclamaciones a este concreto organismo.

Para ello, hemos de saber que existe una norma específica que es la Orden ECC/2502/2012[228], sobre la cual, conviene hacer algunas acotaciones interesantes.

3. ¿Es lo mismo una queja que una reclamación?

La respuesta es que no. Se entienden por "quejas" las presentadas por los usuarios de servicios financieros por las demoras, desatenciones o cualquier otro tipo de actuación deficiente que se observe en el funcionamiento de las entidades financieras contra las que se formula la queja.

Las "reclamaciones" las presentadas por los usuarios de servicios financieros que pongan de manifiesto, con la pretensión de obtener la restitución de su interés o derecho, hechos concretos referidos a acciones u omisiones de las entidades financieras reclamadas que supongan para quien las formula un perjuicio para sus intereses o derechos y que deriven de presuntos incumplimientos por las entidades reclamadas, de la normativa de transparencia y protección de la clientela o de las buenas prácticas y usos financieros.

---

228 Por la que se regula el procedimiento de presentación de reclamaciones ante los servicios de reclamaciones del Banco de España, la Comisión Nacional del Mercado de Valores y la Dirección General de Seguros y Fondos de Pensiones. BOE 22/11/2012.

¿Qué son las consultas?

Son las solicitudes de asesoramiento e información relativas a cuestiones de interés general sobre los derechos de los usuarios de servicios financieros en materia de transparencia y protección de la clientela, o sobre los cauces legales para el ejercicio de tales derechos.

¿Y las llamadas "buenas prácticas"[229]?

Es un concepto vital porque en muchas ocasiones, aunque no sean aspectos que vinculen a los jueces, suelen ser tenidos en cuenta por estos, en especial, en materia de accidentes de circulación.

Tendrán la consideración de buenas prácticas aquellas que, sin venir impuestas por la normativa contractual o de supervisión ni constituir un uso financiero, son razonablemente exigibles para la gestión responsable, diligente y respetuosa con la clientela de los negocios financieros.

¿Quiénes pueden presentar quejas, reclamaciones y/o consultas ante la DGS?

Pues en concreto:

– Todas las personas físicas o jurídicas, españolas o extranjeras, que estén debidamente identificadas, en su condición de usuarios de los servicios financieros prestados por cualquiera de las entidades supervisadas por el Banco de España, la Comisión Nacional del Mercado de Valores y

---

229 Ver La Guía de Buenas prácticas en materia de seguros individuales de vida riesgo:
https://www.unespa.es/main-files/uploads/2018/10/gu%C3%A-Da-de-buenas-pr%C3%A1cticas-de-unespa-en-materia-de-seguros-individuales-de-vida-riesgo.pdf
Ver Guía de Buenas prácticas para la aplicación del baremo de accidentes de tráfico:
https://dgsfp.mineco.gob.es/es/DireccionGeneral/Publicaciones%20Comisin%20Baremo/BUENAS%20PRACTICAS.pdf

la Dirección General de Seguros y Fondos de Pensiones. Ahora bien, con una precisión: *"siempre que se refieran a sus intereses y derechos legalmente reconocidos, o se trate de una consulta sobre sus derechos en materia de transparencia y protección de la clientela y cauces legales existentes para su ejercicio".*

- Las personas o entidades que actúen en defensa de los intereses particulares de sus clientes, partícipes o inversores, los tomadores de seguros, asegurados, beneficiarios, terceros perjudicados o derechohabientes de cualquiera de ellos, así como los partícipes y beneficiarios de planes de pensiones.
- Las asociaciones y organizaciones representativas de legítimos intereses colectivos de los usuarios de servicios financieros, siempre que tales intereses resulten afectados y aquéllas estén legalmente habilitadas para su defensa y protección; y (y esto es importante), *"reúnan los requisitos establecidos en el Real Decreto Legislativo 1/2007, de 16 de noviembre, por el que se aprueba el texto refundido de la Ley General para la Defensa de los Consumidores y Usuarios y otras leyes complementarias, o, en su caso, en la legislación autonómica en materia de defensa de los consumidores".*
- Las oficinas y servicios de información y atención al cliente a que se refiere el Real Decreto Legislativo 1/2007, de 16 de noviembre, por el que se aprueba el texto refundido de la Ley General para la Defensa de los Consumidores y Usuarios y otras leyes complementarias.
- Cuando las quejas o reclamaciones impliquen tratamiento o comunicación de datos personales de los usuarios, se requerirá que conste la conformidad expresa de éstos.

4. ¿Cuál es el formato que tienen que deben tener las quejas o reclamaciones que se presenten?

La presentación de quejas o reclamaciones se podrá efectuar por los siguientes medios:

- En soporte papel.
- Por medios electrónicos, a través de los registros electrónicos habilitados a tal efecto en el Banco de España, la Comisión Nacional del Mercado de Valores y en la Dirección General de Seguros y Fondos de Pensiones, en los términos previstos en la normativa aplicable.
- Mediante el formulario que a tal efecto desarrollarán los servicios de reclamaciones.

A lo anterior y como dato importante:

La interposición de las reclamaciones o quejas formuladas al amparo de esta orden no paralizará la resolución y tramitación de los correspondientes procedimientos. No obstante, se suspenderán o interrumpirán los plazos establecidos para el ejercicio de acciones o derechos que, de conformidad con la normativa reguladora, puedan ejercitar quienes figuren en ellos como interesados.

Asimismo, la utilización por los usuarios de servicios financieros de los servicios de reclamaciones para atender sus quejas o reclamaciones se entiende sin perjuicio de la utilización de otros sistemas de protección previstos en la legislación vigente, en especial, en la normativa arbitral y de consumo.

5. ¿Qué datos mínimos hemos de reflejar en una queja o reclamación?

Esencialmente, los siguientes:

- Los datos identificativos del reclamante, nombre y apellidos, o denominación social en el caso de personas jurídicas, domicilio a efectos de notificaciones y número de identificación de las personas físicas o entidades, o, en su caso, datos del registro público de la entidad de que se trate. Si se presenta por medio de representante, se acreditará la representación por cualquier medio admitido en derecho.
- La identificación de la entidad reclamada, así como de la oficina o sucursal a que se refiere en su caso la reclamación o queja.

- El motivo de la reclamación o queja que se presente en relación con sus intereses y derechos legalmente reconocidos, haciendo constar expresamente que aquella no se encuentra pendiente de resolución o litigio ante órganos administrativos, arbitrales o jurisdiccionales. En ningún caso, podrán alegarse hechos distintos de los aducidos en la reclamación o queja previa ante el departamento o servicio de atención al cliente o, en su caso, defensor del cliente o partícipe de la entidad contra la que se reclame, con excepción de los hechos relacionados que se hubieran producido con posterioridad a su sustanciación.
- Acreditar que ha transcurrido el plazo de dos meses desde la fecha de presentación de la reclamación o queja ante el departamento o servicio de atención al cliente o, en su caso, defensor del cliente o partícipe sin que haya sido resuelta, o que ha sido denegada la admisión o desestimada, total o parcialmente, su petición.
- Lugar, fecha y firma.

A lo anterior, dos cosas más importantes:

- Junto a las reclamaciones o quejas se deberá acompañar cuanta documentación resulte imprescindible para resolver las cuestiones planteadas con motivo de la reclamación o queja, sin perjuicio de que el servicio de reclamaciones recabe de la entidad reclamada la documentación que deba obrar en su poder en relación con aquéllas.
- Las reclamaciones o quejas que se presenten por medios electrónicos en los registros electrónicos a que se refiere el artículo 5, deberán cumplir los requisitos establecidos en la normativa vigente relativa al acceso electrónico de los ciudadanos a los servicios públicos.

En todo caso, aconsejo acudir a la web institucional de la DGS, dado que es muy ilustrativa y ofrece una información muy completa de todo lo que aquí estamos tratando, de manera sencilla y de fácil comprensión.[230]

Dicho todo lo anterior, es totalmente necesario advertir al lector que, la ley exige agotar un trámite previo antes de acudir al servicio de reclamaciones de la DGS. En concreto y como ahora se desarrollará, antes de derivar nuestra queja o reclamación a la DGS, es preceptivo acudir al departamento, servicio o al defensor del cliente[231] que cada compañía aseguradora ha de tener en su estructura interna.

Por tanto y para seguir un orden lógico sistemático, procede ahora tratar la figura de los departamentos y servicios de atención al cliente y el defensor del cliente de las entidades financieras y aseguradoras.

Hemos desarrollado cuáles el procedimiento a seguir cuando un interesado quiere formular una consulta, queja o reclamación ante la DGS, dejando claro que es preceptivo acudir antes al servicio de atención pertinente, dentro de la estructura de la aseguradora a la que nos dirijamos. Por ello y si la exposición quedara en ese punto, quedaría huérfana la información antes ofrecida si no se hicieran algunas consideraciones importantes acerca de la naturaleza y cometido de esta importante figura.

No se trata de analizar de manera pormenorizada esta figura, pero sí de indicar aquellos aspectos que ayudan, no sólo a conocer mejor su finalidad, sino a ser el complemento necesario a lo expuesto respecto de las reclamaciones y quejas que se quieran plantear ante la DGS.

Veamos:

---

230 https://dgsfp.mineco.gob.es/es/Consumidor/Reclamaciones/Documentos%20Reclamaciones/DOC%202%20GUIA%20PRACTICA-NUEVO.pdf

231 Orden ECO/734/2004, de 11 de marzo, sobre los departamentos y servicios de atención al cliente y el defensor del cliente de las entidades financieras. BOE 24/03/2004.

- Las entidades obligadas a tener este servicio están obligadas a atender y resolver las quejas y reclamaciones que sus clientes les presenten, relacionadas con sus intereses y derechos legalmente reconocidos.
- Las entidades podrán designar un defensor del cliente, al que corresponderá atender y resolver los tipos de reclamaciones que se sometan a su decisión.
- Las entidades deberán adoptar las medidas necesarias para separar el departamento o servicio de atención al cliente de los restantes servicios comerciales u operativos de la organización, de modo que se garantice que aquél tome de manera autónoma sus decisiones referentes al ámbito de su actividad y, asimismo, se eviten conflictos de interés.
- El defensor del cliente actuará con independencia respecto de la entidad y con total autonomía en cuanto a los criterios y directrices a aplicar en el ejercicio de sus funciones. Para ello:

- El defensor del cliente será una persona o entidad de reconocido prestigio en el ámbito jurídico, económico o financiero, ajena a la organización de la entidad o entidades a que presta sus servicios.
- Las decisiones del defensor del cliente favorables al reclamante vincularán a la entidad. Esta vinculación no será obstáculo a la plenitud de la tutela judicial, al recurso a otros mecanismos de solución de conflictos ni a la protección administrativa.
- Las entidades pondrán a disposición de sus clientes, en todas y cada una de las oficinas abiertas al público, así como en sus páginas web en el caso de que los contratos se hubieran celebrado por medios telemáticos, la información siguiente:

  a) La existencia de un departamento o servicio de atención al cliente y, en su caso, de un defensor del cliente, con indicación de su dirección postal y electrónica.

b) La obligación por parte de la entidad de atender y resolver las quejas y reclamaciones presentadas por sus clientes, en el plazo de dos meses desde su presentación en el departamento o servicio de atención al cliente o, en su caso, defensor del cliente.

c) Referencia al Comisionado o Comisionados para la Defensa del Cliente de Servicios Financieros que correspondan, con especificación de su dirección postal y electrónica, y de la necesidad de agotar la vía del departamento o servicio de atención al cliente o del defensor del cliente para poder formular las quejas y reclamaciones ante ellos.

d) El reglamento de funcionamiento previsto en el artículo anterior.

e) Referencias a la normativa de transparencia y protección del cliente de servicios financieros.

6. *¿Qué hemos de saber acerca de la forma, contenido y lugar de la presentación de las quejas y reclamaciones?*

La información imprescindible a conocer por el interesado, es:

➢ La presentación de las quejas y reclamaciones podrá efectuarse, personalmente o mediante representación, en soporte papel o por medios informáticos, electrónicos o telemáticos, siempre que éstos permitan la lectura, impresión y conservación de los documentos. **Importante:** cuando utilicemos medios informáticos, electrónicos o telemáticos deberá ajustarse a las exigencias previstas en la Ley 59/2003, de 19 de diciembre, de firma electrónica.

7. *¿Cómo se inicia el procedimiento?*

Mediante la presentación de un documento en el que se hará constar:

a) Nombre, apellidos y domicilio del interesado y, en su caso, de la persona que lo represente, debidamente acreditada; número del documento nacional de identidad para las personas físicas y datos referidos a registro público para las jurídicas.

b) Motivo de la queja o reclamación, con especificación clara de las cuestiones sobre las que se solicita un pronunciamiento.

c) Oficina u oficinas, departamento o servicio donde se hubieran producido los hechos objeto de la queja o reclamación.

d) Que el reclamante no tiene conocimiento de que la materia objeto de la queja o reclamación está siendo sustanciada a través de un procedimiento administrativo, arbitral o judicial.

e) Lugar, fecha y firma.

Deberemos aportar, además, las pruebas documentales que obren en su poder en que se fundamente su queja o reclamación.

8. ¿Dónde se pueden presentar las quejas y reclamaciones?

Podrán ser presentadas ante los departamentos o servicios de atención al cliente, ante el defensor del cliente, en su caso, en cualquier oficina abierta al público de la entidad, así como en la dirección de correo electrónico que cada entidad habrá de habilitar a este fin.

Una vez presento mi escrito y es admitido por este Servicio, ¿Qué pasos habrán de seguirse?

- Recibida la queja o reclamación por la entidad, en el caso de que no hubiese sido resuelta a favor del cliente por la propia oficina o servicio objeto de la queja o reclamación, ésta será remitida al departamento o servicio de atención al cliente, quien, cuando proceda de acuerdo con el reglamento de funcionamiento, la remitirá, a su vez, al defensor del cliente.

- Si la queja o reclamación hubiera sido presentada ante el defensor del cliente no tratándose de un asunto de su competencia, se remitirá por éste al departamento o servicio de atención al cliente. Deberá informarse al reclamante sobre la instancia competente para conocer su queja o reclamación.

Importante, de cara a los plazos: Lo dicho anteriormente, se entenderá sin perjuicio de que el cómputo del plazo máximo de terminación comenzará a contar desde la presentación de la queja o reclamación en el departamento o servicio de atención al cliente o, en su caso, defensor del cliente. Y, además:

- Se deberá acusar recibo por escrito y dejar constancia de la fecha de presentación a efectos del cómputo de dicho plazo.
- Recibida la queja o reclamación por la instancia competente para su tramitación, se procederá a la apertura de expediente.
- La queja o reclamación se presentará una sola vez por el interesado, sin que pueda exigirse su reiteración ante distintos órganos de la entidad.

Y si no se encontrase suficientemente acreditada la identidad del reclamante, o no pudiesen establecerse con claridad los hechos objeto de la queja o reclamación, ¿qué sucede?: en tal caso, se requerirá al firmante para completar la documentación remitida en el plazo de diez días naturales, con apercibimiento de que si así no lo hiciese se archivará la queja o reclamación sin más trámite.

¿Pueden rechazar mi escrito y en base a qué motivos?

Sólo podrá rechazarse la admisión a trámite de las quejas y reclamaciones en los casos siguientes:

a) Cuando se omitan datos esenciales para la tramitación no subsanables, incluidos los supuestos en que no se concrete el motivo de la queja o reclamación.

b) Cuando se pretendan tramitar como queja o reclamación, recursos o acciones distintos cuyo conocimiento sea competencia de los órganos administrativos, arbitrales o judiciales, o la misma se encuentre pendiente de resolución o litigio o el asunto haya sido ya resuelto en aquellas instancias.

c) Cuando los hechos, razones y solicitud en que se concreten las cuestiones objeto de la queja o reclamación no se refieran a operaciones concretas.

d) Cuando se formulen quejas o reclamaciones que reiteren otras anteriores resueltas, presentadas por el mismo cliente en relación a los mismos hechos.

e) Cuando hubiera transcurrido el plazo para la presentación de quejas y reclamaciones que establezca el reglamento de funcionamiento.

¿Cómo ha de finalizar el procedimiento?

Es sencillo:

- El expediente deberá finalizar en el plazo máximo de dos meses, a partir de la fecha en que la queja o reclamación fuera presentada en el departamento o servicio de atención al cliente o, en su caso, defensor del cliente.

En cuanto a la respuesta que han de darme, la decisión será siempre motivada y contendrá unas conclusiones claras sobre la solicitud planteada en cada queja o reclamación, fundándose en las cláusulas contractuales, las normas de transparencia y protección de la clientela aplicables, así como las buenas prácticas y usos financieros.

"En el caso de que la decisión se aparte de los criterios manifestados en expedientes anteriores similares, deberán aportarse las razones que lo justifiquen".

<u>Plazo para que me notifiquen</u>:

La decisión será notificada a los interesados en el plazo de diez días naturales a contar desde su fecha, por escrito o por medios informáticos, electrónicos o telemáticos, siempre que éstos permitan la lectura, impresión y conservación de los documentos.

9. ¿Puedo desistir de mi reclamación?

En efecto. Los interesados podrán desistir de sus quejas y reclamaciones en cualquier momento. El desistimiento dará lugar a la finalización inmediata del procedimiento en lo que a la relación con el interesado se refiere. No obstante, el defensor del cliente podrá acordar la continuación del mismo en el marco de su función de promover el cumplimiento de la normativa de transparencia y protección de la clientela y de las buenas prácticas y usos financieros.

Por tanto, la ley es clara en tal sentido por lo que, a modo de resumen de lo dicho anteriormente, hay que saber lo siguiente:

- ✓ Para la admisión y tramitación de reclamaciones o quejas ante el servicio de reclamaciones correspondiente será imprescindible acreditar haberlas formulado previamente al departamento o servicio de atención al cliente o, en su caso, al defensor del cliente o partícipe de la entidad contra la que se reclame.
- ✓ Denegada la admisión de las reclamaciones o quejas, o desestimada total o parcialmente su petición, o transcurrido el plazo *de dos meses* desde la fecha de su presentación en el servicio de atención al cliente o, en su caso, defensor del cliente o partícipe de la entidad contra la que se reclame, sin que haya sido resuelta, el interesado podrá presentar su reclamación o queja indistintamente ante cualquiera de los servicios de reclamaciones, con independencia de su contenido, en los términos establecidos en el artículo anterior.
- ✓ Teniendo en cuenta lo anterior y una vez recibidas las reclamaciones o quejas por el servicio de reclamaciones al que corresponda su conocimiento por razón de la materia, si se cumplen los requisitos necesarios, sucederá que:

- Se procederá a la apertura de un expediente por cada reclamación o queja, en el que se incluirán todas las actuaciones relacionadas con esta.
- En caso contrario, se requerirá al reclamante para completar la información en el plazo de diez días *hábiles* a contar desde la fecha en que el reclamante reciba la notificación, especificándose de forma clara cuál es la información que falta para completar la reclamación o queja, con apercibimiento de que, si no la completase, se le tendrá por desistido.

Importante y como matización a lo anterior, como excepción a esa obligación de agotar previamente la vía interna al servicio de atención al cliente correspondiente:

> *No será necesaria agotar esa vía cuando tengan por objeto la demora o incumplimiento de una decisión del departamento o servicio de atención al cliente o, en su caso, del defensor del cliente o partícipe de la entidad, en sentido favorable al cliente, que hubiera versado sobre el objeto de la queja o reclamación.*

10. ¿Cabe la posibilidad de que nos inadmitan nuestra queja o reclamación? De ser así, ¿cuáles son los motivos?

La norma es clara en tal sentido y ofrece, a decir verdad, un nutrido grupo de causas y motivos que, de concurrir alguno de ellos, pueden suponer que nuestra queja o reclamación no prosiga su curso normal. Los motivos son los siguientes:

- Cuando se pretenda tramitar como reclamaciones o quejas reguladas en este procedimiento recursos o acciones distintas cuyo conocimiento sea competencia de los órganos administrativos, arbitrales o judiciales, o aquéllos se encuentren pendientes de litigio ante estos órganos.
- Cuando en la reclamación o queja se planteen controversias sobre determinados hechos cuya prueba únicamente pueda ser realizada en vía judicial.

- Cuando se planteen discrepancias sobre la cuantificación económica de los daños y perjuicios que haya podido ocasionar a los usuarios de los servicios financieros la actuación, incluso sancionable, de las entidades sometidas a supervisión, o sobre cualquier otra valoración económica.
- Cuando la reclamación o queja se fundamente en una controversia cuya resolución requiera necesariamente la valoración de expertos con conocimientos especializados en una materia técnica ajena a la normativa de transparencia y protección de la clientela o a las buenas prácticas y usos financieros.
- Cuando se advierta carencia de fundamento o inexistencia de pretensión por omitirse datos esenciales para la tramitación, incluidos los supuestos en que no se concrete el motivo de las reclamaciones o quejas, o no se acredite que ha transcurrido el *plazo de dos meses* desde la fecha de presentación ante el departamento o servicio de atención al cliente o, en su caso, defensor del cliente o partícipe de la entidad contra la que se reclame sin que haya sido resuelta la reclamación o queja, o que ha sido denegada la admisión o desestimada, total o parcialmente su petición, salvo que tenga por objeto la demora o el incumplimiento de una decisión del departamento o servicio de atención al cliente o, en su caso, del defensor del cliente o partícipe de la entidad, en sentido favorable al cliente, que hubiera versado sobre el objeto de la queja o reclamación
- Cuando los hechos, razones y solicitud en que se concreten las cuestiones objeto de las reclamaciones o quejas no se refieran a operaciones concretas o sean distintos de los aducidos ante el departamento o servicio de atención al cliente o, en su caso, defensor del cliente o partícipe de la entidad contra la que se reclame.
- Cuando se articulen como reclamaciones o quejas, las consultas sobre derechos en materia de transparencia y protec-

ción a la clientela, así como sobre los cauces legales existentes para su ejercicio, sin perjuicio de que se acuerde su tramitación como tal consulta, de lo que se informará al interesado.

- Cuando se formulen reclamaciones o quejas que reiteren otras anteriores resueltas y que tengan un contenido y fundamento idéntico o sustancialmente similar, respecto del mismo sujeto y en méritos de idéntico objeto.
- Cuando se presenten ante el servicio de reclamaciones de la Dirección General de Seguros y Fondos de Pensiones, reclamaciones o quejas en relación con contratos de grandes riesgos, seguros colectivos o planes de pensiones que instrumenten compromisos por pensiones de las empresas con sus trabajadores o beneficiarios, que no se refieran a la condición de usuario de servicios financieros de las entidades aseguradoras o de entidades gestoras de fondos de pensiones.
- Cuando haya transcurrido el plazo de prescripción de acciones o derechos que de conformidad con lo previsto en los contratos o en la normativa reguladora que resulte de aplicación pueda ejercitar quien presente o aquel en cuya representación se presente la reclamación o queja de que se trate y en todo caso cuando haya transcurrido un plazo de 6 años desde la producción de los hechos sin que se haya presentado la reclamación o queja.

11. *Si mi queja o reclamación es inadmitida por alguno de los muchos motivos que la norma contempla para no dar curso a la misma, ¿qué medidas puedo plantear?*

Esencialmente, se pondrá de manifiesto al interesado en informe motivado, dándole un plazo de diez días hábiles para alegar en su caso. Cuando el interesado hubiera contestado y se mantengan las causas de inadmisión, se le comunicará la decisión final adoptada.

¿Y qué sucedería si se estuvieran tramitando, de manera paralela una reclamación o queja y un procedimiento administrativo, arbitral o judicial sobre la misma materia? En este caso, la queja o reclamación se archiva y el servicio de atención, en cuestión, se abstendrá de conocer, y se decretará sin más el archivo del expediente, previa comunicación al interesado.

Visto todo lo anterior y salvando, como excepción, la posibilidad de que nuestra queja o reclamación no sea inadmitida, como ya se ha visto, el curso natural de la tramitación de nuestro escrito ¿qué recorrido natural ha de tener?

Hay que distinguir, a efectos de conocer cuáles el trámite específico que ha de seguirse, entre la tramitación de una reclamación y de una queja, ya que gozan de tratamiento distinto. Veamos:

A) Tramitación de un escrito de reclamación:

Los hitos esenciales que hemos de conocer, como interesados, de manera abreviada, son:

Plazo máximo de conclusión de nuestra reclamación:

- Deberá concluir con un informe en el plazo máximo de cuatro meses, a contar desde la fecha de presentación de la reclamación en el servicio de reclamaciones competente.
- Si ello no fuese posible, deberán hacerse constar expresamente en el informe final las causas que lo han impedido.
- El expediente concluirá con un informe, que será motivado, y deberá contener unas conclusiones claras en las que se haga constar si de lo actuado se desprende quebrantamiento de normas de transparencia y protección y si la entidad se ha ajustado o no a las buenas prácticas y usos financieros.
- En todo caso, el informe final deberá pronunciarse sobre todas las cuestiones que planteen las reclamaciones.
- El informe será notificado a los interesados y a la entidad reclamada en el plazo de diez días hábiles a contar desde su fecha de emisión.

Importante:

- En el informe final no existe obligación de aplicar criterios manifestados en informes evacuados con anterioridad en resolución de reclamaciones por motivos similares, si bien deberá motivar el cambio de criterio.
- **El informe final del servicio de reclamaciones no tiene carácter vinculante y no tendrá la consideración de acto administrativo recurrible.**

Y si el servicio de atención no nos contesta por escrito en el plazo anterior ¿hemos de entender aceptado nuestra reclamación? La respuesta es negativa. En este caso, se comunicará al interesado esta circunstancia, sin perjuicio de la obligación de concluir el expediente dirigiéndose en todo caso por escrito al reclamante expresando su criterio mediante el informe correspondiente.

B) Tramitación de una queja.

Saber que, en esencia, la tramitación de las quejas seguirá el mismo curso que el de las reclamaciones, si bien, con estas especificidades:

- El plazo establecido para las reclamaciones (diez días hábiles) en el que se informará al interesado de que su tramitación se entiende sin perjuicio de las acciones que le asisten para hacer valer sus derechos y de los plazos y cauces para su ejercicio, será de cinco días hábiles y los previstos en el segundo, tercer y cuarto párrafo[232] de ese mismo artículo serán de diez días hábiles.

---

[232] Artículo 11 de la Orden ECC 16 noviembre de 2012.
1. Una vez se proceda a la apertura de expediente por cada una de las reclamaciones o se acuerde la acumulación de expedientes, en el plazo de diez días hábiles, se informará al interesado de que su tramitación se entiende sin perjuicio de las acciones que le asisten para hacer valer sus derechos y de los plazos y cauces para su ejercicio, así como que no paralizará la resolución y tramitación de los correspondientes procedimientos y que su terminación en el informe final del servicio de

- El expediente deberá concluir con un informe en el plazo máximo de tres meses, desde la fecha de presentación de las quejas al servicio de reclamaciones competente.

  No obstante, lo anterior, si la queja tuviera por objeto la demora o incumplimiento de una decisión del departamento o servicio de atención al cliente o, en su caso, del defensor del cliente o partícipe de la entidad contra la que se reclame el expediente deberá concluir con un informe en un plazo máximo de un mes y medio.

- El informe al que hace referencia el artículo 12.4 ("El informe será notificado a los interesados y a la entidad reclamada en el plazo de diez días hábiles a contar desde su fecha de emisión") será notificado a los interesados y a la entidad reclamada en el plazo de cinco días hábiles a contar desde su fecha de emisión. será de cinco días hábiles y los previstos en el segundo, tercer y cuarto párrafo de ese mismo artículo serán de diez días hábiles.

---

reclamaciones no tiene carácter vinculante ni la consideración de acto administrativo recurrible.

Dentro de dicho plazo, igualmente, se remitirá a la entidad contra la que se dirija una copia de las reclamaciones y de los documentos aportados, para que en el plazo de quince días hábiles presente al servicio de reclamaciones las alegaciones y documentación que tenga por conveniente, sin perjuicio de que se pueda recabar directamente de las entidades reclamadas la información precisa para un adecuado conocimiento de la reclamación presentada. Los servicios de reclamaciones remitirán copia de las anteriores alegaciones y documentación al reclamante. El traslado de esta información podrá, no obstante, ser ejecutado directamente por las entidades reclamadas, si así lo determinan los servicios de reclamaciones correspondientes.

El reclamante podrá pronunciarse sobre las alegaciones de la entidad en el plazo de quince días hábiles.

Todos los requerimientos que se formulen a la entidad deberán ser cumplimentados en el plazo de quince días hábiles, transcurridos los cuales sin contestación se tendrán por incumplidos a los efectos de continuar la tramitación del expediente.

¿Puedo desistir de mi queja o reclamación cuando lo desee?

Así es, pero hay que tener en cuenta que:

- El desistimiento dará lugar a la finalización inmediata del procedimiento en lo que a la relación con el interesado se refiere, sin perjuicio de la posibilidad de que el servicio de reclamaciones competente acuerde su prosecución por entender la existencia de un interés general en las cuestiones planteadas.
- Además, en caso de desistimiento de los interesados, sin perjuicio de las responsabilidades disciplinarias o de otro orden que correspondan, el servicio de reclamaciones podrá formular a la entidad las indicaciones que estime pertinentes.

C) Tramitación de las consultas.

No puede faltar referencia al trámite de las consultas, como una de las formas que tiene el ciudadano de dirigirse a la DGS, en este caso, por su propia naturaleza, no se trata en sentido estricto de dar traslado de una controversia entre un asegurado y su aseguradora, por ejemplo, sobre la base de un problema específico que espera de una resolución escrita, satisfaciendo así el interés particular que sea.

El trámite de las consultas, sigue el siguiente cauce y goza de las siguientes características:

- Podrá ser presentada indistintamente ante cualquiera de los servicios de reclamaciones, con independencia de su contenido, del Banco de España, de la Comisión Nacional de Mercado de Valores o de la Dirección General de Seguros y Fondos de Pensiones, o en sus delegaciones.
- Una vez presentada será remitida al servicio de reclamaciones competente para su tramitación.

¿Cómo se pueden presentar consultas?

Se podrá efectuar por los siguientes medios:

a) En soporte papel.

b) Por medios electrónicos, a través de los registros electrónicos habilitados a tal efecto en el Banco de España, la Comisión Nacional del Mercado de Valores y en la Dirección General de Seguros y Fondos de Pensiones, en los términos previstos en la normativa aplicable.

Si se presentan por medio de representante, se acreditará la representación por cualquier medio admitido en derecho.

¿Cuál es el contenido mínimo esencial que ha de tener una consulta?

- Nombre y apellidos o razón social y número de identificación de la persona o entidad a que se refiera la cuestión planteada, así como el domicilio a efectos de notificaciones.
- Los antecedentes y las circunstancias concurrentes.
- Las dudas que le suscite la normativa aplicable.
- Los demás datos y elementos que puedan contribuir a la formación de opinión por parte del servicio de reclamaciones competente.

El lugar, fecha y firma de las partes.

¿Pueden referirse las consultas a cualquier aspecto que formule el interesado, en cada caso?

La ley indica que en ningún caso las consultas pueden referirse a una concreta operación con una entidad determinada, sin perjuicio de poder plantearse la oportuna reclamación.

Además, tampoco podrán referirse a:

- Las condiciones materiales de las operaciones siempre que se ajusten a las normas de transparencia y protección de la clientela.
- A los contratos de seguro por grandes riesgos.

¿Qué pasa si mi consulta no se adapta lo que la norma exige para su tramitación?

En estos casos, se requerirá al interesado para que, en un plazo de diez días hábiles, subsane la falta o acompañe los datos, elementos y documentos precisos, con indicación de que, si así no lo hiciera, su escrito será archivado sin más trámites.

De igual forma, el servicio de reclamaciones competente archivará sin más el expediente, con notificación al interesado, de las consultas que no cumplan los requisitos establecidos en la norma y no sean subsanadas previo requerimiento al efecto, así como aquellas que no sean admisibles relativas a las normas de transparencia y protección de la clientela, ni a los contratos de seguro por grandes riesgos.

Importante saber: "La presentación de una consulta no interrumpirá los plazos establecidos en el ordenamiento para el ejercicio de los derechos ni suspenderá la tramitación de los procedimientos. Se informará de dicha circunstancia al interesado una vez recibida la consulta por el servicio de reclamaciones".

Y si mi consulta está correctamente efectuada ¿qué cabe esperar de la respuesta que he de recibir?

En este caso, el servicio de reclamaciones competente contestará a la cuestión planteada, precisando en sus conclusiones los derechos del solicitante en materia de transparencia y protección a la clientela, así como sobre los cauces legales existentes para su ejercicio.

Plazo máximo para ello: será de un mes desde la fecha de presentación de la consulta en el servicio de reclamaciones competente.

La falta de contestación en dicho plazo no implicará la aceptación de los criterios expresados por los usuarios de servicios financieros en la consulta.

Importante: "La contestación a la consulta tendrá carácter informativo, y no tendrá efectos vinculantes en relación a personas, actividades o supuestos contemplados en la consulta".

III. SOBRE LOS DEPARTAMENTOS Y SERVICIOS DE ATENCIÓN AL CLIENTE Y EL DEFENSOR DEL CLIENTE DE LAS ENTIDADES FINANCIERAS Y ASEGURADORAS

Ya que hemos desarrollado cuál es el procedimiento a seguir cuando un interesado quiere formular una consulta, queja o reclamación ante la DGS, dejando claro que es preceptivo acudir antes al servicio de atención pertinente, dentro de la estructura de la aseguradora a la que nos dirijamos. Por ello y si la exposición quedara en ese punto, quedaría huérfana la información antes ofrecida si no se hicieran algunas consideraciones importantes acerca de la naturaleza y cometido de esta importante figura.[233]

No se trata de analizar de manera pormenorizada esta figura, pero sí de indicar aquellos aspectos que ayudan, no sólo a conocer mejor su finalidad, sino a ser el complemento necesario a lo expuesto respecto de las reclamaciones y quejas que se quieran plantear ante la DGS.

Veamos:

- Las entidades obligadas a tener este servicio[234] están obligadas a atender y resolver las quejas y reclamaciones que

---

[233] Orden ECO/734/2004, de 11 de marzo, sobre los departamentos y servicios de atención al cliente y el defensor del cliente de las entidades financieras. BOE 24 marzo 2004.

[234] Artículo 2.º de la Orden ECO 734/2004:
a) las entidades de crédito,
b) los establecimientos financieros de crédito,
c) las entidades de pago, y las entidades acogidas a lo establecido en los artículos 14 y 15 del Real Decreto-ley 19/2018, de 23 de noviembre, de servicios de pago y otras medidas urgentes en materia financiera,
d) las entidades de dinero electrónico,
e) las empresas de servicios de inversión,
f) las sociedades gestoras de instituciones de inversión colectiva,
g) las entidades aseguradoras,
h) las entidades gestoras de fondos de pensiones, con las precisiones establecidas en la disposición adicional primera,
i) las sociedades de correduría de seguros,

sus clientes les presenten, relacionadas con sus intereses y derechos legalmente reconocidos.

- Las entidades podrán designar un defensor del cliente, al que corresponderá atender y resolver los tipos de reclamaciones que se sometan a su decisión.
- Las entidades deberán adoptar las medidas necesarias para separar el departamento o servicio de atención al cliente de los restantes servicios comerciales u operativos de la organización, de modo que se garantice que aquél tome de manera autónoma sus decisiones referentes al ámbito de su actividad y, asimismo, se eviten conflictos de interés.
- El defensor del cliente actuará con independencia respecto de la entidad y con total autonomía en cuanto a los criterios y directrices a aplicar en el ejercicio de sus funciones. Para ello:
- El defensor del cliente será una persona o entidad de reconocido prestigio en el ámbito jurídico, económico o financiero, ajena a la organización de la entidad o entidades a que presta sus servicios.
- Las decisiones del defensor del cliente favorables al reclamante vincularán a la entidad. Esta vinculación no será obstáculo a la plenitud de la tutela judicial, al recurso a otros mecanismos de solución de conflictos ni a la protección administrativa.
- Las entidades pondrán a disposición de sus clientes, **en todas y cada una de las oficinas abiertas al público, así como en sus páginas web en el caso de que los contratos se hubieran celebrado por medios telemáticos, la información siguiente:**

---

j) las sucursales en España de las entidades enumeradas en los párrafos anteriores con domicilio social en otro Estado.

a) La existencia de un departamento o servicio de atención al cliente y, en su caso, de un defensor del cliente, con indicación de su dirección postal y electrónica.

b) La obligación por parte de la entidad de atender y resolver las quejas y reclamaciones presentadas por sus clientes, en el plazo de dos meses desde su presentación en el departamento o servicio de atención al cliente o, en su caso, defensor del cliente.

c) Referencia al Comisionado o Comisionados para la Defensa del Cliente de Servicios Financieros que correspondan, con especificación de su dirección postal y electrónica, y de la necesidad de agotar la vía del departamento o servicio de atención al cliente o del defensor del cliente para poder formular las quejas y reclamaciones ante ellos.

d) El reglamento de funcionamiento previsto en el artículo anterior.

e) Referencias a la normativa de transparencia y protección del cliente de servicios financieros.

IV. LA SOLUCIÓN EXTRAJUDICIAL DE CONFLICTOS CON LAS COMPAÑÍAS ASEGURADORAS

Toca ahora abordar una cuestión que, actualmente, resulta del todo punto esencial. Me refiero a la posibilidad que existe de dirimir o resolver las posibles controversias que surjan por razón del contrato de seguro entre la compañía de seguros y el asegurado, sin necesidad de acudir a la vía judicial.

Para ello y si bien es cierto que es una cuestión aplicable a todas las modalidades de seguros, no es menos cierto que, el seguro de obligatorio de circulación de vehículos a motor, se erige como el más habitual. Además de lo anterior, creo que es el tipo de contrato de seguro donde con mayor claridad se aprecia la explícita referencia del legislador a la posibilidad de acudir a otros medios alternativos de solucionar conflictos.

Dicho lo anterior y dado que existe una evolución normativa sobre este particular, primero me voy a referir al texto primigenio del RD 8/2004, de 29 de octubre, en su redacción a fecha 1 de enero de 2016. Decía entonces el artículo 14 de la referida norma:

> *1. En caso de disconformidad con la oferta o la respuesta motivada y, en general, en los casos de controversia, las partes podrán acudir al procedimiento de mediación de conformidad con lo previsto en la Ley 5/2012, de 6 de julio, de mediación en asuntos civiles y mercantiles.*
>
> *2. A tal efecto, será el perjudicado quién podrá solicitar el inicio de una mediación, en el plazo máximo de dos meses, a contar desde el momento que hubiera recibido la oferta o la respuesta motivada o los informes periciales complementarios si se hubieran pedido.*
>
> *3. Podrán ejercer esta modalidad de mediación profesionales especializados en responsabilidad civil en el ámbito de la circulación y en el sistema de valoración previsto en esta Ley, que cuenten con la formación específica para ejercer la mediación en este ámbito. El mediador, además de facilitar la comunicación entre las partes y velar porque dispongan de la información y el asesoramiento suficientes, desarrollará una conducta activa tendente a posibilitar un acuerdo entre ellas.*
>
> *4. Recibida la solicitud de mediación, el mediador o la institución de mediación citará a las partes para la celebración de la sesión informativa. En particular, el mediador informará a las partes de que son plenamente libres de alcanzar o no un acuerdo y de desistir del procedimiento en cualquier momento, así como que la duración de la mediación no podrá ser superior a tres meses, que el acuerdo que eventualmente alcancen será vinculante y podrán instar su elevación a escritura pública al objeto de configurarlo como un título ejecutivo.*

¿Qué dice actualmente este artículo?

Debido a la redacción dada por la ley 5/2025, de 24 de julio, el artículo 14 queda como sigue:

> *1. En caso de disconformidad con la oferta o la respuesta motivada y, en general, en los supuestos de controversia, las partes podrán acudir a todo medio adecuado de solución de controversias en vía no jurisdiccional.*

2. A tal efecto, cualquiera de las partes podrá solicitar el inicio de un medio adecuado de solución de controversias en vía no jurisdiccional, desde el momento en que el perjudicado hubiera recibido la oferta o la respuesta motivada o los informes periciales complementarios si se hubieran pedido.

3. Podrán intervenir en estos medios adecuados de solución profesionales especializados en responsabilidad civil en el ámbito de la circulación y en el sistema de valoración previsto en esta ley, que cuenten con la formación específica en este ámbito.

Visto lo anterior y antes de proseguir, hemos de delimitar conceptualmente qué se entiende por Medios Adecuados de Solución de Controversias (MASC). Pues son mecanismos destinados a resolver conflictos sin necesidad de buscar la solución en un tribunal. Estos procedimientos permiten que las partes implicadas, actuando de buena fe, busquen juntas una solución que satisfaga sus intereses. Los MASC se pueden llevar a cabo directamente entre las partes o con la ayuda de un tercero neutral e imparcial que facilite el entendimiento y el diálogo.

¿Y cuáles son esos MASC a los que se puede acudir?

Los siguientes:

- La mediación[235]: es un medio adecuado de solución de controversias en el que dos o más partes intentan voluntariamente alcanzar por sí mismas un acuerdo con la intervención de una persona mediadora, que actúa facilitando el diálogo y el acuerdo de manera imparcial y neutral, pero sin hacer propuestas de ningún tipo.
- La conciliación: se trata de un cauce donde una persona experta (el conciliador o conciliadora) con conocimientos técnicos o jurídicos relacionados con la materia en conflicto ayuda a las partes a alcanzar un acuerdo, haciendo propuestas que puedan terminar la controversia entre ellas. La conciliación puede ser pública o privada.

---

235 Ley 5/2012, de 6 de julio, de mediación en asuntos civiles y mercantiles. BOE 07/07/2012.

Actualmente la conciliación pública la pueden llevar a cabo:

- Los jueces y juezas de paz, en asuntos inferiores a 10.000 euros.
- Los letrados y letradas de la Administración de Justicia, conforme a la Ley de Jurisdicción Voluntaria.
- Los notarios y notarias, conforme a la Ley del Notariado.
- Los registradores y registradoras, conforme a la ley Hipotecaria.

Ahora bien, como es obvio y dada la naturaleza específica del contrato de seguro, lo lógico es que las partes acuden a expertos en materia de responsabilidad civil y seguros para dirimir sus controversias.

- <u>La negociación</u>: es un medio adecuado de solución de controversias mediante el cual las partes de manera directa, por sí mismas o representadas por sus profesionales de la abogacía, buscan alcanzar un acuerdo sobre un conflicto.
- <u>Derecho colaborativo</u>: es un medio adecuado de solución de controversias mediante el cual las partes acompañadas y asesoradas por un profesional de la abogacía ejerciente colegiado en un Colegio de la Abogacía, acreditado en Derecho colaborativo, tratan de encontrar una solución a su disputa de forma amistosa y sin acudir a los tribunales. En algunos casos, también pueden participar terceras personas neutrales, expertos en la materia objeto de controversia, que ayuden a encontrar una solución.
- <u>La Oferta Vinculante Confidencial</u>: es un medio adecuado de solución de controversias mediante el que cualquier persona, con el deseo de solucionar la controversia, hace una oferta a la otra parte. Esta oferta debe ser aceptada de manera expresa, y una vez aceptada, ambas partes están obligadas a cumplir lo acordado.

  <u>¿Qué sucede si la otra parte no acepta la oferta</u>? Si la otra parte no acepta la oferta dentro del plazo establecido, ge-

neralmente de 30 días naturales, quien la presentó podrá llevar el caso a los tribunales y bastará con demostrar que la oferta fue enviada y recibida para acreditar que se intentó una solución extrajudicial

- La opinión de persona experta independiente: es un medio adecuado de solución de controversias. En este proceso, las partes en conflicto acuerdan designar conjuntamente a una persona experta neutral con conocimientos especializados en la materia objeto de disputa, quién analiza el caso y emite una opinión no vinculante.

  Este experto seleccionado por las partes, examina la información y las pruebas presentadas por ambas partes y puede pronunciarse sobre cuestiones legales o técnicas relacionadas con el conflicto. Su opinión es confidencial y, si ambas partes la aceptan, se formalizará un acuerdo con efectos legales. Si no es aceptada el experto certificará que se intentó resolver la disputa por esta vía, lo que permite a las partes recurrir al proceso judicial.

  Dicho todo lo anterior y por lo que respecta a los accidentes de tráfico y su lógica relación con el seguro obligatorio de circulación, es importante saber, por lo que a los MASC antes indicados se refiere, el legislador introdujo en el años 2007[236] la figura de la "oferta y la respuesta motivada". Su regulación se encuentra en el artículo 7 del RD 8/2004, y ha sufrido diversas alteraciones en estos últimos años, hasta la actual redacción (dada por la ley 5/2025). Como es un artículo largo, dejo su extracto literal a pie de página y me centro en lo que es materia específica de este apartado.[237]

---

236 Ley 21/2007, de 11 de junio. BOE A-2007-13410.

237 Artículo 7. Obligaciones del asegurador y del perjudicado.
1. El asegurador, dentro del ámbito del aseguramiento obligatorio y con cargo al seguro de suscripción obligatoria, habrá de satisfacer al perjudicado el importe de los daños sufridos en su persona y en sus

---

bienes, así como los gastos y otros perjuicios a los que tenga derecho según establece la normativa aplicable. Únicamente quedará exonerado de esta obligación si prueba que el hecho no da lugar a la exigencia de responsabilidad civil conforme al artículo 1.

El perjudicado o sus herederos tendrán acción directa para exigir al asegurador la satisfacción de los referidos daños, que prescribirá por el transcurso de un año.

No obstante, con carácter previo a la interposición de la demanda judicial, deberán comunicar el siniestro al asegurador, pidiendo la indemnización que corresponda. Esta reclamación extrajudicial contendrá la identificación y los datos relevantes de quien o quienes reclamen, una declaración sobre las circunstancias del hecho, la identificación del vehículo y del conductor que hubiesen intervenido en la producción del mismo de ser conocidas, así como cuanta información médica asistencial o pericial o de cualquier otro tipo tengan en su poder que permita la cuantificación del daño. La reclamación extrajudicial no requerirá estar cuantificada incluso si el reclamante dispusiera de todos los elementos para poder calcularla y cuantificarla.

La comunicación por parte del perjudicado también deberá producirse cuando se inicie un procedimiento penal a instancia de este y se equiparará a la reclamación extrajudicial prevista en el párrafo anterior.

No será necesaria reclamación extrajudicial cuando el procedimiento se inicie de oficio, debiendo practicarse en tal caso la correspondiente notificación por el órgano judicial.

Esta reclamación, comunicación o notificación interrumpirá el cómputo del plazo de prescripción desde el momento en que se presente al asegurador obligado a satisfacer el importe de los daños sufridos al perjudicado. En el momento en el que se notifique fehacientemente la oferta o la respuesta motivada se iniciará un nuevo plazo de prescripción de un año.

Las Fuerzas y Cuerpos de Seguridad encargadas de la vigilancia del tráfico facilitarán de forma gratuita, a petición de los perjudicados, entidades aseguradoras, o sus representantes, y del Consorcio de Compensación de Seguros, copia del atestado o informe equivalente en el que conste toda la información sobre las circunstancias del accidente, incluso cuando lo hayan remitido a la autoridad judicial competente.

La entidad aseguradora incursa en un procedimiento concursal o de liquidación, o su administrador o liquidador, informará al organismo

de indemnización competente cuando indemnice o rechace su responsabilidad en relación con las reclamaciones recibidas.
2. En el plazo de tres meses desde la recepción de la reclamación del perjudicado, tanto si se trata de daños personales como en los bienes, el asegurador deberá presentar una oferta motivada de indemnización si entendiera acreditada la responsabilidad y cuantificado el daño, que cumpla los requisitos del apartado 3. En caso contrario, o si la reclamación hubiera sido rechazada, dará una respuesta motivada que cumpla los requisitos del apartado 4.
A estos efectos, el asegurador, a su costa, podrá solicitar previamente los informes periciales privados que considere pertinentes, que deberá efectuar por servicios propios o concertados, si considera que la documentación aportada por el lesionado es insuficiente para la cuantificación del daño.
El incumplimiento de esta obligación constituirá infracción administrativa y será sancionado de acuerdo con lo establecido en la Ley 20/2015, de 14 de julio, de ordenación, supervisión y solvencia de las entidades aseguradoras y reaseguradoras.
Trascurrido el plazo de tres meses sin que se haya presentado una oferta motivada de indemnización por una causa no justificada o que le fuera imputable al asegurador, se devengarán intereses de demora, de acuerdo con lo previsto en el artículo 9. Estos mismos intereses de demora se devengarán en el caso de que, habiendo sido aceptada la oferta por el perjudicado, esta no sea satisfecha en el plazo de cinco días, o no se consigne para pago la cantidad ofrecida.
El asegurador deberá observar desde el momento en que conozca, por cualquier medio, la existencia del siniestro, una conducta diligente en la cuantificación del daño y la liquidación de la indemnización.
3. Para que sea válida a los efectos de esta ley, la oferta motivada deberá cumplir los siguientes requisitos:
a) Contendrá una propuesta de indemnización por los daños en las personas y en los bienes que pudieran haberse derivado del siniestro. En caso de que concurran daños a las personas y en los bienes figurará de forma separada la valoración y la indemnización ofertada para unos y otros.
b) Los daños y perjuicios causados a las personas se calcularán según los criterios e importes que se recogen en el título IV y el anexo.
c) Contendrá, de forma desglosada y detallada, los documentos, informes o cualquier otra información de que se disponga para la valora-

---

ción de los daños, incluyendo el informe médico pericial definitivo, e identificará aquellos en que se ha basado para cuantificar de forma precisa la indemnización ofertada, de manera que el perjudicado tenga los elementos de juicio necesarios para decidir su aceptación o rechazo. El incumplimiento de este deber impedirá la aportación de informes médicos periciales definitivos en el posterior proceso judicial.
d) Se hará constar que el pago del importe que se ofrece no se condiciona a la renuncia por el perjudicado del ejercicio de futuras acciones en el caso de que la indemnización percibida fuera inferior a la que en derecho pueda corresponderle.
e) Podrá consignarse para pago la cantidad ofrecida. La consignación podrá hacerse en dinero efectivo, mediante un aval solidario de duración indefinida y pagadero a primer requerimiento emitido por entidad de crédito o sociedad de garantía recíproca o por cualquier otro medio que, a juicio del órgano jurisdiccional correspondiente, garantice la inmediata disponibilidad, en su caso, de la cantidad consignada.
4. En el supuesto de que el asegurador no realice una oferta motivada de indemnización, deberá dar una respuesta motivada ajustada a los siguientes requisitos:
a) Dará contestación suficiente a la reclamación formulada, con indicación del motivo que impide efectuar la oferta de indemnización, bien sea porque no esté determinada la responsabilidad, bien porque no se haya podido cuantificar el daño o bien porque existe alguna otra causa que justifique el rechazo de la reclamación, que deberá ser especificada.
Cuando dicho motivo sea la dilatación en el tiempo del proceso de curación del perjudicado y no fuera posible determinar el alcance total de las secuelas padecidas a causa del accidente o porque, por cualquier motivo, no se pudiera cuantificar plenamente el daño, la respuesta motivada deberá incluir:
1.º La referencia a los pagos a cuenta o pagos parciales anticipados a cuenta de la indemnización resultante final, atendiendo a la naturaleza y entidad de los daños. Estos pagos deberán ajustarse al importe de todos los perjuicios cuya consolidación esté ya constatada.
2.º El compromiso del asegurador de presentar oferta motivada de indemnización tan pronto como se hayan cuantificado los daños y, hasta ese momento, de informar motivadamente de la situación del siniestro cada dos meses desde el envío de la respuesta.

b) Contendrá, de forma desglosada y detallada, los documentos, informes o cualquier otra información de que se disponga, incluyendo el informe médico pericial definitivo, que acrediten las razones de la entidad aseguradora para no dar una oferta motivada. El incumplimiento de este deber impedirá la aportación de informes médicos periciales definitivos en el posterior proceso judicial.
c) Incluirá una mención a que no requiere aceptación o rechazo expreso por el perjudicado, ni afecta al ejercicio de cualesquiera acciones que puedan corresponderle para hacer valer sus derechos.
5. En caso de disconformidad del perjudicado con la oferta motivada, o en caso de que la entidad aseguradora haya emitido una respuesta motivada indicando que el perjudicado no ha sufrido lesiones a causa del accidente, las partes, de común acuerdo y a costa del asegurador, podrán pedir informes periciales complementarios, incluso al Instituto de Medicina Legal y Ciencias Forenses siempre que no hubiese intervenido previamente tras el ejercicio de acciones judiciales.
Esta misma solicitud al Instituto de Medicina Legal y Ciencias Forenses podrá realizarse por el lesionado, aunque no tenga el acuerdo de la aseguradora, y con cargo a la misma. El Instituto de Medicina Legal y Ciencias Forenses que deba realizar el informe solicitará a la aseguradora que aporte los medios de prueba de los que disponga, entregando copia del informe pericial que emita a las partes.
Asimismo, el perjudicado también podrá solicitar informes periciales complementarios, sin necesidad de acuerdo del asegurador, siendo los mismos, en este caso, a su costa.
Esta solicitud de intervención pericial complementaria obligará al asegurador a efectuar una nueva oferta motivada en el plazo de un mes desde la entrega del informe pericial complementario, continuando interrumpido el plazo de prescripción para el ejercicio de las acciones judiciales. En todo caso, se reanudará desde que el perjudicado conociese el rechazo de solicitud por parte del asegurador de recabar nuevos informes.
6. El lesionado deberá ser reconocido, desde la presentación de la solicitud a los Institutos de Medicina Legal y Ciencias Forenses, en el plazo de tres meses. El informe deberá emitirse en el plazo de un mes desde el reconocimiento.
7. En todo caso, el asegurador deberá afianzar las responsabilidades civiles y abonar las pensiones que por la autoridad judicial fueren exigi-

---

das a los presuntos responsables asegurados, de acuerdo con lo establecido en los artículos 764 y 765 de la Ley de Enjuiciamiento Criminal. Las pensiones provisionales se calcularán de conformidad con los límites establecidos en el Anexo de esta Ley.
8. Una vez presentada la oferta o la respuesta motivada, en caso de disconformidad y a salvo del derecho previsto en el apartado 5, o transcurrido el plazo para su emisión, el perjudicado podrá bien acudir a uno de los medios adecuados de solución de controversias en vía no jurisdiccional en los términos del artículo 14 para intentar solventar la controversia, o bien acudir a la vía jurisdiccional oportuna para la reclamación de los daños y perjuicios correspondientes.
No se admitirán a trámite, de conformidad con el artículo 403 de la Ley 1/2000, de 7 de enero, de Enjuiciamiento Civil, las demandas en las que no se acompañen los documentos que acrediten la oferta o respuesta motivada, si se hubiese emitido por el asegurador o, en caso de no haberse emitido, la reclamación previa al asegurador, que no requerirá cuantificación.
9. Reglamentariamente podrá precisarse el contenido de la oferta motivada y de la respuesta motivada.
10. En caso de accidente causado por un conjunto de vehículos formado por una cabeza tractora y el remolque o semirremolque a ella enganchado, o dos remolques o semirremolques, el asegurador de cada remolque o semirremolque, salvo que le corresponda la indemnización íntegra, deberá informar al perjudicado, a petición de este, sin demora indebida de:
a) La identidad del asegurador de la cabeza tractora, o
b) El deber de indemnización a cargo del Consorcio de Compensación de Seguros, de acuerdo con lo establecido en el artículo 11.1.a), cuando el asegurador del remolque o semirremolque no pueda identificar al asegurador de la cabeza tractora.
11. En caso de accidente causado por un conjunto de vehículos formado por una cabeza tractora y el remolque o semirremolque a ella enganchado o dos remolques o semirremolques, cuando cualquier remolque o semirremolque pueda ser identificado pero no el vehículo que lo arrastraba, el perjudicado podrá presentar su reclamación directamente a la entidad aseguradora que haya asegurado el remolque o semirremolque, sin perjuicio de las coberturas del Consorcio de Compensación de Seguros en los casos de accidente causado por vehículo desconocido.

Pues bien, por lo que al estricto ámbito del tránsito motorizado se refiere, se entiende por MASC, como medio válido para intentar solucionar un conflicto de manera extrajudicial el régimen de oferta motivada previsto en el artículo 7 del RD 8/2004? La respuesta es positiva y está recientemente avalada por la Junta de Magistrados/as de los juzgados de primera instancia de los juzgados hipotecarios de Madrid (de 26-09-2025) sobre la entrada en vigor de la LO 1/2025, de 2 de enero, de medidas en materia de eficiencia del servicio público de Justicia.

Dicen los Magistrados, que:

> *"La reclamación previa del art. 7 LRCSCVM tendrá la consideración de MASC, según art. 5.1 LOEP en relación con el art. 7 por la Ley 5/2025, de 24 de julio, por la que se modifican el texto refundido de la Ley sobre responsabilidad civil y seguro en la circulación de vehículos a motor, aprobado por el Real Decreto Legislativo 8/2004, de 29 de octubre, y la Ley 20/2015, de 14 de julio, de ordenación, supervisión y solvencia de las entidades aseguradoras y reaseguradoras"*

Por último, no quería abandonar el presente apartado sin hacer referencia al Arbitraje,[238] como fórmula perfectamente válida de MASC en evitación de la vía judicial. Ahora bien, no siempre hubo criterio uniforme cuando se trataba de afirmar si, en caso de controversia entre aseguradora y asegurado, el Arbitraje era un cauce idóneo o no.

Quiero hacer referencia a una sentencia de la **AP de Barcelona (Secc. 16.ª), de 3 de febrero de 2012, RES:76/2012 REC:669/2010 —TOL2.466.339—** donde se afirma, de manera categórica que:

---

12. Lo dispuesto en este artículo será aplicable al Consorcio de Compensación de Seguros, a OFESAUTO, a las entidades corresponsales autorizadas y a los representantes designados para la tramitación y liquidación de siniestros, cuando le corresponda conforme a esta ley según sus respectivas funciones, entendiéndose realizada a los mismos toda referencia al asegurador.

[238] Ley 60/2003, de 23 de diciembre, de Arbitraje. BOE 26/12/2003.

> *"El tenor literal de este precepto de la Ley establece y define un verdadero, derecho subjetivo de naturaleza privada que el asegurado ostenta frente a la compañía aseguradora. Se desprende ello del uso en el precepto del vocablo derecho, que, por definición, se tiene siempre frente a alguien, en este caso frente la otra parte contratante es decir la aseguradora.*
>
> *Este derecho subjetivo no puede ser desconocido por la jurisdicción. La consecuencia de ello es que el asegurado puede compeler a la aseguradora para someter a arbitraje cualquier vicisitud que pudiera surgir en el contrato de seguro celebrado inter partes, como es el caso que nos ocupa, con independencia de cuál sea el fondo del asunto enjuiciar por el árbitro, que no pude ser examinado en la presente, resolución en la que tan solo cabe reconocer al recurrente su derecho, a esta particular actio mediante la que se somete a la heterocomposición de un tercero imparcial que es él arbitro.*

Ahora bien, hay que decir que la anterior sentencia, se dicta en virtud de la que por entonces vigente redacción del artículo 76 e) de la Ley de Contrato de Seguro, que decía:

> *"El asegurado tendrá derecho a someter a arbitraje cualquier diferencia que pueda surgir entre él y el asegurador sobre el contrato de seguro"*
>
> *"La designación de árbitros no podrá hacerse antes de que surja la cuestión disputada".*

Por eso, años después, el propio Tribunal Constitucional[239], —TOL6.494.727— en una famosa sentencia, de 11 de enero de 2018, termina por concluir y aclarar que:

239 STC 1/2018, de 11 de enero (BOE núm. 34, de 07 de febrero de 2018) Pleno. Sentencia 1/2018, de 11 de enero de 2018. Cuestión de inconstitucionalidad 2578-2015. Planteada por la Sala de lo Civil y Penal del Tribunal Superior de Justicia de Cataluña con respecto al artículo 76 e) de la Ley 50/1980, de 8 de octubre, de contrato de seguro. Principio de exclusividad jurisdiccional y derecho a la tutela judicial efectiva: nulidad del precepto que prescinde de la voluntad de una de las partes en el sometimiento a arbitraje cualquier controversia que pueda suscitarse en relación con el contrato de seguro. Votos particulares.

"Ello quiere decir que la falta de la necesaria concurrencia de la voluntad de ambas partes litigantes para someterse a este mecanismo extrajudicial de resolución de conflictos y su imposición a una de ellas, en principio, no se compadece bien con el básico aspecto contractual del arbitraje y con el derecho fundamental a la tutela judicial efectiva que garantiza el derecho de acceso a los órganos jurisdiccionales (art. 24.1 CE)".

De este modo un arbitraje obligatorio para una de las partes en la controversia resultaría plenamente compatible con el artículo 24.1 CE

Es decir, que el Arbitraje es una manera perfectamente legal de intentar solucionar una controversia, de manera extrajudicial, siempre que ambas partes decidan voluntariamente someterse a ella. Por ello y dada la redacción que por entonces tenía el artículo 76 e) de la LCS, el Tribunal Constitucional declaró su inconstitucionalidad.

V. LA DISTRIBUCIÓN DE SEGUROS EN ESPAÑA Y SU IMPORTANCIA EN LA RELACIÓN DEL ASEGURADO Y SU ASEGURADORA

En este concreto apartado se abordará, a continuación, el importante régimen legal que ostentan los Mediadores de Seguros, que veremos, pueden adoptar la figura de Corredor o Agente en exclusiva, así como otras relevantes fórmulas de distribución de seguros, tales como las propias entidades de seguros, el papel de los bancos como operadores dentro del sector asegurador, entre otros. Son aspectos esenciales que todo ciudadano ha de conocer para tener el suficiente grado de información legal al respecto y poder preservar y defender sus derechos en su interrelación con estas importantes figuras antes indicadas.

Para ello, hay que saber que la norma que actualmente disciplina este régimen legal es el Real Decreto-ley 3/2020, de 4 de febrero.[240]

---

240 De medidas urgentes por el que se incorporan al ordenamiento jurídico español diversas directivas de la Unión Europea en el ámbito de la contratación pública en determinados sectores; de seguros privados; de

Comencemos:

1. ¿Qué hemos de entender por distribuidores de seguros?

a) Las entidades aseguradoras.

b) Los mediadores de seguros.

c) Los mediadores de seguros complementarios

2. ¿Qué clases de mediadores de seguros hay?

a) Agentes de seguros.

b) Corredores de seguros.

Aspectos esenciales que saber de ambos:

- Los agentes de seguros y los corredores de seguros podrán ser personas físicas o jurídicas.
- La condición de agente de seguros y de corredor de seguros son incompatibles entre sí, en cuanto a su ejercicio simultáneo por las mismas personas físicas o jurídicas.[241]
- No podrán ejercer como mediadores de seguros, ni por sí ni por medio de persona interpuesta:
- las personas que por disposición general o especial tengan prohibido el ejercicio del comercio.

---

planes y fondos de pensiones; del ámbito tributario y de litigios fiscales. BOE 5/02/2020

241 ×Art. 135 RD 3/2020. Sin perjuicio de lo anterior, cualquier mediador de seguros podrá solicitar la modificación de su inscripción en el registro administrativo de distribuidores de seguros y reaseguros previsto en el artículo 133, con la finalidad de ejercer la actividad de distribución de seguros mediante otra forma de mediación, previa acreditación del cumplimiento de los requisitos que sean exigidos para ella

- o podrá ejercerse la actividad de distribución de seguros, ni por sí ni por medio de persona interpuesta, en relación con las personas o entidades que se encuentren sujetas por vínculos de dependencia o sujeción especial con el mediador, por razón de las específicas competencias o facultades de dirección de este último, que puedan poner en concreto peligro la libertad de los interesados en la contratación de los seguros o en la elección de la entidad aseguradora.

Qué actividades quedan prohibidas para los mediadores de seguros:

- *Asumir directa o indirectamente la cobertura de cualquier clase de riesgo, así como tomar a su cargo, en todo o en parte, la siniestralidad objeto del seguro, siendo nulo todo pacto en contrario.*
- Realizar la actividad de distribución en favor de entidades aseguradoras y reaseguradoras que no cumplan los requisitos legalmente exigidos para operar en España, o que actúen transgrediendo los límites de la autorización concedida.
- Utilizar en la denominación social, en la publicidad o identificación de sus operaciones mercantiles, expresiones que estén reservadas a las entidades aseguradoras y reaseguradoras.
- Añadir recargos a los recibos de prima emitidos por las entidades aseguradoras, siendo nulo cualquier pacto en contrario.
- Celebrar o modificar en nombre de su cliente un contrato de seguro sin el consentimiento de este.[242]

---

242 Ver artículo 21 de la LCS: "Las comunicaciones efectuadas por un corredor de seguros al asegurador en nombre del tomador del seguro surtirán los mismos efectos que si la realizara el propio tomador, salvo indicación en contrario de éste.
En todo caso se precisará el consentimiento expreso del tomador del seguro para suscribir un nuevo contrato o para modificar o rescindir el contrato de seguro en vigor.

Sobre esta última cuestión (celebrar o modificar en nombre de su cliente un contrato de seguro sin el consentimiento de este), quiero llamar la atención la atención de una reciente sentencia del Tribunal Supremo[243] (TOL10.437.778), que aborda un caso en el que una empresa y la aseguradora Mapfre España S.A. suscribieron un contrato de seguro de transporte, con la intervención de una correduría de seguros.

La empresa fue víctima de una sustracción de mercancía consistente en teléfonos móviles, valorados en 150.000 euros. Y cuando comunicó el siniestro a la aseguradora, ésta únicamente la indemnizó en 60.000 euros, alegando la novación antes indicada.

La empresa interpuso una demanda contra Mapfre, en reclamación de 90.000 euros, más sus intereses legales, como diferencia entre la suma asegurada y la indemnización que había recibido. En lo que ahora importa, alegó que no había consentido la modificación contractual invocada por la aseguradora.

Finalmente, después del recorrido entre la primera y la segunda instancia, el Tribunal Supremo, concluye, resumiendo aquí, que:

- El artículo 21 LCS, no atribuye una función representativa al corredor de seguros, sino que únicamente le confiere funciones de gestión como mero intermediario en el traslado de comunicaciones.
- No consta el consentimiento del tomador del seguro a la novación propuesta por la aseguradora. Su silencio no puede entenderse como aceptación tácita, pues para que pudiera presumirse la falta de oposición —que es a lo que da trascendencia la sentencia recurrida— tendría que haberse probado que conoció la modificación contractual, lo que no consta.[244]

---

243 Tribunal Supremo (Civil), sec. 1.ª, S 04-03-2025, n.º 328/2025, rec. 1797/2020

244 Conforme a unánime doctrina y jurisprudencia, el silencio y la inacción no pueden ser valorados como aceptación, fuera de aquellos casos en que la ley, el uso, la voluntad de las partes o las prácticas que hayan

En este caso, ni el tomador del seguro tenía la obligación legal de darse por enterado de una comunicación que no consta que le llegara, ni había un uso o una conducta previa que permitiera suponer o deducir que había aceptado tácitamente una modificación contractual que únicamente se había comunicado al intermediario en la contratación del seguro.

- Imponer directa o indirectamente la celebración de un contrato de seguro.

Hay dos cuestiones muy importantes a destacar, además de todo lo anteriormente citado, que no es cosa baladí.

- **El mediador de seguros se considerará, en todo caso, depositario de las cantidades recibidas de sus clientes en concepto de pago de las primas por contrato de seguro, así como de las cantidades entregadas por las entidades aseguradoras en concepto de indemnizaciones o reembolso de las primas destinadas a sus clientes.**[245]

---

llegado a quedar establecidas entre ellas les confieran ese valor (por todas, sentencia 139/1994, de 26 de febrero).

245 Siendo excepcional, nuestros Tribunales han venido conociendo de asuntos en los que esa mala gestión de las primas obtenidas por las corredurías, ha podido incluso desembocar en procedimientos penales por delitos de estafa, apropiación indebida o administración desleal. **Ver AP La Rioja, sec. 1.ª, S 09-05-2024, n.º 100/2024, rec. 15/2019; ver STS 13/03/2024, Sala Penal:** Dos personas, formalmente administradora única y administrador de hecho de una sociedad constituida para actuar como agente exclusivo de una entidad aseguradora, se apropiaron de manera continuada entre 2012 y 2016 de un total de 239.187,08 euros correspondientes a primas cobradas a clientes, incumpliendo la obligación contractual de ingresar dichas cantidades a la aseguradora. A pesar de que la aseguradora intentó controlar y evitar estas apropiaciones mediante diversas medidas, los acusados continuaron con la conducta ilícita, incluso alterando datos bancarios para cobrar directamente a los clientes. Reconocieron deudas mediante documentos públicos y privados, pero sin voluntad real de reintegro. Se les acusó y condenó por delito continuado de apropiación indebida**; AP Alicante, Secc Penal, 11/01/2023:** El acusado, en calidad de administrador úni-

- El mediador de seguros deberá acreditar que los fondos pertenecientes a los clientes son transferidos a través de cuentas de clientes completamente separadas del resto de recursos económicos del mediador, en las que únicamente se gestionen recursos económicos de aquellos.

3. *¿Qué son los llamados colaboradores externos de los mediadores de seguros?*

Son aquellas personas con las que los mediadores de seguros podrán celebrar contratos mercantiles que realicen actividades de distribución por cuenta de dichos mediadores.

Datos importantes a saber sobre los colaboradores externos:

✓ No tendrán la condición de mediadores de seguros. En cualquier caso, la actividad de distribución ejercida a través de colaboradores externos no menoscabará el deber de proporcionar al cliente la totalidad de la información exigida por ley.

✓ Desarrollarán su actividad bajo la dirección, régimen de responsabilidad administrativa, civil profesional, y régimen de capacidad financiera del mediador para el que actúen.

✓ Deberán identificarse como tales e indicar también la identidad y datos registrales del mediador por cuenta del que actúen.

---

co de una mercantil que actuaba como agente mediador exclusivo de una aseguradora, tenía la obligación contractual de remitir un porcentaje de las primas recaudadas a la aseguradora. Entre 2013 y 2016, el acusado se apropió injustificadamente de un total de 226.192,63 euros correspondientes a primas que debía entregar, incumpliendo sus obligaciones contractuales y causando perjuicio económico a la aseguradora. La relación contractual establecía porcentajes específicos a remitir según fechas, y la aseguradora realizó requerimientos para que cesara conductas indebidas y entregara las cantidades adeudadas.

- ✓ Llevarán un registro en el que anotarán los datos personales identificativos de sus colaboradores externos, con indicación de la fecha de alta.
- ✓ Deberán cumplir el requisito de honorabilidad comercial y profesional a que se refiere la ley.[246]

  Este requisito será igualmente aplicable a los administradores del colaborador externo, persona jurídica.
- ✓ No podrán colaborar con otros mediadores de seguros de distinta clase.

4. ¿Qué es un Agente de Seguros?

Son agentes de seguros las personas físicas o jurídicas, distintas de una entidad aseguradora o de sus empleados, que mediante la celebración de un contrato de agencia con una o varias entidades aseguradoras, se comprometen frente a estas a realizar la actividad de distribución de seguros en los términos acordados en dicho contrato.

Aspectos relevantes a conocer de esta figura:

- ➢ Los agentes de seguros podrán utilizar los servicios de colaboradores externos con la finalidad de que colaboren

---

[246] Art. 128: "«Honorabilidad comercial y profesional»: Cualidad aplicable a aquellas personas que hayan venido observando una trayectoria personal de respeto a las leyes mercantiles u otras que regulen la actividad económica y la vida de los negocios, así como a las buenas prácticas comerciales, financieras y de seguros. Dicha condición será atribuible a aquellas personas que no tengan antecedentes penales por haber cometido infracciones penales relativas al ejercicio de actividades financieras, y que no hayan sido sancionadas en el ámbito administrativo en materia aseguradora, bancaria, de mercado de valores, Hacienda Pública, Seguridad Social, defensa de la competencia, movimiento de capitales, transacciones económicas con el exterior, blanqueo de capitales y financiación del terrorismo y protección de consumidores y usuarios por la comisión de infracciones tipificadas como muy graves o graves.

con ellos en la distribución de productos de seguros en los términos que se acuerde con la entidad aseguradora en el contrato de agencia de seguros.

- *Los importes abonados por el cliente al agente de seguros se considerarán abonados a la entidad aseguradora, mientras que los importes abonados por la entidad aseguradora al agente no se considerarán abonados al cliente hasta que este los reciba efectivamente.*
- Sin perjuicio de la responsabilidad penal o de otra índole en que pudiera incurrir el agente de seguros en el ejercicio de su actividad de distribución de seguros, será imputada a la entidad aseguradora con la que hubiera celebrado un contrato de agencia de seguros la responsabilidad civil profesional derivada de su actuación y de la de sus colaboradores externos, todo ello de conformidad con lo dispuesto en los contratos de agencia celebrados.
- Lo anterior, no se aplica cuando se trate de los operadores de banca-seguros.
- Los agentes de seguros no podrán ejercer como corredor de seguros o colaborador externo de estos, tercer perito, perito de seguros o comisario de averías a designación de los tomadores de seguros, asegurados y beneficiarios de los contratos de seguro en los que hubiesen intervenido como agentes de seguros.

Y un aspecto muy importante a conocer, como asegurados que hayamos contratado nuestra póliza a través de un agente de seguros: *"Las comunicaciones que efectúe el tomador del seguro al agente de seguros que distribuya el contrato de seguro surtirán los mismos efectos que si se hubiesen realizado directamente a la entidad aseguradora".*

5. *¿Qué son los operadores banca-seguros?*

Esta es una modalidad cada vez más en auge por la tremenda diversificación del negocio que las entidades bancarias llevan experimentando durante los últimos años, extendiendo su primigenio objeto social, hasta límites insospechados con el ánimo, legítimo, pero no siempre bien gestionado, de mantener a sus clientes y captar nuevos con alternativas comerciales de distinto pelaje.

Se pueden definir como las entidades de crédito, *los establecimientos financieros de crédito y las sociedades mercantiles controladas o participadas por cualquiera de ellos conforme a lo preceptuado en la ley, mediante la celebración de un contrato de agencia de seguros con una o varias entidades aseguradoras, se comprometan frente a estas a realizar la actividad de distribución de seguros como agentes de seguros utilizando sus redes de distribución.*

Dado que gozan de largo listado de características reflejadas en la norma de aplicación, cuya exposición es innecesaria, a la par que tediosa para el lector, sí creo interesante saber que estos operadores, *asumen la responsabilidad civil profesional derivada de su actuación como operador de banca-seguros, o que dicho operador dispone de un seguro de responsabilidad civil profesional o cualquier otra garantía financiera que cubra en todo el territorio de la Unión Europea las responsabilidades que pudieran surgir por negligencia profesional, de al menos 1.250.000 euros por siniestro y, en suma, 1.850.000 euros para todos los siniestros correspondientes a un determinado año, respecto a la actividad sobre la que no hubiera obtenido cobertura en virtud del contrato de agencia suscrito.*

6. ¿Qué es un corredor de seguros?

Son corredores de seguros las personas físicas o jurídicas que realizan la actividad de distribución de seguros, ofreciendo asesoramiento independiente basado en un análisis objetivo y personalizado, a quienes demanden la cobertura de riesgos.

Datos importantes a saber sobre ellos:

- ✓ Los corredores de seguros deberán informar a quien trate de concertar el seguro sobre las condiciones del contrato que a su juicio conviene suscribir y ofrecer la cobertura que, de acuerdo a su criterio profesional, mejor se adapte a las necesidades de aquel; asimismo, velarán por la concurrencia de los requisitos que ha de reunir la póliza de seguro para su eficacia y plenitud de efectos.

✓ Igualmente, vendrán obligados durante la vigencia del contrato de seguro en que hayan intervenido a facilitar al tomador, al asegurado y al beneficiario del seguro la información que reclamen sobre cualquiera de las cláusulas de la póliza y, en caso de siniestro, a prestarles su asistencia y asesoramiento.

Importante y a destacar, sobre todo desde la posición de asegurado que ha contratado su póliza mediante un corredor:

- Las relaciones con las entidades aseguradoras derivadas de la actividad de distribución de seguros por parte del corredor de seguros, se regirán por los pactos que las partes acuerden libremente, sin que dichos pactos puedan en ningún caso afectar a su independencia.
- Las relaciones entre el corredor de seguros y el cliente derivadas de la actividad de distribución de seguros, se regirán por los pactos que las partes acuerden libremente y, supletoriamente, por los preceptos que el Código de Comercio dedica a la comisión mercantil.
- La remuneración que perciba el corredor de seguros de la entidad aseguradora por su actividad de distribución de seguros revestirá la forma de comisiones.
- El corredor y el cliente podrán acordar por escrito que la remuneración del corredor incluya honorarios profesionales que se facturen directamente al cliente, expidiendo en este caso una factura independiente por dichos honorarios de forma separada al recibo de prima emitido por la entidad aseguradora.
- El pago del importe de la prima efectuado por el tomador del seguro al corredor no se entenderá realizado a la en-

tidad aseguradora, salvo que, a cambio, el corredor entregue al tomador del seguro el recibo de prima de la entidad aseguradora.

– En todo caso, se precisará el consentimiento del tomador del seguro para modificar la posición mediadora en el contrato de seguro en vigor.

Y muy importante, como veíamos con los agentes de seguros:

Las comunicaciones efectuadas en cuanto al cambio de la posición mediadora por un corredor de seguros autorizado expresamente por el tomador y en su nombre, a la entidad aseguradora, surtirán los mismos efectos que si la realizara el propio tomador, salvo indicación en contrario de este.

A su vez, están obligados a contratar un seguro de responsabilidad civil profesional o cualquier otra garantía financiera que cubra en todo el territorio de la Unión Europea las responsabilidades que pudieran surgir por negligencia profesional, con una cuantía de, al menos 1.300.380 euros por siniestro y, en suma, 1.924.560 euros para todos los siniestros correspondientes a un determinado año.

¿Qué profesiones son incompatibles con la de corredor de seguros?

a) Los agentes de seguros.

b) Los colaboradores externos de los agentes de seguros u operadores de banca-seguros.

c) Los peritos de seguros, comisarios de averías y liquidadores de averías, salvo que estas actividades se desarrollen en exclusiva para asesoramiento de tomadores del seguro, asegurados o beneficiarios por contrato de seguro.

Es imperativo detenerse en una cuestión que ostenta una relevancia extrema y de cuyas consecuencias perniciosas, cuando los deberes de información contractual previa no se atienden, son y han sido víctimas miles de personas en nuestro país. *Me refiero a los deberes incuestionables y exigidos por la ley que tienen los distribuidores de seguros respecto de sus clientes a la hora de informar de manera clara y completa, sobre el o los productos que más se adaptan a sus necesidades y a su perfil*.

Como todo el mundo sabe y conoce, por ser un hecho de máxima notoriedad social, España vivió unos años de absoluta desvergüenza por lo que a determinadas conductas mezquinas y maliciosas se refiere, adoptadas, en su mayoría por entidades bancarias, en los que decenas de miles de personas se arruinaron o quedaron en una lamentable situación patrimonial, en muchos casos después de toda una vida ahorrando, cuando confiando en la supuesta información veraz y verosímil de su asesor bancario de toda la vida, realizaron operaciones bancarias, sin saber, ni por asomo, a qué tremendos riesgos se exponían. Eran los tiempos de productos financieros complejos como Swaps, permutas financieras, hipotecas multidivisa, etc.

Aquello generó una avalancha de reclamaciones judiciales suyos efectos, en forma de sentencias, aún colean, muchos años después.

Por ello y ante lo que considero una cuestión primordial para que el lector asimile las obligaciones que pesan sobre los distribuidores de seguros en materia de información y asesoramiento previo, desgranaré aquí los aspectos más esenciales de lo que todo ciudadano que vaya a contratar un seguro, ha de saber.

– **¿Cuáles son las obligaciones más generales, esenciales, que han de cumplir los distribuidores de seguros en España?**

Son las siguientes y conviene grabarlas "a fuego" para no olvidar jamás, que, como clientes, estos principios son los pilares básicos en toda relación contractual de este tipo:

- Los distribuidores de seguros actuarán siempre con honestidad, equidad y profesionalidad en beneficio de los intereses de sus clientes.
- Toda la información relativa al ámbito del título I, incluidas las comunicaciones publicitarias dirigidas por los distribuidores de seguros a los clientes o posibles clientes debe

ser precisa, clara y no engañosa. Las comunicaciones publicitarias serán claramente identificables como tales.[247]

- Los distribuidores de seguros no podrán ser remunerados, ni podrán evaluar el rendimiento de sus empleados, de un modo que entre en conflicto con su obligación de actuar en el mejor interés de sus clientes.
- En particular, un distribuidor de seguros no establecerá ningún sistema de remuneración, de objetivos de ventas o de otra índole que pueda constituir un incentivo para que este o sus empleados recomienden un determinado producto de seguro a un cliente si el distribuidor de seguros puede ofrecer un producto diferente que se ajuste mejor a las necesidades del cliente.

Estos son los parámetros esenciales que afectan a todos los distribuidores de seguros, con independencia de la forma que adopten (corredor, agente, compañía...).

¿Qué tengo que saber como cliente acerca de los deberes de información y asesoramiento previos que deberán proporcionar los distribuidores de seguros sobre el contrato de seguro?

---

247 Ver SAP Burgos, Secc. 3.º, 01/10/2015, núm. 296/2015:
Dicho de otro modo, la entidad corredora debe ser tan independiente que nunca se la podrá estimar como parte en un contrato de seguro privado, en la que solo, en principio, pueden figurar como partes el tomador del seguro, el asegurado en su caso y la aseguradora, sin perjuicio de otras partes: beneficiarios, sustitutos, pero nunca el corredor. El corredor tiene encomendada la misión de asesorar e informar al tomador, al asegurado y beneficiario. El deber de información se mantiene a lo largo de todo el iter negocial, en la fase precontractual debe aconsejar a quien trate de concertar un seguro sobre las condiciones del contrato en relación con las necesidades del cliente, cuidando que la póliza reúna los requisitos para su eficacia y plenitud de efectos. Una vez concluido el contrato de seguro, el deber de información se prolonga durante la vida del contrato en el que haya intervenido. Debe facilitar al tomador, asegurado y al beneficiario toda la información que precisen sobre las cláusulas de la póliza y, en caso de siniestro, a prestarle su asistencia y asesoramiento.

Esta es una cuestión, como todo lo que afecta a la información previa en el proceso de contratación, muy importante porque de ello dependerá que el cliente tenga la suficiente información como para decidir adoptar una decisión u otra, según le convenga y en atención a sus conocimientos, necesidades y posibilidades económicas.

La ley ofrece, de nuevo, un listado bastante nutrido con todas aquellas prevenciones que hemos de adoptar, como clientes, antes de contratar un seguro determinado. Se trata de cautelas generales previas que habrá de cumplir, cualquier distribuidor de seguros, cualquiera que sea su perfil profesional. Estos deberes se resumen en:

- ✓ Antes de la celebración de un contrato de seguro, el distribuidor de seguros determinará, basándose en informaciones obtenidas del cliente, las exigencias y las necesidades de dicho cliente y facilitará al mismo información objetiva acerca del producto de seguro de forma comprensible, de modo que el cliente pueda tomar una decisión fundada.
- ✓ Cualquier contrato que se proponga debe respetar las exigencias y necesidades del cliente en materia de seguros.
- ✓ Si se facilita asesoramiento antes de la celebración de un contrato determinado, el distribuidor de seguros facilitará al cliente una recomendación personalizada en la que explique por qué un producto concreto satisfará mejor las exigencias y necesidades del cliente.
- ✓ Cuando un mediador de seguros informe a su cliente de que facilita asesoramiento basado en un análisis objetivo y personalizado, deberá prestar ese asesoramiento sobre la base del análisis de un número suficiente de contratos de seguro ofrecidos en el mercado, de modo que pueda formular una recomendación personalizada, ateniéndose a criterios profesionales, respecto al contrato de seguro que sería adecuado a las necesidades del cliente.

- ✓ En caso de las llamadas "ventas combinadas", que ya se abordaron en el momento pertinente en esta obra,[248] el distribuidor de seguros suministrará al cliente la información pertinente sobre el producto de seguro de forma comprensible, de modo que el cliente pueda tomar una decisión fundada, y atendiendo a la complejidad del producto de seguro y al tipo de cliente.
- ✓ Los mediadores de seguros de otros Estados de la Unión Europea que ejerzan en España en régimen de derecho de establecimiento o en régimen de libre prestación de servicios deberán informar a sus clientes en los mismos términos previstos en los apartados anteriores, acerca de si realizan un asesoramiento basado en un análisis objetivo y personalizado o de si están o no contractualmente obligados a realizar actividades de distribución de seguros exclusivamente con una o varias entidades aseguradoras.

Vayamos ahora con las obligaciones específicas que tienen cada uno de los distribuidores de seguros.

– ¿Qué información previa general es la que me tiene que trasladar mi mediador de seguros?

Es un listado bastante extenso, pero del que no puedo evadirme si lo que se pretende es dar una información completa al lector. Distingamos dos momentos:

– <u>Antes de la celebración de un contrato de seguro</u>, el mediador de seguros deberá proporcionar al cliente, con suficiente antelación, la información siguiente:

- ➢ Su identidad y dirección, así como su condición de mediador de seguros.
- ➢ Si ofrece asesoramiento en relación con los productos de seguro comercializados.

[248] Ver artículo 184 del RD 3/2020.

- Los procedimientos contemplados en la sección 4.ª del capítulo III, que permitan a los clientes y a otras partes interesadas presentar quejas sobre los mediadores de seguros y sobre los procedimientos de resolución extrajudicial de conflictos.
- El tratamiento de sus datos de carácter personal, de conformidad con lo establecido en el artículo 5.1 de la Ley Orgánica 3/2018, de 5 de diciembre, de Protección de Datos Personales y garantía de los derechos digitales.
- El registro en el que esté inscrito y los medios para comprobar dicha inscripción.
- Si actúa en representación del cliente o actúa en nombre y por cuenta de la entidad aseguradora.
- Si posee una participación directa o indirecta del 10 por ciento o superior de los derechos de voto o del capital en una entidad aseguradora determinada.
- Si una entidad aseguradora determinada o una empresa matriz de dicha entidad posee una participación directa o indirecta del 10 por ciento o superior de los derechos de voto o del capital del mediador de seguros.

– Por lo que se refiere al contrato ofrecido o sobre el cual se ha asesorado, si:

- Facilita asesoramiento basándose en un análisis objetivo y personalizado.
- Está contractualmente obligado a realizar actividades de distribución de seguros exclusivamente con una, o, en su caso, autorizado con varias entidades aseguradoras, en cuyo caso deberá informar de los nombres de dichas entidades aseguradoras.
- No está contractualmente obligado a realizar actividades de distribución de seguros exclusivamente con una o varias entidades aseguradoras y no facilita asesoramiento basándose en un análisis objetivo y personalizado, en cuyo caso deberá

informar de los nombres de las entidades aseguradoras con las que pueda realizar, o de hecho realice, actividades de distribución de seguros del producto de seguro ofertado.

- Adicionalmente, en el caso de los operadores de banca-seguros, deberán comunicar a sus clientes que el asesoramiento prestado se facilita con la finalidad de contratar un seguro y no cualquier otro producto que pudiera comercializar la entidad de crédito o el establecimiento financiero de crédito.
- La naturaleza de la remuneración recibida en relación con el contrato de seguro.
- Si, en relación con el contrato de seguro, trabajan:
  1.º A cambio de un honorario, esto es, la remuneración la abona directamente el cliente;
  2.º a cambio de una comisión de algún tipo, esto es, la remuneración está incluida en la prima de seguro;
  3.º a cambio de cualquier otro tipo de remuneración, incluida cualquier posible ventaja económica ofrecida u otorgada en relación con el contrato de seguro, o
  4.º sobre la base de una combinación de cualquiera de los tipos de remuneración especificados en los apartados 1.º, 2.º y 3.

Además de todo lo anterior, que ya de por sí es prolijo, no hay que olvidar que:

✓ Cuando el cliente acuerde por escrito con el mediador de seguros el abono de honorarios, este informará al cliente del importe de dicho honorario o, cuando ello no sea posible, el método para calcularlo.

✓ Si con posterioridad a la celebración del contrato, el cliente efectúa, en virtud del contrato de seguro, algún pago distinto de las primas periódicas y los pagos previstos, se le facilitará también la información a que se refiere el presente artículo en relación con cada uno de esos pagos.

✓ El deber de información previo regulado en los apartados anteriores también será exigible con ocasión de la modificación o prórroga del contrato de seguro si se han producido alteraciones en la información inicialmente suministrada.[249] —TOL6.756.282—.

¿Qué información previa general es la que me tiene que trasladar mi aseguradora?

Importante conocerlo:

– **Antes de la celebración de un contrato de seguro,** la entidad aseguradora deberá proporcionar al cliente, con suficiente antelación, la información siguiente:

a) Su identidad y dirección, así como su condición de entidad aseguradora.

b) Si ofrece asesoramiento en relación con los productos de seguro comercializados.

c) Los procedimientos contemplados en la sección 4.ª del capítulo III que permitan a los clientes y otras partes inte-

---

249 Ver SAP Madrid, Secc 10.º, núm. 288/2018, de 19 de junio:
En la misma línea se pronuncia la sentencia apelada, considerando que "No es posible por tanto dar a la comunicación de fecha 21/09/2016, hecha por la tomadora del seguro al "corredor", la eficacia pretendida por la Comunidad de Propietarios hoy demandada; de lo que resulta que el contrato de seguro haya de entenderse prorrogado para la anualidad correspondiente a la prima que ahora se reclama".
Partiendo de la jurisprudencia citada, esta Sala entiende que resulta clara la diferencia entre agente y corredor de seguros, habiendo comunicado la asegurada la finalización del contrato de seguro al corredor de seguros, sin que se haya acreditado que éste último haya hecho llegar dicha comunicación a la aseguradora, lo que nos conduce a privar de eficacia a dicha comunicación, quedando prorrogado el contrato de seguro por una nueva anualidad, lo que obliga a la asegurada a abonar la prima correspondiente.

resadas presentar quejas sobre las entidades aseguradoras, y sobre los procedimientos de resolución extrajudicial de conflictos.

d) La naturaleza de la remuneración percibida por sus empleados en relación con el contrato de seguro.

– Si con posterioridad a la celebración del contrato, el cliente efectúa algún pago en virtud del contrato de seguro distinto de las primas periódicas y los pagos previstos, se le facilitará también la información a que se refiere el presente artículo en relación con cada uno de esos pagos.

Por último, ¿estos deberes también son aplicables en caso de modificación o prórroga?

Así es, siempre que se hayan producido alteraciones en la información inicialmente suministrada.

VI. LAS LLAMADAS GUÍAS "GASPAR". QUÉ SON Y QUÉ HEMOS DE SABER SOBRE ELLAS

¿Por qué se llama Guía GASPAR?

Lamento defraudar a quienes quieren ver aquí la indeludible impronta del famoso Rey Mago, que cada seis de enero, al igual que sus compañeros de batallas, Melchor y Baltasar, riegan de regalos e ilusiones a toda o gran parte de los españoles.

La cruda realidad, es que GASPAR, es el acrónimo de "Guía del Asegurado y del Partícipe". Su nacimiento y configuración nace de la iniciativa de la propia DGSFP para contribuir al esfuerzo de acercar los seguros y planes de pensiones a los ciudadanos a través de esta Guía convirtiéndola como herramienta didáctica y práctica para ofrecer unas pautas básicas a las personas que tengan interés en suscribir seguros o planes de pensiones.

GASPAR encontrará su utilidad en la protección de los intereses de los potenciales asegurados y partícipes, asistiendo a los interesados en el proceso de contratación, así como durante la vigencia del producto contratado. Para ello GASPAR se estructura en los siguientes capítulos.

1. Guía para la contratación.
2. Glosario técnico.
3. Preguntas más frecuentes.
4. Reclamaciones y consultas.

Aconsejo acudir a la web oficial de la DGSFP, donde se encuentra de manera amena y pormenorizada, toda la información a la que se refieren los cuatro capítulos antes indicados.[250]

---

250 Enlace de la propia web de la DGSFP donde se encuentran desarrollados, de manera muy amena, los cuatro hitos referidos arriba: https://dgsfp.mineco.gob.es/es/Gaspar/Paginas/default.aspx

Capítulo IV

Casuística particular de casos variados relativos a diversas modalidades de seguros

Para ir concluyendo el desarrollo de esta obra, lo que se aborda en las próximas líneas es un conjunto de cuestiones, más prácticas que teóricas, aunque sin desdeñar del todo el necesario soporte jurisprudencial, de aquellas cuestiones que, a juicio del que suscribe, pueden surgir más dudas para el ciudadano lego en derecho que tiene que enfrentarse o que puede llegar a hacerlo en algún momento, con todo tipo de vicisitudes que son susceptibles de irrumpir en su vida cotidiana.

Para ello y por seguir cierta disciplina expositiva, voy a dividir este apartado en concretos supuestos de hecho que ayudan al lector a identificar cada pregunta de manera diferenciada respecto del resto de cuestiones planteadas.

Comencemos.

I. CASUÍSTICA RELACIONADA CON EL CONTRATO DE SEGURO DE VEHÍCULOS A MOTOR

1. ¿Qué tengo que saber, a efectos indemnizatorios, si sufro un accidente en un país fuera de España?

Por desgracia, los accidentes de circulación no son un fenómeno que se circunscriba, evidentemente, a una zona geográficamente concreta. Se puede tener el infortunio de ser víctima de un accidente en cualquier parte del mundo.

Ejemplo: vehículo matriculado en España en el que viajan conductor, con residencia habitual en España, ocupante delantero, con residencia en España y dos ocupantes, con residencia en Marruecos, por ejemplo. En un momento determinado, el vehículo se sale de calzada y vuelca y todos resultan con lesiones. ¿conforme a qué ley han de resultar indemnizados todos los lesionados?

Para ello, hay que saber que existe un Convenio específico, que es el de La Haya de 4 de mayo de 1971, del que España forma parte desde 1987. En ese Convenio se dice:

> *"Cuando en el accidente intervenga un solo vehículo, matriculado en un Estado distinto de aquél en cuyo territorio haya ocurrido el accidente, la ley interna del Estado en que el vehículo esté matriculado, será aplicable para determinar la responsabilidad:*
>
> *– Respecto del conductor, el poseedor, el propietario o cualquier otra persona que tenga un derecho sobre el vehículo, independientemente de su lugar de residencia habitual,*
>
> *– Respecto de una víctima que viajaba como pasajero, si tenía su residencia habitual en un Estado distinto de aquél en cuyo territorio haya ocurrido el accidente,*
>
> *– Respecto de una víctima que se encontraba en el lugar del accidente fuera del vehículo, si tenía su residencia habitual en el Estado en que dicho vehículo estuviere matriculado.*
>
> *En caso de ser varias las víctimas, la ley aplicable se determinará por separado con respecto a cada una de ellas".*

Interesante la ***sentencia del Tribunal Supremo (Civil), sec. 1.ª, S 01-02-2021, n.º 37/2021, rec. 2637/2017. PTE.: Seoane Spiegelberg, José Luis. (TOL8.310.207)***

CONCLUSIÓN:

Lo que el Convenio establece es que, en los accidentes en los que están involucradas varias víctimas (conductor, propietario, ocupantes, transeúntes...), la ley aplicable se determinará por separado en relación con cada uno de ellos, según las reglas establecidas en los tres específicos supuestos contemplados en dicha norma internacional, al hacerlo así la sentencia de la Audiencia no vulneró la normativa considerada infringida por dichos recurrentes.

2. *Si como consecuencia de un accidente de circulación o un atropello, resulto lesionado y la responsabilidad es clara del otro conductor ¿Cómo he de actuar si los servicios médicos de la aseguradora contraria contactan conmigo?*

Si somos perjudicados como consecuencia de un accidente de circulación y/o atropello, por ejemplo, en caso de que los servicios médicos de la aseguradora del vehículo infractor decidan contactar conmigo, no es buena estrategia negarse a colaborar, ya sea aportando toda la documentación médica que podamos tener o bien, negándome a ser explorado por los servicios médicos. Las consecuencias de esta falta de colaboración, sólo acarrean perjuicios para el lesionado, como claramente indica el artículo 37.2 del RD 8/2004 de 29 de octubre, entre otros que, con esa actitud obstruccionista, la aseguradora obligada a indemnizar pueda defender el no pago de los intereses que por ley le corresponderían al lesionado. A saber:

> *"El lesionado debe prestar, desde la producción del daño, la colaboración necesaria para que los servicios médicos designados por cuenta del eventual responsable lo reconozcan y sigan el curso evolutivo de sus lesiones. El incumplimiento de este deber constituye causa no imputable a la entidad aseguradora a los efectos de la regla 8.ª del artículo 20 de la Ley de Contrato de Seguro, relativa al devengo de intereses moratorios"*[251].

3. *En caso de que sufra un accidente de circulación, en el que la responsabilidad es asumida por el conductor del vehículo contrario y mi vehículo sufra daños importantes, si mi compañía me indica que mi vehículo ha sido declarado siniestro total ¿Qué he de saber al respecto?*

En estos caso, es aconsejable acudir, en primer lugar, al contenido específico de nuestra póliza de seguro, tanto a las condicio-

---

251 Tribunal Supremo (Civil), sec. 1.ª, S 29-03-2021, n.º 172/2021, rec. 4734/2018

nes generales, como particulares, e identificar dónde se regula el procedimiento que se seguirá por parte de mi aseguradora en caso de siniestro total.[252]

Lo normal es que, si los daños son muy cuantiosos y el vehículo tenga cierta antigüedad, declaren el "siniestro total del vehículo", de tal forma que, la compañía nos ofrecerá una cantidad determinada por el vehículo siniestrado y puede que no estemos conformes con la cuantía. En tal caso, es recomendable, en evitación de un pleito largo, proceloso y de dudoso resultado, negociar con la aseguradora que la cuantía ofrecida se incremente, al menos, en un 30% más, cantidad que responde a lo que se viene llamando "*deprecio o valor de afección*" que comprenderá el importe de los gastos administrativos, dificultades de encontrar un vehículo similar en el mercado, incertidumbre sobre su funcionamiento, entre otras circunstancias susceptibles de ser ponderadas, que deberán ser apreciadas por los órganos de instancia en su específica función valorativa del daño.

4. Por tanto, en casos de siniestro total ¿Hay que diferenciar aquellos casos en los que el propietario del vehículo no quiere reparar su vehículo de aquellos en los que, ha reparado de su bolsillo los daños?

Así es.

Respecto del alcance de la cuantía indemnizatoria por los daños materiales en vehículos de motor que han resultado siniestro total, hay que distinguir dos supuestos:

1.º En el caso de que el daño ocasionado al vehículo no hubiera sido reparado, debe abonarse únicamente el valor venal o valor de sustitución, incrementado en un determinado porcentaje, mayor o menor en función de las circunstancias concurrentes, como valor de afección, a fin de que con la cantidad resultante pueda permitírsele la adquisición de

252 Ver sentencia AP Madrid, sec. 21.ª, S 05-06-2024, n.º 201/2024, rec. 1162/2022.

otro vehículo de características similares en el mercado de segunda mano.

2.º Por el contrario, si el perjudicado ha procedido a la reparación, la indemnización debida habrá de serlo en la cuantía que haya ascendido su reparación (valor de reparación o valor de uso), si bien rebajando aquélla en un determinado porcentaje por la necesaria mejora habida en el vehículo como consecuencia de la inevitable sustitución de las piezas usadas o partes viejas por otras nuevas, a fin de evitar con ello todo tipo de enriquecimiento injusto a favor del perjudicado.

5. *Visto lo anterior, si en mi póliza de seguro del vehículo, se establece que, en caso de siniestro total del mismo si la reparación es totalmente antieconómica, la aseguradora abonará a su asegurado, a partir del sexto año desde su matriculación, el llamado valor venal y nada más ¿Se puede incrementar la indemnización o es inviable?*

De nuevo y volviendo a la sentencia antes analizada, contra todo pronóstico, entiende el Tribunal Supremo que, a pesar de que mi póliza contenga esa limitación cuantitativa (solo valor venal y a partir del sexto año de la primera matriculación), se puede incrementar en un 50%, por el llamado valor de afección. Dice el Supremo, resumiendo:

- Que en otras sentencias, también del Tribunal Supremo[253]— TOL8.031.021— se dijo que no es contrario a derecho que el resarcimiento se lleve a efecto mediante la fijación de una indemnización equivalente al precio del vehículo siniestrado, más un cantidad porcentual, el precio o valor de afección, que comprenderá el importe de los gastos administrativos, dificultades de encontrar un vehículo similar e incertidumbre sobre su funcionamiento,

[253] Ver la sentencia de pleno 420/2020, de 14 de julio; Núm. 420/2020; Rec. 2881/2017.

entre otras circunstancias, apreciables por los órganos de instancia en su función valorativa del daño.

- Y ello, porque los vehículos de motor son bienes perecederos, que se deterioran y agotan con su uso y, por lo tanto, se devalúan con el tiempo, por lo que es habitual que sus dueños se vean obligados a sustituir los por otros, dándolos de baja o vendiéndolos a terceros, cuando todavía conservan un valor de uso susceptible de transmisión onerosa.
- Pero, al tiempo, también deben valorarse las dificultades antes señaladas para encontrar otro vehículo en un estado de conservación y uso similar, o la asunción de gastos administrativos y de transacción (valor de afección).
- El término valor venal no se refiere solamente al estricto valor de venta del vehículo siniestrado en un mercado de segunda mano en función de su antigüedad y características, sino que también incluye el llamado valor de afección, que, en este caso, y en uso de sus facultades valorativas, cifra en un 50%.

6. *Si declaran siniestro total a mi vehículo y opto por repararlo en un taller de mi elección, ¿Puedo luego reclamarle a mi seguro el 100% del coste de la factura de reparación?*

Actualmente y salvo nuevo giro copernicano de nuestro Tribunal Supremo, hay que saber que no es posible repercutir íntegramente el coste de la reparación que hayamos asumido de nuestro bolsillo si era reparación llega a considerarse antieconómica. Para ser más preciso, hay que saber que:

- El daño ha de ser resarcido, pero también en su justa medida.
- No puede convertirse en beneficio injustificado para el perjudicado.[254]. A ese equitativo resarcimiento del daño se

[254] A ese equitativo resarcimiento del daño se refiere la sentencia 208/2011, de 25 de marzo, cuando señala que la "[...] finalidad de la indemniza-

refiere la sentencia 208/2011, de 25 de marzo,[255] cuando señala que la "[...] finalidad de la indemnización es la de reparar el daño causado y no la de enriquecer el perjudicado". (TOL2.182.209).

- En los daños materiales, la reparación del objeto dañado es la forma ordinaria de resarcimiento del daño sufrido.
- Ahora bien, este derecho a la reparación in natura no es incondicional, sino que está sometido a los límites de que sea posible —naturalmente no es factible en todos los siniestros— y que no sea desproporcionado en atención a las circunstancias concurrentes. O, dicho de otra manera, siempre que no se transfiera al patrimonio del causante una carga económica desorbitante.
- La reparación ha de ser razonable y la razón no se concilia con peticiones exageradas, que superen los límites de un justo y adecuado resarcimiento garante de la indemnidad de la víctima.
- Pues bien, desde esta perspectiva, hemos de señalar que no existe un incondicionado derecho de elección del dueño del vehículo siniestrado para repercutir contra el causante del daño el importe de la reparación, optando por esta fórmula de resarcimiento, cuando su coste sea desproporcionado y exija al causante del daño un sacrificio desmedido o un esfuerzo no razonable.

---

ción es la de reparar el daño causado y no la de enriquecer el perjudicado". De igual forma, se expresa la sentencia 712/2011, de 4 de octubre, al reafirmar que los tribunales han de ponderarlas circunstancias concurrentes para evitar que se produzca una indeseable situación de tal clase. O, en el mismo sentido, la sentencia 482/1981, de 15 de diciembre.

255 De igual forma, se expresa la sentencia 712/2011, de 4 de octubre, al reafirmar que los tribunales han de ponderarlas circunstancias concurrentes para evitar que se produzca una indeseable situación de tal clase. O, en el mismo sentido, la sentencia 482/1981, de 15 de diciembre.

Es decir, que lo que nos dice el Tribunal Supremo es que, de cara al perjudicado que pretende repercutir el coste íntegro de la reclamación, éste no tiene una especie de un incondicionado derecho de opción para exigir la reparación *in natura,* de su vehículo, toda costa. Se indica que, el parámetro correcto de actuación, en estos casos, sea la proximidad del precio del valor de reparación del vehículo siniestrado y el de sustitución de otro similar en el mercado.

7. *¿Puedo reclamar a mi aseguradora, en caso de siniestro total de un vehículo, si soy el tomador, pero no el propietario?*

Cuestión esta, un tanto controvertida, a nivel jurisprudencial, hay que decir que, como tantas otras veces, nuestros Tribunales van dando ciertos bandazos que, muchas veces, constituyen verdaderos cambios de parecer en casos muy similares, creando así poca seguridad jurídica y un mar de dudas, tanto a las profesionales del Derecho, como a los ciudadanos legos en la materia.

En términos generales, parece ciertamente lógico que sólo quien sea el propietario de una cosa, en este caso, de un vehículo a motor, esté habilitada por ley (legitimada, en términos procesales) para poder reclamar los daños sufridos en ese bien mueble deteriorado, de tal manera que, en aquellos casos donde el tomador del seguro y el propietario del vehículo no sean la misma persona, parece razonable pensar que sólo el segundo podría reclamar por los daños materiales. Sin embargo, nuestro Tribunal Supremo, dictó una sentencia en 2024,[256] —TOL10.302.956— que vino a causar un cierto revuelo.

En definitiva y sin perjuicio de que exista un debate más que abierto al respecto, el Tribunal Supremo, en la citada sentencia, viene a decir que:

---

[256] STS Sala 1.ª, 3 diciembre de 2024, núm. 1622/2024, Rec. 535/2020.

- El art. 7 LCS establece que el tomador del seguro puede contratar el seguro por cuenta propia o ajena. Considera que[257] en el seguro por cuenta ajena una persona (el contrayente o tomador) contrata con un asegurador un seguro, actuando en nombre propio y asumiendo personalmente las obligaciones que emanan del contrato, pero haciéndolo por cuenta de un tercero (asegurado o beneficiario), que es el titular del interés asegurado y el destinatario o beneficiario de la prestación del asegurador.
- Visto lo anterior, que la tomadora del seguro no fuera la propietaria del vehículo no excluye ni su legitimación activa para reclamar, en cuanto que parte en el contrato de seguro, ni la cobertura del siniestro, puesto que lo relevante es que el vehículo accidentado estaba asegurado de daños propios con un seguro en vigor.

8. *Si voy como ocupante en un vehículo y finalmente el conductor sufre un accidente como consecuencia del consumo de alcohol o drogas, si se llega a demostrar que yo subí al vehículo sabiendo de ese consumo ¿Me pueden reducir la indemnización a la que tendría derecho como ocupante lesionado?*

La respuesta no puede ser unánime, ya que hay criterios jurisprudenciales variados, esencialmente divididos en dos grandes bloques de pensamiento. Hay sentencias que sí apuestan por reducir la indemnización al ocupante que, sabiendo del estado etílico (o influencia por otras sustancias), decide subirse al vehículo voluntariamente y otro grupo de sentencias que opinan lo contrario.[258]

---

257 Ver STS Sala 1.ª 13/2022, de 12 de enero,

258 Sentencias en contra de reducir la indemnización al ocupante: AP Cantabria, Sec. 2.ª, 181/2010, de 9 de marzo. Recurso 28/2009); (AP Sevilla, sec. 8.ª, S 30-12-2015, n.º 451/2015, rec. 10539/2015). Sentencias a favor: Sentencia de la AP de Sevilla, Sección 4.ª, de 21 de mayo de 2004

La cuestión radica en demostrar que el ocupante sí sabía que el conductor estaba afectado por el alcohol, cosa que, salvo expreso reconocimiento ante los servicios de asistencia sanitaria, bomberos o en sede policial, por ejemplo, se torna muy difícil de demostrar. En todo caso y por sentido común, conviene no subirse en un vehículo a motor si hay mínimo sospecha de tal afectación en el conductor, no sólo por sentido común, sino ante la posibilidad de sufrir un accidente y que nuestra indemnización pueda quedar mermada.

Como complemento de lo anterior, hay que resaltar que, esta reducción indemnizatoria podrá, además, concurrir con el hecho de que el/los ocupantes, además de ese conocimiento previo de la ingesta de alcohol por el conductor, no lleven puestos el cinturón o el casco. En estos casos, la reducción indemnizatoria, será todavía mayor.

9. *Si mi vehículo estacionado en mi plaza de garaje, combustiona y arde, extendiendo el incendio al resto de vehículos del garaje ¿Tendrá que hacerse cargo el seguro de mi vehículo o cabe que lo haga el seguro de la Comunidad de Propietarios?*

La combustión de un vehículo estacionado, parado y con el motor apagado, aunque transcurran más de veinticuatro horas desde que se dejó de usar, se considera un hecho de la circulación y por ello, todos los daños que se generen en terceros perjudicados, habrán de ser asumidos por la aseguradora de mi vehículo.[259]

Así lo entendió, por ejemplo, la sentencia del TJUE de 20 de junio de 2019, —TOL7.301.29— avalado después por nuestro Tribunal Supremo (TOL7.646.408)[260] .

Recurso 5947/2003. Ponente: D. JOSE MANUEL DE PAUL VELASCO; Sentencia de la AP de Salamanca, Sección 1.ª, de 16 de septiembre de 2008. Recurso 60/2008. Ponente: ILDEFONSO GARCIA DEL POZO; AP de Sevilla, Sección 7.ª, de 25 de junio de 2009, Recurso 6673/2007. Ponente: FRANCISCO JAVIER GONZALEZ FERNANDEZ.

259 FALTA TEXTO NOTA FALTA TEXTO NOTA

260 Ver STS Sala Civil, Pleno, 17 dic. 2019, núm. 674/2019.

Dijo el TJUE:

> *"El artículo 3, párrafo primero, de la Directiva 2009/103 debe interpretarse en el sentido de que está comprendida en el concepto de "circulación de vehículos" que figura en esta disposición una situación, como la del litigio principal, en la que un vehículo estacionado en un garaje privado de un inmueble y utilizado conforme a su función de medio de transporte comenzó a arder, provocando un incendio que se originó en el circuito eléctrico del vehículo y causando daños en el inmueble, aun cuando el vehículo llevara más de 24 horas parado en el momento en que se produjo el incendio".*

10. Si resbalo en el garaje de mi comunidad de propietarios debido a una mancha de aceite, caigo y resulto con lesiones ¿Puedo demandar al seguro de mi comunidad o al seguro del vehículo de donde proceda la mancha?

Para ser prácticos, y dado que ya hay precedentes al respecto, lo adecuado y lo más garantista, sería demandar a la aseguradora del vehículo de donde procede la mancha de aceite, si es que este dato es demostrable de manera inequívoca, claro está. Sirva como precedente el Auto del TJUE de 11 de diciembre de 2019 (caso C-431/18, Bueno Ruiz y Zúrich Insurance / Conte) que abordó la responsabilidad civil derivada de un accidente de tráfico causado por un vehículo estacionado en un garaje.

11. ¿Qué es lo que tengo que saber en caso de que conduciendo mi vehículo impacte con una especie animal cinegética?

Lo primero que hay que sabe es que, en el año 2014, tuvo lugar una reforma legislativa que altera significativamente el régimen de responsabilidad en aquellos casos donde como consecuencia de la circulación de un vehículo a motor, en un tramo de vía determinado, una especie animal, susceptible de encuadrarse dentro del concepto de "caza ", irrumpe en la misma y debido al impacto entre éste y el vehículo, se produce un accidente, en muchas ocasiones, de gravísimas consecuencias.

Hasta ese año, el régimen de responsabilidad que primaba reprochaba, en primer lugar, a los titulares de los cotos de caza toda suerte de responsabilidad en caso de irrupción de especies cinegéticas en la carretera.

Dicho lo anterior, la reforma de la Ley de Seguridad Vial de 1990, operada por la Ley 6/2014, de 7 de abril, estableció que la regla general sea la de imputar la responsabilidad al conductor en los atropellos de especies cinegéticas en las vías públicas, siendo la excepción la de responsabilizar al titular del coto de caza solo cuando el siniestro se deba a una acción de caza mayor.

Visto lo anterior, hay que hacer obligada mención a una **sentencia del Tribunal Constitucional, dictada por la Sala 1.º, Sección: 1, 11/02/2016, N.º de Recurso: 67/2014 N.º de Resolución: 50/2016— TOL6.887.748—** que falló al resolver una cuestión de inconstitucionalidad planteada por un Juzgado de lo Contencioso-Administrativo de Logroño, que no es contrario a la Constitución derivar este tipo de responsabilidad a los conductores, eso sí, siempre que se interprete en el sentido de que, no existiendo acción de caza mayor, pueda determinarse la posible responsabilidad patrimonial de la Administración acudiendo a cualquier título de imputación legalmente idóneo para fundar la misma, sin declarar automáticamente la responsabilidad del conductor.

¿Pero qué es lo que dice actualmente la discutida norma sobre este régimen de responsabilidad?

Tenemos que ir a la Disposición Adicional Séptima del RD 6/2015, de 30 de octubre, cuya redacción establece que:

> *En accidentes de tráfico ocasionados por atropello de especies cinegéticas en las vías públicas será responsable de los daños a personas o bienes el conductor del vehículo, sin que pueda reclamarse por el valor de los animales que irrumpan en aquéllas.*
>
> *No obstante, será responsable de los daños a personas o bienes el titular del aprovechamiento cinegético o, en su defecto, el propietario del terreno cuando el accidente de tráfico sea consecuencia directa de una acción de caza colectiva de una especie de caza mayor llevada a cabo el mismo día o que haya concluido doce horas antes de aquél.*

> *También podrá ser responsable el titular de la vía pública en la que se produzca el accidente como consecuencia de no haber reparado la valla de cerramiento en plazo, en su caso, o por no disponer de la señalización específica de animales sueltos en tramos con alta accidentalidad por colisión de vehículos con los mismos.*

Por tanto, vemos que le ley establece un régimen triple de responsabilidad, en cascada y con carácter subsidiario entre sí donde, evidentemente, el conductor se ve ahora en primer plano dentro del régimen de responsabilidad, cosa más que discutible, con el debido respeto.

12. En caso de que mi vehículo colisione, por ejemplo, en una intersección, y no haya acuerdo entre los conductores sobre quién asume la responsabilidad ¿Cómo se gestiona de cara a la asunción del coste de los daños materiales producidos en cada vehículo?

Hablamos, por ejemplo, del caso no infrecuente en el que, dos vehículos a motor impactan en una intersección y ambos aducen que el semáforo estaba en verde para cada uno de ellos. No hay más prueba que sus meras declaraciones, no hay testigos presenciales, ni otras pruebas incontrovertidas, tales como grabaciones de cámara que pudieran despejar la duda. En estos casos, hemos de saber que cada aseguradora habrá de asumir el 50% de los daños del otro. Así lo **establece la Sentencia del Pleno 294/2019, de 27 de mayo. Recurso 2999/2016.**[261] **—TOL7.249.954—.**

---

[261] FJ 6.º: Cuando, como en el presente caso, ninguno de los conductores logre probar su falta de culpa o negligencia en la causación del daño al otro vehículo cabrían en principio tres posibles soluciones: (i) que cada conductor indemnice íntegramente los daños del otro vehículo; (ii) que las culpas se neutralicen y entonces ninguno deba indemnizar los daños del
otro vehículo; y (iii) que cada uno asuma la indemnización de los daños del otro vehículo en un 50%.
5. Pues bien, esta sala considera que la tercera solución es la más coherente con la efectividad de la cobertura de los daños en los bienes

13. Y en el caso de lesiones, respecto del mismo supuesto anterior ¿Qué solución se le da a esta problemática?

Pues que cada una de las aseguradoras asume el 100 % de las lesiones causadas a los ocupantes del vehículo contrario. Así lo establece la sentencia del **Tribunal Supremo (Civil Pleno), S 10-09-2012, n.º 536/2012, rec. 1740/2009.**[262] **—TOL2.694.011—.**

14. ¿Tengo derecho a recibir alguna indemnización de mi aseguradora si soy el conductor responsable de un accidente donde fallecen mis familiares ocupantes?

Hay que decir que, en estos casos, trágicos y profundamente tristes, habida cuenta que del error o impericia del conductor

---

por el seguro obligatorio de vehículos de motor, pues cualquiera de las otras dos o bien podría privar por completo de indemnización, injustificadamente, al propietario del vehículo cuyo conductor no hubiera sido causante de la colisión pero no hubiese logrado probar su falta de culpa, o bien podría dar lugar a que se indemnice por completo al propietario del vehículo cuyo conductor hubiera sido el causante de la colisión pero sin que exista prueba al respecto.

262 FJ 4.º: Entendemos, en suma, que el criterio más acorde con el principio de responsabilidad objetiva del agente por el riesgo creado y con la presunción de causalidad respecto de los daños característicos correspondientes a la actividad de riesgo (por falta de prueba al respecto de la concurrencia de una causa legal de exoneración o disminución), debe conducir a la conclusión de que cada conductor, y por tanto, cada vehículo, es responsable del 100% de los daños causados a los ocupantes del otro vehículo interviniente en la colisión.
En consecuencia, encontrándonos ahora en este último caso de incertidumbre causal, en que no se ha podido acreditar el concreto porcentaje en que ha contribuido el riesgo de cada vehículo al resultado producido, procede declarar a cada uno de sus conductores plenamente responsable de los daños sufridos por los ocupantes del otro vehículo implicado en la colisión, de tal manera que corresponde al demandado abonar el 100% de los daños personales reclamados por el recurrente que resulten acreditados.

o de otras múltiples circunstancias totalmente ajenas a su voluntad, puede desembocar en el más fatal de los desenlaces posibles, al drama que todo accidente comporta se le añade, por evidente añadidura, otro condicionante que, aunque más en el plano materialista, que no afectivo, no deja de tener lógica trascendencia.

El conductor responsable de un accidente en el que fallezca algún ser querido, no tendrá derecho, con cargo al seguro obligatorio de circulación, derecho a recibir cuantía alguna como daño moral por la muerte de ese ser querido. La explicación es que el seguro obligatorio de circulación es un seguro de responsabilidad civil y no de accidentes, siendo de naturaleza muy distinta entre sí. De obligada lectura la **sentencia de la Sala 1.ª del Tribunal Supremo, de 2 de abril de 2024, núm. 444/2024, Rec. 5645/2024 —TOL9.965.960—** cuando dice:

"La exclusión del conductor del ámbito de la cobertura obligatoria, por la muerte de sus familiares se impone dada la propia naturaleza del seguro litigioso, que no es de accidentes de manera tal que comprenda los daños propios sufridos por el asegurado por el siniestro automovilístico (art. 100 LCS), sino de responsabilidad civil, que cubre los daños causados por el conductor asegurado a terceros (art. 73 LCS) y no, por consiguiente, los que experimenta el mismo a consecuencia de su propia conducta generadora del daño; pues, en tales casos, falta el requisito de la alteridad inherente a esta tipología de seguros y no se produce la transferencia del daño del patrimonio del conductor responsable a su compañía de seguros para indemnizar al tercero perjudicado".

Ello puede explicarse, también, en términos de derecho sustantivo y de régimen general de obligaciones, al amparo del artículo 1192 del Código Civil, cuando dice que: "Quedará extinguida la obligación desde que se reúnan en una misma persona los conceptos de acreedor y deudor". Es decir, que el conductor responsable, reúne en su propia persona la doble condición de acreedor (al tener hipotéticamente derecho a ser indemnizado) y de deudor (al ser responsable del accidente), por lo que se produce la confusión[263] de derechos en su persona.

15. Si voy conduciendo mi vehículo y he consumido alcohol o drogas y tengo un accidente y causa daños y/o lesiones a terceros, ¿Qué he de saber de cara a la actuación de mi aseguradora?

Lo primero que hay que saber es si hay atestado policial donde conste, objetivamente, que se me sometió a la prueba de detección o drogas. Si efectivamente, el resultado es positivo (y si supera los 0,60 mg/l de tasa en aire espirado, casi seguro), mi seguro tendrá que abonar la indemnización que proceda a los terceros perjudicados y posteriormente, podrá (no es imperativo) reclamarme la cantidad a la que ascendiera la indemnización abonada.

¿A quién podrá reclamarle esa cantidad?

- Al conductor, el propietario del vehículo causante y el asegurado, si el daño causado fuera debido a la conducta dolosa de cualquiera de ellos o a la conducción bajo la influencia de bebidas alcohólicas o de drogas tóxicas, estupefacientes o sustancias psicotrópicas.
- Al tercero responsable de los daños.
- Al tomador del seguro o asegurado, por las causas previstas en la Ley 50/1980, de 8 de octubre, de Contrato de Seguro, y, conforme a lo previsto en el contrato, en el caso de conducción del vehículo por quien carezca del permiso de conducir.

Sentencia recomendada la dictada por **el Tribunal Supremo, Sala civil, núm. 721/2014, Rec. 2592/2012 —TOL4.587.149—.**

¿Qué plazo de tiempo dispone mi aseguradora para reclamarme esa cantidad?

---

263 Adagio latino: nemo potest apud eundem pro ipso obligatus esse».

Hay tesis que defienden que el plazo es de un año, desde que se abonó la indemnización a los terceros perjudicados y otras defienden que, hasta que no concluya el proceso penal previa contra una de esas personas antes indicadas, no empezará el plazo a contar. En todo caso, es muy importante saber que, para que mi aseguradora pueda reclamar esas cantidades, es imperativo que el conductor haya sido condenado, por sentencia firme, como autor de un delito contra la seguridad vial (en su modalidad de conducción alcohólica).[264]

Por tanto, para que exista el citado derecho de repetición, además del pago al perjudicado, pago en sentido estricto, se requiere que, previamente, haya habido una declaración de la existencia del presupuesto del mismo, es decir, que se declare que el conductor circulaba bajo la influencia de bebidas alcohólicas, que un tercero haya sido declarado responsable de los daños, o que, por ejemplo, se haya decretado la nulidad o inexistencia de un contrato de seguro.

---

264 La cuestión relativa al día inicial del cómputo del plazo de prescripción de la acción ejercitada cuando, efectuado el pago, existe proceso penal pendiente en relación con la alcoholemia ha sido resuelta de diferente forma por las sentencias de las Audiencias Provinciales. Para unas, el dies a quo comienza desde el momento del pago por disposición expresa del citado art. 10.
Para otras, en caso de seguirse actuaciones penales, debe tenerse en cuenta la fecha de notificación de la sentencia en la que efectivamente se ha determinado que la conducta observada por el asegurado daba derecho a la aseguradora al ejercicio de la acción de repetición.
Los argumentos en un sentido y en otro pueden encontrarse recogidos, entre otras, en la SAP de Madrid, Sección 14.ª, de 28 de julio de 2009 y la SAP de Zamora, Sección 1.ª, de 1 de junio de 2007. Para la adecuada respuesta se debe tener en cuenta dos consideraciones.
Que la prescripción en cuestión no puede desligarse de las normas generales que sobre prescripción contiene nuestro Código Civil.
b) Consecuencia de lo anterior es que quienes afirman la claridad del tenor literal del art. 10 sobre el inicio del cómputo se quedan en la superficie del problema, y ello sería la siguiente consideración.

16. Esa posibilidad de que mi seguro excluya el siniestro por alcoholemia, ¿Ha de constar en mi póliza de manera expresa? En caso negativo, ¿Qué sucede?

Así es. El artículo 3 de la Ley de Contrato de Seguro, dispone, entre otras cosas, que «se destacarán de modo especial las cláusulas limitativas de los derechos de los asegurados, que deberán ser específicamente aceptadas por escrito». Se trata de una previsión legal que requiere una aceptación especial de dichas cláusulas por el tomador del seguro y no sólo mediante la exigencia de que dichas cláusulas se destaquen de modo especial (mediante otro tipo de letra, mayor tamaño de la misma, subrayado o procedimiento equivalente), dando así garantía de que el tomador del seguro ha tenido la posibilidad de conocer la limitación sin empleo de una especial atención y diligencia en el examen del contenido de la póliza.

Por tanto, de no darse esta condición, la aseguradora no podrá reclamarnos la cantidad abonada a terceros perjudicados por razón de la alcoholemia.

Interesante sentencia de la Sala 1.ª del Tribunal Supremo, núm. 375/2016; Rec. 858/2014, de 3 de junio de 2016 —TOL5.745.633—.

II. CASUÍSTICA RELACIONADA CON OTRO TIPO DE CONTRATOS DE SEGURO

1. ¿Es obligatorio que las Comunidades de Propietarios tengan suscrita una póliza de seguro

Hay que decir que, la regla general es que no. La Ley de Propiedad Horizontal, no contempla tal mandato, ahora bien, en algunas Comunidades Autónomas, como en Madrid[265] o Valencia[266], es preceptivo.

---

265 Ley 2/1999, de 17 de marzo, de Medidas para la Calidad de la Edificación. BOCM» núm. 74, de 29/03/1999, «BOE» núm. 128, de 29/05/1999. Artículo 24. Seguros.

2. *Si me caigo dentro del recinto de mi Comunidad de propietarios ¿Podré demandar a la aseguradora de ésta?*

Esta pregunta y su consiguiente respuesta, es predicable no sólo en los casos, nada infrecuentes, de caídas en el interior de las instalaciones de una Comunidad de vecinos, sino que, por regla general y teniendo en cuenta, eso sí, las lógicas salvedades de cada caso concreto, sino para el resto de las actividades humanas donde se causan lesiones a una persona como consecuencia de una caída.

Al margen de los profesionales del Derecho, ya habituados a este tipo de siniestros y de los requisitos que normalmente exige la jurisprudencia para que alguien sea indemnizado (por quien proceda) en caso de un caída, suele ser frecuente pensar que, siempre que alguien tropieza y cae, sea donde sea, allá donde nos encontremos, ya sea en un espacio público o privado, si ese negocio, empresa, local, etc. cuenta con un seguro (o se piensa que

---

Todo edificio deberá estar asegurado por los riesgos de incendio y daños a terceros.

266 Ley 8/2004, de 20 de octubre, de la Vivienda de la Comunidad Valenciana. Artículo 30. Aseguramiento de los edificios de vivienda.
1. Es obligatorio que los edificios de viviendas estén asegurados contra el riesgo de incendios y por daños a terceros. La comunidad de propietarios deberá suscribir estos seguros para los elementos comunes de todo el inmueble.
En el caso de edificios calificados de promoción pública y en el de edificios en los que existan viviendas integrantes del patrimonio público de vivienda de la Generalitat, en los que la misma ostente en propiedad un porcentaje igual o superior al 50 % de los inmuebles que constituyan la comunidad de propietarios, los citados seguros tendrán carácter potestativo.
2. Las comunidades de propietarios que hayan constituido el fondo de reserva para atender las obras de conservación y reparación del edificio de viviendas, o que con cargo al mismo hayan suscrito un contrato de seguro que cubra los daños causados en el edificio por riesgos extraordinarios, o un contrato de mantenimiento previamente del inmueble y sus instalaciones generales, gozarán de preferencia para la obtención de ayudas públicas a la rehabilitación, conservación y mantenimiento de los mismos.

habrá de contar con él), de manera automatizada, procederá a indemnizar al lesionado. Esto es totalmente incierto. El mero hecho de caernos en un sitio, máxime si es una empresa o negocio abierta al público, no da derecho a obtener del seguro correspondiente una indemnización.

Por ello, conviene saber que, la jurisprudencia viene matizando desde hace décadas los requisitos que han de concurrir para que tal cosa suceda. A saber:

- Una acción u omisión negligente o culposa imputable a la persona o entidad a quien se reclama la indemnización, ejecutada por ella o por quien se deba responder.
- La producción de un daño de índole material o moral que en todo caso ha de estar debidamente acreditado en su realidad y existencia, aun cuando la determinación exacta de su cuantía pueda dejarse para el período de ejecución.[267]
- La adecuada relación de causalidad entre la acción u omisión culposa y el daño o perjuicio reclamado.

Así, por ejemplo, entre otras tantas, se ofrece a continuación un somero listado de sentencias que, de una parte, admiten la responsabilidad de quien proceda, en cada caso (cafeterías, comunidades de vecinos, gimnasios, etc.) y en otras, se desestiman las reclamaciones. Veamos:

---

[267] Así la STS de 29 de septiembre de 1986 señaló que para el resarcimiento de daños es necesaria la prueba de ellos de forma categórica, sin que sean suficientes meras hipótesis o probabilidades, pues los perjuicios reales y efectivos han de ser acreditados con precisión, de modo que sólo debe ser resarcido el perjuicio con el equivalente del mismo, para lo que es imprescindible concretar su entidad real, de tal forma que, como señaló también la STS de 17 de septiembre de 1987, para que pueda prosperar la acción en reclamación de daños y perjuicios es necesaria la prueba de ellos, sin perjuicio de que pueda dejarse para ejecución de sentencia la determinación del "quantum".

A favor de declarar la responsabilidad por la caída:

Las SSTS de 31 de octubre de 2006 —TOL1.006.915—; de 29 de noviembre de 2006-TOL1.022.981; de 22 de febrero de 2007 —TOL1.042.364— y 17 de diciembre de 2007 —TOL1.229.936—, en relación con caídas en edificios en régimen de propiedad horizontal o acaecidas en establecimientos comerciales, de hostelería o de ocio.

En contra de declarar la responsabilidad por la caída:[268]

Sentencias que no puede apreciarse responsabilidad en los casos en los cuales la caída se debe a la distracción del perjudicado o se explica en el marco de los riesgos generales de la vida por tratarse de un obstáculo que se encuentra dentro de la normalidad o tiene carácter previsible para la víctima. Así, SSTS 28 de abril de 1997 —TOL5.119.403—; 30 de marzo de 2006 —TOL871.850— (caída en restaurante de un cliente que cayó al suelo cuando se dirigía a los aseos por escalón que debía ser conocido por la víctima).[269]

---

268 En el mismo sentido: Las SSTS 21 de noviembre de 1997 EDJ 1997/9838 (caída por carencia de pasamanos en una escalera); 2 de octubre de 1997 EDJ 1997/7662 (caída en una discoteca sin personal de seguridad); 12 de febrero de 2002 (caída durante un banquete de bodas por la insuficiente protección de un desnivel considerable); 31 de marzo de 2003 EDJ 2003/6523 y 20 de junio de 2003 EDJ 2003/35094 (caída en una zona recién fregada de una cafetería que no se había delimitado debidamente); 26 de mayo de 2004 EDJ 2004/51802 (caída en unos aseos que no habían sido limpiados de un vómito en el suelo); 10 de diciembre de 2004 EDJ 2004/197314 (caída en las escaleras de un gimnasio que no se encontraba en condiciones adecuadas); 25 de marzo de 2010 EDJ 2010/21700 (caída de una señora de 65 años, afectada de graves padecimientos óseos y articulares, al entrar en un restaurante y no advertir un escalón en zona de penumbra y sin señalización)

269 En el mismo sentido:
6 de junio de 2002; 13 de marzo de 2002; 26 de julio de 2001; 17 de mayo de 2001; 7 de mayo de 2001; 6 de febrero de 2003; 16 de febrero de 2003; 12 de febrero de 2003;10 de diciembre de 2002 (caídas en la escalera de un centro comercial, en las escaleras de un hotel, en el

Por último y para aportar un toque más "glamuroso" a la cuestión mundana del tropiezo y sus posibles consecuencias resarcitorias, quiero destacar una sentencia del Tribunal Supremo, que tiene como antecedentes e implicados, la actriz española Loles León y Jeremy Irons, conocido actor de Hollywood. En octubre de 1999, se encontraban ambos en un conocido hotel madrileño cuando al entrar en la suite del actor, la luz estaba apagada y la actriz española al entrar, a pesar de no ver nada, sufrió una caída importante que le produjo una serie de lesiones y de ingreso hospitalario. La actriz demandó al hotel en una cifra cercana a los 600.000 €. La demanda se desestimó en primera instancia, fue admitida parcialmente en segunda y el Tribunal Supremo, incrementó mínimamente la cifra de 41.000 € concedida por la Audiencia Provincial.

Como vemos, la cantidad reconocida a la actriz es muy inferior a la reclamada. ¿motivo? Porque se entendió ya por la Audiencia Provincial que la negligencia de la actriz al entrar en la habitación, a sabiendas de que no veía nada, supuso considerar que, con su propia responsabilidad, su indemnización quedó muy mermada.

Dice el Tribunal Supremo en la citada sentencia[270] —TOL1.768.856—.

---

terreno anejo a una obra y en una discoteca, respectivamente); 17 de junio de 2003 (daño en la mano por la puerta giratoria de un hotel que no podía calificarse de elemento agravatorio del riesgo); 2 de marzo de 2006 (caída de una persona que tropezó con una manguera de los servicios municipales de limpieza que no suponía un riesgo extraordinario y era manejada por operarios con prendas identificables), 31 de octubre de 2006 (caída en exposición de muebles por tropiezo con escalón de separación de nivel perfectamente visible) y 29 de noviembre de 2006 (caída en un bar); 22 de febrero de 2007 (caída en un mercado por hallarse el suelo mojado por agua de lluvia) y de 30 de mayo de 2007 (caída a la salida de un supermercado); 11 de diciembre de 2009 (caída de un ciclista en el desarrollo de una carrera por causa de la gravilla existente en la bajada de un puerto).

270 Tribunal Supremo (Civil), sec. 1.ª, S 05-01-2010, n.º 842/2009, rec. 1609/2005

> *"Ahora bien, también debemos valorar la conducta desarrollada por la actora-lesionada, y, al respecto merece destacarse la conducta imprudente de la misma al introducirse en la habitación del hotel que se encontraba totalmente a oscuras, cuya dimensión, características y distribución desconocía, palpando las paredes tratando de encontrar algún interruptor de la luz, comportamiento muy alejado de lo que aconseja la prudencia y lógica ante tal situación, pues lo razonable hubiera sido actuar como hizo el huésped de la habitación, esto es, ir a recepción a pedir ayuda para restablecer la luz en su habitación, por lo cual entendemos se aprecia una relevante contribución de la lesionada al acaecimiento lesivo, produciendo tal actuación negligente una interferencia notable en el nexo causal, si bien no llega a ocasionar su ruptura, y nos lleva a concretar porcentualmente el aporte causal de la actora en un 75% y el correspondiente a la propietaria del establecimiento hotelero en un 25%, lo que habrá de tener reflejo, lógicamente, en la reducción proporcional de la indemnización a percibir por aquella."*

3. *Si quiero hacerme un tatuaje en un centro especializado ¿Qué cosas he de conocer sobre posibles daños que puedan causarme?*

En primer lugar, debe diferenciarse entre aquellos centros calificados "de belleza", de los lugares donde específicamente se realizan tatuajes. A diferencia de estos últimos, los primeros sí tienen una regulación específica[271] a nivel nacional, sin perjuicio de lo que cada Comunidad Autónoma pueda regular en este ámbito concreto.[272]

---

271 El Real Decreto 256/2011, de 8 de febrero, por el que se establece el título de Técnico en Estética y Belleza y se fijan sus enseñanzas mínimas. Su art. 4 atribuye a este profesional "... la competencia para aplicar técnicas de embellecimiento personal y comercializar servicios de estética, cosméticos perfumes, cumpliendo los procedimientos de calidad y los requerimientos de prevención de riesgos laborales y protección ambiental establecidos en la normativa vigente".

272 Véase, por ejemplo, en el caso de Madrid, el Decreto 35/2005, de 10 de marzo, del Consejo de Gobierno, por el que se regulan las prácticas de tatuaje, Micropigmentación, perforación cutánea (piercing) u otras similares de adorno corporal.

¿Se aplica a estos centros el famoso consentimiento informado?

Debería ser así y no es una cuestión intrascendente.

El consentimiento informado se encuentra regulado en la Ley 41/2002, de 14 de noviembre, básica reguladora de la autonomía del paciente y de derechos y obligaciones en materia de información y documentación clínica (LBAP).

El artículo 2.2 de la LBAP dispone que: *"Toda actuación en el ámbito de la sanidad requiere, con carácter con carácter general, el previo consentimiento de los pacientes o usuarios"*.

Resulta fundamental que en estos centros se brinde, con carácter previo, información completa y suficiente acerca de las prácticas y servicios que se van a realizar. Esta información debe incluir las particularidades de cada procedimiento, los posibles riesgos o complicaciones médicas, los efectos secundarios, las situaciones personales que puedan excluir a determinados individuos de someterse a dichas prácticas, así como los cuidados posteriores necesarios hasta lograr la completa cicatrización. También debe explicarse si cada intervención es reversible o irreversible.

Dicha información ha de proporcionarse de forma clara, comprensible y por escrito, quedando recogida en el documento denominado "hoja de consentimiento informado", el cual deberá ser firmado tanto por el profesional como por el usuario.

Este documento reviste una importancia esencial en caso de que surja algún inconveniente derivado de las prácticas realizadas, ya que constituye la base para una eventual reclamación por presunta negligencia profesional.

Por tanto, la ausencia de un consentimiento informado puede originar responsabilidad civil si se produce un daño al paciente. No obstante, si las complicaciones que se presentan fueron previamente explicadas, conocidas y aceptadas por el usuario, no existirá responsabilidad civil por parte del profesional, salvo que haya existido culpa o negligencia en su actuación.

En cualquier caso, es importante tener en cuenta que cada situación presenta sus propias particularidades. Por ello, lo más recomendable es acudir a un especialista en la materia, quien podrá analizar las circunstancias concretas, valorar la magnitud del daño y determinar si es viable presentar una reclamación frente al centro correspondiente.

El problema es que no existe una norma que obligue a este tipo de centros a recabar el consentimiento informado del usuario,[273] (en algunas CC.AA sí se exige), aunque, a nivel jurisprudencial, no son pocas las sentencias que analizan las consecuencias de no recabar ese consentimiento o de hacerlo de manera "pobre" o insuficiente. Por ejemplo, una interesante **sentencia de la Audiencia Provincial de Ciudad Real, sec. 1.ª, S 31-03-2011, n.º 98/2011, rec. 1227/2010—TOL2.182.900—** se analiza el caso de una persona que sufrió quemaduras al recibir un tratamiento de fotodepilación y por lo que al consentimiento informado se refiere, hace una argumentación digna de destacar:

FJ 3.º:

"Es cierto que la actora fue advertida de las características del tratamiento y de sus posibles efectos o consecuencias adversas, tal y como consta en el consentimiento informado firmado por ella, pero, con independencia de que en este documento se contempla la posibilidad de que se produzcan eritema temporal que no quemaduras de primer grado, como bien aprecia la sentencia recurrida, conviene recordar que el consentimiento informado presenta grados distintos de exigencia según se trate de actos médicos realizados con carácter curativo o se trate de actos de carácter perfectivo o satisfactivo, como es el de autos.

4. Si sufro una intoxicación alimentaria ¿Cómo de fácil o difícil será acreditarlo para que el seguro del establecimiento me indemnice?

Esta no es una cuestión ni baladí, ni infrecuente en la vida diaria. Las intoxicaciones alimentarias están a la orden del día y

---

273 Aunque para centros de tatuaje, algunas CC.AA sí lo regulan, véase Decreto 35/2005, de 10 de marzo, de la Comunidad de Madrid.

pueden implicar muy distintas situaciones, atendiendo al lugar donde se consume, lo que se ingiere, la época del año, la bacteria que nos afecta, etc...

Lo más complicado, en estos casos, es acreditar en sede judicial que el origen de la intoxicación está perfectamente delimitado, en cuanto a tipo de comida ingerida, lugar donde se sirvió la comida y estado en el que se encontraba.

La determinación del nexo causal entre la conducta del agente y el daño producido constituye un elemento esencial para la imputación de responsabilidad[274]

La Sentencia de la Audiencia Provincial de Baleares de 28 de mayo de 2012 n.º 240/2012, rec. 325/2012 —TOL2.619.104— desestimó una demanda de este tipo al considerar que no existía prueba objetiva sobre el origen de la enfermedad ni evidencia de que otros comensales hubieran resultado afectados.[275]

No obstante, la jurisprudencia también ha admitido la utilización de la prueba indiciaria para demostrar la relación causal en supuestos donde la obtención de pruebas directas resulta imposible. Ejemplo de ello es **la Sentencia de la Audiencia Provincial de Ciudad Real de 21 de abril de 2015, n.º 104/2015, rec. 304/2014 —TOL5.004.796—** en la que se condenó al propietario de un restaurante por la intoxicación alimentaria que provocó el fallecimiento de una clienta. En ese caso, la ausencia de análisis pericial directo de los alimentos fue suplida mediante una valoración lógica de los indicios: la cercanía temporal entre la comida y la apa-

---

274 Así lo ha recordado el Tribunal Supremo en su Sentencia de 19 de febrero de 2009 (n.º 120/2009, rec. 1900/2002), en la que señala que dicha conexión debe basarse en una certeza probatoria, sin que baste con meras presunciones o con la aplicación automática de la teoría del riesgo o de la inversión de la carga de la prueba.

275 En la misma línea, la SAP Baleares de 12 de diciembre de 2017 (n.º 390/2017, rec. 353/2017) reiteró que no puede estimarse acreditado el nexo causal cuando los indicios se basan en simples conjeturas o probabilidades.

rición de los síntomas, así como los informes de la Consejería de Salud que confirmaban la existencia de otros afectados vinculados al mismo establecimiento. La conjunción de estos elementos permitió apreciar la existencia del nexo causal y la consiguiente responsabilidad.

Por otra parte, la carga de la prueba en este tipo de reclamaciones no recae exclusivamente sobre el consumidor. Los artículos 147 y 148 del Texto Refundido de la Ley General para la Defensa de los Consumidores y Usuarios (TRLGDCU) prevén una cierta inversión probatoria, coherente con lo dispuesto en el artículo 217 de la LEC y con la teoría del riesgo empresarial, desarrollada por la ya clásica Sentencia del Tribunal Supremo de 10 de julio de 1943. En virtud de ello, corresponde al demandado acreditar que actuó con la diligencia debida en la conservación y manipulación de los alimentos, si bien el consumidor debe probar la existencia del daño y la relación causal con la actuación del establecimiento.

Por ello, para que prospere una acción de reclamación por daños derivados de intoxicaciones alimentarias, es imprescindible que concurran los elementos clásicos de la responsabilidad civil: una conducta culposa o negligente (acción u omisión), un daño efectivo y económicamente valorable, y una relación causal entre ambos. Al tratarse de un supuesto de responsabilidad subjetiva, el titular del restaurante solo responderá si se acredita que él o su personal actuaron con negligencia.

En definitiva, aunque el marco legal y jurisprudencial ofrece diversas vías[276] de reclamación, la clave para la prosperabilidad de

---

[276] En cuanto a la naturaleza jurídica de estas acciones, las Audiencias Provinciales han adoptado diferentes enfoques. Así, la Sentencia de la Audiencia Provincial de Asturias de 14 de octubre de 2004 (n.º 453/2004, rec. 818/2003), relativa a una intoxicación alimentaria en un banquete de bodas, acogió la teoría de la yuxtaposición de acciones, permitiendo ejercitar tanto la acción contractual como la extracontractual de manera alternativa o subsidiaria. En el mismo sentido se pronunció la Audiencia Provincial de Valencia en su resolución de 13 de abril de

la acción radica en la acreditación del daño y del vínculo causal con la conducta del establecimiento. Cuando estos elementos se demuestran, ya sea por prueba directa o por indicios razonables, la responsabilidad civil del restaurador resulta plenamente exigible.

Para concluir este concreto apartado de las intoxicaciones alimentarias, quiero hacer mención a una sentencia que, si bien tiene ya cierta edad, es atemporal por cuanto comporta al boquerón, como alimento de difícil disociación con la gastronomía española y con su perenne presencia en todo tipo de bares y restaurantes. Como todos sabemos, hay un tipo de pescado que suele tener una indeseable convivencia, por lo que a los efectos que los humanos acarrean con los famosos anisakis[277] traigo aquí a colación una interesante sentencia al respecto.[278] —TOL1.175.610— cuyos hechos, de manera resumida, son:

Dña. Victoria interpuso una demanda de responsabilidad civil extracontractual (art. 1902 CC y arts. 25, 26 y 28 LGDCU) contra la Marisquería Hermanos Blázquez S.L., reclamando 4.189,80 euros por los daños sufridos tras ingerir el 1 de agosto de 2005 unos boquerones en vinagre que le provocaron un angioedema por anisakiasis alérgica, requiriendo hospitalización y tratamiento prolongado.

La demandada negó los hechos, alegando que ningún otro cliente se vio afectado, que no se probó la ingesta en su establecimiento ni la existencia de anisakis en los boquerones, y que la

---

2005 (n.º 230/2005, rec. 68/2005). Asimismo, la Audiencia Provincial de Las Palmas, en Sentencia de 16 de diciembre de 2003 (n.º 986/2003, rec. 297/2003), reconoció la aplicación conjunta del artículo 1101 del Código Civil y de los preceptos del TRLGDCU relativos a la responsabilidad por productos y servicios defectuosos.

277 RAE: Gusano nematodo parásito cuyas larvas se encuentran ocasionalmente en algunos peces, mamíferos marinos y cefalópodos.

278 AP Madrid, sec. 14.ª, S 24-09-2007, n.º 532/2007, rec. 245/2007 PTE.: Camazón Linacero, Amparo

contaminación del pescado ocurre en alta mar, por lo que no le correspondía controlarla.

El Juzgado de Primera Instancia consideró probado que la actora consumió boquerones en el local y que, poco después, sufrió una reacción anafiláctica diagnosticada médicamente como compatible con alergia al anisakis simple. Determinó que la demandada no acreditó haber congelado el pescado a –20°C durante 72 horas, medida preventiva ya conocida entonces, y declaró su responsabilidad por culpa, al no adoptar las precauciones necesarias.

La sentencia estimó íntegramente la demanda, al considerar acreditado el nexo causal entre la ingesta y el daño, y que la predisposición alérgica de la actora no excluía la responsabilidad.

En apelación, la demandada invocó error en la valoración de la prueba y ausencia de relación causal. Sin embargo, la Audiencia Provincial confirmó que, conforme a la doctrina del Tribunal Supremo, basta con acreditar el daño y el vínculo causal para presumir la negligencia, correspondiendo al demandado probar que actuó con diligencia.

La Sala concluyó que existía prueba suficiente del consumo, la reacción inmediata y la falta de medidas de prevención, manteniendo la responsabilidad civil de la marisquería por los daños derivados de la intoxicación con anisakis.

Moraleja: los boquerones, mejor fritos y en casa.

5. *¿Qué he de saber sobre posibles daños producidos por cortes en el suministro eléctrico?*

Muy habituales son las incidencias de este tipo, que implican a distintos sujetos, ya sean los afectados personas físicas o jurídicas, y a las empresas suministradoras y distribuidoras de la energía.

Empiezo diciendo que, el afectado siempre debe acreditar tres elementos esenciales:

- La existencia de un defecto en el suministro.

- El daño sufrido.
- La relación causal entre ambos. La prueba de esa causalidad no presenta singularidades específicas en este ámbito: basta con demostrar que el daño deriva del fallo eléctrico alegado.

Por el otro lado, distinto es el papel de la suministradora, que no necesita que se le pruebe culpa, puesto que, al tratarse de una actividad de riesgo con beneficio económico, pesa sobre ella una presunción de responsabilidad que sólo puede destruirse acreditando fuerza mayor, actuación de un tercero o culpa del propio perjudicado.

A la hora de analizar las reclamaciones por daños derivados de cortes o anomalías en el suministro eléctrico, es imprescindible partir de los criterios que la jurisprudencia y la normativa han ido estableciendo. Un punto de referencia frecuente es la Sentencia **de la Audiencia Provincial de La Rioja, Sección 1.ª, de 24 de abril de 2019,**[279] —TOL7.270.133— que resume de forma detallada la doctrina existente y destaca la aplicación prioritaria de la norma-

---

279 AP La Rioja, sec. 1.ª, S 24-04-2019, n.º 216/2019, rec. 3/2018:
"En relación a la prestación del servicio de suministro de electricidad y su régimen de responsabilidad, el artículo 147 del Real Decreto Legislativo 1/2007, dispone que, "Los prestadores de servicios serán responsables de los daños y perjuicios causados a los consumidores y usuarios, salvo que prueben que han cumplido las exigencias y requisitos reglamentariamente establecidos y los demás cuidados y diligencias que exige la naturaleza del servicio".
Y, por su parte, el artículo 148 señala que, "Se responderá de los daños originados en el correcto uso de los servicios, cuando por su propia naturaleza, o por estar así reglamentariamente establecido, incluyan necesariamente la garantía de niveles determinados de eficacia o seguridad, en condiciones objetivas de determinación, y supongan controles técnicos, profesionales o sistemáticos de calidad, hasta llegar en debidas condiciones al consumidor y usuario.
En todo caso, se consideran sometidos a este régimen de responsabilidad los servicios ... de revisión, instalación o similares de gas y electricidad...".

tiva protectora de consumidores. En ella se recuerda que la Ley General para la Defensa de los Consumidores y Usuarios (TRLGDCYU) atribuye al suministrador de energía eléctrica un principio general de responsabilidad imponiéndole la carga de probar que ha actuado con la diligencia exigible y que se han observado los requisitos reglamentarios, produciéndose así una inversión de la carga probatoria en favor del perjudicado.

Para evidenciar el defecto en el suministro, lo habitual es recurrir a informes periciales y a declaraciones de técnicos que hayan intervenido en las reparaciones, siendo esencial que el perito inspeccione personalmente la instalación afectada.[280] La cuantificación del daño, por su parte, suele apoyarse igualmente en informes periciales, presupuestos y facturas de reparación.

Debe tenerse presente que el TRLGDCYU sólo contempla la indemnización de determinados daños, por lo que, cuando se desee reclamar conceptos no incluidos en esta norma, como ciertos perjuicios adicionales, puede acudirse al Código Civil, aunque se mantenga la fundamentación principal en la legislación de consumidores.

¿Qué es lo que se podría reclamar en estos casos?

La indemnización puede abarcar tanto el daño emergente como el lucro cesante, así como daños morales, siempre que se justifiquen adecuadamente y se acrediten con la precisión necesaria. Para ello, es recomendable que el perjudicado aporte un informe pericial y si la suministradora no contrarresta su contenido con un dictamen propio, puede considerarse satisfecha la carga de la prueba, recayendo sobre la suministradora las consecuencias de su inactividad procesal.

Antes de entrar en el análisis de la responsabilidad, conviene recordar quiénes intervienen en el mercado eléctrico, a saber:

---

280 Así se desprende de resoluciones como las SAP de Madrid (24-3-2010), Barcelona (21-1-2010) o Lleida (26-2-2010).

- En primer término, se sitúa Red Eléctrica de España S.A., operador del sistema y gestor, en régimen de monopolio natural, de la red de transporte.
- Además, intervienen los operadores de mercado, las compañías distribuidoras (titulares de las redes de distribución) y las comercializadoras, que adquieren la energía del sistema para ponerla a disposición del cliente final.

Las funciones y obligaciones de estos agentes se encuentran reguladas fundamentalmente en la Ley 24/2013, de 26 de diciembre, del Sector Eléctrico.[281] El Real Decreto 1955/2000, de 1 de diciembre, completa esta regulación y, en su artículo 41, vuelve a imponer a las distribuidoras la obligación de garantizar la calidad y continuidad del suministro.

En conexión con esta normativa, los artículos 104 y 108 del citado Real Decreto dan lugar a la Orden ECO/797/2002, que aprueba el procedimiento para medir y controlar la continuidad del suministro eléctrico. Esta orden se centra exclusivamente en las distribuidoras, atribuyéndoles de manera explícita la responsabilidad de mantener la calidad del suministro, registrar las incidencias y comunicarlas a la administración competente, en protección del consumidor.

A partir de esta regulación, parece lógico entender que es la empresa distribuidora quien asume frente al usuario final la obligación de garantizar que el suministro se presta con la calidad exigida. De hecho, es la que efectivamente hace llegar la energía hasta la acometida del consumidor, cuya inspección y verificación también tiene atribuida, conforme al art. 15.2 del Reglamento electrotécnico de baja tensión.

Sin embargo, la jurisprudencia no ha mantenido una posición uniforme respecto de la legitimación pasiva en las reclamaciones por cortes de suministro o defectos de calidad.

---

[281] El artículo 40.1 establece las obligaciones de las empresas distribuidoras como titulares de las redes, mientras que el artículo 46 detalla las responsabilidades de las comercializadoras.

Podemos hablar de los líneas jurisprudenciales distintas:

- Una corriente, conforme a la normativa citada, sostiene que la responsable debe ser la empresa distribuidora, pues es quien pone la energía en circulación hasta el usuario final.[282]
- Una segunda línea jurisprudencial, encabezada por una **sentencia del Tribunal Supremo de 2016, n.º 624/2016, rec. 1887/2014 —TOL5.859.518—** amplía la posible imputación de responsabilidad *a las comercializadoras*.[283]

---

282 Entre las resoluciones que respaldan esta postura se encuentran las sentencias de la AP de Córdoba (1.ª, 2-1-2015), AP de Castellón (3.ª, 22-1-2015) y AP de Girona (1.ª, 15-2-2017).

283 FJ 2.º: En el presente caso, no cabe duda de que la comercializadora, como suministradora, se vinculó contractualmente a una obligación de suministro de energía de acuerdo a unos estándares de calidad y continuidad del suministro (cláusula 1.1 del contrato). Del mismo modo que se reservó, como condición suspensiva del contrato, una facultad de control acerca de la adecuación de las instalaciones del cliente para que dicha energía pudiera ser suministrada (cláusula 1.4 del contrato). Por su parte, el cliente accedió a dicha contratación confiado en que del contrato suscrito podría razonablemente esperar, a cambio del precio estipulado, que la comercializadora respondiera de su obligación, no como una mera intermediaria sin vinculación directa, sino que cumpliese con las expectativas de «todo aquello que cabía esperar» de un modo razonable y de buena fe, con arreglo a la naturaleza y características del contrato celebrado. Integración contractual, con base al principio de buena fe, que también viene contemplada en el artículo 6102 de los PECL (principios de derecho europeo de los contratos). Como tampoco puede concebirse como caso fortuito exonerador de responsabilidad (artículo 1105 del Código Civil (EDL 1889/1)) un suceso que cae dentro de la esfera de control de riesgo a cargo del deudor, y al que es ajeno el cliente o consumidor.
Lo contrario, por lo demás, supondría una clara desprotección e indefensión en el ejercicio de los derechos del cliente que estaría abocado, en cada momento, a averiguar qué empresa era la suministradora de la energía sin tener con ella vínculo contractual alguno. Todo ello, sin merma del derecho a la acción de repetición que en su caso pueda ejer-

recordando que son estas las que celebran los contratos directamente con los consumidores y les venden la energía sin intermediación formal. En el caso examinado por el Tribunal Supremo, la comercializadora había asumido contractualmente una obligación de suministro conforme a determinados niveles de calidad, y el cliente tenía la expectativa razonable de que dicha empresa respondiera íntegramente de esa obligación. Esta interpretación se fortalece aún más cuando el afectado tiene la condición de consumidor.[284]

La tendencia que se observa, por tanto, es hacia una apertura que permite dirigir la reclamación también frente a la comercializadora, apoyándose en su vínculo contractual con el perjudicado y, en caso de consumidores, en la normativa del TRLGDCYU. Ello aproxima el sistema a un régimen de responsabilidad solidaria, en el que la comercializadora podría posteriormente repetir frente a la distribuidora.

6. *Si soy extranjero, pero resido en España y preciso de un asistencia médica sanitaria urgente y tengo seguro médico privado, si finalmente me atienden en un hospital público ¿Puede posteriormente ese hospital reclamarme los gastos de la atención urgente que recibí?*

Es una situación que, no siendo extremadamente frecuente, cada vez son más los casos en que este tipo de situaciones se produce. Lo que suele suceder es que, una persona extranjera, que

citar la comercializadora contra la empresa de distribución de energía eléctrica. Sin que la decisión de este recurso, limitada a la legitimación pasiva de las comercializadoras, deba interpretarse como una exoneración de las empresas distribuidoras frente a las posibles reclamaciones de los consumidores.

284 Entre las resoluciones que siguen esta corriente figuran la AP de Vizcaya (5.ª, 10-5-2019), AP de Barcelona (1.ª, 21-1-2019) y AP de Salamanca (1.ª, 5-6-2020).

reside en España y tiene seguro médico privado, se siente indispuesto o ha tenido un grave accidente y no puede llamar por sí mismo a su aseguradora, por lo que la persona que convive con él, por ejemplo, ante la situación de premura vital, llama por teléfono al 112 y finalmente le llevan en ambulancia a un hospital público donde después de someterle a una cirugía urgente, por ejemplo, al cabo de un tiempo, le llega a su domicilio una factura del citado centro donde se le reclama una cantidad, nada despreciable, por la atención recibida. En tales casos, la duda es si esa cantidad la puede repercutir el paciente a su aseguradora privada o no. Esta es, de manera muy resumida, la génesis de la pregunta que se formula.

El ordenamiento jurídico español reconoce el derecho fundamental de toda persona a la protección de la salud. La Constitución ordena a los poderes públicos organizar y tutelar la salud colectiva a través de los servicios necesarios, garantizando así un sistema sanitario universal que proporcione acceso efectivo y en igualdad de condiciones a todos los ciudadanos. La Ley General de Sanidad desarrolla este mandato y refuerza la idea de una asistencia pública destinada a cubrir a toda la población, con independencia de la situación personal de cada individuo.

A pesar de este derecho general, el legislador ha establecido que quienes renuncian voluntariamente al sistema público para recibir asistencia privada deben asumir, en principio, el coste de esa atención. El sistema de Seguridad Social, centrado en la protección pública, solo contempla la devolución de gastos sanitarios privados cuando concurren circunstancias verdaderamente excepcionales. El marco normativo prevé que la Seguridad Social no reembolse tratamientos ajenos a los servicios asignados, excepto en los casos contemplados reglamentariamente.

Ese desarrollo reglamentario señala que únicamente podrán devolverse los gastos de asistencia recibida fuera del Sistema Nacional de Salud cuando se trate de una situación urgente, inmediata y vital, siempre que, además, no haya sido posible recurrir a tiempo a los medios públicos. Pero esta excepción se interpreta de manera muy restrictiva: no basta con que el tratamiento sea urgente, sino que esa urgencia debe tener una dimensión vital, y debe haberse demostrado que la sanidad pública no podía proporcionar la atención necesaria en el momento preciso.

La dificultad principal reside, por tanto, en definir con precisión qué debe entenderse por urgencia vital, concepto que ha sido objeto de constante análisis por parte de la jurisprudencia. De obligada lectura, **la sentencia del Tribunal Supremo**[285] **(Contencioso), sec. 2.ª, S 13-02-2019, n.º 170/2019, rec. 2770/2017 —TOL7.064.946—.**

En dicha sentencia, el Tribunal Supremo ha señalado que el término "vital" no se limita al peligro inmediato de muerte. El significado jurídico engloba también aquellos casos en los que un retraso en la intervención podría producir daños irreversibles o comprometer seriamente la integridad física, funcional o sensorial del paciente. La protección de órganos cuya pérdida funcional alteraría de manera grave la vida del afectado —como los ojos en casos de desprendimiento de retina— también está incluida dentro de este concepto ampliado.

Es decir, la urgencia vital no se define solo por riesgo de muerte, sino por la necesidad de actuar de forma inmediata para evitar

---

285 FJ 7.º: ·5. Y las conclusiones que cabe extraer de todo lo anterior es que las atenciones o servicios sanitarios dispensadas por el SNS podrán ser reclamadas a los sujetos jurídicos o entidades siguientes:
(1) a las personas físicas que, a solicitud de ellas mismas, hayan recibido directamente la asistencia sanitaria;
(2) a los sujetos o entidades sanitarias que actúan como usuarios indirectos del SNS, por actuar en relación con personas físicas frente a las que asumieron el compromiso de dispensarles asistencia sanitaria encuadrable en una relación de derecho privado y, ante las dificultades de hacerlo con sus propios medios, derivaron a aquellas hacia el SNS y solicitaron de este que efectuara esta dispensa; y
(3) que éstos últimos resultan encuadrables en el supuesto de terceros obligados que enumera el apartado 7.c) del anexo IX al que se remite el artículo 2.7 del Real Decreto 1030/2006, de 15 de septiembre.

un deterioro grave, permanente o altamente incapacitante. A este elemento se añade otro: la imposibilidad real de recibir atención pública en el tiempo clínicamente adecuado. No es suficiente con que exista una demora o lista de espera, ya que esta por sí sola no activa el derecho al reembolso. Para que sea relevante, la demora debe ser incompatible con la urgencia vital y con la evolución previsible de la patología.

La doctrina jurisprudencial analiza también el papel de los facultativos que recomiendan acudir a la medicina privada. Las orientaciones de un médico concreto no sustituyen las competencias administrativas: solo la Administración puede autorizar derivaciones formales a centros no públicos.

No obstante, los tribunales insisten en valorar siempre la buena fe del paciente. Si la actuación del ciudadano se ajusta a un criterio razonable ante una situación crítica o incierta, esa conducta debe ser tenida en cuenta. Por ello, cuando una persona acude a un centro privado porque su cuadro clínico aparece de forma súbita o porque la demora de la sanidad pública podría ser perjudicial, esa reacción puede considerarse justificada dentro de la doctrina de la urgencia vital.

Un aspecto relevante es el análisis sobre si el reglamento que desarrolla la normativa excede lo previsto en la ley. Algunas sentencias han estudiado si el Real Decreto que regula el reembolso impone requisitos no contemplados por el legislador. El Tribunal Supremo ha aclarado que el reglamento no puede restringir derechos, y que cualquier añadido debe interpretarse como aclaración, no como limitación. Así, expresiones reglamentarias como "urgencia inmediata y vital" no deben entenderse como requisitos más estrictos, sino como una explicación del concepto de "riesgo vital" utilizado por la ley. Igualmente, la referencia a evitar usos abusivos o desviados de la sanidad privada debe interpretarse como la concreción del requisito legal de justificar que no fue posible utilizar los servicios públicos oportunamente.

Con esta doctrina, la jurisprudencia ha delimitado de manera progresiva los supuestos en los que no procede el reintegro. Por ejemplo, cuando el paciente decide cambiar de médico simplemente porque su facultativo titular se ausenta por vacaciones o cuando solicita asistencia privada sin que exista una urgencia real.

Tampoco se admite la devolución de gastos en procesos que, aun siendo importantes para la calidad de vida del paciente, no requieren actuación inmediata desde el punto de vista vital, como tratamientos rehabilitadores o procedimientos de reproducción asistida no recogidos en las prestaciones públicas vigentes. Otro motivo para negar el reembolso es el tiempo transcurrido entre la salida voluntaria del sistema público y el inicio del tratamiento privado: si pasan varios días antes de acudir a un centro privado y otros tantos hasta la intervención, no puede hablarse de urgencia vital. Incluso los riesgos quirúrgicos se valoran con cautela: si la cirugía presenta un riesgo superior al propio avance de la enfermedad, tampoco se aprecia urgencia vital.

En cambio, existen resoluciones judiciales que sí reconocen el reintegro de los gastos médicos privados. Un supuesto frecuente es el de pacientes desplazados temporalmente al extranjero. Si sufren una emergencia sanitaria grave en un país europeo o fuera de España y requieren atención inmediata, se admite el reembolso, dado que la Seguridad Social está obligada a garantizar la asistencia ante situaciones que comprometan la vida o la integridad física, con independencia del lugar donde ocurra.

También se reconoce el derecho en casos en los que la demora en la sanidad pública supone un riesgo evidente para la integridad funcional. El desprendimiento de retina constituye el ejemplo más citado: cuando el retraso en la intervención puede provocar una pérdida irreversible de visión y la lista de espera es excesiva, el recurso a la sanidad privada se considera legítimo. Si además hay indicios de buena fe, como el hecho de que el propio sistema público tuviera conciertos con centros privados para reducir listas de espera, la decisión del paciente no se considera voluntariamente desviada.

En otros supuestos, los tribunales estiman la devolución cuando se acredita una asistencia defectuosa o ineficaz por parte del sistema público. Si el paciente acude reiteradamente a urgencias y no recibe el tratamiento necesario o si la respuesta médica se limita a medidas paliativas sin abordar la causa grave del problema, el ciudadano puede verse obligado a recurrir a la medicina privada. La jurisprudencia reconoce que la falta de solución efectiva por parte del sistema público puede agravar riesgos de carácter vital, especialmente en personas de edad avanzada o con patologías que evolucionan rápidamente.

El error de diagnóstico es otro de los escenarios en los que se admite el reintegro. Cuando la sanidad pública no detecta enfermedades graves —como un cáncer que requiere intervención urgente— y el paciente acude a un centro privado para obtener una respuesta adecuada, se entiende que la actuación privada no fue caprichosa, sino necesaria para evitar daños mayores. La jurisprudencia equipara los errores de diagnóstico a la denegación injustificada de asistencia, entendiendo que ambos pueden generar situaciones de urgencia vital.

También se reconocen casos en los que se produce una crisis clínica repentina: dolores torácicos intensos, síntomas compatibles con síndromes coronarios o episodios que impiden físicamente acudir al centro asignado. Si la persona acude al hospital más cercano por desconocer la gravedad y, una vez estabilizada, es trasladada al centro público, los tribunales entienden que actuó de manera razonable y que la urgencia vital justifica el tratamiento inicial privado.

En conclusión: el análisis jurisprudencial permite afirmar que el reintegro de gastos sanitarios privados es excepcional, pero no residual. La clave radica en valorar si la situación exigía una intervención inmediata para proteger la vida o la integridad del paciente; si la sanidad pública estaba en condiciones de prestar esa atención en el momento adecuado; y si la conducta del ciudadano se ajustó a criterios de buena fe. Solo cuando se reúnen estos elementos puede la Seguridad Social hacerse cargo de los gastos, preservando así el equilibrio entre la universalidad del sistema público y la protección de derechos fundamentales en situaciones límite.

7. *¿Es lo mismo un seguro de enfermedad y uno de asistencia sanitaria? ¿Qué diferencias hay, por tanto?*

Sobre ello, hay que saber y esto es importante, porque muchas veces, los usuarios de este tipo de seguros, pueden llegar a creer, de manera errónea que, como la nomenclatura de su seguro contiene la palabra "enfermedad" o "sanitaria", se presume que cuentan con una suerte de seguro de salud completo, con toda clase de coberturas y esto no es así.

Características del seguro de enfermedad:

- El seguro de enfermedad asegura el riesgo de enfermedad y el asegurador se obliga, dentro de los límites de la póliza, a reembolsar al asegurado las cuantías por éste abonadas en función de límite y franquicia concertada.
- El asegurado tiene libertad de acudir a los servicios de cualquier facultativo o centro que desee.

Características del seguro de asistencia sanitaria:

- El asegurador, dentro de las condiciones y límites pactados, presta y asume directamente el servicio con los médicos de su cuatro médico y clínicas por el asegurador concertadas o de su titularidad a las que el asegurado necesariamente debe acudir, sin que pueda optar por otros ajenos al cuatro médico y las clínicas concertadas.
- Este tipo de seguros no hay cuadro ni centros médicos, entendido como una relación de facultativos o centros con-

cretos a los que necesariamente debería acudir el asegurado para que actuara la cobertura aseguradora, ya que a ningún cuadro se hace referencia en el contrato de seguro.

- Cuando se refiere a médicos recomendados lo hace para señalar a aquellos médicos o centros que hacen algún descuento a la aseguradora de los gastos ocasionados hasta una cantidad o porcentaje del mismo, sin afrontar las franquicias, lo que permite garantizar la prestación de cualquier médico en cualquier parte del mundo.

En la primera modalidad la relación aseguradora-médico y clínicas es contractual y extracontractual la relación asegurado-aseguradora. En la segunda, la relación aseguradora-asegurado es contractual y extracontractual la relación asegurado-médico del cuadro médico de la aseguradora y clínicas concertadas.

Sentencia de obligada lectura: **Tribunal Supremo (Civil), sec. 1.ª, S 20-01-2017, n.º 36/2017, rec. 1637/2014 —TOL5.949.940—.**

8. *Si mi hijo, menor de edad, causa lesiones intencionados a otra persona ¿Puede mi seguro de hogar hacerse cargo de la indemnización?*

Aunque la respuesta lógica, pareciera ser negativa a la pregunta formulada, lo cierto y verdad es que hay que matizar algún aspecto esencial. Sobre todo, la pregunta que hay que formularse es si, una aseguradora (ramo de hogar) en estos casos, puede negarse a pagar la indemnización a una persona que ha sufrido una agresión por parte de un menor.

En situaciones así, nada infrecuentes, lamentablemente, las entidades aseguradoras deben asumir la responsabilidad derivada de actos dolosos, salvo que estos se encuentren excluidos de forma expresa en las condiciones generales o particulares de la póliza de responsabilidad civil. El tribunal se hace eco de la consolidada doctrina jurisprudencial que impide al asegurador invocar el principio general de *"inasegurabilidad"* del dolo previsto en el artículo 19 de la Ley de Contrato de Seguro cuando la reclamación proviene directamente de un tercero perjudicado por la conducta dolosa o maliciosa del asegurado, sin perjuicio de la facultad de repetición que asiste a la compañía.

En el año 2022, la Audiencia Provincial de Salamanca[286] —TOL8.915.447— en sede de recurso de apelación, conoció de un asunto en el que el reclamante era el propio tomador y asegurado, quien solicita la indemnización derivada de la responsabilidad civil ocasionada por las lesiones causadas por su hijo menor de edad a un tercero en el contexto de una riña.

Por tales hechos, el Juzgado de Menores impuso una condena solidaria al menor y a sus progenitores por un importe de 230.000 €. La Audiencia subraya que la doctrina y la jurisprudencia han interpretado de manera constante que el artículo 19 LCS resulta aplicable exclusivamente al asegurado, sin extenderse a las personas por las que este deba responder. En consecuencia, los actos dolosos cometidos por sujetos dependientes —como los hijos menores— quedan, en principio, amparados por la cobertura, salvo exclusión inequívoca en la póliza.

La aseguradora sostuvo la existencia de una cláusula de exclusión, si bien la Audiencia concluyó que se trataba de una estipulación delimitadora del riesgo y que, conforme a los criterios interpretativos propios de los contratos de seguro, debía aplicarse en sentido favorable al asegurado. De este modo, la comisión de actos dolosos o voluntarios por menores convivientes, que no han alcanzado la mayoría de edad penal, no queda excluida de la cobertura de responsabilidad civil.

> *La resolución judicial, en suma, reitera que los actos dolosos solo quedan fuera del ámbito de cobertura cuando la póliza así lo establezca de manera clara y expresa, y confirma que, dentro del seguro del hogar, queda incluida la responsabilidad civil derivada de las lesiones dolosas causadas por el hijo menor del asegurado*.

[286] Sentencia AP Salamanca, sec. 1.ª, S 19-01-2022, n.º 31/2022, rec. 515/2021

Moraleja: la adolescencia es una etapa complicada, por lo que analicemos bien nuestros seguros de hogar de cara a evitar posibles imprevistos que puedan arruinar nuestro patrimonio.

9. Si soy arrendatario, ¿Es conveniente que suscriba un seguro de hogar, aunque el arrendador ya disponga de otro?

La respuesta es afirmativa y tiene su sentido lógico. Si como arrendatarios, nos confiamos por el hecho de que el dueño de la vivienda o local de negocio, ya tenga un seguro específico, corremos el riesgo de que, en caso de incendio o inundación, por ejemplo y de que debido a ello se puedan originar, no sólo daños propios en la vivienda o local, sino que estos se extiendan a terceros, es más que probable que la aseguradora del propietario se niegue al pago puesto que su asegurado (el dueño) al vivir allí o no desarrollar su actividad en ese local, alegue que no tiene la posibilidad de controlar o supervisar ese espacio, por lo que en ese caso, como arrendatarios, podremos tener un problema serio si no tenemos contratado un seguro.[287]

---

[287] Así, el Tribunal Supremo, en su Sentencia de 28 de mayo de 2008 establece que "la atribución a éste (el demandado) de la responsabilidad de los daños ocasionados por el fuego responde a la correcta aplicación de la más reciente doctrina de esta Sala, que se resume en la sentencia de 3 de febrero de 2005, en la cual se recoge el criterio mantenido en otras anteriores, como la de 23 de noviembre de 2004, en donde la imputación de la responsabilidad de los daños causados por un incendio se realizó en atención al control o vigilancia que el demandado ejercía sobre el ámbito doméstico, afirmando que "esta Sala viene declarando que no todo incendio es por caso fortuito y que no basta para llegar a tal conclusión que el siniestro se hubiera producido por causas desconocidas (SSTS, entre otras, de 9 de noviembre de 1993, 29 de enero de 1996, 13 de junio de 1998, 11 de febrero de 2000 y 12 de febrero de 2000), de modo que, generado un incendio dentro del ámbito de control del poseedor de la cosa — propietario o quién está en contacto con ella— hay que presumir que le es imputable, salvo que pruebe que obró con toda la diligencia exigible para evitar la producción del evento dañoso (SSTS, entre otras, de 13 de junio de 1998, 22 de mayo de 1999, 31

Para ello, conviene saber que el artículo 1563 del Código civil, dice que: "*El arrendatario es responsable del deterioro o pérdida que tuviere la cosa arrendada, a no ser que pruebe haberse ocasionado sin culpa suya*".

Interesante la Sentencia de la AP Alicante, sec. 5.ª, S 09-05-2019, n.º 230/2019, rec. 524/2018 —TOL7.318.443—.

---

de enero y 11 de febrero de 2000, 12 de febrero y 27 de abril de 2001, 24 de enero de 2002) acreditado el incendio causante del daño, —no importa que no esté probada la causa del mismo— 20 de abril de 2002 —no es suficiente expresar que no se ha acreditado cuál fue la causa del siniestro—, 27 de febrero y 26 de junio de 2003 —debe probarse el incendio, no el hecho, normalmente imposible, que constituye la causa concreta que lo provocó."(...)

En este mismo sentido se ha pronunciado esta Sección 5.ª, en sentencia de 25 de enero de 2018.

Ante la claridad de la referida jurisprudencia, poco más hay que añadir, es la arrendataria la que ha de probar que los daños se han producido sin culpa a o negligencia por su parte, acreditación que bajo ninguna circunstancia se ha llevado a cabo en el presente procedimiento, antes al contrario, como acertadamente indica la sentencia apelada, sin que el hecho de que, a la finalización del contrato, las obras y mejoras realizadas por la arrendataria deban quedar en beneficio de la propiedad, tenga trascendencia alguna a los fines de determinar la responsabilidad derivada de la producción de unos daños derivados de una instalación realizada por la arrendataria y que se encontraba dentro del ámbito de su actuación.

Conclusiones

El recorrido que ofrece este libro pone de manifiesto que el contrato de seguro no es un mero documento administrativo, sino un instrumento jurídico vivo en el que confluyen técnica, derecho y experiencia práctica. Lo que a primera vista puede parecer una materia fría y altamente especializada, se revela, tras su estudio, como un sistema ordenado que pretende dar respuesta a riesgos reales que afectan a la vida cotidiana. Conocer su funcionamiento equivale a entender cómo se articula la protección frente a los imprevistos que acompañan tanto a las personas como a las actividades económicas.

A través del análisis de los elementos esenciales del seguro, se aprende que conceptos como riesgo, interés, siniestro o daño no son simples definiciones, sino puntos de partida imprescindibles para interpretar cláusulas, discutir una cobertura o plantear una reclamación. Esta comprensión estructural permite afrontar cualquier póliza con mayor seguridad y solvencia, un aspecto esencial tanto para el profesional como para el lector no especializado.

El estudio de las cláusulas —delimitadoras, limitativas y lesivas— aporta una de las enseñanzas más útiles del libro: no todas las condiciones que aparecen en una póliza tienen el mismo significado ni los mismos requisitos de validez. Comprender estas diferencias evita malentendidos, previene conflictos y aclara cuándo una condición es válida, cuándo exige aceptación reforzada y cuándo debe considerarse nula por vaciar de contenido la cobertura. Esta distinción, asentada por décadas de jurisprudencia, resulta fundamental para cualquier abogado que litigue en seguros, pero también para quien simplemente quiere saber qué está contratando.

El análisis del cuestionario del artículo 10 LCS y de la regla de equidad constituye otro eje fundamental. El lector comprende que la valoración del riesgo no es un acto arbitrario, sino un proceso sometido a reglas claras sobre veracidad, exactitud y consecuencias jurídicas. La obra explica con claridad qué sucede cuando se produce una inexactitud, cuándo cabe rescindir el contrato, en qué casos se aplica la reducción proporcional y qué diferencia existe entre dolo y culpa grave. Esta parte del libro es especialmente útil para estudiantes y asegurados, que a menudo desconocen que la información previa es un pilar del contrato, tanto para proteger al asegurado como para evitar abusos o malentendidos.

Igualmente, relevante es el tratamiento de la agravación del riesgo y la respuesta que la ley atribuye a la aseguradora. Aquí el libro aporta claridad sobre un aspecto frecuentemente olvidado: el contrato de seguro no se congela en el tiempo. Los cambios en la situación asegurada pueden obligar a revisar primas, modificar coberturas o incluso extinguir el contrato. Conocer los plazos, los deberes recíprocos y las consecuencias de la falta de comunicación permite manejar este tipo de situaciones con precisión y evitar conflictos evitables.

En cuanto al pago de la prima y sus efectos, el libro ofrece una exposición especialmente útil: distingue entre primera prima y primas sucesivas, explica los periodos de gracia, la suspensión de la cobertura y la extinción automática. Además, resalta la protección del tercero perjudicado cuando se ejercita la acción directa, un aspecto crucial para abogados que trabajan en responsabilidad civil y para ciudadanos implicados en siniestros de tráfico o daños a terceros.

El deber de declarar el siniestro, colaborar con la aseguradora y adoptar medidas de salvamento también ocupa un espacio destacado. La obra demuestra que la conducta del asegurado tras el siniestro puede determinar el éxito o el fracaso de su reclamación. Las sentencias comentadas ilustran de manera muy clara hasta qué punto la omisión del aviso o la ausencia de colaboración puede afectar a la indemnización. Esta parte resulta de enorme utilidad práctica para cualquier lector, pues aporta criterios operativos aplicables en situaciones reales y urgentes.

Asimismo, el texto aborda con sensibilidad y precisión los avances legislativos sobre enfermedades previas, especialmente el cáncer y el VIH. Explica cómo la normativa ha evolucionado para evitar discriminaciones injustificadas en la contratación, proporcionando una visión moderna y equilibrada del Derecho del Seguro. Este enfoque lo convierte en una herramienta didáctica para estudiantes y un apoyo para profesionales que necesiten conocer los criterios actuales de suscripción.

Finalmente, la obra analiza el cierre del ciclo asegurador: la gestión del siniestro, los plazos de pago, el mínimo obligatorio en 40 días y la posibilidad de indemnización por reparación. Todo ello forma un esquema completo que permite entender cómo se ejecuta realmente una póliza cuando el riesgo se materializa.

En conjunto, este libro no solo describe el Derecho del Seguro: lo explica, lo contextualiza y lo hace accesible sin perder rigor.

Por eso resulta particularmente recomendable:

- Para abogados, porque proporciona criterios claros, jurisprudencia relevante y un enfoque práctico que les permite trabajar con precisión en reclamaciones, defensas y dictámenes.
- Para estudiantes, porque ofrece una estructura pedagógica basada en preguntas y respuestas que facilita el aprendizaje y vincula la teoría con ejemplos reales y sentencias actuales.
- Para cualquier persona interesada, porque despeja dudas habituales, aclara conceptos que suelen interpretarse erróneamente y permite tomar decisiones informadas al contratar o gestionar un seguro.

En definitiva, se trata de una obra que combina utilidad práctica, claridad expositiva y solidez jurídica. Un libro que no solo se lee: se usa, se consulta y se convierte en una guía fiable para desenvolverse con seguridad en el complejo, pero imprescindible mundo del Derecho de Seguros.